VOCABULARIU
YA ASPEUTOS ETNOGRÁFICOS
DE PALACIOS DEL SIL

Roberto González–Quevedo

Vocabulariu ya aspeutos etnográficos de Palacios del Sil

Colección Xeira/Yera
5

González-Quevedo, Roberto (1953-)

Vocabulariu ya aspeutos etnográficos de Palacios del Sil / Roberto González-Quevedo. – [León] : Universidad de León, Servicio de Publicaciones : Cátedra de Estudios Leones (CELe), [2025].
388 p. ; 21 cm. – (Colección Xeira/Yera ; 5)
Bibliogr. : p. 385-388
ISBN 978-84-19682-91-8
    1.   Bable (Dialecto)-Glosarios, vocabularios, etc. 2. Etnología-España-León. 3. Palacios del Sil (León, España). I. Universidad de León. Servicio de Publicaciones. II. Universidad de León. Facultad de Filosofía y Letras. Cátedra de Estudios Leoneses. III. Título. IV. Serie.

811.134.2'282.3(460.181 Palacios del Sil)(038)
39(460.181 Palacios del Sil)

Colección Xeira/Yera, 5

Edita: UNIVERSIDAD DE LEÓN. Servicio de Publicaciones
Maquetación: David Aller Llamera

ISBN: 978-84-19682-91-8
Depósito legal: DL LE 84-2025
Imprime: Gráficas CELARAYN
Impreso en España / *Printed in Spain*
León, febrero de 2025

ÍNDIZ

A Eva González,
voz de la nuesa l.lingua

Entamu

Nesti *Vocabulariu de Palacios del Sil* apaez el léxicu propiu ya autóctonu que fui quien a pañar en Palacios del Sil, nel Concechu de Palacios del Sil (citáu como *Ripa Silis* [Riba de Sil] no sou Fueru de 1225), provincia de L.lión, que tien como vecinos a los de L.laciana, Murias de Paredes, Igüeña, Páramu del Sil ya Degaña.

Pa faer esti vocabulariu valíme de los conocimientos que tengo d'esta fala dende que naciera ya tamién de la información de los vecinos de Palacios del Sil, especialmente de la dada por Eva González, gran escritora ya conocedora de la fala de Palacios, ya por Araceli González. N'asuntos de botánica ya zooloxía tuvi l'asesoramientu de Felipe González-Quevedo González.

Siendo Palacios del Sil un territoriu bil.lingüe, nesti "Vocabulariu de Palacios del Sil" apaez inventariáu non el léxicu castel.lanu, sinón el léxicu d'esta fala tradicional que, en términos filolóxicos tradicionales, pertenez al dominiu l.lingüísticu chamáu por Menéndez Pidal *leonés* ya coincide fonolóxicamente cola variedá l.lingüística chamada, según la mui usada clasificación de Diego Catalán, zona D del asturianu occidental (*Cf.* Diego Catalán, 1956,1957, "El asturiano occidental. Examen sincrónico y explicación diacrónica de sus fronteras fonológicas", *Romance Philology, X:* 71-92, *XI:* 120-158).

Sicasí, apaecen dalgunos escasos términos que, siendo evidentemente castel.lanismos, vienen funcionando dende que nací ya conozo esta fala nel sistema autóctonu. En dalgunos casos, mui raros, apaez la forma castel.lanizada xunto a la forma propia (por exemplu, *libra* ya *l.libra*), cuando resulta que los dos términos son igualmente usaos indistintamente na propia fala.

Cada entrada apaez en negrita ya n'orde alfabéticu, siguiendo la ortografía de l'Academia de la Llingua Asturiana. Asina, por exemplu, represento con "**l.l**" el fonema /ʈʂ/ (*africáu*, *retroflexu*, *xordu*), tradicionalmente chamáu "che vaqueira", debiendo tener cuenta'l l.lector d'esti vocabulariu que **l.lume**, **l.leite**, **l.linu**, **l.lana** equivalen a lo que tradicionalmente vien escribiéndose con "ts" (*tsume*, *tseite*, *tsinu*, *tsana*).

Síguense tamién los criterios lexicográficos tradicionales. Detrás de cada entrada apaez la categoría gramatical del términu en cursiva. Darréu vien l'aceición o aceiciones que tien el términu; si apaez una espresión de l'aceición o aceiciones en cursiva eso significa que figura como entrada nel vocabulariu ya remítese, entós, a dicha entrada: o seya, si apaez "**achincharrase** : *v*. Balancease, *columbiase*", podrá consultase nel propiu vocabulariu'l significáu de *columbiase*.

Nunos cuantos casos ilústrase l'aceición con una frase en cursiva como exemplu pa esclariar el significáu con más precisión. Un exemplu puei ser ésti: "**abadías** : *sust. f. pl.* Actos de travesura, d'estropiciu. *Güei los nenos fixenon muitas abadías.*"

En dalgunos casos uso los paréntesis pa dar dalguna información complementaria que facilite la intelixencia del significáu. Cuando esplico'l significáu con una definición impropia, antepongo un asteriscu.

Cuando apaez una locución o una frase feita, indícase con una doble barra (||) ya úsase la cursiva. Esplícase'l significáu de la locución o frase feita entrecominada ya, en dalgunos casos, ponse un exemplu en cursiva. Por exemplu: || *Andare de picu ya de contu* 'movese apuráu': *Pasanon el día andando de picu ya de contu.*

En dalgunos casos inxerto dalgún refrán popular, fórmula máxica, fórmula de xuegu o frase célebre ya nesti casu indico esti tipu d'espresiones con una triple barra (|||). Cuando resulta necesario, esplícase'l significáu del *reflán*, la fórmula máxica, la fórmula de xuegu o la frase célebre. Por exemplu: ||| *Lo qu'a los güechos aborrez, la manu lo venz* indica que resulta posible faer lo que a primera vista paez imposible.

En dalgunos ya mui contaos casos puei apaecer una entrada difícilmente xustificable etimolóxicamente. Nestos casos tien que tener en cuenta l'estudiosu del léxicu factores como la ultracorreición. Efeutivamente, igual el fonema /ʦ/ que /ʃ/, agora en regresión, tienen entovía gran vitalidá na xente de cierta edá ya nun resulta imposible que dalgún préstamu castel.lanu termine sufriendo una ultracorreición axustándolu al sistema fonolóxicu autóctonu. Posiblemente haya qu'esplicar asina casos como l'axetivu **maxu, -a**. (Como simple exemplu ilustrativu, diréi que tengo, por exemplu, atestigáu l'usu, anque con un ciertu aquel irónicu ya cariñosu, del significante "Nociel.la" pa referise a una marca comercial d'alimentos). Pero hai que tener en cuenta que na xente más xoven xeneralízase'l fenómenu del "cheísmu", que tiende a confundir /ʦ/ con /tʃ/ (*Cf.* González-Quevedo, 2023, 2024).

El presente vocabulariu forma parte de la tesis doctoral *Llingua ya cultura en Palacios del Sil*, presentada'l 19 de xunu de 2000 na Universidá d'Uviéu. La tesis tuvo la calificación de sobresaliente "cum laude". Del presente vocabulariu fixo una escelente edición l'Academia de la Llingua Asturiana (Roberto González-Quevedo, 2002. *Vocabulariu de Palacios del Sil*, Uviéu: Academia de la Llingua Asturiana). Agradezo fondamente l'esfuerzu feitu por esta gran institución, de la mesma manera que tamién agradezo agora que la prestixosa Cátedra de Estudios Leoneses (CELe) seya la entidá que fai esta segunda edición.

En cuantas al apartáu "Aspeutos de la cultura de Palacios del Sil", que vien depués del "Vocabulariu", trátase d'un testu que s'incluyía tamién na mia tesis doctoral *Llingua ya cultura en Palacios del Sil*. Na revista *Añada, I*, (2020, pp. 35-58) espublizóuse de forma bien curiosa gran parte d'esti material cono títulu "Palacios del Sil: relatu etnográficu". Outramiente, tamién hai que tener en cuenta que yá nel anu 1988 presentara yo na Universidá Autónoma de Madrid la mia tesis d'antropoloxía cultural titulada *Cambio social en una comunidad del Alto Sil*, qu'obtuvo'l "Premio Extraordinario de Doctorado". Nesta mia primera tesis había muitos datos derivaos de la fonda investigación que fixera en Palacios del Sil en cuantas a la so cultura propia. Ya estos datos tán reflexaos en tolos apartaos d'esti l.libru.

VOCABULARIU

DE PALACIOS DEL SIL

Abreviaturas ya signos qu'apaecen nesti vocabulariu:

alv. alverbiu

art. artículu

ax. axetivu

conx. conxunción

demost. demostrativu

f. femenín

indef. indefiníu

interr. interrogativu

interx. interxeición

m. masculín

num. numberal

pl. plural

prep. preposición

pron. pronome

rel. relativu

sust. sustantivu

v. verbu

‖ encabeza una frase feita

⦀ encabeza un reflán, fórmula de xuegu, fórmula máxica o frase célebre.

( ) abarca información complementaria del significáu

* antepónse a la definición impropia.

A

a: *prep.* 1. *Indica direición. *Voi a la macha.* 2. *Indica intención. *Vien a trabachare.* 3. *Indica tiempu. *Vien a las dúas.* 4. *Indica forma o manera. *Marchóu a pata ya vieno a pía.*

á: *interx.* 1. *Espresión usada pa dirixise a una persona. *¡Á Xuan!, ¿qué día vien la tua mucher?* 2. *Espresión de sorpresa. *¡Á nenu! ¿Por qué nun vas a la nuesa casa?* ||| - *Mama, murríu papa. -¡Á ninu qué sustu me disti! ¡Contéi que mamara'l xatu a la vaca Cornexa!* espresa irónicamente la indiferencia materna nun cuentu popular.

abadías: *sust. f. pl.* Actos de travesura, d'estropiciu. *Güei los nenos fixenon muitas abadías.*

abalumbu: *sust. m.* Dimensión grande, envergadura importante. *Tien tantu abalumbu que nun se mueve.*

abandonar(e): *v.* Dexar, marchar de xuntu a dalguién o de xuntu a dalgu. *Abandonóunos a nós ya abandonóu'l nuesu pueblu tamién.*

abandonase: *v.* Dexar de tener cuidáu de sí mesmu. *Abandonóuse ya agora nun hai quien lu conoza.*

abangare: *v.* Poner inclináu o curvu pola aición d'una fuerza. *L'aire abanbangaba l'árbol*

abangase: *v.* Encorvase. *Abangóuse pol airón qu'había.*

abangáu, -ada: *ax.* 1. Participiu d'abangare. 2. *ax.* Dobláu, inclináu. *Alcuéntrolu cada día más abangáu.*

abarbol.lar(e): *v.* 1. Salir borbotones al ferver un líquidu. *Apaga'l l.lume que va una hora qu'aborbol.la l'augua.* 2. Pronunciar mal, de manera que nun s'entiende lo que se diz. *Nun séi que m'abarbol.lóu, pero'l casu yía que nun-l.ly entendí nada.*

abarca: *sust. f.* Calzáu de piel de vaca que nun se curte. *L.levaba unas abarcas viechas.*

abarcuxador(e)/, -a: *sust. m.* Páxaru de tamañu escasu qu'abarcuxa nos árboles, "Certhia brachydactyla". *Hai un abarcuxador xubiendo pol tueru del árbol.*

abarcuxador(e)/, -a: *ax.* Qu'abarcuxa. *Sos un buen abarcuxador, pero a las mías cereisas nun xubas que te fundo.*

abarcuxar(e): *v.* Xubir ya andar nos árboles abrazando los tueros ya apretándose con *pías* ya manos. *Yá sabe abarcuxare.*

abarqueiru: *sust. m.* Abarca usada ya estropeada. *Había un raposu con un abarqueiru na boca.*

abarrenáu, -ada: *ax.* Chifláu, de conducta non esperable. *Cada día paez que ta más abarrenáu.*

abarruntar(e): *v.* Intuir. *Abarruntóu que nun queríamos velu.*

abaxar(e): *v.* Baxare. *¡Abaxa del árbol!*

abaxase: *v.* Baxase. *¡Abáxate del árbol!*

abaxo: *alv.* Na parte inferior. *El tou prau tiéneslu ahí abaxo.*

abaxones: *alv.* Mui abaxo. *El.la siempres anda por ahí abaxones.*

abecha: *sust. f.* Insectu que fai miel, "Apis mellifera". *Hai muitas abechas nel truébanu.*

abechón: *sust. m.* Insectu, del xéneru "Bombus", que se paez a l'abecha, pero tien un tamañu más grandón. *Güei la braña ta chena d'abechones.*

abertal: *ax.* Abiertu al pastu, que nun tien dueñu. *Marchanon del pueblu ya agora la güerta yía tierra abertal.*

ablana: *sust. f.* Frutu del ablanu. *Si vas pol sendeirín alcontrarás ablanas a esgaya.*

ablanal: *sust. m.* Sitiu onde hai mui bien d'ablanos. *Más alantre hai unos cuantos ablanales.*

ablancazáu, -ada: *ax.* Blancu o que paez blancu. *Quedóu ablancazada.*

ablandar(e): *v.* 1. Faer qu'un oxetu seya menos duru. *Hai qu'ablandar la tierra antias de cavare.* 2. Ponese menos duru un oxetu o entidá. *Paez qu'ablandóu la tierra.* 3. Menguar un síntoma patolóxicu. *Paez qu'ablanda'l catarru.*

ablanu: *sust. m.* Árbol, betulácea del xéneru Corylus, "Corylus avellana". *Los palos que más me prestan son los d'ablanu.*

ablunal: *sust. m.* Rosácea del xéneru Prunus, "Prunus spinosa". *Hai un ablunal al l.lau de la mia casa.*

ablunu: *sust. m.* Frutu del ablunal. *Los ablunos de Pena Gonzalu son los mechores.*

abogáu, -ada: *sust. m.* ya *f.* Profesional d'asuntos de la xusticia. *Gastóu'l capital n'abogaos.*

abol.ladura: *sust. f.* Aición ya efeutu d'*abol.lare*. *Tien una abol.ladura na parte d'alantre.*

abol.lar(e): *v.* Fundir una superficie por un actu de fuerza. *Abol.léi-l.ly la canada.*

abondo: *alv.* 1. En gran cantidá. *Comíu abondo'l rapaz.* 2. En más cantidá de la que fai falta. *Chovíu abondo.*

abondu, -a: *ax.* 1. Abundante. *Hai carne abonda.* 2. Más abundante de lo que fai falta. *Hai xente abonda.*

aborrar(e): *v.* Arder, queimar. *Apagái'l l.lume que las lentichas van a aborrar.*

aborráu, -ada: *ax.* 1. *Participiu de *queimar*. *Güei morrienon aborraos na mina unos mineiros.* 2. *ax.* Que sufre los efeutos del calor. *Chegóu aborráu a casa.*

aborrecer(e): *v.* Nun querer faer una aición por pereza. *Peme qu'aborrezo l.levantame ceo.* ||| *Lo qu'a los güechos aborrez, la manu lo venz* indica que resulta posible faer lo que paez imposible a primera vista.

abortón: *sust. m.* 1. Res que naz prematuramente. *Salíu un abortón.* 2. Fetu que naz muertu. *Esta vaca paríu outru abortón.* 3. *Úsase como insultu indicando fealdá ya inutilidá. *Esa yía un abortón.*

abotonar(e): *v.* Abrochar botones. *Abotonái l'abrigu, que fai fríu.*

abotonase: *v.* Abrochase los botones. *Abotonáivos, que fai muitu fríu ya xela.*

abrañeirar(e): *v.* Cuidar el ganáu na braña. *La mía nena l.leva dous meses abrañeirando.*

abrazar(e): *v.* Poner los brazos p'agarrar arrodiando a una persona o a un oxetu. *Abrazóula en chegando.*

abril: *sust. m.* Cuartu mes del calendariu. *Vieno por abril.* ||| *Abril, guviquil.*

abrir(e): *v.* 1. Faer una entrada o un furacu. *Abríu-l.ly la barriga con un canil.* 2. Mover un oxetu que tapa una entrada. *Nun-l.ly abríu la puerta de la cabana. Yá abríu los güechos.*

abultar(e): *v.* Paecer, dar la impresión. *Abúltame más de la cuenta.*

abundanza: *sust. f.* Cantidá grande ya suficiente d'oxetos o seres. *Esti anu hai abundanza de nenos nel pueblu.*

aburgar(e): *v.* Plagase una planta con *burgos. La cereisal aburgóu dafeitu.*

acá: *alv.* Na parte cercana o más cercana. *Alcuéntrase pa la parte d'acá.* || *D'acá p'al.lá 'd'un sitiu pa outru'.*

acabal.láu, -ada: *ax.* Montáu nun caballu o como montáu nun caballu. *Cheganon acabal.laos unos encima d'outros.*

acabar(e): *v.* 1. Dar fin a una aición. *Los de ca Xe acabanon la yerba bien tarde.* 2. Dexar de realizase una aición. *Acabóu'l filandón.*

acabase: *v.* Dexar de realizase una aición. *Acabóuse'l filandón.*

acabóuse: *sust. m.* Final, hecatombe, desastre. *Aquel.lo foi l'acabóuse. Sos l'acabóuse.*

acabrear(e): *v.* Ponese'l prau tostáu si falta humedá, especialmente depués de la siega. *El mieu pradín nun acabreóu porque chovíu a esgaya.*

acabrease: *v.* Ponese'l prau tostáu al secar, especialmente depués de la siega. *Acabreóuse El Pumarín ya tamién El Punxil.*

acabreáu, -ada: 1. Participiu *d'acabreare.* 2. *ax.* Que nun tien color verde por falta d'humedá. *Quedóu acabreada nunos días.*

acal.lentar(e): *v.* Reposar, serenar, quedar tranquilu. *Paez qu'acal.lentóu Xuanín.*

acal.lentáu, -ada: *v.* 1. Participiu *d'acal.lentare.* 2. *Va cuantayá qu'anda mui acal.lentáu.*

acangrenase: *v.* Estropease una parte del cuerpu pola mor de la cangrena. *Acangrenóuse-l.ly la pata.*

acangrenáu, -ada: *ax.* Que padez *cangrena. Tien un pía acangrenáu.*

acantiar(e): *v.* Tirar una piedra o más a xente o animales. *Acantianon a los probes qu'había en La Cuérguila.*

acariñar(e): *v.* Dar cariñu. *Acariñábalu por demás.*

acaronxar(e): *v.* 1. Pudrir una entidá a un ser diferente pola mor del caronxu. *La humedá ya'l sol acaronxanon la madera.* 2. Pudrir una mesma entidá pola mor del caronxu. *Acaronxanon las vigas de la cuadra.*

acaronxase: *v.* Pudrir pola mor del caronxu o carcoma. *Acaronxánonse las vigas de l'alcobina.*

acarretar(e): *v.* Tresportar nun carru. *Acarretanon tola nueite.*

acarriar(e): *v.* Tresportar nun carru. *Acarriéi tola yerba de Valdefontán.*

acebal: *sust. m.* Sitiu onde hai mui bien de xardones ya acebos. *Onde La Fontel.lada hai un gran acebal.*

acebu: *sust. m.* Xardón, 'Ilex aquifolium'. *Había un faisán nun acebu.*

aceda: *sust. f.* Planta que naz nos praos, aceda ya comestible, "Rumex acetosa". *N'El Punxil hai muitas acedas.*

acedera: *sust. f.* Aceda, "Rumex acetosa". *A mí gústanme las acederas.*

acedu, -a: *ax.* Amargu. *A la mia harmana préstan-l.ly las frutas acedas.*

aceite: *sust. m.* Líquidu que sal al prensar l'aceituna. || *L.levare a aceite* 'tresportar un oxetu o ser poniéndolu nel l.lombu'. *Garróu al nenu ya l.levóulu a aceite.* ||| *Aceite, xabón, pimientu ya arroz* funciona como fórmula de xuegu infantil.

aceiteiru, -era: *sust. m.* Vendedor d'aceite, que tresportaba la mercancía en burros o caballos. || *L.levare más palos que'l burru d'un aceiteiru* 'recibir una gran paliza o más'.

aceituna: *sust. f.* Frutu del olivu. *Comíu aceitunas a esgaya.*

aceitunu: ||| *¡Ventiunu l'aceitunu!* apaez nuna fórmula nicial de xuegu infantil.

acenar(e): *v.* Amenazar. *Acenóume cona fouz.*

acerandar(e): *v.* Estremar, con ceranda, el granu de lo que nun val. *Taban acerandando sentaos no poyal.*

acericu: *sust. m.* Bolsina de trapu onde se ponen alfileres. *Perdíusenos l'acericu ya nun somos a atopalu.*

acérrime: *ax.* Mui partidariu de. *Yía acérrime d'aquel.los políticos.*

acervantáu, -ada: *ax.* 1. D'aspeutu salvaxe, de comportamientu incontroláu. *Anda acervantáu que nun hai quien pueda con él.* 2. Asustáu por un animal salvaxe. *La xata corríu acervantada.*

achagar(e): *v.* Faer una ferida, una *chaga*, especialmente los *l.lobos* a los animales domésticos. *El l.lobu achagóu las nuesas ugüechas.*

achagáu, -ada: 1. *Participiu d'achagare.* 2. *ax.* Que tien una *chaga. La cabritina chegóu achagada dafeitu.*

achantar(e): *v.* 1. Baxar el volume o la fuerza d'un ser. *La yerba achantóu por falta d'augua.* 2. Baxar la emoción, ponese más tranquilu. *Paez que los vecinos van achantando.*

achegar(e): *v.* Venir hasta un sitiu. *Acheganon a casa bien ceo.*

achenu, -a: *ax.* Que pertenez a un propietariu distintu. *Va con ganáu achenu.* || *N'achenu* 'atontáu, ensimismáu, que nun tien consciencia de la realidá'. *Taba n'achenu ya nun s'enteraba de nada.*

achicar(e): *v.* 1. Faer de tamañu más ruin. *Aquel.la vecina achicóunos el prau.* 2. Humillar a una persona nun la dexando espresase nin manifestase. *Achicóulu cuanto pudo.*

achincharrase: *v.* Balancease, *columbiase. Nun vos achincharréis nas canciel.las.*

achiperres: *sust. m. pl.* Ferramienta ya útiles en xeneral pal *trabachu. Ahí vien con tolos achiperres.*

achisbar(e): *v.* Fisgar, espiar. *Siempres anda achisbando.*

achourizar(e): *v.* 1. Atar con bramante pa faer los *chourizos. Nun hai bramante bastante p'achourizare.* 2. Faer los *chourizos. L'anu pasáu achouricemos por demás.*

achu: *sust. m.* Planta del xéneru "Allium". *A nós préstanos la comida con muitu achu.*

acingar(e): *v.* Mover un oxetu de manera que nun pare quietu. *Nun acingues la cana.*

acingase: *v.* Movese, *columbiase. Nun vos acinguéis na cana.*

aclariar(e): *v.* 1. Quitar el xabón a la *roupa* na colada. *Ya agora falta aclariare.* 2. Quedar el día ensin *nubles. Paez qu'aclaria.*

acobardar(e): *v.* Asustar, desanimar a dalguién. *Acobardóunos cono que dixo.*

acobardase: *v.* Nun tener iniciativa nun momentu determináu. *El nenu acobárdase ya nun fai nada.*

acobardáu, -ada: 1. *Participiu d'acobardare.* 2. *ax.* Tímidu, que nun tien iniciativa, que dulda más de la cuenta. *Yía un acobardáu que nun val pa nada.* 3. Asustáu, desanimáu. *Quedóu mui acobardada por aquel.las cousas que pasanon.*

acomodar(e): *v.* Venir bien, cuadrar bien. *Nun m'acomoda dir güei de fiesta.*

acomparar(e) *v.* Faer una comparanza. *Acomparóulu con nós.*

acomparase: *v.* Faer una comparanza'l mesmu protagonista de l'aición. *Acomparóuse con nós.*

acomuñar(e): *v.* Faer xuntos los *l.labores* del campu xente de más d'una casa. *Va un anu qu'acomuñamos.*

acordanza: *sust. f.* Recuerdu. *Tien muitas acordanzas del pueblu.*

acordar(e): *v.* Ponese d'alcuerdu. *Acordanon dir a La Degol.lada.*

acordase: *v.* Recordar. *Acordóuse de dir a la braña.*

acordias: *alv.* D'alcuerdu, según un pautu. *Tán las dúas mui acordias.*

acortiar(e): *v.* Faer más cortu. *Acortianon la casa cona obra que fixenon.*

acoutar(e): *v.* Reservar un sitiu con dalguna finalidá. *Acoutanon aquel.la parte del monte.*

acoutáu, -ada: 1. *Participiu d'acoutare.* 2. *ax.* Que pertenez a dalguién. *Éstas tán acoutadas.*

acouvar(e): *v.* 1. Arrodear ya axuntar pa sí. *Esta foucina yía mui buena, porque acouva bien.* 2. Xuntar el ganáu o los nenos pa protexelos. *N'entamando la griesca, la bolica acouvaba a los nenos.*

acoxecer(e): *v.* Andar mal con dalguna estremidá inferior. *Si nun-l.lys pones ferradura, acoxecen.*

acribar(e): *v.* Usar la criba pa quitar la espiga del cereal. *Agora fai falta acribare bien.*

acuartar(e): *v.* Poner una parexa más al carru pa tirar con más fuerza. *Pa xubire La Cuesta la Canalona hai qu'acuartare.*

acubilase: *v.* 1. Metese los gochos na cubil. *Los gochos acubilánonse ceo.* 2. Metese la xente na cama, con matiz peyorativu o irónicu. *Yá yía hora de que vos acubiledes.*

acubiláu, -ada: 1. *Participiu *d'acubilare.* 2. *ax.* Que nun sal de casa. *Pasóu l'anu acubiláu.*

acuchil.lar(e): *v.* Faer una ferida con un *cuchiel.lu. Acuchil.lóulu pola nueite.*

acucul.lase: *v.* Acurrucase. *Dexái d'acucul.lavos ya andái p'alantre.*

acucul.láu, -ada: *v.* 1. Participiu *d'acucul.lare. Yía aquél que ta ail.lí acucul.láu.* 2. *ax.* Que queda inmóvil ya nun fai nada. *Pasóu'l día acucul.láu na cabana.*

acupar(e): *v.* Ocupar. *Vós acupáis muitas alcobas.*

acupáu, -ada: 1. *Participiu *d'acupare.* 2. *ax.* Que nun dispón de tiempu. *Entós, ¿andas mui acupáu, nenu?*

acuriosar(e): *v.* Ordenar, aguapar. *Acuriosái la casa que vien a escape.*

acurquil.lar(e): *v.* Cantar el *curquiel.lu. ¿Nun sientes acurquil.lare?*

acuruxar(e): *v.* 1. Tapar (especialmente a un nenu) pa que nun tenga fríu. *Acuruxa al nenu que fai fríu.* 2. Cantar la curuxa. *¿Nun sientes acuruxare?*

acuruxase: *v.* Tapase ya acurrucase pa nun tener fríu. *Amira cómo s'acuruxa.*

acuruxáu, -ada: 1. *Participiu *d'acuruxase.* 2. *ax.* Que tien la postura propia del que pasa fríu. *La probina pasa'l día acuruxada pol fríu que tien.*

acutar(e): *v.* Recordar un favor a una persona. *Acutóume que-l.ly diera perras al mieu harmanu.*

adán: *sust. m.* 1. Persona sucia ya mal vistida. *Anda feitu un adán.* 2. Persona perezosa, apática. *Yía un adán.*

adelgadar(e): *v.* Faese delgáu o más delgáu. *Paez qu'adelgadéi del outuenu p'acá.*

adientro: *alv.* *Indica una situación interna, interior. *Marcha p'adientro, que fuera fai fríu.*

adióus: *interx.* 1. *Indica despidida. *¡Adióus, que vos vaiga bien!* 2. *Indica sorpresa. *¡Adióus, entovía nun vieno!*

adivín, -ina: *ax.* ya *sust.* Qu'acierta'l futuru ya tien poderes máxicos. *¡A ver qué te diz l'adivina!*

adivinar(e): *v.* Acertar el futuru. *A vere si adivinas pa onde fuenon.*

adobar(e): *v.* Tratar la carne con una sustancia determinada pa que dure. *Nun saben adobare.*

adobu: *sust. m.* 1. Aición ya efeutu d'*adobare.* 2. Preparáu que val p'*adobare.*

adral: *sust. m.* Aral.

afalador(e), -ra: *sust. m.* 1. Persona que va afalando la caza. *Güei sos tu l'afaladore.* 2. Qu'afala: *¿Quién yía l'afalador?*

afalagar(e): *v.* 1. Acariciar. *Afalaga al nenu que nun para de chorare.* 2. Adular. *Nun apara d'afalagate porque quier dalgo.*

afalagu: *sust. m.* 1. Caricia. *¡Muitos afalagos-l.ly fais!* 2. Adulación. *Por muitos afalagos que me faigas you nun voi.*

afalar(e): *v.* 1. Arrear el ganáu. *¡Afala los xatos!* 2. Arrear la caza. *Hai qu'afalar por L.lamaurén.*

afamáu, -ada: *ax.* Famosu. *El rapaz yía mui afamáu.*

afamiáu, -ada: *ax.* Que tien fame. *Alcuéntrase mui afamiáu.*

afatigase: *v.* Cansar. *Afatígase xubiendo la cuesta.*

afeitar(e): *v.* 1. Cortar la barba. *Aquel afeita bien.*

afeitase: *v.* Cortase la barba. *Afeitóuse pa dir a la boda.*

afeixar(e): *v.* 1. Cargar *feixes. En rozando bien afeixaremos.* 2. Sacar en *feixes* la yerba del prau. *N'El Navariegu fai falta afeixare.*

aferir(e): *v.* Axustar, faer coincidir bien una tapadera o cualquier oxetu. *Nun afieren bien estas tapinas.*

aferruñase: *v.* Garrar ferruñu. *Esti fierru va a aferruñase.*

afeutu: *sust. m.* Apreciu, cariñu. *Tien-l.ly muitu afeutu.*

afeyar(e): *v.* Ponese feu. *Afeyóu del branu p'acá.*

aficháu, -ada: *sust. m.* ya *f.* Que tien un vínculu ritual ya social con unos padrinos. *Esta cousina yía pal mieu aficháu.*

afilar(e): *v.* Sacar filu o corte a un oxetu. *Afiláime bien la navacha que nun corta nada.*

afiláu, -ada: 1. **Participiu d'afilare. El tou cuchiel.lu nun ta mui bien afiláu.* 2. ax. Que tien forma de corte o de filu: *Tien el focicu bien afiláu.*

afinar(e): *v.* Quitar la porquería del *l.linu* pa poder filar.

afitar(e): *v.* Poner firme un oxetu nuna base. *Afita la piedra.*

afitase: *v.* Ponese bien seguru nuna base. *Afítate bien.*

aflaquecer(e): *v.* Debilitase por fame o dolor. *El nenu aflaquecíu nel últimu mes.*

afloxar(e): *v.* Soltar un oxetu que s'alcuentra atáu, amarráu, ríxidu. *Afloxa agora la soga.*

afogar(e): *v.* 1. Matar a dalgún ser vivu al nun lu dexar respirar. *Garróulu pol pescuezu ya cuasi lu afuega.* 2. Agobiar. *Nun lu afuegues cono de mañana.*

afogase: *v.* 1. Morrer por nun respirar. *Cuasi s'afuega nel augua.* 2. Agobiase. *Afuégase por nada.*

afogáu, -ada: 1. **Participiu d'afogare.* 2. *ax.* Que respira con dificultá: *Andaba afogáu de calor.*

afondar(e): *v.* 1. Dir al fondu. *Afondóu por demás n'El Pozu la Tornadiel.la.* 2. Faer más fondu un furacu. *Si nun afondáis más igual s'esbarrumba la cabana.*

aforcar(e): *v.* Apretar con una atadura de cuerda. *Esta cuerda val p'aforcar a unu.*

aformigar(e): *v.* Producir una cosquilléu muscular ya perder gran parte de la sensibilidá. *El pesu del fierru aformigóume'l brazu.*

aformigase: *v.* Percibir la sensación de cosquilléu nuna parte del cuerpu ya perder gran parte de la sensibilidá por tar en mala postura. *Aformigóuseme'l brazu.*

aformigáu, -ada: 1. *Participiu d'*aformigare.* 2. *ax.* *Dizse d'una parte del cuerpu cuando nun se controla bien. *Güei nun xuego bien porque tiengo la pierna aformigada.*

aforrador, -ora: *ax.* Qu'aforra. *Yía mui aforrador.*

aforrar(e): *v.* Guardar dalgo, especialmente moneda o billetes, pa cuando faiga falta. *Aforra agora que sos nuevu.*

afuera: *alv.* Na parte esterior. *Afuera hai mui bien de xente.*

afumar(e): *v.* 1. Echar fumu. *Hai qu'afumar el samartinu.* 2. Faer fumu poniendo *tomiel.lu* encima de la *braneta* debaxo de la vaca pa curala (pañábase *tomiel.lu* ya traíase en *feixes* pa bendecilos el Día de Ramos ya cuando una vaca se ponía mala había que tapala con un cobertor ya afumala). *Tengo qu'afumala porque vien repelona.*

afumase: *v.* Echase fumu o chenase de fumu. *Afumóuse na cabana.*

afumáu, -ada: 1. *Participiu d'*afumare.* 2. *ax.* Que tien mui bien de fumu. *Alcontróu afumada la cabana.*

afuracar(e): *v.* Faer un furacu. *Afuracái bien el tablón.*

afurruñase: *v.* Enfurruñase.

afurruñáu, -ada: *ax.* 1. Oxidáu. 2. Enfadáu, que tien cara d'enfadáu. *Alcontréilu mui afurruñáu.*

afuxir(e): *v.* Marchar d'un sitiu, escapar. *Si vienen ceo tenemos qu'afuxire.*

agachase: *v.* Ponese nuna postura na que se baxa la cabeza, el cuerpu, etc. *Agachóuse ya nun lu vimos.*

agachupase: *v.* Agazapase, escondese. *Vieno pero agachupóuse.*

agachupáu, -ada: 1. *Participiu d'agachupase. *ax.* 2. Qu'anda escondiéndose. *Anda mui agachupáu.*

agal.la: *sust. f.* 1. Parte del cuerpu de los animales de ríu que val pa respirar. *Cochíu la truita polas agal.las.* 2. *En plural significa enerxía, valentía. *Tien muitas agal.las.*

agalbanáu, -ada: *ax.* Que tien cansanciu, que tien galbana. *Pola tarde anda siempres agalbanáu.*

agañotar(e): *v.* Garrar pol *gañote. Vieno el.la ya agañotóulu.*

agarduñar(e): *v.* Quitar, apoderase d'una entidá que resulta ser propiedá de los demás. *Agarduñánonme'l caldeiru pola nueite.*

agatuñar(e): *v.* 1. Xubir a una árbol como un gatu. *Agatuñóu ya escondíuse na groma del árbol.* 2. Gatuñare.

agomitar(e): *v.* Echar la comida pola boca. *Namás comere agomitóu tola comida.* ||| *Si esta augua tien venenu que lu quite, ya si non que la agomite* funciona como fórmula máxica pa defendese del *augua* que nun cuerre ya puei sentar mal.

agora: *alv.* 1. Nesti momentu. *Pasái agora que nun hai nadie.* 2. Nestos tiempos. *Agora nun hai naide que sepa teitare.*

agostar(e): 1. Secar el sol de branu la yerba ya la vexetación en xeneral. 2. Secar la yerba ya la vexetación pol sol del branu.

agostase: *v.* Secar la yerba pola sequedá ya pol sol del branu. *Agostóuse tou El Pumarín.*

agostu: *sust. m.* Mes del calendariu anterior a de setiembre. *N'agostu yía cuando más calor fai.*

agradar(e): *V.* Pasar la *grada* nuna tierra de cultivu. *Hai qu'agradare los eiros.*

aguacientu, -a: *ax.* Que tien abonda proporción de sustancia acuosa. *El caldu salíu mui aguacientu.*

aguadicha: *sust. m.* Linfa, líquidu que suelta una mancadura. *Yá nun-l.ly sal l'aguadicha.*

aguano: *alv.* 1. *Anguano,* nesti *anu. Yá nun tenemos pan d'aguano.* 2. Nestos tiempos. *Aguano vienen los branos mui secos.*

aguantar(e): *v.* 1. Dase prisa. *Aguantái que yá nun tenemos tiempu.* 2. Sostener. *Aguanta bien mientras you l.limpio por debaxo.* 3. Soportar. *Tu aguanta las cousazas que te diga.*

aguapar(e): *v.* 1. Poner guapu o más guapu. *Tienes qu'aguapare'l ramu.* 2. Ponese una persona guapa o más guapa. *Paez qu'aguapóu na braña.*

aguapecer(e): *v.* 1. Poner guapu o más guapu. *Aiho, ¿quién t'aguapecíu asina?* 2. Ponese guapu o más guapu. *Paez qu'aguapecíu na braña.*

agucha: *sust. m.* Oxetu de metal que tien punta pa coser. *Nun alcuentro las aguchas.* || *Buscare una agucha nun pachar* 'querer faer una aición imposible'. *Faere eso yía como buscar una agucha nun pachar.*

agucheiru: *sust. m.* Oxetu onde se ponen alfileres ya *aguchas.* ¿Ónde escondisti l'agucheiru?

aguichar(e): *v.* 1. Picar con una *guichada. Si nun se mueve la Garbosa, aguíchala.* 2. Picar a una persona pa que reaicione. *Si nun lu aguichamos nun sal.*

aguichón: *sust. m.* 1. Oxetu en forma de punta que s'emplega pa pinchar. *Clavéi un aguichón ya duelme.* 2. Parte de l'*abecha* que pincha. *Quedóume l'aguichón metidu ya hinchóume.*

aguiluchu: *sust. m.* Páxaru *pequenu,* "Anthus pratensis". *Va unos días que vien por aiquí un aguiluchu.*

aguzar(e): *v.* Afilar. *Agucéi'l palu pa que valiera.*

ai: *interx.* *Esclamación de dolor. *¡Ai!, nun séi. Duelme por demás.*

ai: *sust. m.* Voz de dolor. *Sentí un ai onde la l.linar.* ||| *¿A quién quieres más, a tou padre, a tua madre o al ai, ai, ai?* funciona como fórmula de xuegu infantil.

aiho: *interx.* *Esclamación xenérica, apócope de "¡Ai home!". *¡Aiho! ¿Entós tu nun vienes con nós?*

ail.lí /: *alv.* 1. Naquel sitiu. *Ail.lí nun hai naide.* 2. A aquel sitiu. *Diz que va dir ail.lí.*

aiquí: *alv.* 1. Nesti sitiu, nesta parte. *Aiquí hai más xente.* 2. A esti sitiu, a esta parte: *Si nun vien aiquí nun-l.ly doi los xugos.* || *D'aiquí un poucu* 'un poco más tarde'. *D'aiquí un poucu marchamos va Val.leil.los.*

aire: *sust. m.* 1. Sustancia gaseosa qu'hai alredor de la Tierra. *Los aires d'aiquí son mui buenos.* 2 Enerxía, vitalidá. *Tien muitu aire.* 3. Vientu. *Hai un aire mui fuerte.* 4. Corriente de vientu. *Díu-l.ly un aire ya enfermóu.* 5. Forma, aspeutu que se paez. *Dase un aire a la sua boliquina.* || *Pol aire* 'a gran velocidá'. *Vieno pol aire.*

airón: *sust. m.* *Aumentativu d'*aire*. *Hai un airón mui fuerte.*

airosu, -a: *ax.* 1. Que tien enerxía, vitalidá. *Yía un rapaz mui airosu.* 2. *Dizse del día con *aire* fuerte ya abundante. *A ver si güei nun se pon tan airosu como ayere.*

aix: *interx.* *Espresión de placer al tapase cuando fai fríu al metese na cama o al tapar a un *nenu. ¡Aix, tapa, tapa, aix!*

ala: *interx.* *Esclamación d'ánimu, qu'indica qu'hai que dir p'alantre. *¡Ala, que yá falta poucu caminu!*

alabancia: *sust. f.* Al.labanza. *Nun fai más que faere alabancias del nuesu Xuan.*

alabanciar(e): *v.* Al.labanciare. *En cuantas que me ve nun dexa d'alabanciame.*

alabanciosu, -a: *ax.* Que fai mui bien d'*alabancias. Sos mui alabanciosu con nós.*

alabar(e): *v.* Alabanciare, al.labar.

alamares: *sust. pl.* Bártulos, oxetos que se traen como carga. *Vieno con tolos alamares.*

alambrar(e): *v.* 1. Poner al gochu alambres no focicu pa que nun foce. *A los gochos hai que los alambrare.* 2. Controlar. *A esa xente hai que la alambrar bien.*

alambre: *sust. f.* Filu flexible de metal. *Cueche l'alambre ya ven conmíu.*

alantre: *alv.* *Indica una situación anterior. *Andan por ahí alantre.*

alantrón: *alv.* De frente, pero a gran distancia. *Alcontréilu al.lá alantrón.*

alantrones: *alv.* De frente, pero a gran distancia. *Marchóu p'al.lá alantrones.*

alaxa: *sust. f.* Oxetu de gran valor. *¡Menuda alaxa!*

albañeiru: *sust. m.* Canalín pa desagüe. *Metíuse un bichu pol albañeiru.*

albar(e): *ax.* 1. De *fuecha* dura (opónse a *corchizu*). *Esti yía un rebol.lu albar.* 2. Grande ya buena, refiriéndose especialmente a la mora. *A mí gústanme namás las moras albares.*

albarda: *sust. f.* Instrumentu que se pon encima del cabal.lu p'asitiar la carga. *Fáltate l'albarda.*

albardeiru, -era: *sust. m. ya f.* Persona que fai *albardas* pa los animales de carga. *Güei vieno un albardeiru.*

albeitre: *ax.* *Úsase como insultu, significando torpe, animal (yá nun tien el significáu de persona que cura animales). *¡Sos un albeitre!*

alcacia: *sust. f.* Árbol del xéneru "Robinia", de flor aromática ya madera dura. *Cayíu l'alcacia qu'había na güerta.*

alcoba: *sust. f.* Cuartu *pequenu* de casa. *Metíu la roupa nuna alcoba.*

alcontrar(e): *v.* Atopar. *Alcontranon las nuesas vacas.*

alcontrase: *v.* Atopase. *Alcontránonse n'El Cuetu l'Osu.*

alcordanza: *sust. f.* Recuerdu. *Quédan-l.ly muitas alcordanzas de cuando yera nenu.*

alcordase: *v.* Recordar. *Alcordóuse de venire.*

alcordión: *sust. f.* Instrumentu musical con un *fuel.le* d'aire que se pliega pa tocar. *Nun sabe tocar bien l'alcordión.*

alcuentru: *v.* Aición ya efeutu d'atopar. *Vieno al alcuentru de nós.*

alendar(e): *v.* Respirar. *Veise qu'entovía alienda.*

alentar(e): *v.* Respirar. *Veise qu'entovía alienta.*

alfiler: *sust. f.* Barrina metálica que s'emplega pa prender tela, papel. *Nun quedóu nin una alfiler.*

alforxa: *sust. f.* Recipiente que tien dos partes ya que va encima los burros. *Vien conas alforxas chenas. || Sacare los pías de las alforxas* 'comportase de forma atrevida, perdiendo la timidez'. *El nenu ta sacando los pías de las alforxas.*

algo: *pron.* *Refierse indefinidamente a cualquier entidá. *Fálta-l.ly algo.*

alguién: *pron.* *Refierse indefinidamente a una persona. *Alguién-l.lys segóu Valdefontán.*

alifante: *sust. m.* Elefante. ||| *Alivántate Alifonsu, que vienen los alifantes* funciona como una frase o fórmula mui usada ya como ocurrencia humorística que nun tien un significáu concretu.

al.lá: *alv.* 1. Naquel sitiu, nesa parte. *Atropóu unos cuantos trochos al.lá.* 2. A aquel sitiu, a esa parte. *Foi al.lá porque nun tenía onde dir.* || *Al.lá tu* espresa la idea de pasar la responsabilidá a la persona del diálogu. *Si vas a La Furaquina, ¡al.lá tu!*

al.labancia: *sust. f.* Al.labanza.

al.labanciar(e): *v.* Manifestar ya esaxerar lo positivo d'una persona. *En cuantas que me ve nun dexa d'al.labanciame.*

al.labanciosu, -a: *ax.* Que fai mui bien d'al.labancias. *Sos mui al.labanciosu con nós.*

al.labanza: *sust. f.* Aición d'espresar los aspeutos positivos d'una persona ou entidá. *Con tanta al.labanza nun séi si fairá bien las cousas.*

al.labar(e): *v.* Faer al.labanzas. *Al.labóulu por demás ya díuse cuenta.*

al.lampar(e): *v.* Comer o beber con ansia ya nun dexar nada. *Vieno ya al.lampóu cuanto había.*

al.largar(e): *v.* Poner, faer un oxetu más l.largu. *Al.larguemos la paré pa defendere'l prau.*

al.largáu, -ada: 1. *Participiu d'al.largare. 2. *ax.* Que tien forma de tira. *Tien un prau al.largáu.*

al.legrar(e): *v.* Dar al.legría. *Al.legróunos a tous.*

al.legrase: *v.* Ponese al.legre. *Al.legróuse cono que-l.ly dixenon.*

al.legre: *ax.* Que tien al.legría. *A el.la siempres la ves al.legre.*

al.legría: *sust. f.* Sentimientu d'euforia, de buen humor. *Na nuesa casa siempres hai al.legría.*

al.leitar(e): *v.* Dar de mamar los animales. *La gocha al.leita tamién al furón.*

al.leixase: *v.* Ponese la ubre de la vaca de manera qu'indica que s'alcuentra cercana al partu. *Peme que ta al.leixándose.*

al.liase: *v.* Pelease, aluchase. *Al.liánonse los dous.*

al.lismar(e): *v.* Prender fuegu a dalgún oxetu. *¿Ya quién foi'l qu'al.lismóu'l bedular?*

al.louriar(e): *v.* Ponese fuera de sí, ponese *l.loucu. Paez qu'al.lourióu.*

al.louriáu, -ada: 1. *Participiu d'al.louriare. 2. ax.* Fuera de sí, *l.loucu. Anda al.louriada porque nun tuvo suerte.*

al.lumar(e): *v.* Dar *l.luz,* dar *l.lume. ¡Al.luma, chachu!*

al.lunáu, -ada: *ax.* Que s'alcuentra fuera de sí, despistáu, *al.louriáu. Agora anda al.lunáu.*

al.luriador(e), -ora: *sust. m. ya f.* Sogueiru, persona que fai *l.lurias* o *sogas. ¿Nun vieno entovía l'al.luriador?*

al.luriar(e): *v.* Atar con una soga o *l.luria. ¡Al.lúrialu, al.lúrialu!*

al.luriáu, -ada: 1. *Participiu d'al.luriare. 2. ax.* Que tien dalguna xuntura o atadura. *Sigue al.luriáu como siempres.*

almariu: *sust. m.* Armariu. *Ya metéi la vuesa roupa no almariu.*

almorzar(e) *v.* Comer l'almuerzu. *Namás almorzare marchái pa La Degol.lada.*

almuerzu: *v.* 1. Primera comida importante del día. *Yía la hora del almuerzu.* 2 Materia que se come al almorzar. *L.levóu l'almuerzu pa la braña.*

almugada: *sust. f.* Pieza onde reposa la cabeza na cama. *You nun soi a dormire si nun tengo almugada.*

alón: *interx.* *Espresión se fai al terminar un actu, indicando la finalización del mesmu. *¡You bebo'l l.leite ya alón!*

aloxador: *sust. m.* Persona del pueblu encargada de dar cama a los probes, según vecera. *Chamái al aloxador.*

alparagata: *sust. f.* Calzáu p'andar por casa. *Salíu conas alparagatas puestas.*

alquién: *pron. Alguién. Alquién vieno ya quitóute la ol.la.*

alredor(e): *alv.* Cerca, na contorna próxima. *Nun había naide alredore.*

altar(e): *sust. m.* Piedra sagrada de la ilesia. *Cayíu al pía del altar de la ilesia nueva.*

alteriase: *v.* Cambiar d'estáu d'ánimu, ponese nerviosu. *Aquél.la altériase por nada.*

altu: *sust. m.* Picu d'un monte. *Tardóu un buen ratáu en xubir al altu.*

altu, -a: *ax.* 1. Que sobresal, que s'alcuentra arriba. *Yía un bedul mui altu.* || *Tar altu* 'alcontrase'l cielu con denguna *nuble* o cuasi denguna'. *Güei ta altu.* || *Tocar al altu* 'Faer toques de campana festivos o a gloria por una fiesta, nuna boda, los domingos o pola muerte d'un nenu'. *Tocanon al altu ya nun séi por quéi.*

altura: *sust. f.* Elevación, superioridá. *Tien una altura mui grande pa mi.*

aluchar(e): *v.* 1. Pelear con dalguién: *Aluchóu contra los tres.* 2. Pelease: *Aluchanon tres mozos na tabierna.*

aluchase: *v.* Pelease. *Aluchánonse dous mozos na tabierna.*

aluche: *sust. m.* Combate, pelea, *valtu.* *¿Verían l'aluche qu'hubo ayere?*

alvertencia: *sust. f.* Aición ya efeutu d'alvertir. *Yá yía la segunda alvertencia que-l.ly fai.*

alvertir: *v.* 1. Dase cuenta, enterase. *Alvertíu que venía la xente.* 2. Informar a dalguién. *Alvertíunos que nun segáramos el prau.*

alzar: *v.* 1. Xubir un oxetu. *¡Alza'l xugu!* 2. Poner *el l.leite* nun sitiu fríu pa que xuba la nata. *Pon el l.leite a alzare ya marcha pa la cama.*

amadrinar(e): *v.* 1. Dir como madrina d'una persona: *Amadrinóula la tía.* 2. Apoderarse de, cazar. *Amadrinóu mui bien de truitas.*

amagar(e): *alv.* Va tiempu que; *usáu xeneralmente en frase esclamativa. *¡Amagar que merquéi'l xatín!*

amagostar(e): *v.* 1. Asar *castañas. Pola nueite queremos amagostare.* 2. Malgastar, terminar lo que se tien. *¡Amagostóu'l capital que tenía!*

amagüestu: *sust. m.* 1. Aición ya efeutu d'*amagostare. Los nuesos fichos andan pol amagüestu.* 2. Confusión, remestura. *¡Menudu amagüestu!*

3. Chapuza interesada, negociu duldosu. *¡Nun séi en qué amagüestos anda!*

amanducar(e): *v.* Comer. *Amanducanon cuanto pudienon.*

amanecerín: *sust. m.* Principiu del amanecer. *Marchóu al amanecerín.* || *Amanecerín de Dios* 'primeros momentos del amanecerín'. *Chegóu al amanecerín de Dios*

amante: *sust. m.* Noviu. *Taba asperando al sou amante.*

amañar(e): *v.* 1. Preparar, arreglar. *Amañái l'alcoba antias de que chegue.* 2. Preparar, arreglar confusa ya sospechosamente. *Aquel.los amañanon un asuntu mui malu.* 3. Esplicar confusa ya sospechosamente. *Nun séi qué foi lo que m'amañóu.*

amañase: *v.* 1. Preparase, arreglase. *¡Amáñate bien!* 2. Ser quien a faer dalgo. *Nun sei cómo s'amañóu, pero salíu-l.ly bien.*

amañáu, -ada: 1. *Participiu d'*amañare.* 2. *ax.* Curiosu, arteru. *Sos pequenu pero bien amañáu.*

amarañáu, -ada: *ax.* Que tien forma d'encaxe. *Nun sei, ta'l cielu mui amarañáu.*

amarguizu, -a: *ax.* Que tien sabor amargu. *El l.leite sábeme amarguizu.*

amargul.lar(e): *v. Marmul.lar,* murmurar. *Siempres andan amargul.lando.*

amarmul.lar(e): *v. Marmul.lar,* murmurar. *Siempres andan amarmul.lando.*

amarrar(e): *v.* Atar. *Amarróulu a la estaca.*

amarrase: *v.* Pelease. *Güei amarránonse Xuan ya Pepe.*

amasar(e): *v.* Faer la masa del pan. *La mia mama amasóu muitas veces.*

amaturriar(e): *v.* Atontar *las ugüechas* pol calor. *Tán amaturriando las ugüechinas.*

amecedura: *sust. f.* Aición ya efeutu de xunir ya remesturar. *Faer fixo una buena amecedura.*

amecer(e): *v.* 1. Xuntar ganáu de distintos vecinos. *Hai qu'amecer el ganáu ya l.levalu pa La Sierra.* 2. Xuntar, remesturar. *Amecienon el l.leite de tolos brañeiros.*

ameimar(e): *v.* Dar *meimos. Amira cómo lu ameima.*

ameimáu, -ada: 1. *Participiu d'*ameimare*. 2. *ax.* Que tien una conducta propia de persona consentida ya maleducada. *Tiénenlu mui ameimáu en ca la bolica.*

amentar(e): *v.* Mentar, faer mención. *A nós nun nos amentanon.*

amestar(e): *v.* Xunir, mezclar, remesturar. *Quieren amestar las cousas vuesas ya las nuesas.*

amirar(e): *v.* Mirar. *¡Amirái quién vien por ahí!*

amolar(e): *v.* Fastidiar, faer dañu. *Entós, amolástime bien.*

amolase: *v.* Fastidiase, faese dañu. *Amolóuse bien amoláu.*

amoláu, -ada: 1. *Participiu d'*amolare*. 2. *ax.* Delicáu, enfermu. *¡El probe ta bien amoláu!*

amolestar(e): *v.* Faer dañu, estorbar. *Nun voi pa nun los amolestare.*

amontáu, -ada: *ax.* Salvaxe, avezáu a la vida de monte. *El tou rapaz cada día anda más amontáu.*

amontalgase: *v.* Ponese un oxetu mancháu pola mor de la humedá. *Amontalgánonse los cousas del caxón.*

amontalgáu, -ada: 1. *Participiu d'*amontalgare*. 2. *ax.* Que tien dalguna mancha por falta d'usu. *Tien la roupa mui amontalgada.*

amontonar(e): *v.* Faer un montón o montones con unos oxetos determinaos. *Amontonanon todita la roupa nel tachuelu.*

amontonase: *v.* 1. Axuntase oxetos o seres desordenadamente. *Amontonánonse las cousas ya quedemos con poucu sitiu.* 2. Axuntase una parexa pa convivir, pero nun fayendo los trámites burocráticos ya eclesiásticos. *Estos van a terminar amontonándose.*

amontonáu, -ada: 1. *Participiu d'*amontonare*. *Alcontréi los l.libros amontonaos ya espiltraciaos.* 2. Que convive, pero nun fayendo los trámites burocráticos ya eclesiásticos (una parexa). *Aquel.los viven amontonaos.*

amor(e): *sust. m.* Sentimientu positivu, cariñu. *Ahí hai muitu amor.*

amora: *v.* Mora, frutu silvestre. *Prestaríame faer un machucu d'amoras; l'amora albar cómese, l'amora corchiza nun se come.*

amoratáu, -ada: *ax.* 1. Moráu. *Yía d'un color amoratáu.* 2. Golpeáu ya con señal de los golpes. *Entovía anda bien amoratáu.*

amorgazáu, -ada: *ax.* 1. Triste, escuru. *Va tiempu que lu vemos amorgazáu.* 2. Escuru ya triste (el tiempu atmosféricu). *Güei ta amurgazáu.*

amorosín, -ina: *ax.* Suave, blandu. *La roupa yía mui amorosina.*

amortachar(e): *v.* Poner la *mortacha. Tienen qu'amortachalu.*

amortalecer(e): *v.* 1. Alcontrase cerca de la muerte, agonizar. *El probe amortalez solu.* 2. Quedar adormiláu. *Si me pongo xunto al l.lume amortalezo a escape.*

amortalecidu, -a: *ax.* 1. Mediu muertu. *L.levánonlu amortalecidu yá pa casa.* 2. Adormiláu. *Alcontrámoslu amortalecidu xunto a la l.lariega.*

amozquitar(e): *v.* Quitar un trocín superficial. *Amozquitóu la piel cono madeiru.*

ampol.la: *sust. f. Boncha,* bolsa que se forma al frotar ya mancase la piel. *Tien la manu chena d'ampol.las.*

ampol.láu, -ada: *ax.* Que tien mui bien d'*ampol.las. La nena anda ampol.lada perdida.*

amucheráu: *ax.* Que tien comportamientos como una *mucher. Alcontránonlu amucheráu.*

amulanchín: *sust. m.* Afilador, persona que va de pueblu en pueblu afilando oxetos con corte. *¡Amagar que nun vien l'amulanchín!*

amurniar(e): *v.* 1. Ponese triste. *El nenu amurnia pola mor de la escuela.* 2. Tener *suenu. La xente amurniaba pola tarde.*

amurniase: *v.* 1. Ponese triste. *El nenu amúrniase pola mor de la escuela.* 2. Tener *suenu. La xente amúrniase pola tarde.*

amurniáu, -ada: 1. *Participiu d'amurniare. 2. *ax.* Melancólicu: *Nun yía tan amurniáu como tu.*

amusar(e): *v.* Dar dineru. *A el.la amúsanla bien a escondidiel.las.*

an: *Contraición de la *prep. a* ya la *prep. en,* indicando'l sitiu al que se dirixe l'aición. *Voi an ca Catuxa, Voi p'an ca Xepe.*

anadar(e): *v.* Nadar. *Pasóu'l pozu anadando.*

anagraláu, -ada: *ax.* *Dizse del que tien la piel con negrales. *El nenu va tou anagraláu.*

analar(e): *v.* Nadar. *Pasóu'l pozu analando.*

ananchar(e): *v.* Faer algo más ancho. *Ananchanon la carretera.*

anantias: *alv.* Antias. *El.la vieno anantias que nós.*

anardidu, -a: *ax.* *Dizse de la comida pasada ya verdosa. *Alcontranon el caldu tou anardidu.*

anarriáu, -ada: *ax.* Ruín, faltu d'alimentu. *El probe vien cada día más anarriáu.*

anclas: *sust. f.* Parte d'atrás de dalgunos animales. *Tien buenas anclas.* || *Tirar las anclas* 'dar coces los animales, especialmente los caballos'.

anclazu: *sust. m.* Aición ya efeutu de dar un golpe con una ancla. *Cuidáu nun vaya a date'l machu un anclazu.*

anda: *interx.* *Voz pa envizcar a los perros. *¡Anda perrín, anda con el.la!*

andancia: *sust. f.* Epidemia. *Paez qu'hai andancia.*

andanciu: *sust. m.* Epidemia. *Paez qu'hai andanciu.*

andar(e): *sust. m.* Forma, manera d'andar. *Trai unos andares mui torpes.* || *Al outru andare* 'd'una manera distinta'. *Hai que faelu al outru andare.*

andar(e): *v.* 1. Caminar. *Yía mui amigu de venire andando.* 2. Inspeccionar. *Tien qu'andar La Sierra pa ver si alcuentra'l ganáu.* 3. Tener una actividá. *Andamos entamando la salga.* || *Andare al retultel* 'recorrer continuamente distintos sitios'. *Anduvienon al retultel todita la nueite.* || *Andar al quita ya echa* 'discutir pola mor del riegu'. *Nun tengo ganas d'andar con vós al quita ya echa.* || *Andare de picu ya de contu* 'movese apuráu'. *Andáis siempres de picu ya de contu.* || *Andare al pelu melendru* 'pelease tirándose de los pelos'. *Por culpa del tou xenru andamos siempres al pelu melendru.* || *Andare a gatuñas* 'andar igual que los gatos'. *Al nenín présta-l.ly andare a gatuñas.* || *Andare de calechu* 'andar de tertulia'. *Él con tal d'andare de calechu siempres lu alcuentras contentu.* || *Andare de cereiru* 'dir d'un sitiu a otru ya nun faer nada'. *¿Qué yía lo que fais por ahí de cereiru?* || *Andare a trotes* 'andar deprisa'. *Tien el vezu d'andar siempres a trotes p'arriba ya p'abaxo.* || *Andare feitu un adán* 'dir mal argláu'. *Va* *unos días qu'anda feitu un adán* || *Andare al pesque* 'vixilar, espiar'. *El.la anda al pesque a ver si alcuentra al que fixo l'esbardagüertu.* || *Andare al machu* 1. 'alcontrase en celu una fema animal, especialmente la fema de los animales del xéneru "Equus"'. *Peme que la burra yá anda al machu.* 2. 'cubrir a la fema animal el machu. *La burra anda al machu'.* || *Andare al vurrón* 1. 'alcontrase en celu la gocha'. 2. 'ir la gocha al vurrón.* || *Andare al castrón* 1. 'alcontrase en celu la cabra'. 2. 'cubrir a la cabra'l castrón'. || *Andare al carneiru* 1. 'alcontrase en celu la ougüecha'. 2. 'cubrir el carneiru a la ougüecha'.* || *Andare al merriu* 'alcontrase en celu la gata'.* || *Andare tora* 'alcontrase en celu la vaca'.* || *Andare salida* 'alcontrase en celu la perra'.*

andarríos: *sust. m.* *Nome de diferentes especies de páxaros que viven xunto a los ríos, "Cinclus cinclus", "Motacilla alba", "Motacilla cinerea", "Motacilla flava". *Agora hai muitos andarríos pol Sil.*

andáu, -ada: 1. *Participiu d'*andare. La senda andada hasta agora yía mui mala.* 2. *ax.* Que se conoz bien. *Tien mui andada la nuesa braña.*

andorga: *sust. f.* Estómagu. *Vieno a la mia casa ya chenóu l'andorga.*

andosca: *sust. f.* Cordera con doce meses. *Perdíusenos una andosca ya nun somos a atopala.*

androcha: *sust. f.* Productu del *Samartinu* que va en tripa gorda del gochu. *L'androcha salíunos mui sabrosa.*

andrubial: *ax.* Grandón, tontu, brutu; *úsase xeneralmente con un aquel ofensivu. *Yía un andrubial.*

andurina: *sust. f.* Páxaru "Hirundo rustica". *Na mia casa hai muitos niales d'andurinas.*

anechu, -a: *ax.* Pasáu de tiempu. *Nun la comas que ta anecha.*

anegralar(e): *v.* Pegar ya dexar el cuerpu con negrales. *Anegralóulu a golpes.*

anegralase: *v.* Ponese con negrales en dalguna parte del cuerpu. *Cayíu ya anegralóuse.*

anegraláu, -ada: *ax.* Que tien mui bien de negrales nel cuerpu. *Quedóu anegraláu dafeitu.*

anfiler: *sust. f. Alfiler. Fai-l.ly falta una anfiler.*

angariel.las: *sust. pl.* Camina de madera pa tresportar a xente. *Mancóuse en La Furaquina ya tuvienon que traelu n'angariel.las.*

angazar(e): *v. Engazare.*

angazu: *sust. m. Engazu.*

anguano: *alv.* 1. Nesti *anu. Anguano nun sei si habrá cuenxos.* 2. Nestos tiempos d'agora. *Anguano yá nun hai nenos nel pueblu.*

aniar(e): *v.* Faer un nial. *Las andurinas anianon na nuesa casa.*

aniciar(e): *v.* Criar, procrear, encastar, ser orixe de dalguna entidá. *Las pitas anician por demás.*

aniciu: *sust. m.* Producción, reproducción, xeneración. *En ca los vecinos hai muitu aniciu.*

anoxar(e): *v.* 1. Rechazar, aborrecer, xeneralmente por *noxu. Paez qu'anoxa a la familia.* 2. Cansar de dalgo. *Anoxóu las papas.* 3. Nun querer los paxarinos criar los güevos, especialmente si anduvo'l ser humanu nel *nial. Si andas nel nialín, igual anoxan a las crías.*

anoxáu, -ada: 1. *Participiu d'*anoxare.* 2. *ax.* Cansáu de dalguna actividá o entidá, de forma que la rechaza, que nun la quier. *Toi anoxáu de tanto echar l'augua.*

anoxu: *sust. m. Noxu,* aición ya efeutu d'*anoxare. ¿Date anoxu?*

anoyar(e): *v.* Faer un *noyu. Hai qu'anoyare bien la soga.*

anque: *conx.* 1. *Espresa la idea concesiva de dificultá pa que se faiga l'aición. *You voi anque el.la nun quier.* 2. Pero, sicasí, *espresando una idea alversativa. *Marchóu, anque nun quería dir.*

antano: *alv.* Va tiempu, antiguamente, hai tiempu. *Dásmelu d'antano ya a mi préstame d'anguano.*

antayer(e): *alv.* El día anterior al d'ayer. *Antayer nun había naide na tua cabana.*

ante: *prep.* Delantre. || *Ante'l día antayere* 'el día anterior a *antayer'. Peme que cheganon ante'l día antayere.*

anteanueite: *alv.* La *nueite* del día anterior. *Anteanueite entovía nun chega-ra a la sua casa.*

antias: *alv.* Anteriormente. *Antias venía por aiquí, pero agora non.*

antigual: *alv.* Al revés, de forma inversa. *Nun la quier, antigual, tien-l.ly rabias.*

antiochos: *sust. m. pl.* Cristales de correición de la visión. *Tien que poner antiochos.*

antoxase: *v.* 1. Tener una preferencia maniática por dalgo. *Antoxóuse-l.ly comer la manteiga.* 2. Tener la fema embarazada una preferencia ma-niática. *Antóxase-l.ly la cuachada.*

antoxu: *sust. m.* 1. Preferencia maniática por dalguna entidá. *Déxate d'antoxos ya fai lo qu'hai que faere.* 2. Preferencia maniática de la fema embarazada. *Tien un antoxu.* 3. Mancha na piel, que diz la tradición que vien d'un antoxu que nun se cumple.

antroidar(e): *v.* 1. Celebrar l'*antroidu*. *Mañana hai qu'antroidare.* 2. Comer a farta. *Antroidanon pola boda.*

antroidu: *sust. m.* 1. Tiempu anterior a la Cuaresma. *Pol Antroidu yía tar-de.* 2. Fiesta propia del tiempu anterior a la Cuaresma, especialmente'l domingu ya'l martes. *Esti anu nun séi si correremos l'Antroidu.*

anu: *sust. m.* Períodu temporal de doce meses. *Esti anu yía bien malu.* || *L'outru anu* 'van unos cuantos *anos*'. *Chegóu l'outru anu.* || *Por muitos anos* úsase como fórmula pa desear felicidá ya una vida saludable al presentase la xente.

anubarráu, -ada: *ax.* Que tien *nubles* a esgaya. *Nun séi, peme qu'anda mui anubarráu'l cielu.*

anublar(e): *v.* Ponese'l cielu con *nubles*. *Paez qu'anubla.*

anublase: *v.* Ponese'l cielu con *nubles*. *Paez qu s'anubla.*

anubrir(e): *v.* 1. Tapare, cubrire. *Anubríu la paré con sarriu.* 2. Ponese'l cielu con *nubles*. *Anubríu de golpe ya terminóu choviendo.*

anueitar(e): *v.* Pasar la *nueite*. *Ayere anueitanon en ca María.*

anueite: *alv.* La *nueite* anterior. *Marchanon anueite.*

anueitecer(e): *v.* Faese de *nueite. Pol branu anuetecía tarde.*

anuncia: *v.* Noticia, novedá; *úsase xeneralmente en plural ya con un matiz positivu. *Vieno Xuan conas anuncias.*

ánxel: *sust. m.* Espíritu buenu del cielu. *La rapaza yía un ánxel.*

añada: *sust. f.* La cosecha d'un *anu. Paez qu'hai buena añada.*

apagar(e): *v.* 1. Quitar, desaniciar lo que da *l.luz. Apaganon el l.lume cuando yá escureciera.* 2. Desconectar un aparatu. *¡Apaga la televisión!*

apagase: *v.* Consumise lo que da dalgún tipu de *l.luz. Apagóuse'l l.lume pola mañana.*

apagáu, -ada: *ax.* 1. *Participiu d'*apagare. La vela ta apagada.* 2. *ax.* Que tien una actividá más escasa de lo normal. *La xente taba mui apagada.*

apal.lucáu, -ada: *ax.* Densu, apelmazáu. *Estas cousas tán apal.lucadas.*

apalpar(e): *v.* Usar la *manu* pa percibir. *Nun había l.luz ya teníamos qu'apalpare.*

apalumbáu, -ada: *ax.* Despistáu, descentráu. *Dixénonme que taba mui apalumbáu.*

apañar(e): *v.* 1. Garrar del suelu, recolectar. *Güei pola mañana apañemos tolas castañas d'El Poulón.* 2. Arreglar, solucionar un problema. *Entós you apañéilu como pudi.*

apañase: *v.* Arreglase, buscar la forma de solucionar un problema. *A vere cómo s'apaña pa l.levar las vacas a L.lourinas.*

apañáu, -ada: 1. *Participiu d'*apañare.* 2. *ax.* Curiosu, guapu. *Él vieno mui apañáu a la boda.* 3. Que tien habilidá, arteru. *Él yía mui apañáu ya seguramente val p'arréglatelu.*

apañu: *sust. m.* Aición ya efeutu d'*apañare. Agora hai que faer un apañu.*

aparar(e): *v.* Parar. *¡Apara de movete!*

apareáu, -ada: *ax.* Que va a la par, a la vez. *Xubienon apareaos la cuesta de Revil.lán.*

apartadeiru: *sust. m.* Sitiu onde apartar ya dexar oxetos. *Si vos cruzáis con un carru, metéivos nun apartadeiru.*

apartadixu: *sust. m.* Alcoba o parte ruina en que se divide una casa. *Na casa viecha el.la dormía nun apartadixu qu'había xunto a la escalera.*

apartar(e): *v.* 1. Separar, distanciar. *Aparta'l picachu del portiel.lu.* 2. Separase, distanciase. *Apartái que vengo cargáu de brimbas.*

apartase: *v.* Separase, distanciase. *Apartáivos que vien aquél cona vencia.*

apartáu, -ada: 1. *Participiu d'*apartare.* 2. *ax.* Que s'alcuentra *l.luenxe. Vive mui apartáu de nós.*

apartixu: *sust. m. Apartadeiru* ruin. *Nun sei si seremos a cruzanos nesti apartixu.*

apastorear(e): *v.* Cuidar el ganáu. *Él sigue apastoreando las nuesas vacas.*

apaxaráu, -ada: *ax.* Despistáu, descentráu. *¿Tas apaxaráu ou quéi?*

apechar(e): *v.* Zarrar con un *piechu. Apiecha la puerta si marchas.*

apechugar(e): *v.* Nun s'acobardar nuna actuación. *Teníalos en contra pero apechugóu con el.los.*

apedrear(e): *v.* 1. Tirar una piedra o más a una persona o a un sitiu. *Apedreanon a los foresteiros.* 2. Granizar. *¡Probes de nós como siga apedreando asina!*

apegar(e): *v.* Axuntar, pegar. *Apegóu las fuechas del l.libru.*

apeluchar(e): *v.* Cambiar de pelu pa bien, ponese bien d'aspeutu. *A ver si apeluchan en ca Xe.*

apencar(e): *v.* Esforzase nuna aición. *¡Aiquí hai qu'apencare!*

apencaráu, -ada: *ax.* Que tien *pencas. Tien la cara todita apencarada.*

apercibir(e): *v.* Recibir. *Apercibíu una gran somanta.*

aperiu: *sust. m.* Ferramienta pal campu. *Dexóu los aperios no pachar.*

aperril.lar(e): *v.* Tirar, disparar con un arma. *Aperril.lánon al osu na espera.*

apertar(e): *v.* Apretar. ‖ *Apertare'l puñu* 'ser mui tacañu'.

apetiguñar(e): *v.* Apetuñar. *Tuvienon que s'apetiguñare.*

apetiguñáu, -ada: 1. *Participiu d'*apetiguñare.* 2. *ax.* Incómodu por nun tener espaciu. *La cabana yía pequena ya pasanon la nueite apetiguñaos.*

apetuñar(e): *v.* Apretar, axuntar, meter en gran cantidá nun sitiu. *Apetuñóulas hasta más nun poder.*

apetuñáu, -ada: 1. *Participiu d'apetuñare.* 2. *ax.* Incómodu por nun tener espaciu. *Quexábanse porque taban mui apetuñaos.*

apicar(e): *v.* Picar la tierra con un *picu* o un *picachu*. *Esta tarde tenemos que dir a apicare.*

apingaxar(e): *v.* Dexar cayer la cabeza, tando sentáu, pola mor de tar adormiláu. *Quedóu apingaxando na cocina.*

apirgazar(e): *v.* Dexar cayer la cabeza, tando sentáu, pola mor de tar adormiláu. *El viechu sigue apirgazando'l probe.*

apistañar(e): *v.* Pestañear. *Mancóuse, pero nun apistañóu.*

apiu: *sust. m.* Planta anxosperma dicotiledónea de sabor fuerte, "Apium Gravolens". *Nun-l.ly gusta l'apiu.*

apodrecer(e): *v.* 1. Pudrir una sustancia a outra diferente. *Las vuesas patacas apodrecienon las nuesas.* 2. Pudrir un alimentu. *Apodrecienon las lentichas.*

apol.leirar(e): *v.* Metese la pita nel *pol.leiru*, con güevos debaxo. *La pita pedresa debe andar apol.leirando.*

apol.leirase: *v.* Metese la pita nel *pol.leiru*, con güevos debaxo. *Las pitas apol.leiránonse.*

apol.liase: *v.* Acaronxase. *L'arca ta apol.liándose.*

apontonar(e): *v.* Faer *pontones*. *Marchanon pola tarde a apontonar La Presa la Tabierna.*

apousar(e): *v.* 1. Poner nel suelu o nun sitiu firme. *Apousóu la caldera.* 2. Posase nel suelu. *Apousóu ya nun se movíu más.*

apregonar: *v.* Anunciar públicamente la boda na ilesia. *Güei nun apregonóu'l cura.*

apregonase: *v.* Anunciase públicamente la boda propia na ilesia. *Güei apregonóuse'l fichu de la mía prima.*

apresar(e): *v.* Faer ya arreglar *presas*. *Güei tenemos que dir a apresare a La Cuérguila.*

apretar(e): *v.* Faer presión nun oxetu. *Apretóu de tal manera que rompíu la cousa.*

apretuxar(e): *v.* Apretar, concentrar. *Apretuxanon hasta más nun podere.*

apriesa: *alv.* Rápidamente. *Si nun vien apriesa you voi a marchare.*

apurrir(e): *v.* Dar, entregar, alcazar un oxetu. *Apurríume'l l.leite pola mañanina.*

apuxar(e): *v.* Echar *l.leña* al *l.lume. Hai qu'apuxar el l.lume.*

aquel, -el.la, -el.lo: *demost.* *Refierse a lo que s'alcuentra distante nel tiempu o nel espaciu. *¡Aquel.los filandones sí que yeran guapos!*

aral: *sust. m.* Tablón del carru que se pon nos costaos, *adral. Nun alcuentro los arales del carru.*

arandanera: *sust. f.* Planta que crez nos montes altos, "Vaccinium myrtillus". *N'El Campu Rocín hai arandaneras a esgaya.*

arándanu: *sust. m.* Frutu del "Vaccinium myrtillus". *A la mia harmana gústa-l.ly faere machucu d'arándanos.*

arandela: *sust. f.* Pieza circular de fierru. *Si nun pon l'arandela nun yía a dexar puesta la pieza.*

arañón: *sust. m.* 1. Araña. *Tien la casa chena d'arañones.* 2. Araña grande. *Matéi un arañón bien grande.*

aráu: *sust. m.* Artefactu de madera que s'emplega pa *l.labrar* la tierra. *El nuesu aráu yía mui viechu.*

arbechu: *sust. m.* 1. Frutu del "Pisum commune". *Echóu arbechos al caldu.* 2. Nenu pequeñu, *usáu cariñosamente. *¡Ven p'aiquí, arbechu!*

arbía: *sust. f.* Conxuntu d'instrumentos pa xunir la parexa: *xugu, sobéu, cornales*, etc. *Guardái l'arbía nel hurriu.*

árbol(e): *sust. m.* Planta que xube de forma importante del suelu ya tien un tueru. *La corrada tien agora muitos árboles.*

arboláu: *sust. m.* Conxuntu d'árboles. *Las Molineras tienen muitu arboláu.* 2. Sitiu con mui bien d'árboles. *Metíuse naquel arboláu.*

arca: *sust. f.* 1. Arca de madera. *Guardóu la farina nel arca.* 2. Peitu, cavidá torácica. *Duel-l.ly l'arca.* || *Tar mal del arca, Andar mal del arca* 'tar mal de los *polmones* o del corazón'. *Va muitu tiempu que'l viechu anda mal del arca.*

arcoxar(e): *v.* Amarrar la pata de la vaca con un *arcoxu* pa que nun se mueva al *muñila.* *¡Hai qu'arcoxar la Mora!*

arcoxu: *sust. m.* Instrumentu que se fai con una cuerda ya un palu y que s'emplega p'amarrar la pata delantrera de la vaca brava pa ser a *muñila.* *Trai p'acá l'arcoxu.*

ardilosu, -a: *ax.* Espabiláu, dispuestu, *especialmente refiriéndose al xéneru femeninu. *Tien una nuera mui ardilosa.*

aresta: *sust. f.* 1. Envoltura del granu de cereal. 2. Trocín de la mesma envoltura. *Pícame toul cuerpu por culpa de las arestas.*

argadiel.lu: *sust. f.* Aparatu pa faer la madexa grande de *l.linu.* *Nós entovía tenemos argadiel.lu.*

argana: *sust. f.* Semiente, granín de yerba que pue metese xunto a la piel ya picar ya escocer. *Pañái l'argana del preselbe.*

argaxu: *sust. m.* 1. Piedra menuda que cai del monte. *Cayíu muitu argaxu nel caminu.* 2. Piedra menuda que s'alcuentra debaxo del tapín de los praos. *El tou prau nun tien más qu'argaxu.*

argol.la: *sust. f.* Aru de fierru o metal que s'emplega con fines diversos. *Fai falta pone-l.ly una buena argol.la.*

argol.lar(e): *v.* Poner una *argol.la. Hai qu'argol.lalu bien argol.láu pa que nun marche d'aiquí.*

argol.láu, -ada: *ax.* 1. *Participiu d'*argol.lare* . 2. *Dizse especialmente de la madreña reforzada. *Ahí vien conas madreñas bien argol.ladas.*

argueiru: *sust. m.* 1. Oxetu mui pequeñu que se mete nel párpadu. *Metíuseme un argueiru ya pícame'l güechu.* 2. Oxetu de tamañu mui ruín. *Paez un argueiru.* 3. Nenu mui pequeñu, *usáu cariñosamente. *¡Ven aiquí, argueirín!*

arimar(e): *v.* Poner cerca d'un referente determináu. *Arima'l xatu a la vaca.*

arimase: *v.* 1. Ponese xunto a dalgo. *¡Arimáivos al hurriu!* 2. Vivir una parexa tando xuntos pero non casaos. *¡Amagar qu'aquel.los s'arimanon!*

arimu: *sust. m.* *Dizse de la entidá que val pa tar acompañáu ya nun tar solu. *Nun tien arimu de naide.*

armar(e): *v.* Faer, preparar, entamar. *Nun séi qu'andan armando.* ‖ *Armala* 'entamar un acontecimientu que tien resonancia'. *Armóula namás chegare.* ‖ *Armar una* 'entamar un acontecimientu que tien resonancia'. *Armanon una bien gorda namás chegare.*

armita: *sust. f.* Ermita. *Cheganon a onde l'armita.*

armitanu, -a: *sust. m.* Persona que vive en soledá. *Vive igual qu'un armitanu.*

arrabucar(e): *v.* Cortar el *rabu. Al nuesu gatu quier arrabucalu.*

arrabuñar(e): *v.* Faer una ferida raspando la piel. *Ten cuidáu que t'arrabuña.*

arrabuñase: *v.* Faese una ferida raspándose la piel. *Ten cuidáu que t'arrabuñas.*

arrabuñáu, -ada: 1. *Participiu d'*arrabuñare.* 2. *ax.* Que tien dalguna mancadura na piel. *Nun séi quéi fixo que vieno mui arrabuñáu.*

arrabuñu: *sust. m.* Arañazu, raspadura na piel. *¡Menudu arrabuñu que tien na pata!*

arráimente: *alv.* Adrede, queriendo. *Tiránonnos la rodera arráimente.*

arramar(e): *v.* 1. Tirar una sustancia líquida. *¿Por qué arramesti'l l.leite?* 2. Echar el *cuitu* na tierra. *Güei pola tarde hai que dir a arramare.*

arramplar(e): *v.* Garrar dalgunos oxetos ya nun dexar nada. *Arramplóu conas perras ya nun lu vimos más.*

arranar(e): *v.* Tener mui bien de *sede* o de fame. *Arranóu na braña.*

arranáu, -ada: 1. *Participiu d'*arranare.* 2. *ax.* *Dizse del que actúa con escesiva intencionalidá. *Vien arranáu dafeitu.*

arrancaderas: *sust. pl. f.* Fuerza, enerxía, valor. *El rapaz tien muitas arrancaderas.*

arrancar(e): *v.* Espectorar. *Agora que quier el médicu qu'arranque nun yía p'arrancare.*

arrañar(e) /: *v.* Arrebañar. *Arrañóu los caldeiros qu'había por casa.* 2. Pacer el ganáu hasta quedar blancu'l prau. *Las tuas vacas arrañanon yá bien el prau.*

arrasar(e): *v.* Quedar el cielu ensin nubles. *Mirái cómo arrasóu.*

arrascar(e): *v.* Rascar. *Si t'arrascas va a picate más.*

arratar(e): *v.* Ponese malos los gatos por comer demasiaos ratos. *El nuesu gatu arratóu porque comíu por demás.*

arratonáu, -ada: *ax.* Que güel a ratu. *Alcontréi la roupa todita arratonada.*

arre: *interx.* *Voz pa que'ande'l caballu ya'l burru. *¡Arre, burru, arre!*

arrear(e): *v.* Afalar el ganáu a un sitiu. *Tenemos qu'arreare las yeguas hasta al.lá alantrones.*

arrebañar(e): *v.* Quitar tolos restos qu'hai nun recipiente. *Arrebañóu los caldeiros qu'había por casa.*

arrebater(e): *v.* Tornar el ganáu, ponese delantre d'él pa que nun pase. *¡Arrebate las vacas que nun marchen!* ||| *¡Ah cura, arrebáteme'l xatu!* recuérdase como frase célebre.

arrechar(e): *v.* Atar el tenral xunto a la madre con *un rechu* pa *muñir* a la vaca, pa que baxe'l *l.leite. Antias de ponete a muñire alcuérdate d'arrechare.*

arrecibir(e): *v.* Recibir. *Arrecibíu dúas cartas güei.*

arrecocher(e): *v.* Pañar, *recocher. Hai muitas ablanas pero nun hai naide que las arrecuecha.*

arredondear(e): *v.* Dar forma redonda a un oxetu. *Arredondeándolu queda muitu más guapu.*

arregañar(e): *v.* 1. Enseñar los dientes amenazando. *Quedóu arregañando.* ||| *¡Ah Xuan Mañas!, ¿tú reñes o regañas?* dicía la raposa nun cuentu popular. || *Arregañar el diente 'arregañar'. Paez qu'arregaña'l diente más de la cuenta.* 2. Abrise de piernas enseñando partes tabú del cuerpu, voluntaria o involuntariamente. *Nun vengas aiquí a arregañare'l culu.* 3. Abrise l'*ourizu* ya empezar a caer la castaña. *Mirái cómo arregañan yá los ourizos.*

arreguilar(e): *v.* 1. Mirar abriendo por demás los *güechos*. *Pasóu arreguilando.* 2. Mirar de *regüechu. Crucéime con el.la ya vi que m'arreguilaba.*

arremangar(e): *v.* 1. Poner p'arriba la manga de cualquier prenda de vestir. *Arremánga-l.ly la camisa al nenu pa que nun se manche.* 2. Dir un oxetu p'arriba. *Paez qu'arremanga la niebla.* || *Arremangar la nieve* 'xubir el nivel de la nieve nel monte'. *Pola tarde arremangóu la nieve hasta mediu monte.*

arremangase: *v.* 1. Xubir la manga la camisa. *Arremángate pa nun manchate.* 2. Metese a fondu nuna aición o actividá. *Si nun t'arremangas tu nun séi quien va a faere la cabana.*

arremangáu/ -ada: *ax.* 1. *Participiu d'*arremangare*. 2. Dispuestu, que tien disposición positiva a l'aición. *Chegóu mui arremangáu ya púsose a faer la cabana.*

arremel.lar(e): *v.* Poner *los güechos* estraviaos ya mirar con intensidá. *¡Mirái cómo arremel.la!, ¡Mirái cómo arremel.la los güechos!*

arrenegar(e): v. Rechazar, maldicir. *¡Arreniega de lo que fixisti!* || Arreniego'l diañu funciona como una espresión de maldición. *¡Arreniego'l diañu!, entós ¿entovía nun marchasti?*

arrestrel.lar(e): *v.* Usar el *rastriel.lu. Tien la tardiquina p'arrestrel.lare.*

arréu: *alv.* Darréu. *El.la marcha arréu.*

arreventar(e): *v.* Reventar. *Cuasi arreviento al xubir a Valdefontán.*

arrezar(e): *v.* Rezar. *A la mía bolica alcuéntrasla siempres arrezando.*

arriandar(e): *v.* Arrimar con un *picachu* la tierra a la planta. *Tenemos que dir a arriandare a La Ol.lina.*

arriba: *alv.* *Indica una situación superior. *Los ratos andan por arriba.* || *¡Arriba Roxa, que los chanos son de los ricos!* dizse a los animales nos *l.labores* del campu, espresando la idea de que los probes tienen los terrenos peores ya más cuestos.

arribones: *alv.* Mui arriba. *Hai un rebezu ail.lí arribones.*

arrichar(e): *v. Richar,* faer cruxir los dientes. *Alcontréilu arrichando de fríu.*

arrieiru, -era: *sust. m.* ya *f.* Que fai tresporte con burros.

arrincar(e): *v.* Sacar *las patacas* de la tierra. *Tenemos que dir a arrincar a La L.linar del Concechu.* 2. Arrancar. *Arrincóula de cuachu.*

arrodear(e): *v.* 1. Dar vueltas a, cercar. *Cheganon los foresteiros ya arrodeánonlu.* 2. Nun dir pol camín más direutu. *Vamos a arrodear pa que nun nos vean chegare.*

arrodeáu, -ada: 1. *Participiu d'arrodiare.* 2. *ax.* Que nun pue movese por alcontrase cercáu. *Quedemos arrodiaos.*

arrodichar(e): *v.* Poner de *rodichas. Arrodichóulu na ilesia.*

arrodichase: *v.* Ponese de *rodichas. Arrodichánonse na ilesia.*

arrol.lar(e): *v. Xaxar,* mover a un nenu nel *cuel.lu* o nel *briezu* pa que duerma. *Agora arról.lalu tu.* ||| *Quien te paríu que t'arrol.le, ya si non que te vuelva al fuel.le* indica que de los nenos tienen que los cuidar los padres ya que nun hai que pasar a los demás la responsabilidá propia.

arroubar(e): *v.* Quitar, apropiase de lo de los demás. *¿Quién arroubóu las mias madreñas?*

arrousar(e): *v.* 1. Ponese coloráu un oxetu o una persona. *Arrousóu al contar tu la hestoria.* 2. Calentar el fornu ya ponese coloráu, quedando preparáu pa meter el pan. *Antias de nada tien qu'arrousar el fornu.*

arroyar(e): *v.* Formase cursos de líquidos. *Chovíu toul día ya arroyóu por demás.*

arrubianzáu: *ax.* Con mui bien *rubianzas* (el cielu). *El cielu quedóu arrubianzáu.*

arrumendar(e): *v.* Poner remiendos. *Tien que-l.ly arrumendare la roupa.*

arteiru, -era: *ax.* Hábil, mañosu, *trabachador;* *úsase especialmente pa la mucher. La mía nuera yía mui artera.*

artimora: *sust. f.* Frutu del *artimoral,* que se paez a la mora ya tamién tien el nome de *mora. Prestóu-l.lys comere aquel.las artimoras.*

artimoral /aRtImoraL/: *sust. f. Moral,* "Rubus idaeus", árbol que da *artimoras. Cortanon aquel.la artimoral.*

arzulín: *sust. m.* Granín que sal nel párpadu. *Anueite salíume un arzulín.*

asadura: *sust. f.* Fégadu. *Nun quier l'asadura.*

ascuitar(e): *v.* 1. Ponese n'actitú de sentir lo que se diz o lo que suena de dalguna manera. *Toi escuitando lo que diz.* 2. Oir. *Escuitéi yo mesmu aquel.las cousas.*

asegún: *Según.*

asentar(e): *v.* 1. Sentar. *Asentóulu al pía de nós.* 2. Consiguir una estabilidá. *A ver si asienta'l tiempu.* || *Asentóu'l tiempu* dizse irónicamente cuando una persona que nun pensaba sentase termina sentándose.

asentase: *v.* Sentase. *Asentóuse aiquí.*

asentáu, -ada: 1. *Participiu d'*asentare*. 2. *ax.* Bien puestu, bien afitáu. *Víu las cousas ail.lí asentadas.*

aserrán: ||| *Voz que se diz nun xuegu infantil. *Aserrín, aserrán, maderinos de San Xuan, los del rei sierran bien, los de la reina tamién ya los del duque truque, truque, truque.*

aserrín: ||| *Voz que se diz nun xuegu infantil. *Aserrín, aserrán, maderinos de San Xuan.*

así: *alv.* D'esta manera. *You faigo así las cousas.* || *Así un mediu* 'a medias, regular'. *¿Cómo vos alcontrades? Nós así un mediu.* || *Así ya tou* 'de igual manera, igualmente'. *Así ya tou el.la marchóu p'ail.lí.*

asientu: *sust. m.* Empachu, mala dixestión. *La vaca tien un asientu ya nun séi que será d'el.la.*

asina: *alv. Así,* d'esta manera. *Trabachóu asina.*

asoberbiar(e): *v.* Castigar, dominar. *Asoberbióulu un día ya outru.*

asoberbiáu, -ada: 1. *Participiu d'*asoberbiare*. 2. *ax.* Humilláu. *Al probe tiénenlu asoberbiáu.*

asolear(e): *v.* Poner al sol, especialmente la ropa. *Güei asoleóuse bien la roupa.*

asomar(e): *v.* 1. Enseñar parte del cuerpu. *Paez qu'asoma pola ventana.* 2. Percibise con dificultá dalgún oxetu. *El Cerisaléu asoma por detrás de la nisal.* 3. Mirar escondiendo'l cuerpu. *Asoma a ver si lu ves.* || *Al asoma trespón* 'de manera que naide pueda dase cuenta, *a escondidiel.las'. Chegóu al asoma trespón.*

asomase: *v.* 1. Enseñar parte del cuerpu. *Asomábase pola ventana.* 2. Mirar escondiendo'l cuerpu. *Asomáivos a ver si lu veis.*

asoplar(e): *v.* Soplar. *Asoplái que s'apaga'l l.lume.*

aspaciu: *alv.* Con escasa rapidez. *Vien mui aspaciu.*

aspáu, -ada: *ax.* Que tien sede. *Chegóu a la cabana mui aspáu.*

aspera: *sust. f.* 1.Aición ya efeutu d'*asperar*. *Paez que l'aspera va faese l.larga.* 2. Sitiu onde los cazadores se ponen pa cazar. *You púseme na aspera ya nun me moví en toul día.*

asperar(e): *v.* 1. Tar nun sitiu o nuna situación hasta que se produza un acontecimientu o una aición. *Asperái hasta que chegen el.las.* 2. Tar na *aspera* pa cazar l'osu. *Asperóu todita la nueite.*

aspeutu: *sust. m.* Imaxe, visión, impresión d'un oxetu. *Tien mui buen aspeutu.*

aspiáu, -ada: *ax.* Que tien dolor nos *pías* por andar. *Chegóu a la cabana aspiáu pola mor d'andar buscando'l ganáu.*

astiel.la: *sust. f.* Trozu puntiagudu que sal d'un maderu. *Nun claves una astiel.la.*

astrevese: *v.* Atrevese. *El.la astrevíuse a faer aquel.las cousazas ya a más.*

asucaina: *alv.* De forma que se faen los *sucos* separaos pa sacar el frutu con aráu ya parexa. *Sememos asucaina.*

asucar(e): *v.* Faer *sucos*, arriandare. *Pasóu'l día asucando nas Repoupadas.*

asusañar(e): *v.* Imitar riéndose de dalguién. *Mama, mira cómo m'asusañan.*

asusañón, -ona: *ax.* Qu'imita riéndose de dalguién. *Sos un asusañón ya vas a alcordate de mi.*

asustar(e): *v.* Dar sustos. *¡Asustáilu bien asustáu!*

atabales: *sust. pl.* 1. Bártulos. *Marchóu de casa chenu d'atabales.* 2. Úsase tamién como insultu. *Esti siempres foi un atabales.*

atacáu, -ada: *ax.* Completu, que ta hasta arriba ya nun cabe nél nada más. *La nuesa cabana tiénenla atacada de xente.*

atachar(e): *v.* Usar un *atachu*. *Si queredes chegar ceo teneis qu'atachare pola senda que va a Las Teixeras.*

atachu: *sust. m.* Sendeiru que fai más corta la distancia. *Cuchíu l'atachu a El Campu la Fuelga.* ||| *Nun hai atachu sin trabachu.*

atafarrar: *v.* Abrigar de forma excesiva. *¿Pero vós, cómo venedes tan atafarraos?*

atapar(e): *v.* Tapar. *Atapái bien que nun salga nada d'augua.*

atapu: *sust. m.* Sitiu d'una *presa* onde se tranca pa poder regar. *Mira a ver si l'atapu ta bien feitu.*

atar(e): *v.* Xunir con una cuerda. *Ata la ougüecha al freisnu.*

atarazar(e): *v.* Cortar. *Atarazóu la deda ya tuvo que marchare a curase.*

atartachar(e): *v.* Tartamudear. *Cansóu de sentilu atartachare.*

aterecer(e): *v.* Tener fríu ya temblar. *You marcho porque aiquí aterezo de fríu.*

aterecidu, -ida: 1. *Participiu d'*aterecere. 2. *ax.* Enfermu pola mor del fríu. *Alcontréila aterecida de fríu xunto a la rodera.*

atestigar(e): *v.* Ser testigu de dalgo. *Atestigóu en contra de nós.*

atiñazar(e): *v.* Garrar algo con tenaza, tener mano d'algo. *Atiñazóu las calavichas pa que nun se movieran.*

atixeirar(e): *v.* Cortar el pelu a tixerazos. *Al probe atixeiróulu de mala manera.*

atixeiráu, -ada: 1. *Participiu d'*atixeirare 2. *ax.* Que tien el pelu mal cortáu. *Contéi que morría de risa al velu asina atixeiráu.*

atontar(e): *ax.* Poner nuna situación de falta de conciencia. *Aquel estrueldu atontóunos.*

atontecer(e): *v.* Faer tontu. *Peme que lu atontecíu aquel.la moza.* 2. Volvese tontu. *La probe rapaza atontecíu dafeitu.*

atopar(e): *v.* Dar con dalgún oxetu o persona buscándola o non. *Atopéi la yeugua nos praos de La Fervienza.*

atopase: *v.* Sentise, notase, percibise. *Outramiente, el.la atópase bien.*

atorzunáu, -ada: *ax.* Que sufre un cólicu na barriga. *El probe pasóu la nueite atorzunáu.*

atouzar(e): *v.* Tirar p'alantre. *Atouzón p'alantre con tou.*

atramañar(e): *v.* Dicire una mentira, esaxerar, difamar, amañar una hestoria. *Atramañóu, atramañóu ya al final enfadóu a la nuesa xente.*

atrapecer(e): *v.* Escurecer el cielu de golpe. *Mirái cómo atrapecíu.*

atrapezáu: *ax.* *Dizse del cielu cuando, pola mor de *las nubles*, amenaza de golpe precipitaciones. *Cheva'l parauguas que ta mui atrapazáu.*

atrasar(e): *v.* Posponer nel tiempu. *La tuena atrasóunos la macha.*

atrasase: *v.* Faer una aición más tarde de lo que tien que ser. *L'amulanchín atrásase más de la cuenta.*

atrasáu, -ada: 1. *Participiu d'*atrasare.* 2. *ax.* Que vien más tarde de lo que debe ser. *Güei El Corréu vien mui atrasáu.*

atrasiar(e): *v. Atrasar.*

atrasiáu, -ada: *ax. Atrasáu.*

atravesáu, -ada: *ax.* Traviesu, de comportamientu difícil. *Yía un nenu mui atravesáu.*

atremeter(e): *v.* Embestir, atacar con rapidez. *Atremetíu contra nós ya nun nos avisóu.*

atrevese: *v.* Arriesgase a faer una aición que tien dalguna dificultá. *Al final atrevíuse a faer lo que diximos.*

atropar(e): *v.* Apañar, *recochere. Atropái bien los nisos qu'hai pol suelu.*

atuldar(e): *v.* 1. Arreglar, preparar, componer. *Atuldóuse muitu bien.* 2. Arreglar el pelu. *Atúldate que vienes conos pelos revueltos.*

atusase: *v.* Arreglase'l pelu, peinase. *Atusóuse bien antias de marchare pal bail.le.*

augua: *sust. f.* 1. Líquidu compuestu d'hidróxenu ya oxíxenu. *Bebienon augua na fuente La Muezca.* ‖ *Echar l'augua* 'regar un prau o una tierra'. *Yía hora d'echar l'augua a la corrada La L.luenga.* 2. Chuvia, precipitación. *Güei yía un día d'augua.* ‖ *Augua de bobos* 'chuvia que nun se nota pero termina calando'.

auguacil: *sust. m.* Empleáu del Ayuntamientu. *Nun vieno entovía l'auguacil.*

auguarríos: *sust. m. pl. Andarríos*, diferentes especies de páxaros que viven xunto a los ríos. "Cinclus cinclus", "Motacilla alba", "Motacilla cinerea", "Motacilla flava". *Hai auguarríos a esgaya onde El Barreiru.*

augüina: *sust. f.* Infusión. *Fai-l.ly una augüina que vien mui malín.*

aul.lar(e): *v.* Forma especial de *l.ladrare* los perros ya los *l.lobos. Los perros de mia casa aul.lanon tola nueite.*

aupar(e): *v.* Xubir, poner nun sitiu más altu. *Aupáime a ver si soi a velu.*

avalir(e): *v.* Ayudar, auxiliar. *Avalíu al probe que chegóu pola tarde.*

avarientu, -a: *ax.* Que tien tendencia enfermiza a axuntar ya acumular riqueza. *Yía avarientu por demás.*

aveirase: *v.* Resguardase, ponese *a veiru*, debaxu d'un *veiru* o saliente que defiende de lo que cai d'arriba. *Chovía ya aveiránonse debaxo la pena.*

aventáu, -ada: *ax. Al.louriáu*, que tien un comportamientu non equilibráu. *Esi rapaz yía un aventáu.*

aventiada: *ax. entelada* (la vaca), que tien la barriga tan inflada que pue reventar. *Una vaca de las d'El Pumarín ta aventiada.*

aventiar(e): *v.* Hinchar la barriga a la vaca, de forma que pue reventare. *La nuesa vaca terminóu aventiando.*

averíu: *sust. m.* Conxuntu d'animales de pluma. ||| *El ruín averíu, espués de comer tien fríu.*

avezar(e): *v.* Garrar un vezu o costume. *El rapaz avezóu a nun trabachare.*

avezase: *v.* Garrar un vezu o costume. *El rapaz avezóuse a nun trabachare.*

avezáu, -ada: 1. *Participiu d'avezare.* 2. *ax.* Que tien un vezu o costume mui enraigonáu. *Nun te preocupes que ta bien avezáu.*

avezu: *sust. m.* Vezu, costume. *Nun hai quien-l.ly quite l'avezu.*

aviar(e): *Vt.* Preparar, arreglare, faer. *Fai falta aviare unos güevos.*

aviáu, -ada: *Participiu d'aviare. Dexóu aviada la cena.* || *¡Tamos aviaos!* úsase como espresión irónica de la dificultá d'una situación. *¡Tamos aviaos cono rapaz!*

aviechar(e): *v.* Faese *viechu. Aviechóu nesti últimu anu.*

aviechase: *v.* Faese *viechu. Aviechóuse trabachando na corte.*

avión: *sust. m.* 1. Aeroplanu. *¿Nun ves aquel avión?* 2. Páxaru que se paez a l'andurina, "Delichon urbica". *Esti anu nun vi dengún avión.*

aviséu: *ax.* Que recibe mui escasamente'l sol porque da al norte. *Yía un prau grandón pero yía mui aviséu.*

aviséu: *sust.* Parte del paisax onde nun suel dar el sol, contrariu a la solana. *Voi dir pol aviséu.*

avíu: *sust. m.* Aición ya efeutu d'aviar. *Estas mul.lidas faen muitu avíu.*

axagüeiros: *sust. pl. m.* Xesticulaciones, xestos extraños, esparabanes. *Nun faigas tantos axagüeiros.*

axeitar(e): *v.* Arreglar, preparar, aviar. *Axeitóu unos cantares mui guapos.*

axeitase: *v.* Preparase, arreglase. *Axeitóuse pa dir al bail.le.*

axeitáu, -ada: 1. *Participiu d'*axeitare.* 2. *ax.* Que tien buen aspeutu ya buena forma. *Mirái qué axeitadín vien.*

axuar(e): *sust. m.* Oxetos que la novia trai al matrimoniu. *Esta roupa yía del sou axuar.*

axuntar(e): *v.* Xunir, apegar, atropar. *Axuntáivos que nun hai sitiu.*

axuntase: *v.* Xuntase, reunise. *Axuntánonse antias de comere.*

axustar(e): *v.* Faer coincidir, faer cuadrar bien. *Axusta bien la tapa que nun pierda.*

ayer(e): *alv.* El día antes de güei. *Ayere nun había naide en ca Xuan.*

ayudar(e): *v.* Faer *l.labores* a favor d'una persona, cooperar. *Aquel anu ayudóunos muitu bien.*

azacanáu, -ada: *ax.* Que tien priesa, qu'anda apuráu. *¿A ónde vas tán azacanáu?*

azotaina: *sust. f.* Aición ya efeutu d'*azoutar. Díu-l.ly una buena azotaina.*

azoutar(e): *v.* Dar *azoutes. Nun lu azoutóu bastante.*

azoute: *sust. m.* Aición ya efeutu de pegar nel cuerpu teniendo la mano abierta. *Díu-l.ly unos buenos azoutes.*

azúcar(e): *sust. f.* Azucre.

azucre: *sust. f.* Sustancia blanca pa poner dulces los alimentos. *Gústa-l.ly el café con azucre.*

azuleh.a: *sust. f.* Páxaru que pon los güevos azulaos, "Prunella modularia". *Alcontróu un nial d'azuleh.a.*

azurniáu, -ada: *ax.* 1. En mal estáu, que tien mal color ya nun sabe bien. *Esti l.leite nun val, veolu azurniáu.* 2. *Dizse de la persona que tien aspeutu enfermizu. *Peme que lu alcuentru mui azurniáu.*

B

ba: *interx.* *Esclamación que quita importancia a dalguna cosa que se diz o de la que se tien noticia. *¡Ba, nun séi por qué vien!* Úsase frecuentemente con repetición. *¡Ba, ba, nin que tuviera importancia l'asuntu!*

baba: *sust. f.* 1. Saliva que pinga involuntariamente. *Vien cona camisa chena de babas.* ‖ *Caere la baba* 'quedar ensimismáu polo que presta un éxitu que tien que ver con una persona'. *Al ver al nenu cae-l.ly la baba.* 2. Sustancia que tien aspeutu viscosu ya repulsivu. *L.limpiái esa baba qu'hai nel escanu.*

babacha: *sust. f.* Baba. *Vien cona camisa chena de babacha.*

babachas: *ax.* 1. Tontu, bobu. *Sos un babachas ya nun hai quien te cambie.* 2. Que tien *babas* pingando. *Yía un probe babachas.* 3. Que presume de dalguna virtú que nun tien.

babachón, -ona: *ax.* 1. Tontu, bobu. *Sos un babachón.* 2. Que tien *babas* pingando. *Yía un probe babachón.* 3. Que presume de dalguna virtú que nun tien.

babachu, -cha: *ax.* 1. Tontu, bobu, *babarón. El tou xenru yía un babachu.* 2. Que tien *babas* pingando. *Ahí chega'l babachu de siempres.* 3. Que presume de dalguna virtú que nun tien.

babadeiru /: *sust. m.* Trozu de tela que se pon debaxo de la boca al comer. *Pon el babadeiru pa nun te manchare.*

babarón: *sust. m.* 1. Burbuxa ya onda que se forma nuna superficie acuática al caer dalgún oxetu ya tamién al *chover. Tiréi una piedra ya fix nun séi cuantos babarones.* 2. Insectu que fai mui bien de ruidu al volar ya acercase a la xente o al ganáu. *Güei hai más babarones que nunca.*

babarón, -ona: *ax.* 1. Que fala demasiao ya a voces. *¡Cal.la, babarona!* 2. Tontu, bobu. *El tou amigu peme que yía un pouquín babarón.*

babiar(e): *v.* Caer *chuvia* mui fina. *Entamóu a babiare ya nun tien pinta de terminare.*

babiecu, -a: *ax.* Atontáu, despistáu. *Anda babiecu perdidu.* || *Andare de babieca* 'andar despistáu, movese inútilmente'. *Siempres anda de babieca.* ||| *El que sema ya nun estreca, toul anu anda de babieca* indica que de nada val semar si nun s'echa cuitu.

bacaláu: sust. m. Pez comestible que se conserva prensáu ya saláu. *A mí préstame comer bacaláu con arroz.*

bacera: sust. f. Carbunclu, enfermedá infecciosa de los animales.

bacita: *sust. f.* Recipiente de madera que s'emplega pa la matanza ya p'adobar. *Nós namás tenemos dúas bacitas en nuesa casa.* 2. Tueru secu d'un árbol vaciáu puestu debaxo d'una fuente pa guardar l'augua. *Na fuente La Muezca hai una bacita mui viecha.*

badachu: *sust. m.* Fierru que cuelga de la campana pa faela sonar. *Da-l.ly fuerte al badachu pa que suene bien.*

badah.e: *sust. m.* Aición de tresportar en carru a los probes ya enfermos de la población onde se vive a una distinta. *Esta vez tocóunos badah.e.*

badana: *sust. f.* 1. Tipu especial de piel, que tien una gran suavidá. *Pa esta cousa fai falta una badana.* 2. Parte del *tirador,* onde se pon la piedra. *El mieu tirador nun val porque rompíu la badana.*

badul.la: *sust. f.* Planta umbelífera que naz nos praos mui húmedos ya resulta perxudicial pal ganáu. *Agora nel prau de Los Cabaninos nun hai más que badul.las.*

baga: *sust. f.* Envoltura del *l.linu*. *La baga nun val pa nada*

bagul: *sust. m.* Recipiente grande pa meter ya llevar oxetos domésticos. *Nun alcuentro'l bagul.*

bail.lar(e): *v.* Mover el cuerpu al son de la música. *El domingu bail.léi con el.la.*

bail.larina: *sust. f.* Peonza que se fai con un carrete de filu. *¡Guardái la bail.larina pal nenu!*

bail.le: *sust. m.* Aición ya efeutu de *bail.lare.* || *El bail.le los devotos* 'danza de los mozos del últimu día del *anu'.* || *El bail.le'l país* 'bail.le tradicional, el más carauterísticu ya propiu de la zona (En L.laciana, *garrucha o bail.le chanu*; en Cangas del Narcea, *son d'arriba')'.* || *El bail.le San Vítor* 'enfermedá que produz un movimientu incontroláu del cuerpu'.

balandrán: *ax.* Tontu, bobu. *El tou rapaz yía un balandrán.*

baldar(e): *v.* Inutilizar, dexar inváliadu. *Baldánonme al nenu nun aluche.*

baldáu, -ada: 1. *Participiu de *baldare*. Paez que tais baldaos. ax.* 2. Que nun val. *Nun traigas a esi que yía un baldáu.*

baldragas: *ax.* Débil, que nun tien iniciativa, calzonazos. *El sou home yía un baldragas.*

baldueira: *sust. f. Cuitu* líquido, xeneralmente por causa del verde de primavera. *El corral chenóuse de baldueira.*

balear(e): *v.* Barrer con un *baléu. Anduve todita la tarde baleando.*

baléu: *sust. m.* Escoba pa barrer el granu na era; faise con *canas* de bedul, qu'hai qu'apretar con una *corra. Nun alcontréi'l baléu.*

balsada: *sust. f.* Paré de piedra ya *canas* ya *gamachos* que se fai pa que'l ríu nun se meta nun prau; val pa recuperar el prau porque dexa pasar *l'augua* pa qu'*enreble* ya asina xunte arena ya tierra pa refaelu. *¡Gracias a las balsadas que fiximos, el nuesu l.leirón yía agora más grande ya tien un buen outuenu!*

balugarte: *ax.* Nuevu ya folgazán. *¡Menudu balugarte tien en casa!*

balumbu: *sust m.* Volume grande, envergadura grande d'un oxetu. *¡Menudu balumbu que tien esta casa!*

bambachu, -a: *ax.* Gordu ya de mala forma. *El rapaz cada día yía más bambachu.*

banastra: *sust. f.* Cesta que se pon nos caballos. *Yá vienen los de la feria conas banastras chenas.*

bancu: *sust. m.* 1. Asientu de madera en forma de tira, xeneralmente una tabla con *patas. ¡Sentáivos nel bancu!* 2. Asientu onde se pon el gochu pa matalu. *Agora hai que xubir el gochu al bancu.*

bandoba: *sust. f.* 1. Recipiente del aparatu dixestivu del ganáu vacunu. *Sacóu-l.ly la bandoba.* 2. Barriga grande en xeneral. *Non, tienes yá una buena bandoba.*

bandobu, -a: *ax.* 1. Tragón. *Sos un buen bandobu.* 2. Que tien demasiada barriga. *Yía un bandobu que nun se mueve.*

banduchu, -a: *ax.* Barrigón, que tien una gran barriga. *¿A ónde dirá aquel banduchu?*

banzáu: *sust. m.* 1. Paré de piedra, mofu ya tapín que se fai nel ríu pa regar. *Güei tócanos faere'l banzáu.* 2. Masa d'augua que s'axunta pola mor de la paré de piedra. *Hai un gran banzáu onde la puente.*

bañáu: *sust. m.* Orinal. *Metíu'l bañáu debaxo la cama.*

barandal: *sust. m.* Brandal.

barandiel.la: *sust. f.* 1. Estructura de palos horizontales ya verticales. 2. En plural, bastidor que se pon encima la masera pa *cerner* la farina. *Traime las barandiel.las que me faen falta.*

barateiru, -era: *ax.* Que nun tien seriedá. *Sos un barateiru ya nun hai que se fiare de ti.*

baraxa: *sust. f.* Conxuntu de naipes pa xugar. *¡Guarda la baraxa!*

barba: *sust. f.* Pelu ya conxuntu de pelos que crecen na parte inferior de la cara. *Vieno'l de la barba blanca.* ||| *Si sal con barbas San Antón ya si non La Purísma* indica que se fai lo posible pero que yá se verá'l resultáu.

barbada: *sust. f.* 1. Papada del gochu. *Guardanon la barbada nel arca.* 2. *Toucín* de la cabeza'l gochu. *Gústa-l.ly la barbada pol vivire.*

barbadiel.la: *sust. f.* 1. Barbada, papada del gochu. 2. Papada de persona. *Con esa barbadiel.la que tien agora nun lu conocía.*

barbeiru, -era: *sust. m.* ya *f.* 1. Persona que tien como oficiu cortar el pelu ya la barba. 2. Rellacionáu con un tema de la barba. *Vien con una navacha barbera.*

barbiu: *sust. m.* L.larbiu, ampol.la que cría'l ganáu na boca ya fai imposible que coma. *Cono barbiu que tien la Galana nun come.*

bardín, -ina: *ax.* 1. Salvaxe, montesín. *Salíunos bardín el nenu.* 2. De pelu gris. *Yera asina como bardín.* 3. De Palacios del Sil. *Nótase que sos bardín.*

barra: *sust. f.* 1. Palanca de fierru. *Fai falta una barra.* 2. Xuegu que se fai tirando una barra. *A la barra siempres gana.*

barranca: *sust. f.* 1. Precipiciu grande ya anchu. *Al chegar a una barranca, das la vuelta.* 2. *Fuécana* que queda nel monte por mor d'un argaxu. *Hai una barranca que terminóu cona senda.*

barrancu: *sust. m.* 1. Precipiciu. *La xatina cayíu por un barrancu ya ma-tóuse.* 2. Barranca.

barredera: *sust. f.* Red grande pa garrar *truitas* nel ríu. *Bárrese'l ríu garran-do cada persona d'un estremu. Estas truitas sacástislas cona barredera.*

barrena: *sust. f.* Instrumentu que s'emplega pa faer furaquinos na madera al faelu xirar. *Faime falta la barrena pa faer el furacu.*

barriga: *sust. f.* 1. Parte de los animales ya del home onde tán los intestinos. *Cayíu de barriga.* 2. Saliente abombáu. *Esta paré tien muita barriga.*

barrigán: *ax.* Que tien una barriga mui saliente ya mala figura. *Yía un barrigán que nun hai quien amire pa él.*

barril: *sust. m.* Recipiente de barru onde se tien l'augua que va bebese pa que nun caliente. *Dame l'augua del barril.*

barrosu: *sust. m.* Pinche del *canteiru. Ahí vien cono barrosu.*

barru: *sust. m.* 1. Tierra con *augua. Cayíu no barru.* 2. Bichu criáu na piel de la vaca. *Ésta cría muitos barros.*

barruecu: *sust. m.* Bola de tierra, con tapín o non, que sal al *l.labrar*. *Tiróu un barruecu ya nun amiróu si venía dalguién.*

bartolu: *sust. m.* Ser estúpidu. *Ayere vieno por aiquí la ficha de Xuan, que yía un bartolu.*

bartolu, -a: *ax.* Tontu, bobu. *Nun quiero ver más a esa bartola por aiquí.*

bascada: *sust. f.* Ataque de furia. *Díu-l.ly una bascada ya echóulu de casa.*

bastiar(e): *v.* Pegar l'aire con *chuvia* golpes nun sitiu. *Mirái si bastia nel penal pola nueite.*

bastiu: *sust. m.* Airón con *chuvia* que pega contra un sitiu. *Vien un bastiu que fai fumu.*

bata: *sust. f.* Prenda femenina de poner en casa. *Nun tien nin bata que ponere.*

bater(e): *v.* Mover un líquidu con un palu o con un oxetu. *Hai que bater los güevos antias de freilos.*

batidera: *v.* Ferramienta con un mangu de madera ya un fierru cuadráu como cabeza que s'emplega pa regar. *Marchóu cona batidera a regare.*

batifondu: *sust. m.* Situación de barullu, d'alborotu o de discusión de la xente. *Namás chegar el.la armóuse un gran batifondu.*

batudu: *sust. m.* Masa que resulta de mecer farina con *augua*. *Anueite preparóu el.la'l batudu.*

baxar(e): *v.* 1. Pasar a un sitiu inferior. *You baxéi de la braña al amanecerín.* 2. Tresportar a un sitiu inferior. *Nós baxemos la fuecha pol treitoiru.*

baxeiru, -a: *ax.* Que s'alcuentra na parte d'abaxo. *Manchóuse na parte baxera.*

bayarte: *sust. m.* Instrumentu pa tresportar manualmente oxetos o seres humanos. *Traxénonlu en bayarte.*

beber(e): *v.* Inxerir líquidu. *Bebíu a más nun podere ya entovía quería más.*

becerru: *sust. m.* Tenral grande, d'unos cuantos meses. *Vendíu'l becerru al tratante que vieno ayere.* || *Vaca de becerru* 'vaca que da de mamar al xatu ya da *l.leite* hasta que vuelva a parir'. *Ésta yía una buena vaca de becerru.*

beisar(e): *v.* Poner los *l.labios* xunto a un oxetu o persona. *Beisóu al nenu ya marchóu pal tren.*

beisu: *sust. m.* Aición ya efeutu de *beisare. El nenu nun quier dar dengún beisu.* ||| *¡Que me días un beisu, bolica!* recuérdase como frase célebre.

belaxa: *sust. f. Truita* de tamañu escasu. *Namás pescóu duas belaxas.*

belaxu: *sust. m. Truita* de tamañu escasísimu. *Pescóulu'l guarda con unos belaxos na cesta.*

belorta: *sust. f.* Vara que se retuerce p'atar un *feix.*

belortu: *sust. m.* Conxuntu de tallos de planta que se retuercen p'atar *feixes, manizas* ya *cuelmos.* || *Royer el belortu* 'cortexar'. *Anduvienon ayere royendo'l belortu.*

bendicir(e): *v.* Faer una alcordanza divina pal bien d'una persona. *Bendíxonos el cura na ilesia.*

bercianu: *sust. m.* Nome d'un *bail.le* fácil, apropiáu pa los nenos. *Yá nun sabe bail.lar el bercianu.*

bercianu, -a: *ax.* 1. Natural del Bierzu. *Casóuse con un bercianu.* 2. Que vien del Bierzu. || *Bercianas coloradas* 'rubianzas o nubles de color roxu que puen vese en poniente, en direición al Bierzu'. *Mañana fairá buen tiempu porque veinse las bercianas coloradas.*

bermechu, -a: *ax.* Encarnáu. *Yía bien bermechu.*

berrar(e): *v.* 1. Dar voces un animal. *L.levan nun sei cuantu tiempu berrando.* 2. *Chorar* una persona chillando con fuerza. *El nenu berróu ya berróu namás marchar.*

berrida: *sust. f.* Aición ya efeutu de *berrare. Yá sentía you berrar a los xatos na corte.*

berriu: *sust. m.* Gritu d'un nenu cuando *chora. Escuitéi muitos berrios cuando yeras un nenu.*

berrón, -ona: *ax.* Que berra ya grita por demás. *¡Qué nenu más berrón!*

berza: *sust. f.* Planta de güerta que val pa faer el *caldu. Nun tien berzas pa faer el caldu.* || *Entre las berzas lu alcontrarás* indica que bien rápidamente percibirás l'engañu.

betánganu: *sust. m.* Persona mui alta ya delgada. *El tou rapaz yá yía un betánganu de cuidáu.*

bíbilis: || *De bíbilis bóbilis* 'vivir ya nun trabachar, vivir a cuenta de los demás'. *Éstos viven de bibilis bóbilis.*

bichu: *sust. m.* Animal, en xeneral. *Cada día hai aiquí más bichos.*

bidón: *sust. m.* Recipiente cilíndricu que s'emplega pa guardar *el l.leite. A el.la fáltan-l.ly seis bidones.*

bidul: *sust. m.* Árbol de *fuecha* caduca con pinchos; betulácea del xéneru "Betula". *N'El Campu la Fuelga nun hai dengún bidul.*

bidular(e): *sust. m.* Sitiu onde hai mui bien de bidules. *Queimanon el bidular.* ||| *Vaquinas mariel.las, d'aquel bidular, mirái las de casa, dexáilas andar* usábase como fórmula nun xuegu d'adultos.

bidulina: *sust. f.* Planta tienra del bidul. *Ya nacienon unas bidulinas de nada.*

bien: *alv.* 1. Como tien que ser, perfeutamente. *Segóume bien La Tornadiel.la; Siéntome bien.* 2. En gran cantidá o abundancia. *Fai un cestu bien grande.* || *Bien mal* 'mui mal'. *El probe bolicu alcuéntrase bien mal.* || *Bien de* 'gran cantidá de'. *Güei chegóu bien de xente.* || *Mui bien de* 'gran cantidá de'. *Anguano hai mui bien de patacas.*

bienvivir(e): *sust. m.* 1. Actu de vivir con comodidá. *A mí préstame'l bienvivire.* 2. Actu de vivir con honestidá. *Siempres yía mechor el bienvivire que ser malu.*

bigardón, -ona /: *ax.* *Aumentativu de *bigardu*.

bigardu, -da: *ax.* 1. Demasiáu altu pa la edá que tien ya mui flacu. *Menudu bigardu yía'l tou rapaz.* 2. Vagu, folgazán.

biliel.lu: *sust. m.* 1. Furaquín que tien la *ol.la* de barru na parte baxera pa sacar la *dibura* ya pa que quede la nata na *ol.la. Nun tapeis el biliel.lu.* 2. Tapón de madera que val pa tapar el furaquín que tien la *ol.la* de barru na parte baxera pa sacar la *dibura* ya pa que quede la nata na *ol.la. Pon el biliel.lu.*

biliesgu, -a: *ax.* Que padez estrabismu. *Aquel.la moza yía biliesga.*

bil.larón: *sust. m.* Escrecencia en forma de bola que se forma nos *rebol.los*. *Asperáinos, nenas, que vamos a traevos bil.larones de La Sierra.*

bimar(e): *v.* Pasar l'*aráu* per segunda vez nuna tierra. *Agora toca bimare.*

birle: *sust. m.* Variedá del xuegu de bolos. *Sos el mechor al birle.*

bitichu: *sust. m.* Instrumentu que s'emplega pa que nun mame la cría. (Pue ser una tabla o una correa ancha con pinchos que se pon al tenral pa que nun mame; tamién pue ser un palu que se pon na boca de los cabritos pa que nun mamen, anque pueden pacer). *Pon-l.ly el bitichu.*

blandu, -a: *ax.* Suave cuando se toca. *Yía una cousa mui blandina.*

blanqueta: *sust. f.* Manta filada ya texida ensin cardala al final. *Pal nenu guardái una blanqueta.*

blincar(e): *v.* Saltar. *Dexái de blincare.*

blincu: *sust. m.* Saltu. *Díu un blincu mui grandísimu.*

bóbilis ‖ *De bíbilis bóbilis* 'vivir ya nun trabachar, vivir a cuenta de los demás. *Éstos viven de bibilis bóbilis.*

bobín, -na: *sust. m. ya f.* Personaxes disfrazaos nel Antroidu. *Yá pasóu'l bobín.*

bobín, -na: *ax.* Tontu, *usáu con intención xeneralmente cariñosa. *Ven bobín, ven.*

bobu, -a: *ax.* Tontu, imbécil. *Sos bobu de remate.*

boca: *sust. f.* 1. Entrada del aparatu dixestivu. *Tien la boca mui pequena.* ‖ *Faere boca* 'comer dalgo *antias* de la comida'. 2. Entrada, abertura. *Metéilu por aquel.la boca.* 3. Furacu gordu de la bota de vinu.

bocabierta: *ax.* Pasmáu. *Esti rapaz yía un bocabierta.*

bocadín: *sust. m.* 1. *Diminutivu de *bocáu*. 2. Trozu escasu de dalgún oxetu. *Namás queda un bocadín de xamón.* 3. Intervalu cortu de tiempu. *Tuve un bocadín cona mía tía.*

bocalán: *ax.* Voceras, charlatán. *Nun traigas más a aquel bocalán por aiquí.*

bocarada: *sust. f.* 1. Cantidá de líquidu qu'hai na boca. *Tragóu yá la bocarada.* 2. *En plural refierse a los últimos actos d'abrir la boca *antias* de morrer. *Díu las bocaradas ya morríu.*

bocarrana: *ax.* Voceras, charlatán. *Nun traigas más a esi bocarrana por aiquí.*

bocáu: *sust. m.* 1. Cantidá de comida que se mete na boca d'una vez. *Mete cada bocáu que nun sei como nun revienta.* 2. Comida d'escasa entidá. *Comíu namás un bocáu.*

bocói: *sust. m.* Cuba grande de madera pal vinu. *Nun alcuentra los bocóis.*

boisu: *ax.* Tontu, bobu. *Yía un boisu ya un fatu.*

bola: *sust. f.* 1. Oxetu de forma esférica. *Víulu gordu como una bola ya asustóuse.* 2. Esfera de madera pa xugar a los bolos. *Fai falta una bola pa xugare.*

bolada: *sust. f.* Xugada nel xuegu de bolos. *Esta bolada prestóume.*

bolera: *sust. f.* 1. Sitiu onde se xuega a los bolos. *Nun hai muita xente na bolera.* 2. Antigua danza popular, agora desaniciada.

bolicu, -a: *sust. m.* ya *f.* Diminutivu de *buelu*. *La nuesa bolica vieno güei.*

bol.la: *sust. f.* Empanada. *Comíu el.la la bol.la entera.*

bol.lu: *sust. m.* Pieza de pan. *Quedánonme tres bol.los pa los nenos.* || *Bol.lu preñáu* 'bol.lu con sustancia nel interior'.

bolos: *sust. m. pl.* Xuegu popular al que se xuega na bolera con una bola ya unos bolos. *Yera'l que mechor xugaba a los bolos.*

bolsa: *sust. f.* Sacu pa meter oxetos. || *La bolsa los perdigones* 'testículos'.

bolu: *sust. m.* 1. Pieza de madera pa xugar a los bolos. 2. Oxetu que tien forma redonda. *El nenín ta gordu como un bolu.*

boncha: *sust. f.* Ampol.la que se forma na piel. *Saliénon-l.ly unas bonchas na cara.*

bonete: *sust. m.* Gorru que gastaba'l cura. || *A tente bonete* 'en gran cantidá'. *Hai xente a tente bonete.*

boqueirón: *sust. m.* Ventana del *pachar* o *parreiru*. *Yá nun entra más nel boqueirón.*

bordel: *sust. m.* Barullu, conflictu pola mor de tar apetiguñaos un grupu de xente. *You aiquí afuégome con esti bordel.*

borrachín: *sust. m.* "Arbutus unedo", árbol de *fuecha* que nun cai. *Aiquí nun hai dengún borrachín.*

borrar(e): *v.* Quitar dalgún dibuxu o raya marcaos nuna superficie. *Borrái las l.letras.* || *Tirar a borrar* 'nos bolos, tirar la bola pa faer más puntos que los demás'.

bota: *sust. f.* Recipiente de cueru pa guardar el vinu. *Foi a segare cono cachapu ya la bota.*

botaina: *sust. f.* Maderina circular pa zarrar el furacu de los *odres*. *Perdíuseme la botaina.*

botiel.lu: *sust. m.* 1. Estómagu. ||| *Come más el güechu que'l botiel.lu.* 2. Productu del gochu que se fai embutiendo nel estómagu *costiel.las*, carne, etc. *Güei tenemos botiel.lu.*

bozal: *sust. m.* Tapadura que se pon na boca los animales pa que nun coman o nun muerdan. *Sacáilu con bozal pa que nun muerda.*

bozu: *sust. m.* Bozal.

bracete: *sust. m.* *Diminutivu de *brazu*. || *Andare del bracete* 'andar agarraos del brazu'.

braciar(e): *v.* Mover los brazos con enerxía. *Mirái, nun apara de braciare.*

braciquín: *sust. m.* *Diminutivu cariñosu pal brazu d'un nenu.

bramar(e): *v.* Berrar el ganáu vacunu. *¡H.uasús cómo brama la Pinta!*

bramida: *sust. f.* Aición ya efeutu de *bramar*. *La Mora da unas bramidas qu'unu chora al escuitalas.*

brandal: *sust. m.* Parte del *molín* onde cai la farina. *Chenóuse'l brandal.*

braneta: *sust. f.* Conxuntu de *brasas*. *Si nun faes una buena braneta nun podemos asar l'animal.*

branu: *sust. m.* Estación que va dende'l solsticiu de San Xuan hasta l'equinocciu de setiembre. *El branu yía malu pa el.la.* || *De branu* 'en branu'. *De branu marchóu pa L.laciana.*

braña: *sust. f.* 1. Campu con *cabanas* onde los *brañeiros* ya *brañeras* tán al cuidáu del ganáu pa que coma los pastos altos del branu. *Güei va pouca* *xente a la braña.* 2. Zona del monte alredor del pobláu de *cabanas. Chueve pa la braña.*

brañeiru, -era: *sust. m.* ya *f.* Persona que ta na *braña* con ganáu. *Yá conozo a las brañeras de La Fontel.lada.*

brasa: *sust. f.* L.leña o carbón qu'arde. *Queimóuse nas brasas.*

bravu, -a: *ax.* 1. Non inxertu (una planta, un árbol). *Esta castañal yía brava.* 2. Fuerte, duru. *Con el.la nun pueden que yía mui brava.* 3. Agresivu, violentu. *Paez que güei vien bravu.* 4. Salvaxe. *Alcontréila entovía mui brava, hai que la domare.*

brazadín: *sust. m.* *Diminutivu de *brazáu.*

brazáu: *sust. m.* Que pue abarcase ya tresportase con dos brazos. *Chegóu con un brazáu de regalos.*

brazu: *sust. m.* Miembru superior del cuerpu hasta la manu. *Mancóuse no brazu.*

brenza: *sust. f.* Estiel.la pequenina que se clava na piel al raspar un oxetu de madera. *Baxéi del monte con una brenza nel dedu.*

breva: *sust. f.* Frutu de la breval. *Las brevas yá nun hai quien las coma.*

breval: *sust. f.* Árbol que da brevas. *Xubíuse a la breval.*

briespa: *sust. f.* Insectu himenópteru que tien un *aguichón. Yía espabiláu como una briespa.*

briespal: *sust. m.* Nial de briespas. *Pisóu un briespal ya cuasi lu comen las briespas.*

briezu: *sust. m.* Cuna de madera pa los *nenos. You criéime nel briezu viechu que guardanon na alcobina.*

brigachu: *sust. m. Virgachu.*

bril.lear(e): *v.* Producir, emitir golpes de *l.luz. ¿Qué yía lo que bril.lea ail.lí arriba?*

bril.lu: *sust. m.* Golpe de *l.luz. Tien muitu bril.lu.*

brimba: *sust. f.* Vara de *salguera* que val pa faer cestos. *Nun tien brimbas pa faer el cestu.*

brimbera: *sust. f. Salguera,* planta que da *brimbas. Al l.lau d'El Sil hai unas cuantas brimberas.*

broucia: *sust. f.* Sitiu de matos ya de pasu difícil. *Escapóu por una broucia alantre.*

broza: *sust. f.* 1. Restos de dalgún oxetu, especialmente *l.leña. Quedóu la broza al pía la rodera.* 2. Sustancia que nun dexa qu'un sitiu quede *l.limpiu. Quitai-l.ly la broza que tien.*

brucha: *sust. f. Bruchu* grande, de yerba, que se pon na parte d'arriba del carru. *Si nun pon bien la brucha nun marchamos.*

bruchón: *sust. m.* Mantilla pa envolver al nenu. *Díu-l.ly un bruchón al afícháu.*

bruchu: *sust. m.* 1. Tira de yerba que se pon nel carru, doblándola ya apretándola pa que nun caiga la yerba del mesmu carru. *La nuesa tía faía muitu bien los bruchos.* 2. Envoltura del nenu de meses. *Fixenon mui curiosu'l bruchu.*

brucias: ‖ *De brucias* 'de cara, de frente'. *Cayíu de brucias na corte.*

brusa: *sust. f.* Blusa. *Vien cona brusa viecha.*

bruxería: *sust. f.* 1. Aición de tipu máxicu. *Yía cousa de bruxería.* 2. Sabiduría máxica. *Nun hai bruxería que valga, tien que faere los l.labores.*

bruxu, -a: *sust. m.* ya *f.* 1. Persona que tien poderes máxicos. *Ésta yía cuasi bruxa.* 2. De mala intención (una persona). *Sos una bruxa.*

búbaru: *sust. m.* Caracol de mar que s'usaba pa beber. *El mieu papa l.levóu'l búbaru.*

buchar(e): *v.* Mondar la cáscara de la castaña, mondar un palu, etc. *Buchái las castañas darréu que yá vienen ahí.*

bucháu, -ada: *Participiu de buchare. Tien un palín bucháu.* ‖ *Venir como un madeiru bucháu* 'venir con intención de pegar'. *Vieno a mi como un madeiru bucháu.*

buche: *interx.* *Voz pa chamar* a los burros.

bucín: *sust. m.* Bocal de la botella. *Bebienon pol bucín.*

buecu: *sust. m.* Furacu, pocina qu'hai en dalgún oxetu. *Metíulu nun buecu.*

buecu, -a: *ax.* Que nun tien nada dentro. *Yía un tueru buecu.*

buei: *sust. m.* Toru capáu. *Morríu-l.ly el buei.*

buelu, -a: *sust. m.* ya *f.* Proxenitores de los padres. *Marchóu conos buelos.*

buenu, -a: *ax.* 1. Positivu, favoratible, contrariu al mal. *Yía una buena cousa.* 2. Importante, grande. *Armanon una buena griesca.* || Una buena, 'un asuntu preocupante, importante, grave'. *Cayíu-l.ly una buena.* 3. De buen aspeutu, sanu. *Paez que ta mui buena.* || Nun ser más buena 'enfermar, perder l'estáu normal de bienestar'. *Morríu-l.ly la ficha ya nun foi más buena.* 4. Fácil. *Aquel.la corrada yía buena de segare.*

buezca *sust. f.* Muezca. *Fixenon una buezca nel tueru.*

buicín: *sust. m. Buei* de tamañu escasu. *Tien un buicín na corte.*

buiza: *sust. f.* Sitiu onde la xente manda los bueis. *Nun sei, andará pola buiza.*

bul.la: *sust. f.* Yerba a medio comer que queda na bandoba del animal al matalu. *Quitái la bul.la.*

bul.lir(e): *v.* 1. Ferver. *Yá bul.le'l caldu.* 2. Tener una actividá que se nota por demás. *Paez que la casa bul.le al venir el rapaz.* 3. Trabachar, faer *l.labores* ensin aparar. *Viecha ya tou ya entovía bul.le por casa.* 4. Movese ya actuar. *La nena yá bul.le.*

bultu: *sust. m.* Saliente que se manifiesta nuna superficie más bien plana. *Salíu-l.ly un bultu na frente.* || A bultu 'de forma aproximada, con falta d'intención ya precisión'. *Tiróu a bultu.*

burbur: *sust. m.* Marmuración. *Anda por ahí esi burbur.*

buréu: *sust. m.* Diversión, fiesta. *Hai muitu buréu.* || Andar de buréu 'andar de fiesta, ociosamente'. *Anduvienon toul día de buréu.*

burgu: *sust. m.* Animal invertebráu, cilíndricu, blandu ya que vive nos vexetales. *La cereisal ta chena de burgos.*

burl.la: *sust. f.* Diversión *asusañando* a una persona. *Dexái de fae-l.ly burl.la.*

burra: *sust. f.* 1. Fema del burru. 2. Montón mui curiosu de feixes que se fai pa que nun los humedeza la *chuvia. Tuvimos que faere unas burras porque empezóu a chovere.*

burracón: *sust. m.* Mancha grande de tinta. *Cayíu-l.ly un burracón na carta.*

burrada: *sust. f.* Cantidá de yerba que se garra con un *forcáu*. *Echóu unas buenas burradas pol boqueirón.*

burreiru, -era: *sust. m.* ya *f.* Persona qu'anda con burros. *Aquel.la yía la burrera.*

burricachu: *sust. m.* ya *f.* Burru *viechu*, con un matiz despeutivu. *Vien con un burricachu que nun val pa nada.*

burricada: *sust. f.* Aición necia, absurda, tonta, xeneralmente espresada verbalmente. *¡Nun diga burricadas, oh!*

burru, -a: *ax.* Tontu, cabezón. *Sos mui burru, ninu.* || *Ser burru hasta velu ya dexalu* 'ser mui burru'. *La probe yía burra hasta vela ya dexala.* || *A tou zurru ya burru* 'a tou tipu de xente, con matiz despeutivu'. *Nun creas que voi a estare fayendo favores a tou zurru ya burru.*

burru, -a: *sust. m.* ya *f.* Asnu, pollín. *Tien un burru pa xubir a la xanciana.* || *Caere de la burra* 'dase cuenta de golpe d'una verdá'. *Menos mal que cayíu de la burra.* || *Burra'l diablu* 'insectu neurópteru que vive xunto al augua'. *Na presa La Cuérguila siempres hai una burra'l diablu.* || *Ser mala burra, tener mala burra* 'tener mala idea, mala intención'. *Nun-l.ly faigas casu que yía mui mala burra (que tien mui mala burra).*

buscar(e): *v.* 1. Faer lo posible p'alcontrar un oxetu. *Buscáime los arales.* 2. Alcontrar un oxetu. *Yá busquéi la garfiel.la.*

butre: *sust. m.* Utra, ave carroñera. *Víu tres butres pola Fontel.lada.*

C

ca: *Apócope de casa. Van an ca Xuan d'Antona.

ca: *interx.* *Emplégase como alvertencia de prohibición ya de negación. ¡Ca! ¡Nun faigas esas cousas!

cabal.lu: *sust. m.* Mamíferu unguláu, "Equus caballus". *Yía'l mieu cabal.lu.* || *D'a cabal.lu* 'montáu a caballu'. *Vieno d'a cabal.lu hasta la feria.*

caballu: *sust. m. Cabal.lu.*

cabana: *sust. f.* Casa con *teitu* que la xente usa na braña. || *Día de cabana* 'día húmedu ya fríu, cuando presta alcontrase na *cabana*'.

cabeceiru: *sust. m.* 1. Parte de detrás d'onde se pon la cabeza al echase na cama. *Tien un cuadru no cabeceiru de la cama.* 2. Pieza de la cama que s'alcuentra detrás de la cabeza. *Tien un cabeceiru de madera mui guapa.*

cabra: *sust. f.* 1. Mamíferu rumiante unguláu, que se mueve con gran axilidá, "Capra hircus". || *Tar como una cabra* 'andar mal de la cabeza'. 2. Mancha que sal na piel pola mor del calor del *l.lume.*

cabrease: *v. Acabrease.*

cabritu, -a: *sust. m.* ya *f.* Cría de la cabra.

cabriu: *sust. m.* Tablón grande que sostién la tabla onde se ponen *las l.lousas.*

cabruñar(e): *v.* 1. Picar la gadaña pa que tenga corte. *Siéntese cabruñar al boliquín.* 2. Tener sintonía ya afeutu. *El.la ya tú cabruñáis bien.*

cabruñu: *sust. m.* 1. Aición ya efeutu de cabruñar. *Entós ¿cuándo terminas el cabruñu?* 2. Corte que queda al cabruñar. *Quedóu un buen cabruñu na gadaña.* 3. Afeutu, cariñu, aquel. *Tien-l.ly muitu cabruñu.*

cabu: *sust. m.* Final, punta d'un oxetu de forma *l.larga. Cueche'l cabu'l filu.*

cabudanu: *sust. m.* 1. Día nel que se cumplen doce meses de la muerte de dalguién. *Güei yía'l cabudanu del nuesu Xepe.* 2. Celebración relixosa de los doce meses de la muerte d'una persona. *Nun vieno al cabudanu de Xepe.*

cacafú: *sust. m.* Páxaru mui pequenu; *refierse esti nome a un par d'especies diferentes. "Parus major" ya "Parus caeruleus". *Había un cacafú no sabugueiru.*

cacarear(e): *v.* Cantar ya faer un son específicu la pita.

cacecha: *sust. f.* Pezuña. *Movéi las cacechas que chega l'amu.*

cacha: *sust. f.* 1. Cachaba. *Siempres sal con cacha.* 2. Trozu de pataca con *gril.lu* pa semar. *Tirái aiquí las cachas.* 3. Pieza de madera del mangu de la *navacha*. *La mía navacha tien las cachas roxas.*

cachaba: *sust. f.* Palu dobláu na parte d'arriba ya que s'usa pa'ayudar a caminar.

cachaparra: *sust. f.* Artrópodu parásitu que s'apega nos mamíferos ya chupa la sangre. *Vieno del monte con una cachaparra.*

cachapu: *sust. m.* Cuernu secu de vaca que tien el segador pa meter nél la piedra d'afilar la gadaña. *El cachapu yera de padre.*

cacharreiru, -era: *sust. m.* ya *f.* Persona que vende cacharros de barru. *Yá cheganon los cacharreiros.*

cacharru: *sust. m.* 1. Oxetu usáu na cocina, en xeneral. *Rompíu muitos cacharros.* 2. Oxetu que nun s'alcuentra en buen usu. *Vien con un cacharru que nun val pa nada.*

cacheitu, -a: *ax.* 1. Cuasi secu, como la castaña ventilada que yá empieza a secar o la yerba que va secando. 2. Aplícase irónicamente a la xente a la que se califica de seca o a la que se piensa que tomó l'aire o el sol más de la cuenta. *Quedóu cacheita ail.lí arriba.*

cachelos: *sust. m. pl.* Comida de *patacas* que se cuecen en trozos grandes. *Güei comimos cachelos na braña.*

cacheta: ‖ *A la cacheta'l sol* 'al sol cuando ésti tien fuerza ya con escasa proteición'. *Pasóu la tarde na Furaquina a la cacheta'l sol.* ‖ *A pierna cacheta* 'montar la *mucher* un caballu o un burru como los homes, con una pierna pa cada *l.lau*'. *Vieno de La Degol.lada a pierna cacheta.*

cachicán: *sust. m.* Paisanu que fai tou tipu de *trabachos*, con un matiz peyorativu.

cachola: *sust. f.* Cabeza, con un matiz familiar o irónicu.

cachón: ‖ *A cachón* 'forma de cruzar el ríu con *roupa*, namás *l.levantando* los pantalones o la falda'.

cachoupa: *sust. f. Astiel.la.*

cachu: *sust. m.* Trozu, parte d'un oxetu. *Partíulu en cachos.*

cachumbada: *sust. f.* Crecida nel ríu o nuna presa. *Apartáivos, que vien la cachumbada.*

caciplas: *sust. m. Cacipleiru,* que se mete onde nun tien que se meter. *Nun traigas aiquí al tou xenru, que yía un caciplas.*

cacipleiru, -era: *ax.* Fisgón ya que se mete onde nun debe. *Yía mui caciplera.*

caciplu: *sust. m.* Recipiente de latón de mangu mui *l.largu. Colgái los caciplos ail.lí.*

cadabre: *sust. m.* Cadáver.

cadagunu, -a: *pron.* Contraición de *cada unu.*

cadarzu: *sust. m.* Cinta d'algodón.

cadexu: *sust. m.* Madexa grande de *l.linu,* que se fai nun *argadiel.lu* o *dubanadera.*

cadol.la: *sust. f.* Tueru podre. *Escondíulu nuna cadol.la.*

cadol.lu: *sust. m.* Tueru podre. *Alcontróulu nun cadol.lu.*

cadril: *sust. m.* Cadera. *L.levóu un gran golpe no cadril.*

cagacha: *sust. f.* Escrementu de *cabras* ya *ugüechas.*

cagachón: *sust. m.* 1. Escrementu humanu. 2. *Insultu que s'aplica a una persona que nun tien valentía. *Sos un cagachón.*

cagachuna: *sust. f.* Escrementu de caballos ya burros.

cagalar: *ax.* Final, *refiriéndose a los intestinos. ‖‖‖ *Guarda, pregueirín, guarda, qu'a mí pa una tripa cagalar que me va a tocar, nun quiero ver al mieu pregueirín chorar* diz el *galfarru* al *pregueiru,* según la tradición popular.

cagalera: *sust. f. Fueira.*

caídu: *sust. m.* Vientre, qu'agora nun s'*aproveita*, del animal que se mata pa comer. *El caídu tiráilu al corral.*

cala: *sust. f.* Piedra de ríu onde s'escuende la *truita. Esta cala tien muitas truitas.*

calabaciel.lu: *sust. m.* 1. Enfermedá de la vaca na cabeza; curábase metiendo *chaveirón* nel pescuezu. *A la Mora entróu-l.ly el calabaciel.lu.* 2. Dolor de cabeza nos humanos. *Tien calabaciel.lu.*

calabaza /: *sust. f.* 1. Cubu d'onde salen los *rayos* de la rueda del carru. *Tien mui viecha la calabaza.* 2. Planta que da unos frutos mui grandes ya gordos. *Esti anu semóu muitas calabazas.* 3. El frutu d'esti tipu de planta. *Las mias calabazas son pa los gochos.*

calafríu: *sust. m.* Escalofrío, sensación repentina de fríu nel cuerpu. *Marchéi cona xelada ya entránonme muitos calafríos hasta que chegéi a la cabana.*

calambriu: *sust. m.* Calambre, sensación muscular de tensión. *Tien calambrios nas patas.*

calandariu: *sust. m.* 1. Rexistru que contabiliza'l pasu del tiempu. *Apuntáime qué día yía nel calandariu.* 2. Persona enfermiza, con achaques. *La tua mucher ta feita un buen calandariu.*

calavicha: *sust. f.* Piecina de fierru que s'emplega pa zarrar la puerta, el *portiel.lu*, etc.; tien una punta doblada que se mete nun aru claváu na otra parte de la puerta o *portiel.lu. Pon la calavicha pa que nun s'abra'l portiel.lu.*

calavichar(e): *v.* Zarrar con una *calavicha. Antias de marchar calavichemos la ventanina.*

calavichu: *sust. m. Cavichu*, una *pina*, que val como pieza del carru.

calcañu: *sust. m.* Talón del *pía. Cayíu del teitu ya rompíu'l calcañu.*

calceta: *sust. f.* Media que pon la *mucher* na pierna.

calcetu: *sust. m.* Pieza de tela o de *l.lana* que tapa'l *pía* ya parte del *todiel.lu. Mochóu los calcetos al cruzar la presa.*

caldeirada: *sust. f.* 1. Lo qu'hai nuna caldera cuando ta hasta arriba. *Nun sei si seremos a comere esta caldeirada.* 2. Una caldera hasta arriba. *¿A ónde l.levas esa caldeirada?*

caldeireiru, -era: *sust. m.* ya *f.* Que vende *calderas, potas* ya *cazos.*

caldeirones: *sust. m. pl.* Infiernu. *Si sigues siendo malu igual acabas queimando nos Caldeirones.*

caldeiru *st. m.* Recipiente arredondiáu que tien asa semicircular. *Pa mi cuenta que quier rebañar el caldeiru.*

caldera: *sust. f. Caldeiru* grandón, antiguamente de cobre.

caldu: *sust. m.* Pote que se fai con pataca, verdura ya *samartinu* ya tamién con untu ya pimentón. *Pa güei entovía tenemos caldu.*

calecer(e): *v.* Entrar en calor. *Si nun prendo'l l.lume nun calezo güei.*

calechón: *sust. m.* Vía de comunicación mala, con piedra, barru ya humedá. *Baxóu pol calechón p'al.lá.*

calechu: *sust. m.* Reunión, tertulia de xente, antes de cenar. *Güei hai calechu en ca Xe.* || *Andar de calechu* 1. 'alcontrase nun calechu'. *Nun ta en casa, anda de calechu.* 2. 'andar con demasiada frecuencia *polas casas achenas'. A el.la présta-l.ly pol vivire andar de calechu.*

calentar(e): *v.* 1. Poner un oxetu o una entidá a más temperatura. *Yá calentéi'l caldu.* 2. Ponese con más temperatura un oxetu o una entidá. *¿Yá calentóu'l caldu?*

calentase: *v.* 1. Ponese con más temperatura un oxetu o una entidá. *Los fierros calentánonse solos.* 2. Ponese más alta la emocionalidá d'una persona. *Nun te calientes que nun hai nada que faere.*

calentón: *sust. m.* 1. Aición ya efeutu de *calentar* ya de *calentase. L.levóu un calentón mui grande.* 2. Disgustu mui grande.

calienda || *Andar de calienda* 'andar de fiesta fuera de casa ya nun *trabachar'. El.la siempres anda de calienda.*

caliente: *ax.* Que s'alcuentra con calor. *Peme que nun ta mui caliente.*

cal.labiel.lu: *sust. m.*   Instrumentu que s'emplega pa sacar el *cuitu* de la cuadra; tien un mangu ya una *media l.luna* de madera. *Nun sei ónde dexanon el cal.labiel.lu.*

cal.lapazu: *sust. m.* Planta umbelífera que naz nos praos, de *fuecha* grande ya que comen los gochos (tien un tallu duru ya buecu que tien el nome de *xiplu*). *L'Oubiu alcontréilu chenu de cal.lapazos.*

cal.lar(e): *v.* Nun falar. *Cal.lái que quier dicir dalguna cousa.* || *Cal.lar la boca* 'Callar'. *Cal.lóu la boca.* || *Cal.lare como un afogáu* 'nun dicir nada, nun contestar nin intervenir na conversación cuando hai alusiones o cuando en principiu tendría que dicise dalgo'. *You saquéi-l.ly la miente pero el.la cal.lóu como una afogada.* || *Cal.láu ya dichu* espresa que nun hai dulda de que va faese aición.

cal.lezu: *sust. m.* 1. Trapu usáu como pañal pa los nenos. 2. *Úsase como insultu. *Menudu cal.lezu que tien al l.lau.*

cal.lu: *sust. m.* Dureza que se forma na piel. *Tien un cal.lu na punta la deda.*

calma: *sust. f.* 1. Tranquilidá. 2. Momentu de calor bochornosu ya cuando nun hai vientu. *Con esta calma nun hai quien trabache.*

calmar(e): *v.* 1. Nel xuegu de los bolos, tirar la bola contra los bolos poniéndose na raya del fondu. *Agora tócate a ti calmare.* 2. Tranquilizar, poner paz onde hai griesca. *Calmáilos que nun séi si nun terminará la cousa en palestrina.* 3. Tranquilizase, apaciguase. *La rapaza paez que calmóu.*

calmostia: *ax.* Que s'alcuentra a mediu secar, refiriéndose especialmente a la castaña.

calmosu, -a: *ax.* 1. Tranquilu. 2. Que tien una temperatura sofocante. ¡Qué nueite tan calmosa!

calunia: *sust. f.* Falsedá que se diz pa despresixar a dalguién. *Yía una calunia.*

calzafouces: *sust. m.* Home que nun tien iniciativa propia nin personalidá. *Con aquel calzafouces you nun voi.*

calzón: *sust. m.* 1. Pantalón. *Tien los calzones puercos.* 2. Planta que da una flor azul ya en forma de campana. 3. Flor d'esta mesma planta.

camanduleiru, -era: *ax.* Hipócrita. *Dixénnonme que yera una camandulera.*

cámaras: *sust. f. pl.* Fueira. *Tien cámaras.*

camba: *sust. f.* Cambiel.la.

cambeiráu: *sust. m.* 1. Un *cambeiru* con *truitas. Vieno con un buen cambeiráu.* 2. Conxuntu de *truitas* qu´hai nel *cambeiru. Esta nueite vamos a cenar el cambeiráu que nos díu Xuanón.*

cambeiru: *sust. m.* Brimba de la que'l pescador cuelga la *truita* que va pescando. *Vieno cono cambeiru chenu.*

cambiel.la: *sust. f.* Pieza curva de la rueda'l carru, que va debaxo del aru de fierru.

camel.la: *sust. f.* Camel.lón.

camel.lón: *sust. m.* Cada parte curva que tien el xugu. *El tou xugu rompíu pol camel.lón.*

caminu: *sust. m.* Vía de comunicación en xeneral pa homes, animales ya carros. *Cueche'l camín de la solana.* || *Caminín de Santiagu* 'Vía Láctea'.

camisa: *sust. f.* 1. Prenda de vistir el cuerpu de la cintura al pescuezu. 2. Piel de la *culuebra. Cueche la camisa la culuebra pal dolor de muelas.*

campa: *sust. f.* Campu abiertu ya anchu, na parte alta del monte. *Ail.lí arribones hai una gran campa.*

campana: *sust. f.* Oxetu cóncavu que suena al mover un badaxu. *Yá tocan las campanas.*

campanina: *sust. f.* 1. Úvula. *Abríu una bocona tan grande que se-l.ly veía la campanina.* 2. Planta que tien forma de campana ya flores *mariel.las.*

campanu: *sust. m. Chueca,* campanina que se cuelga del pescuezu de los animales. *Yá se sienten los campanos.*

campera: *sust. f. Campa.*

campu: *sust. m.* Sitiu onde naz yerba ya nun hai demasiaos árboles. *Merendemos nun campu mui guapín qu'hai xunto al ríu.* || *Poner al campu* 'poner la *roupa* de la colada encima la yerba de los praos pa que seque'.

campusantu: *sust. m.* Cementeriu. *Van al campusantu.*

camuezu: *sust. m.* Saliente que sal del xugu pa ser a amarrar los cornales al *xunir. El mieu xugu tien unos camuezos mui pequenos.*

cana: *sust. f.* Cada parte na que se divide'l tueru del árbol. || *Cambiar de cana* 'cambiar d'asuntu, de sitiu, de trabachu, etc.'.

canada: *sust. f.* Xarra de metal, que yera antiguamente de madera, onde s'echa'l *l.leite* que se *muñe. Tiróume la canada ya perdíuse'l l.leite.* ||| *Mia Galana, mia Galana, cuantu l.leite me darás, la canadina bien chena ya'l tenralín a fartar* yera una fórmula que se cantaba a la vaca pa que diera más *l.leite.*

canal: *sust. f.* 1. Conductu pal augua, en xeneral. *Faéi una buena canal pa que chegue l'augua al prau.* 2. Conductu de madera que va hasta'l *rodenu* del molín. *Quitái de la canal el reble pa que pase l'augua ya muela'l molín.* || *Abrir en canal* 'abrir el cuerpu d'un animal d'arriba a abaxo'.

canalecha: *sust. f.* Canal de dimensión escasa, como la que se pon, xeneralmente, nuna fuente. *Quitanon la canalecha ya nun soi a bebere.*

canalechu: *sust. m.* 1. Canal *pequena.* 2. Pieza que tien el molín ya que val pa que baxe'l granu de la moxega ya caiga. *Parái'l molín que rompíu'l canalechu.* 3. Canalín pa que salga l'*augua* del *encorredore.*

canalón: *sust. m.* Canal grande, especialmente la que se pon nuna fuente. *Sal muita augua pol canalón.* || *Sangrar a canalón* 'sangrar echando un chorru de sangre'.

canalona: *sust. f.* *Aumentativu de *canal.*

cánamu: *sust. m.* Planta anxosperma dicotiledónea, "Cannabis sativa", que tien una simiente que se pue texer.

cáncanu: *sust. m.* Animal *viechu,* especialmente'l caballu o'l burru. *¿A ónde dirá con aquel cáncanu?*

canciel.la: *sust. f.* Puerta, con dos partes, d'un corral o d'una finca. *Dexóu abierta la canciel.la.*

canciel.lu: *sust. m. Canciel.la* d'escasa dimensión. *¿Quién fixo aquel canciel.lu viechu?*

cándana: *sust. f.* 1. *Cana* grande ya seca. *Marchóu a onde hai cándanas a esgaya.* 2. Cana especialmente seca cuando queda cuasi blanca pola mor d'una *queimada. Tisnóuse conas cándanas.*

candanal: *sust. m.* Sitiu onde hai abundancia de cándanos.

cándanu: *sust. m. Cándana.*

candar(e): *v.* Zarrar dalgo con un candáu. *¿Candasti'l canciel.lu la l.linar?*

candáu: *sust. m.* Instrumentu con un mecanismu pa trancar una puerta o *portiel.lu. Rompíu'l candáu.*

candáu, -ada: *Participiu de *candare. La l.linar quedóu bien candada.* ||| *¿Candasti la portiel.la?* recuérdase como frase célebre.

candonga: *ax.* Qu'anda de fiesta más de la cuenta, refiriéndose a la *mucher. Casóuse con una buena candonga.*

canear(e): *v.* 1. Suplicar, pedir. *El.la anda caneando que quier marchare.* 2. Esixir. *Caneóu, caneóu ya al final diénon-l.ly l'eiru.*

cangaxu: *sust. m.* Persona enfermiza ya débil. *La sua mucher yía un cangaxu que nun val pa nada.*

cangrena: *sust. f.* Enfermedá que fai que pudra l'organismu. *Agora yá tien cangrena nos pías.*

caniel.la: *sust. f.* Parte d'alantre del güesu de la parte inferior de la pierna. *Pegóu-l.ly una patada na caniel.la.*

canil: *sust. m.* Diente incisivu, especialmente del perru, del gochu ya del xabaril. *Metíu-l.ly los caniles nel brazu.*

canilada: *sust. f.* Actu de morder conos caniles. *Nun t'arimes que va date una canilada.*

cansar(e): *v.* 1. Faer qu'un ser vivu quede fatigáu. *Canséilu al mandalu a Las Repoupadas.* 2. Fatigase, sufrir un procesu de cansanciu. *Cansanon porque xubienon pol Ríu Palacios ya baxanon pol Ríu Pedrosu.*

cansáu, -ada: 1. *Participiu de *cansare. 2. ax.* Cansu.

cansiel.la: *sust. f.* Oxetu usáu pa la colada; faíase de corteza de bedul, yera redondu ya poníase nel *encorradore.*

cansu, -a: *ax.* Fatigáu, agotáu pol esfuerzu. *Quedéi cansu de tanto taliare'l monte.*

cantadeiru: *sust. m.* 1. Sitiu onde canta un páxaru, por exemplu, el *faisán.* 2. Aición ya efeutu de *cantare,* *usándose con un aquel peyorativu.

cantar: *sust. m.* Pieza musical que se canta. *La nena sabe muitos cantares.* || *Cantar de boda* 'cantar con testu preparáu arráimente pa la celebración d'una boda'. *La mía bolica Felicidá faía muitos cantares de boda.*

cantar(e): *v.* 1. Usar la voz buscando melodía ya arte. *Cantéi a farta pola nueite.* || *Cantar el carru* 'sonar el carru que tenía *eix* móvil'. || *¿Canta un carru?* dizse a una persona cuando nun respeta lo que se diz. *¿Dígotelo you o canta un carru?*

cantarida: *sust. f.* Actu de cantar con mui bien de fuerza. *Sintiénonse las cantaridas hasta l'amanecerín.*

cántaru: *sust. m.* Midida de líquidos (un *cántaru* equival a 4 *cañadas*). *Mercóu tres cántaros de vinu.*

cantazu: *sust. m.* Golpe con un cantu. *El rapaz pegóu-l.ly un cantazu a l'harmana.*

canteiru, -era: *sust. m.* ya *f.* Persona que fai construcciones de piedra. *Los canteiros paran en ca Xusta.*

cantiel.lu: *sust. m.* Trozu de pan al cortalu del *cantu* la fogaza. *You namás comí un cantiel.lu.*

cantu: *sust. m.* 1. Borde. *La xarra quedóu no cantu la mesa.* || *De cantu* 'verticalmente, non en postura horizontal'. *La l.lousa cayíu de cantu, El l.libru quedóu de cantu.* 2. Cara, parte plana d'un oxetu. *Pegóu no cantu la pena.* 3. Parte plana pero de la superficie más escasa d'un oxetu. *Díu nel cantu la piedra.* 4. Piedra. *Alcontréi l'eiru chenu de cantos.* || *A cantu ya turrón* 'tapar una presa con piedra ya tapín'. *Tapóu a cantu ya turrón.*

caña: *sust. f.* Palu flexible pa pescar nel ríu. *Rompíu la caña n'El Pozu'l Pumarín.*

cañada: *sust. f.* Midida de líquidos (una *cañada* tien 8 *cuartillos*). *Bebimos una cañada Xicu ya you.*

cañostra: *ax.* 1. De mala calidá, *refiriéndose a la vaca. 2. Úsase tamién como insultu pa una persona. *Quita p'al.lá que sos una cañostra.*

capadera: *sust. f. Pañadera,* pinza pa garrar los *ourizos,* que se fai doblando un *meimón* de castañal. *Cueche una capadera pa nun pinchate.*

capador(e), -a: *sust. m.* Encargáu de capar los gochos. *Güei vien el capador.* ||| *¡El que más xiple capadore!* indica que la recompensa tien que ser pal que lo merez más.

capar(e): *v. tr.* Desaniciar los órganos xenitales. || *Capar l'augua* 'tirar una piedra de forma que caiga de cantu ya xordamente nel *augua'.* ||| *¡Que te capo!* úsase como espresión p'asustar a los nenos.

capirucha: *sust. f.* 1. Entidá que val de funda pa la punta d'un oxetu. *Quitóu-l.ly la capirucha al l.lande.* 2. Capucha.

capía: *sust. f.* Aición ya efeutu de capar. *Mañana yía la capía.*

capucha: *sust. f.* Prenda que tapa la cabeza. *Vieno con capucha.*

capudre: *sust. m.* Árbol que da un frutu coloráu que nun se come, "Sorbus aucuparia". *Por L.lamaurén hai capudres a esgaya.*

cara: *sust. f.* 1. Rostru d'una persona. *Nun-l.ly víu la cara.* 2. Parte que pue vese d'un oxetu. *Esta cara yía más guapa que la outra.* 3. Páxina d'un l.libru. *Estas caras de colores gústanme más que las outras.*

caramañola: *sust. f.* Pipa que s'emplega pa fumar.

carámbanu: *sust. m.* Colgante de xelu que s'alcuentra nos salientes fríos. *Cuelgan unos carámbanos grandísimos.*

carantola: *sust. f.* 1. Antifaz. *Presentóuse con una carantola de bobu.* 2. Cara rara ya fea. *Tien una carantola que da noxu.*

carbachal: *sust. m.* Sitiu onde hai mui bien de *carbachos;* *úsase mui escasamente.

carbachu: *sust. m. Rebol.lu;* *úsase mui escasamente.

carbaza: *sust. f.* Yerba con raíz fonda, que se quita de los praos porque nun val pal ganáu, del xéneru "Rumex". *Tenedes que quitare las carbazas.*

carbiesu: *sust. m.* Aire frío. *Metíuse un carbiesu mui malu.*

carboneiru, -era: *ax.* Que tien que ver con carbón.

carbonera: *sust. f.* Páxaru de color escuru, "Phoenicurus ochuros".

carbunclu: *sust. m.* Enfermedá infecciosa de los animales.

cárcava: *sust. f.* Fosa grande na tierra, xeneralmente producida pol *augua*. *Quedóu una gran cárcava no mediu'l prau.*

carcavón: *sust. m.* *Aumentativu de *cárcava*.

carda: *sust. f.* Aparatu que s'emplega pa cardar la *l.lana*; tien forma cuadrada, pinchos ya un mangu. Pa cardar fai falta un par de *cardas. ¿Ónde dexanon las cardas aquel.las mucheres?*

cardadera: *sust f. Mucher* que carda. *Na nuesa casa nun hai cardaderas.*

cardar(e): *v.* Estirar la *l.lana* depués de *l.lavala*.

cardosu, -a: *ax.* Gris. *Tien dúas vacas cardosas mui guapas.*

cardu: *sust. m.* Planta con pinchos, de flor más bien morada. *Salienon cardos xunto a La Cuérguila.*

carear(e): *v.* Dar la vuelta al ganáu pa que marche nuna direición determinada. *Careáilas que nun marchen pa El Poulu Estrel.lu.*

careisa: *sust. f.* Bichu que se cría na carne. *¿Nun ves que tien careisa?*

caretu, -a: *ax.* Que tien blanca la frente, refiriéndose a un animal. *Arrebatéime'l xatu caretu.*

carga: *sust. f.* 1. Midida pa cereales; una carga tien 8 *fanegas. Mercóu dúas cargas.* 2. Oxetu o conxuntu d'oxetos tresportaos al *l.lombu. Vien con una carga mui grandísima.*

cargadeiru: *sust. m.* Pieza de madera na parte d'arriba de la ventana. *El cargadeiru yía de mala madera.*

caricol: *sust. m.* Moluscu terrestre que tien una cáscara nel *l.lombu. N'El Pumarín hai caricoles a esgaya.*

caridá: *sust. f.* 1. Compasión, xenerosidá. *Fai-l.ly un favor por caridá.* || *La Caridá de San Roque* 'ritual de repartu de *bol.los* na fiesta de San Roque'.

cariegu, -a: *ax.* Que vende a preciu altu. *Aquel.la tabernera yía mui cariega.*

carnada: *sust. f.* Cadáver d'animal que nun ta enterráu. *Los perros van a la carnada.*

carneirada: *sust. f.* 1. Aición propia del *carneiru*; aplicada tamién a los seres humanos como reaición brutal ya irracional. *Nun vengas agora con carneiradas.* 2. Conxuntu grande de *carneiros.* *¿Nun chegóu la carneirada?* 3. Pelea de *carneiros. La carneirada preparóuse nun momentu.*

carneirazu: *sust. m.* Aición d'embestir un *carneiru. Nun t'arrimes al animal que pue date un carneirazu.*

carneirín: *sust. m.* 1. Cría de *las ugüechas. Agora tien un carneirín.* 2. *Nuble pequenina* nel cielu azul, que pue terminar anublando'l cielu. *Namás hai un carneirín.*

carneiru: *sust. m.* 1. Semental de *las ugüechas. El carneiru vien delantre de las ugüechas.* 2. *Nuble* solitaria nel cielu azul, que pue terminar anublando'l cielu. *Yá hai unos carneiros pa la parte de La Degol.lada.*

caronxu: *sust. m.* Carcoma de la madera. *El caronxu va a comete las vigas.*

carpancháu: *sust. m.* 1. Un *carpanchu* ocupáu hasta arriba. *Vieno con un carpancháu de patacas.* 2. Conxuntu d'oxetos que van nun *carpanchu* hasta arriba. *Díume un carpancháu de patacas.*

carpanchu: *sust. m.* Cestu. *Chegóu cono carpanchu chenu.*

carpinteiru, -era: *sust. m.* ya *f.* Que *trabacha* con madera. *Chamái a un carpinteiru.*

carpir(e): *v.* 1. Toser la vaca de forma especial. *La Galana ta carpiendo.* 2. Toser la persona falsamente o de manera rara. *Paez que carpes.* 3. Quexase, protestar. *Siempres ta carpiendo.*

carqueisa: *sust. f.* Planta medicinal que crez a esgaya *nas grandas*, especialmente depués de *las queimadas*, "Chamaespartium tridentatum".

carqueisu, -a: *ax.* Ruin, d'escasa entidá. *¿A ónde vas con esi carqueisu?*

carraca: *sust. f.* Oxetu que fai muitu estrueldu al movelu ya que suel usase'l día de Xueves Santu. *Yá salienon los nenos cona carraca.*

carranca: *sust. f.* Collar con pinchos nel pescuezu de los perros. *El mieu perru tenía unas carrancas mui guapas.*

carráu: *sust. m.* 1. Un carru hasta arriba. *Vieno con un carráu de patacas.* 2. Lo qu'hai nun carru hasta arriba. *Díume un carráu de patacas.*

carrel.lín: *sust. m.* Constelación de la Osa Menor. *Güei veise bien el Carrel.lín.*

carreta: *sust. f.* Carru anchu. *Tien una carreta nel corral.*

carreteiru, -era: *sust. m.* ya *f.* Persona que tien l'oficiu de dirixir carros ya *carretas.*

carretu: ‖ *A carretu* 1. 'forma d'ayudase los vecinos usando los carros propios'. *Tenemos que faer la obra a carretu.* 2. 'obra de pueblu que se fai usando carros de los vecinos'. *Marchanon a carretu pa Valdefontán.*

carriel.lu: *sust. m.* Constelación de la Osa Mayor. *Con esta nueite presta ver el Carriel.lu.*

carromatu: *sust. m.* Un tipu de carru, que va cubiertu, usáu festivamente nel *Antroidu.*

carru: *sust. m.* Aparatu de tresporte, con *dúas ruedas* ya tiráu por una parexa. *You fix el carru de la mía tía.*

carteiru, -era: *sust. m.* ya *f.* Persona que reparte'l corréu.

cartiar(e): *v.* Doblar el corte de la gadaña involuntariamente al cabruñar, de la navacha al afilala, d'un oxetu. *Cartióume la gadaña.*

caru, -a: *ax.* Que tien un preciu altu. *Yía una cousa mui cara.* ‖ *Costar caru* 'resultar difícil de *l.lograr*'. *Costóume caru chegar a El Cuetu l'Osu.*

carueza: *sust. f.* 1. Frutu del *caruzal. A mi gústanme las caruezas.* 2. Manzana mui ruina. *A mi esa carueza nun me la quieras dare.*

caruezu: *sust. m.* 1. *Carueza* mui ruina. *Tirái estos caruezos.* 2. Entidá ruina, con un sen despectivu, anque tamién pue ser cariñosu. *Ven, carueza, ven.*

caruzal: *sust. f.* "Malus sylvestris", árbol de monte que da *caruezas* como frutu. *El xabaril pasóu cerca d'aquel.la caruzal.*

cas: *interx.* Voz pa meter a *las pitas* nel *pol.leiru.*

casa /kása/: *sust. f.* 1. Construcción onde vive o pue vivir xente. *Yá encubríu la nuesa casa.* 2. Familia, grupu de parentescu. *Los de mia casa somos asina.*

casamenteiru, -era: *sust. m.* ya *f.* Persona qu'arregla ya fai tratos de boda.

casar(e): *v.* 1. Xunise en matrimoniu. *Casóu Xuaca.* 2. Xunir, poner al par. *Paez que nun casa bien cona nuesa paré.*

casase: *v.* Xunise en matrimoniu. *Xuaquinín casóuse.*

cascabiel.lu: *sust. m.* Base semicircular de la que se suelta'l *l.lande. El nenu quier un casacabiel.lu.* 2. Cáscara del granu de cereal.

cascacheiru: *sust. m.* Parte del monte onde hai mui bien de piedra *pequena. Baxade por aquel cascacheiru.*

cáscara: *sust. f.* 1. Corteza del güevu o d'oxetos en xeneral. *Comíu hasta con cáscara.* 2. Cáscaru grande ya anchu. *Cayíu al pasar las cáscaras de La Furaquina.*

cascarolazu: *sust. m.* Golpazu na cabeza. *Pegóu un gran cascarolazu.*

cáscaru /káscarU/: *sust. m. Pena* grandona, de forma más bien arredondiada ya de superficie que resbala. *Cuasi nun soi a pasar aquel.los cáscaros cono carru.*

cascu: *sust. m.* 1. Recipiente o botella de cristal. *Guardáime los cascos.* 2. Cachu de recipiente rotu. *Nun vos cortar conos cascos.* 3. Capa de cebol.la. *Pal tou dolor yía buenu un cascu de cebol.la.*

caseirón: *sust. m.* Casa mui grandona. *Cayíu'l caseirón.*

caseiru, -era: *sust. m.* ya *f.* Persona que cuida una casa.

casi: *alv.* Cuasi. *Casi nun había naide.*

casoriu: *sust. m.* 1. Casa en mal estáu. *La casa nueva fíxola al l.lau del casoriu viechu.* 2. Boda ya matrimoniu arreglaos. *¿Ya cuándo yía'l casoriu?*

casta: *sust. f.* Forma innata de ser. *Yía de mala casta.*

castaña: *sust. f.* 1. Frutu de la castañal, que vien dientro d'un *ourizu.* 2. Aparatu sexual femenín. *Víu-l.ly la castaña.* 3. En plural, nome d'un xuegu infantil. *Xuganon a las castañas n'El Pórticu*

castañal: *sust. f.* Árbol que da un frutu, la castaña, que vien dientro d'un *ourizu,* "Castanea sativa".

castañazu: *sust. m.* Golpe fuerte. *Doite un castañazu que t'alcuerdas pa siempres.*

castañeiru, -era: *ax.* Que tien que ver con *castañas*. || *Mercáu castañeiru* 'mercáu en Vil.lablinu, el *l.lunes* antias de Navidá, al que se diba con *castañas* pa vender'.

castel.lanu, -ana: *ax.* De *Castiel.la*.

Castiel.la: *sust. f.* La Meseta plana, que s'alcuentra en pasando'l puertu d'El Manzanal, al sur. *Foi a Castiel.la a mercar vinu.*

castrón: *sust. m.* 1. Semental de la cabra. 2. *Insultu aplicáu a la persona de mala voluntá. *La culpa foi d'aquel castrón.*

castronada: *sust. f.* 1. Grupu de castrones. *Yá baxa la castronada.* 2. Aición propia del *castrón*.

castroneiru: *sust. m.* Tratante de *cabras ya ugüechas. Nun sei cuando vien el castroneiru.*

castru: *sust. m.* Espaciu onde se ponen los bolos, nel xuegu d'esti nome.

catabiel.lu: *sust. m. Rodabiel.lu.*

catacismu: *sust. m. L.librín* que resume la doctrina católica. *Tien que deprendere'l catacismu.*

catalán: || *Beber a catalán* 'beber echando la bebida dende arriba'.

cataplasma: *sust. f.* Preparáu medicinal que se pon na piel.

catar(e): *v.* 1. Quitar los *piochos* a un animal. *Al mieu perrín catéilu bien catáu.* 2. Probar un alimentu. *Güei nun catas el l.leite.*

caterma: *sust. f.* Grupu grande de xente. *Pasóu una caterma de mucheres.*

catolu, -a: *ax.* Tontu, bobu. *Yía un catolu que nun val pa nada.*

catramelu: *sust. m.* Testículu. *Pegóu-l.ly una patada nos catramelos.*

caulecha: *sust. f. Caulechu*, planta con flor *mariel.la*, del xéneru "Taraxacum".

caulechu: *sust. m. Tarriel.lu*, planta con flor *mariel.la*, del xéneru "Taraxacum".

causalidá: *sust. f.* Casualidá. *El mieu rapaz chegóu de causalidá.*

causalmente: *alv.* Casualmente, por casualidá. *Causalmente paséi you por ail.lí.*

caváu: *sust. m.* Tierra cultivada, xunto al monte; trátase d'un *eiru*, que nun se riega ya que tien dalguna castañal xeneralmente, porque foi monte. *Esas probes namás tienen un caváu pa Revil.lán.*

cavichu: *sust. m.* Pieza (un clavu grande que suel tener na cabeza un aru pa colgar) que val pa que l'aráu quede trabáu nel medianu. *Agora ponéi'l cavichu.*

cavierna: *sust. f.* Cueva. *Metíuse nuna cavierna mui escura.*

caxa: *sust. f.* 1. Recipiente cuadráu, xeneralmente de madera o cartón. *Metíulu nuna caxina mui guapa.* 2. Envoltura de dalgún frutu, especialmente la faba. *¡Ah Maruxina, las caxas nun ruxen!*

caxón: *sust. m.* 1. Caxa grande de madera. *Metíulu nun caxón.* 2. Caxa de madera, usada como pieza de mueble, que pue metese ya sacase ya que val pa guardar *cousas. Mirái bien los caxones a ver si atopades los calcetos.* || *Los del caxón* 'xente que venía de Galicia vendiendo *antiochos*, peines, *navachas*, etc. ya traía la mercancía nun caxonín con una correa colgada del pescuezu'.

cayáu: *sust. m.* Cachaba.

cayer(e): *v.* Baxar d'un sitiu altu por desprendimientu, por perder l'equilibriu, por pesu. *Cayíu del pachar.* || *Cayere de la burra* 'dase cuenta de golpe d'una evidencia'. *Entovía nun cayíu de la burra.*

caza: *sust. f.* 1. Aición ya efeutu de *cazare. Marchanon de caza.* 2. Animales que puen cazase nel monte. *Agora nun queda nada de caza pa Val.linas.* 3. Animales que traen los cazadores del monte. *Güei tenemos muita caza pa cenare.*

cazador(e), -a.: *sust. m.* ya *f.* Persona que caza.

cazapetu: *sust. m.* 1. Raíz de tueru *queimáu.* 2. Planta que sal nel campu ya tien flores *mariel.las* ya que nun come'l ganáu. 3. Persona torpe ya d'escasa intelixencia. *Sos un cazapetu.*

cazar(e): *v.* Matar animales nel monte con dalguna clas d'arma o trampa.

cazcarra: *sust. f.* Mocos secos.

cazcarria: *sust. f.* Trozu de *moñica* que tien la vaca sucia na parte d'atrás. *La Garbosa vien chena de cazcarrias.*

cazcarrín: *sust. m.* *Diminutivu de *cazcarru*. *Cazcarrín, ven p'aiquí.*

cazcarru: *sust. m.* 1. Entidá diminuta. 2. Úsase pa dirixise cariñosamente al nenu *pequenu*. *¿A ónde va'l mieu cazcarru?*

cazoláu, -ada: *sust. m.* ya *f.* 1. Taza hasta arriba de comida o líquidu. *Hai una gran cazolada na mesa.* 2. Cantidá qu'hai nuna taza hasta arriba. *Bebíu una cazolada l.leite.*

cazoleiru, -era /: *ax.* Que se mete onde nun debe, *cacipleiru*. *Yía un cazoleiru que siempres anda por aiquí.*

cazolina: *sust. f.* 1. *Caperucha* del *l.lande*. *Pañóu unas cuantas cazolinas debaxo'l rebol.lu.* 2. Diminutivu de *cazuela*. *Namás bebíu una cazolina.*

cazu: *sust. m.* 1. Sartén. *Echóu los güevos nel cazu.* 2. Parte de la cara qu'hai debaxo de la boca. *Nun tien nin cazu.*

cazuela: *sust. f.* Recipiente pa comer ya beber. *Nun hai nada na cazuela.*

cazuelas: *sust. m.* En plural, persona que se mete onde nun debe. *Ya vien outra vuelta'l cazuelas de siempres.*

ceba: *sust. f.* 1. Aición ya efeutu de cebar. *Yía hora de la ceba.* 2. Comida que se da al ganáu. *Díu-l.lys la ceba a los xatos.*

cebar(e): *v.* 1. Dar comida a una persona, especialmente cuando nun se val, como un nenu. 2. Dar comida a un animal de casa. *Hai que cebar las vacas.*

cebol.la: *sust. f.* Planta comestible de güerta, "Allium cepa".

cebol.lu: *sust. m.* 1. Cebollín, plantina de la *cebol.la*. *L.leva unos cebol.los pa comere.* 2. *Insultu pa referise a una persona tonta, escasamente intelixente.

cebu: *sust. m.* 1. Comida que dan a la cría los páxaros. *La xilgueirina trai muitu cebu.* 2. Comida que val d'engañu pa pescar o cazar.

cecha: *sust. f.* Conxuntu de pelos que s'alcuentra nel borde del güesu encima'l *güechu*. *Sangróu por una cecha.*

cegaratu, -a: *ax.* Que ve mal. *¡Ail.lí vien esa cegarata!*

ceite: *sust. f.* 1. Grasa comestible que sal de dalgunos frutos. 2. Grasa d'usu pa la maquinaria en xeneral. *El piechu necesita ceite.*

ceitera: *sust. f.* Recipiente pa guardar o conservar la *ceite.*

celebru: *sust. m.* 1. Masa encefálica. *Enfermóu del celebru.* 2. Intelixencia. *Tien poucu celebru.* 3. Prudencia. *Tenede celebru ya nun vos matéis por ahí alantrones.*

cementar(e): *v.* Poner cimientos. *Cementanon bien la casa.*

cencerrada: *sust. f.* Celebración negativa d'una boda na que nun son mozos los dos novios. *Yá entamóu la cencerrada.*

cencia: *sust. f.* Saber, conocimientu. ‖ *Nun tener cencia* 'nun tener méritu'. *Nun tien cencia matar las truitas asina.*

cenisa: *sust. f.* Conxuntu de restos del *l.lume. Quitái la cenisa d'aiquí.*

cenisu: *sust. m.* Yerba que crez, bien alta, nos *patacales.*

centel.la: *sust. m.* Relámpagu de gran intensidá. ‖ *Malas centel.las te maten* úsase como fórmula de maldición.

centenu: *sust. m.* Cereal panificable ya común en Palacios del Sil, "Secale cereale".

ceo: *alv.* Temprano, pronto. *Güei vieno-l.ly ceo'l xabaril.*

cepu: *sust. m.* 1. Raigañu, mui duru, de la *urz* "Chenopodium album". *Traede cepos pa casa.* 2. Como insultu, persona boba ya estúpida. *Esti rapaz yía un cepu.*

ceranda: *sust. f.* Oxetu circular que val pa *l.limpiar* el granu ya que tien furacos menos grandes que la *criba.*

cerca: *alv.* A escasa distancia. *Tienlu bien cerca.*

cerca: *sust. f. Cercáu.*

cercanu, -a: *ax.* 1. Que s'alcuentra cerca de dalguna referencia. 2. *En femenín, refierse a la fema preñada que tien que parir darréu. *La nuesa Mora yá ta cercana.*

cercáu: *sust. m.* Construcción, principalmente de piedra, qu'arrodia una tierra.

cercu: *sust. m.* Círculu, perímetru circular d'un oxetu. *Quedóu un cercu na mesa.* ‖ *El cercu la l.luna* 'resplandor qu'arrodia la l.luna'.

cereiru, -era: *sust. m.* ya *f.* Persona que vende cera ya *velas.* || *Andare de cereiru* 'andar visitando sitios, pero con escasa traza de *trabachar*'.

cereisa: *sust. f.* Frutu de la *cereisal. Fartóuse de cereisas.* || *Cereisas bravas* 'Cereisas de monte'.

cereisal: *sust. f.* Árbol anxospermu dicotiledóneu, del xéneru "Cerasus". *Xubíu a la cereisal ya cayíu porque esgazóu una cana.*

cereisu: *sust. m.* Tontu, incapaz. *¡Cal.la, cereisu!* ||| *Santu sos, cereisu te conocí, los milagros que tu faigas, que me los pongan aiquí* dicía, según la tradición, un devotu que yá nun creyía nel santu, usando '*cereisu*' en vez de '*cereisal*'.

cereisucu: *sust. m.* 1. Arbolín axospermu dictotiledóneu, del xéneru "Ribes". 2. Frutu del arbolín homónimu, grosella. *Comíu cereisucos hasta fartase.*

cernada: *sust. f. Cenisa* que val como sustancia deterxente na colada al mecela con augua.

cernecha: *sust. f. pl.* Flecu. *Manchóu las cernechas.*

cernedera: *sust. f.* Bastidor pa *cerner* la farina.

cerner(e): *v.* 1. Cribar, especialmente refiriéndose al granu pa separar el salváu de la *farina* o a la *cenisa* pa la colada. 2. Estremar. *Cernede bien las cartas.*

cerquitina: *alv.* *Diminutivu de *cerca,* indica una gran proximidá. *Vilu mui cerquitina.*

cerrar(e): *v. tr. Zarrar,* trancar.

cerráu: *sust. m.* Espinazu del gochu.

cerráu, -ada: 1. *Participiu de zarrare. 2. *ax.* Que tien escasa predisposición a cambiar d'idega: *Yía mui cerráu.*

cerrica: *sust. f. Cerricu.*

cerricu: *sust. m.* Páxaru mui pequenu ya inquietu, que fai niales na paré, "Troglodytes troglodytes".

cerru: *sust. m.* 1. *L.linu* de buena calidá que val pa filar. *Yá vieno el.la cono cerru.* 2. Yerba que naz onde hai *penas*; dábase antiguamente al ganáu ya traíase en sacos. *Perdíu la navachina onde aquel.los cerros.*

cesta: *sust. f.* Cestu anchu. *Nel corral hai dúas cestas.* || *L.levare la cesta* 'acompañar una tercera persona a una parexa de novios'. *El nenu l.levaba la cesta.*

cesteiru, -era: *sust. m.* ya *f.* Persona que fai cestos. *Güei vienen los cesteiros de Degaña.*

cestu: *sust. m.* Recipiente que s'emplega pa meter nél yerba ya frutos del campu; compónse con *brimbas* o con *tiras* de madera. ||| *Quien fai un cestu fai un cientu.*

chábana: *sust. f.* Piedra grande ya plana. *Fainos falta una chábana grande pa la paré.*

chabascón, -ona: *ax.* Torpe, brutu, ordinariu. *Tien un rapaz que yía un chabascón.*

chabascu, -a: *ax.* Torpe, brutu, ordinariu. *Yía un chabascu que nun quier nadie andar con él.*

chabastrón: *sust. m.* *Chábana* grandona. *N'El Pórticu hai unos chabastrones mui grandísimos.*

chacha: *interx.* Emplégase pa dirixise, con confianza, a una fema. *¡Á chacha, aspérame!*

chachu: *interx.* Emplégase pa dirixise, con confianza, a un home. *¡Á chachu, tu qué fais!*

chaga: *sust. f.* Firida abierta, roce na piel. *Vieno chenu de chagas de La Degol.lada..*

chamar(e): *v.* 1. Buscar l'atención de dalguién a voces. *Chamáilu que venga p'aiquí.* 2. Dar un nome a dalgo o a dalguién. *Chámanlu Xepe.*

chamase: *v.* Tener un nome determináu. *Chámase Xuan.*

chambra: *sust. f.* Blusa de manga *l.larga.* *Tien una chambra bien guapa.*

chamuscar(e): *v.* Queimar, especialmente la parte superficial d'un oxetu. *Chamuscóu los cobertores.*

chamuscase: *v. Queimase,* xeneralmente indicando una aición superficial. *Chamuscóuse cono l.lume.*

chamuscu: *sust. m.* Aición ya efeutu de *chamuscare. ¿Quién preparóu estos chamuscos?*

chanada: *sust. f.* Sitiu grande ya *chanu. En xubiendo la senda, alcuéntrase una gran chanada.*

chancleta: *sust. f.* Sandalia, calzáu que nun tapa bien el *pía. Vien con chancletas.* || *Andar en chancleta* 'andar mal calzáu ya nun tener puestos los calcetos'.

chanete: *sust. m.* *Diminutivu de *chanu, chanu* ruin. *Arriba hai un chanete.*

chanetín: *sust. m.* *Diminutivu de *chanete. Parade naquel chanetín que tenemos que comere.*

chanfaina: *sust. f.* Guisu propiu de fiesta. *Axeitóunos una gran chanfaina.*

chanín: *sust. m.* *Diminutivu de *chanu. Ayere vienon a la Galana naquel chanín.*

chanta: *sust. f.* Yerbina que naz en sitios semaos ya que convién quitar. *Salienon muitas chantas na l.linar del Concechu.*

chanteiru: *sust. m.* Sitiu de tierra onde se sema dalgún tipu de planta pa más tarde pasala a un sitiu semáu. *Tengo un chanteiru al pía de casa.*

chantén: *sust. m.* Planta de *fuecha* ancha ya apegada al suelu, d'usu medicinal, "Plantago lanceolata".

chanu: *sust. m.* Sitiu planu. *Na parte d'arriba de Los Corones hai un chanu mui guapu.* ||| *¡Arriba, Garbosa, que los chanos son de los ricos!* diciáse a los animales nos *l.labores* del campu, espresando la idea de que los probes tienen los terrenos peores ya más cuestos.

chanu, -a: *ax.* 1. Planu, que nun tien partes p'arriba nin p'abaxo. *L'Oubiu yía mui chanu.* 2. De pueblu, refiriéndose a la xente. *Yía de xente chana.*

chapacuña: *sust. f.* Paré de piedra pa defender los praos del ríu o pa faer *banzaos.*

chaparretu, -a: *ax.* Agacháu, regordetu, baxu ya anchu. *¡Yía bien chaparretu!*

chaparru, -a: *ax.* Baxu ya anchu. *El fichu yía mui chaparru.*

chapeta: || *Nun tener chapeta* 'nun tener una conducta equilibrada'. *El tou xenru nun tien chapeta.*

chaqueta: *sust. f.* Prenda de vistir. *Tien una chaqueta mui guapina.*

char(e): *v.* Echar. || *Char l'augua* 'regar praos o l.linares'. *El mieu papa foi a chare l'augua a La L.lastra.* || *Chare la l.lingua a pacere* 'dicir más de la cuenta'. *Ya vós cuidáu con char la l.lingua a pacere.*

charramanduscu, -a: *ax.* Pintu, que tien colores chillones, vistosu.

chave: *sust. f.* Pieza de fierru que s'emplega p'abrir el *piechu* o cerradura. *Dexéi la chave na chábana de la ventana.*

chaveirón: *sust. m.* Planta medicinal, "Eléboro fétido"; dase a la vaca cuando tien el *mal malu* (*carbunclu* o *bacera*), pero tamién tien fama de venenosa.

chegada: *sust. f.* Aición ya efeutu de *chegare.*

chegar(e): *v.* Dirixise hasta parar nun sitiu. *Güei chegóu ceo'l nenu.*

chenar(e): *v.* Dexar o poner un recipiente o sitiu ocupáu hasta arriba. *Cono l.leite que me da la Galana chenaréi dúas canadas.*

chenu, -a: *ax.* Que yá nun tien posibilidá de contener denguna entidá más. *Vieno cona cesta chena.*

chepa: *sust. m.* Abombamientu *nel l.lombu* pola mor d'una desviación de la columna vertebral.

cheposu, -a: *ax.* Que tien chepa.

chicar(e): *v.* Tocar. *Al mieu harmanu nun lu chiques.*

chicolate: *sust. m.* Alimentu a base de cacáu ya *azucre.*

chicolateiru, -era: *ax. Ciscoleiru,* chismosu, *cuntapeiru.*

chimeneya: *sust. f.* Buecu que se fai nel teyáu d'una construcción pa que salga'l fumu. *Na chimeneya de la mia bolica hai pintadas una pita ya una raposa.*

chincha: *sust. f.* Insectu que chupa la sangre, "Cimex lectularius".

chincharra: *sust. f.* Inseutu que fai sonar l'abdome, como un *saltamontes* grandón.

chincharru: *sust. m.* Saltamontes, inseutu abundante especialmente nos praos, "Chorthippus brunneus".

chiribías: *sust. m.* Persona enfermiza ya débil. *Nun marches con aquel chiribías d'ail.li.*

chisca: *sust. f.* Xuegu infantil nel que se tira una piedrina pa que rebote nuna paré ya quede cerca d'una raya nel suelu. *Alcontréi a los nenos xugando a la chisca n'El Pórticu.*

chiscar(e): *v.* Sacar chispa al prender *l.lume. Yá nun chisca.*

chisgar(e): *v.* Guiñar. *Chisgóula al pasare.*

chispu, -a: *ax.* Borrachu o cuasi borrachu. *Cuando vieno paecía un pouquín chispu.*

chisqueiru: *sust. m.* Mecheru, aparatu pa *chiscare.*

chitu: *interx.* *Voz pa espantar al perru. *¡Chitu, fuera, chitu!*

chivu: *sust. m.* Castrón nuevu. *El primeiru que chegóu foi'l chivu.*

chocante: *ax.* Graciosu, sorprendente. *Yía mui chocante.*

chocar: *v.* 1. Enfrentase de golpe dos oxetos o animales. 2. Sorprender, faer gracia. *Chocóume lo que dixo.*

chofres: *sust. m. pl.* Fégadu, pulmón, corazón ya cualquier víscera del animal cazáu (vendíase pa faer una comida pa los cazadores).

choramicar(e): *v. Chorar* de contino pero con escasa convicción. *Paez que sigue choramicando.*

choramicu: *sust. m.* 1. Aición ya efeutu de choramicar. *Yá canséi del tou choramicu.* 2. Persona que *choramica. Namás chegar aquel choramicu acabóuse la fiesta.*

chorar(e): *v.* Dexar caer *l.lágrimas* por un dolor físicu o síquicu. *Nun chores, mieu nenu.*

chorimingar(e): *v. Choramicare.*

chorón, -ona: *ax.* Que *chora* por demás. *Sos un chorón.*

chorru: *sust. m.* Corriente de sustancia líquida que sal d'un furacu. *La Fuente de San Roque tien un chorru mui grande.*

choru: *sust. m.* Aición ya efeutu de *chorare. Cun tantu choru nun séi si nun marchará.*

choscu: *sust. m.* Productu del samartinu, que se fai con güesos, carne ya pieles de gochu adobaos ya puestos nel estómagu ya *tripas del gochu. Güei hai choscu en casa.*

choupal: *sust. m.* Sitiu onde hai mui bien de *choupos. Dexóulas nel choupal qu'hai al pía'l ríu.*

choupu: *sust. m.* Árbol anxospermu dicotiledóneu, del xéneru "Populus". *Yía altu como un choupu.*

chourizu: *sust. m.* Productu de la matanza del gochu que se fai con carne ya pimentón. *Yá fixenon los chourizos.*

chover(e): *v.* Caer *chuvia. Chuvíu tola nueite.*

choyu: *sust. m.* Ganga. *Merquéilu porque yera un choyu.*

chozase: *v.* Ponese la pita *chueza. Chozóuse la pedresa.*

chozu: *sust. m. Trousu.*

chucarada: *sust. m.* Actu ya efeutu de faer sonar las *chuecas. ¿Nun sientes la chucarada?*

chucaretu: *sust. m. Chueca* mala ya que suena mal. *Fai'l favor de tirar el chucaretu que tien la tua cabritina.*

chucarín: *sust. m.* *Diminutivu de *chueca. La mía cabritina tien un chucarín mui guapu.*

chucarina: *sust. f.* *Diminutivu de *chueca. La nuesa cabritina tien una chucarina mui guapa.*

chucarón: *sust. m.* *Aumentativu de *chueca. Yá siento'l chucarón de la Mora.*

chucarona: *sust. m.* *Aumentativu de *chueca. Yá se sienten las chucaronas.*

chuchu: *sust. m.* Sensación de *miedu. Tien chuchu al perru.*

chueca: *sust. f.* Campanu que se pon al animal pa conocelu. *Yá siento las chuecas de mia casa.* || *Tocare la chueca* 'sonar la *chueca;* tamién significa andar fuera de casa visitando vecinos, saliendo de fiesta, etc'. *Éstas nun paran de tocar la chueca.*

chueza: *ax.* Pita que ta *gorando. Paez una pita chueza.*

chumbeirar(e): *v.* Pescar con *chumbera. Andan chumbeirando pola nueite.*

chumbeireiru, -era: *sust.* m. ya f. Que pesca con chumbera. *Yá cheganon los chumbeireiros.*

chumbera: *sust. f.* Red grande ya redonda con plomos pa barrer el ríu ya garrar *truitas. Güei salienon ceo cona chumbera.*

chupalandrinas: *sust.* m. Persona que quier quedar bien con tou tipu de xente. *Sos un chupalandrinas.*

chupón, -ona: *ax.* Que suel beber vinu *de gorra. Nun marches con aquél que yía un chupón.*

chuvia: *sust. f.* Precipitación d'*augua. Yá vien la chuvia por Andrías.*

chuvisca: *sust. f. Chuvia* fina. *Esta chuvisca nun para hasta la nueite.*

chuviscar(e): *v.* Caer una *chuvia* fina. *Nun para de chuviscare.*

cibiel.la: *sust. f. Bilorta,* vara retorcida que val p'atar. *Vien con una cibiel.la.*

cicateiru, -era: *ax.* Miserable, que tien en cuenta aspeutos non importantes. *Yía mui cicateiru.*

cielu: *sust. m.* 1. Conxuntu de gas qu'arrodia la superficie de la Tierra. *Hai carneirinos pol cielu.* || *El cielu la boca* 'paladar'. 2. Paraísu. ||| *Anxelines al cielu* usábase como fórmula de duelu cuando morría un nenu.

cien: *sust. m.* *Nome del númberu cien. *La rifa ganóula'l cien.*

cien: *num.* Conxuntu de diez veces diez. *Hai más de cien vacas pola Sierra.*

cientu: *num.* Cien. *Hai doce cientos de patacas.*

cierru: *sust. m.* Paré o cualquier división qu'arrodia una propiedá. *Ponéi outra vuelta un cierru.*

ciervu: *sust. m.* Mamíferu unguláu rumiante salvaxe, "Cervus elaphus". *Metíuse un ciervu nas l.linares del Castru.*

cimeiru, -era: *ax.* Que s'alcuentra na parte d'arriba. *El mieu prau yía'l cimeiru.*

cimón: *sust. m.* Tallu del nabu.

cincha: *sust. f. Cinchu* anchu pa l'albarda.

cinchu: *sust. m.* Correa que se pon na cintura, xeneralmente pa suxetar la ropa. *Tien que se poner el cinchu.*

ciñiscu: *sust. m. pl.* Trozu ruin. *Cayíu la xarra ya nun quedanon más que los ciñiscos.*

cipela: *sust. f.* Erisipela, enfermedá infecciosa. *Garróu la cipela.*

cirria: *sust. f.* Vientu fríu ya de nieve. *¡Vaya cirria qu'entra por debaxo la puerta!*

ciruchu: *sust. m.* Escrementu en forma cilíndrica.

ciruela: *sust. f.* Planta medicinal que tien un líquidu *mariel.lu,* "Chelidonium majus".

ciscáu, -ada: *ax.* Que tien mal color, refiriéndose a la xente.

ciscoleirar(e): *v.* Metese onde nun se debe, comportase como un *ciscoleiru. Anda ciscoleirando.*

ciscoleiru, -era: *ax.* Que se mete nos asuntos de los demás. *Que nun venga'l ciscoleiru aquel.*

ciscu: *sust. m.* Ventosidá. || *Ciscu de l.lobu,* "Lycoperdon perlatum".

cisma: *sust. f.* División ente la xente, xeneralmente por maledicencia. *Yía una cismera, metíu muita cisma.*

cismeiru, -era: *ax.* Que cuenta chismes ya mete discordia. *Yía una cismera.*

cismón, -ona: *ax. Cismeiru.*

clarencia: *sust. f.* Claridá. *Dixo las cousas con muita clarencia.*

claridá: *sust. f.* Presencia de mui bien de *l.luz. Esta alcobina tien muita claridá.*

clas *sust. f.* Tipu, categoría, forma de ser. *Nun tengo l.libru de denguna clas.* || *En clas de* 'en vez de'. *Comíu morciel.la en clas de chourizu.*

clavichu: *sust. m. Cavichu,* una *pina* que s'emplega como pieza del carru.

clencha: *sust. f.* Raya nel pelu. *Nun sabe faer la clencha.*

clin: *sust. f.* Pelos que tien el caballu na parte alta del pescuezu. *Agarróuse a la clin pa que nun lu tirara'l caballu.*

clisar(e): *v.* Quedar pasmáu mirando dalgo. *Clisóu al vela pasar.* || *Clisare los güechos* 'quedar mirando ya non apistañar'.

clisáu, -ada: *ax.* Eclipsáu, pasmáu, *empaponáu. Quedóu clisáu namás chegare.*

cobertor(e): *sust. m.* Manta de cama. *Fainos falta un cobertor.*

cobertura: *sust. f.* Oxetu que val pa tapase de la *chuvia. Marchanon pal Campu la Fuelga ya nun l.levanon cobertura nenguna.*

cobrar(e): *v.* 1. Recibir una cantidá monetaria a cambiu de dalgo. *Cobróu lo que-l.ly debían.* 2. Recibir palos o agresiones. *Nun séi si nun cobrarán entovía.*

cobru: *sust. m.* Aición ya efeutu de *cobrare. Güei yía día de cobru.* || *Poner en cobru* 'poner nun sitiu seguru'.

coca: *sust. f.* Animal de cuerpu cilíndricu que vive na tierra ya que val de cebu. *Anda buscando cocas porque quier dir a pescar pola tarde.*

cocer(e): *v.* 1. Preparar un alimentu poniéndolu al *l.lume. Hai que cocer las fabas.* 2. Ponese una sustancia líquida a más de cien grados. *Nun séi si cocíu'l caldu.* 3. Sufrir dalgún procesu una materia o, figuradamente, un asuntu. *Nun séi lo que cuez en Ca Xe.*

cocha: *sust. f.* Xuegu con una pieza de madera que se tira al aire. || *Xugar a la cocha con alguién* 'xugar con una persona ya reíse d'esa persona'.

cocher(e): *v.* Garrar, apoderase de dalgún oxetu. *Cueche las cousas nuesas.*

cochiqueiru, -era: *sust. m.* Tratante de gochos. || *Mercáu cochiqueiru* 'mercáu onde se venden especialmente gochos'.

cochorla: *sust. f.* Páxaru gordu ya prietu, "Turdus merula". *Na Cuérguila siempres hai cochorlas.*

cochu, -a: *sust. m.* ya *f.* Gochu.

cocidu: *sust. m.* Comida que se fai cociendo carne, grasa, etc. *Güei nun hai cocidu.* || *De cocidu* 'comida que se da al gochu cociéndola na caldera'. *A los gochos hai que da-l.lys de cocidu.*

cocidu, -a: *ax.* Que yá tuvo cociendo. *A mí gústame mui cocidu.*

cocina: *sust. f.* 1. Parte de la casa onde se cocina ya se come. *Nun hai naide na cocina.* 2. Comida de pote. *Nesa casa hai pouca cocina.* ||| *Matalavil.la, Matalavil.la, altos los montes, baxa la vil.la; muitos molinos, pouca farina; grandes los potes, pouca cocina* son unos versos d'una frase popular.

cocosu, -a: *ax.* Que tien *cocos. El queisu va a ponese cocosu.*

cocu: *sust. m.* Animal invertebráu, de cuerpu blandu ya cilíndricu. || *Cocu l.luz* 'inseutu coleópteru que da *l.luz,* "Lampyris nocticula"'.

cogol.lu: *sust. m.* 1. Parte central de la lechuga. *Quedóu namás el cogol.lu.* 2. El centru, lo esencial de cualquier oxetu. *Esta cousa yía'l cogol.lu del asuntu.* 3. Oxetu que sobresal con forma redonda. *Quitái'l cogol.lu que quedóu ahí.*

cogote: *sust. m.* Parte d'atrás del pescuezu. *Díu-l.ly no cogote.*

colada: *v.* 1. Aición ya efeutu de *l.lavar* la *roupa.* 2. Conxuntu de *roupa l.lavada. ¿Ónde escondienon la colada?*

coladeiru: *sust. m.* Coladera. *Apúrreme'l coladeiru.*

coladera: *sust. f.* Aparatu que val pa colar un líquidu. *Apúrreme la coladera.*

coladiel.lu: *sust. m.* Coladera. *Apúrreme'l coladiel.lu.*

colambre: *sust. f.* Recipiente de vinu, de piel curtida na parte interior. *Vieno con una colambre.*

colar(e): *v.* Filtrar un líquidu. *Hai que colar el l.leite pal nenu.*

colariza: *sust. f.* Restos de suciedá de la colada. *Tirái la colariza.*

col.lar: *sust. m.* 1. Tira de madera qu'arrodia'l pescuezu d'un animal ya tien de la *chueca.* 2. Adornu colgante que se pon nel pescuezu.

colmeiru: *sust. m.* 1. Cualquier montón termináu en picu (de yerba, de *pacha,* etc.). *Ponéivos onde aquel colmeiru.* 2. Montón formáu nuna medida na que nun se pasa'l *rapu. El colmeiru d'aiquí yía'l nuesu.*

colmiel.lu: *sust. m.* Diente ente los incisivos ya los molares. *Tien unos colmiel.los mui l.largos.*

colmil.lada: *sust. f.* Bocáu que se da clavando los *colmiel.los. Díu-l.ly una colmil.lada'l l.lobu.*

color(e): *sust. m.* ya *f.* Carauterística de los oxetos que percibe la retina. *Yía de color roxu.*

columbiase: *v.* Movese nun *columbiu. Parái de columbiavos.*

columbiel.la: *sust. f.* Xuegu de nenos nel que se da la vuelta como una rueda. *A los nenos víulos na nuesa corrada dando la columbiel.la.*

columbiu: *sust. m.* Asientu que cuelga ya que val pa movese nel aire tando sentáu. *El nenu alcontróu un columbiu.*

comba: *sust. f.* 1. Forma curva de dalgunos oxetos. *Si lu dexas asina va a cocher comba.* 2. Xuegu infantil que se fai saltando una cuerda que va xirando. *Xuegan a la comba.*

comenencia: *sust. f.* Conveniencia. *Quier venire namás por comenencia.*

comer(e): *v.* Inxerir alimentos. *Comede, que yá yía hora ya tenedes que marchare.* ||| *¿Vos qué faeis que nun coméis?* recuérdase como frase célebre.

comiciu: *sust. m.* Picor, molestia que fai escocer la piel. *Tien un comiciu mui grande nos pías.*

comiscar(e): *v.* Comer mal ya caprichosamente. *Ayere comiscóu un pouquín.*

comisquiar(e): *v. Comiscar. Anda comisquiando pero nun s'alimenta.*

como: *alv.* De forma, de manera que. *Vien como malu.* || *Como dicía l'outru* 'según dicen, según diz el *reflán*'.

como: *conx.* 1. *Conxunción qu'introduz oraciones condicionales. *Como marche, dígo-l.ly la verdá.* 2. *Conxunción qu'introduz oraciones causales. *Como nun vien, diremos nós.*

compangu: *sust. m.* Segundu platu que se come depués del *caldu* o los *cachelos. Güei nun hai compangu.*

compaña: *sust. f.* Aición d'acompañar o de tar xunto a la xente. *Vieno en compaña de muita xente.*

comparanza: *sust. f.* Aición ya efeutu de comparar. *La mia l.linar nun tien comparanza cona tua.*

compersación: *sust. f.* Aición ya efeutu de *compersare. Andan de compersación.*

compersar(e): *v.* Dialogar. *Présta-l.lys compersare na era.*

compostor(e): *sust. m. Curandeiru* que sana golpes ya males d'articulaciones. *Foi al compostor.*

con: *prep.* 1. *Indica compañía. *Vien con nós.* 2. *Indica aspeutos de la forma con que se fai una aición. *Trabacha con arte.* 3. *Indica instrumentu con que se fai una aición. *Pegóu-l.ly cona guichada.*

concechu: *sust. m.* Xunta de vecinos pa tomar decisiones. *Güei hai concechu.*

conceutu: *sust. m.* Idea. *Tien mal conceutu de vós.*

conchu: *interx.* *Esclamación de contrariedá. ¡Conchu, qué tarde yía!

condalgáu, -ada: *ax.* Condenáu. *Entovía nun chegóu'l condalgáu.*

condalguidu, -ida: *ax.* Condenáu. *Ahí vien la condalguida.*

condanáu, -ada: *ax.* Condenáu. *Entovía nun chegóu'l condanáu.*

condenáu, -ada: *ax.* 1. Malu, atravesáu. *El rapaz grande yía buenu, pero'l pequenu yía un condenáu.* 2. Malu, pero dicho con matiz cariñosu.

congoxa: *sust. f.* Angustia, tristura. *Tien congoxa.*

conocencia: *sust. f.* Conocimientu. *Nun tien conocencia de nada.*

conocer(e): *v. tr.* Descubrir, saber d'un oxetu. *Yá nun conoz a naide.*

consechu: *sust. m.* Opinión que se diz p'ayudar a dalguién orientándolu. *Diénon-l.ly malos consechos.*

consolda: *sust. f.* Flor de xardín. *Tien consoldas a esgaya delantre casa.*

contapeiru , -era: *ax.* Chismosu, cuentista. *Yía un contapeiru que nun diz la verdá.*

contar(e): *v.* 1. Faer *cuentas* con números. *Contái bien la xente que vieno.* 2. Dicir una hestoria, un cuentu. *Contóume un cuentín mui guapu.* 3. Pensar, creer. *Contéi que nun chegaba güei.*

contase: *v.* Pensar. *Nun te cuentes que me quier a mi.*

contentu, -a: *ax.* Que s'alcuentra feliz, con *al.legría. Anda mui contenta.* || *Ta más contentu qu'outru poucu* 'alcuéntrase mui contentu'.

contra: *prep.* 1. *Indica direición a un sitiu. *Voi contra la braña a ver si alcuentro a Xuan.* 2. *Indica oposición. *Tán contra nós.*

contracá: *alv.* Na parte d'acá; *contraición de *contra* ya *acá. Vinienon pa contracá.*

contraiquí: *alv.* Na parte d'*aiquí*; *contraición de *contra* ya *aiquí. Mirái contraiquí a ver si lu atopáis.*

contu: *sust. m.* Palu o cualquier oxetu que sostién a otru oxetu distintu. *Pa que nun caiga hai que-l.ly poner un buen contu.* || *Andare de picu ya de contu* 'andar mui deprisa por una urxencia'. *Anduvienon toditu'l día de picu ya de contu.*

copa: *sust. f.* Recipiente pa beber. *Rompíu una copa.*

copona: *sust. f.* *Aumentativu de *copa*. 1. Copa grande. 2. L'as de *copas* nel *xuegu de cartas. Tien la copona.*

coral: *sust. m.* Frutu en forma de bola colorada del xardón, de la *mustachal,* etc. *Veinse muitos corales.*

coralu, -a: *sust. m.* Úsase pa referise a los habitantes de Cuevas del Sil.

corchizu, -a: *ax.* Secu ya de mala calidá (hai *moras corchizas,* que son dulces ya *malas, rebol.los corchizos,* que son baxos ya de *fuecha* blanda, etc. *Pa esa parte namás hai rebol.los corchizos.*

cordeiru, -era: *sust. m.* ya *f.* Cría de la *ugüecha. Tenía una cordera.*

cornal: *sust. f.* Correa que xune los cuernos al xugu. *Nun puedo xunir porque nun alcuentro las cornales.*

corpiñu: *sust. m.* Prenda femenina que va axustada a la mitá superior del cuerpu.

corporal: *ax.* Que tien que ver con asuntos del cuerpu. || *Tenere mal corporal* 'tener mal cuerpu'.

corra: *sust. f.* Oxetu circular de distintos tipos; asina. 1. Círculu de trapu pa poner una carga na cabeza. 2. Círculu de fierru qu'aprieta un oxetu.

Con esa corra nun se mueve. 3. Círculu de trenza vexetal que se fai retorciendo un palu, pa formar los *codoxos.*

corrada: *sust. f.* Prau de calidá, con riegu, con paré alredor ya cerca del pueblu.

corral: *sust. m.* Sitiu zarráu, de forma más bien arredondiada, que s'alcuentra xunto a la casa pal ganáu ya onde se xune la parexa ya se pon el montón de cuitu. *Yá nun hai naide nel corral.*

correa: *sust. f.* Tira de cueru que val p'atar o pa faer dalguna presión. *Fálta-l.ly la correa.*

corredera: *sust. f.* Carrera grande ya fatigosa. *Menuda corredera que l.levóu.* || *A correderas* 'a gran velocidá'. ||| *Amagar soi ougüecha berradera, nunca l.levéi tal corredera* dizse como fórmula d'un cuentu popular.

corredor(e): *sust. m.* Galería con baranda de madera o de *l.lousas. Asomóuse al corredore.*

correr(e): *v.* Andar mui aprisa. || *Correr l'Antroidu* 'participar festivamente nel antroidu'. *Entovía l'anu pasáu corríu l'Antroidu.* || *Correr l'augua* 'cambiar l'*augua* pa dir regando'l prau completamente'. || *Correr la rosca* 'competir pa *l.lograr* la rosca que preparaba la madrina de la boda'. || *Correr las vacas pal guíu* 'afalar el ganáu de la braña pa un *guíu* que va al monte'.

corréu: *sust.* 1. Tren o autobús que vien con correspondencia. *¿Entovía nun chegóu'l corréu?* 2. Persona que vien con una noticia. *¿Entós sos tu'l corréu?*

correudu, -a: *ax.* Fuerte, difícil de romper, con mui bien de fibra. *Yía fuerte ya correúdu.*

corrieiru, -era: *ax. Chismosu,* especialmente refiriéndose a la *mucher. Los d'aquel.la casa son mui corrieiros.*

corriyeiru, -era: *ax. Corrieiru,* chismosu, cuentista.

corriyuela: Yerba parásita ya difícil de desaniciar que sal xunto a *las patacas* ya que tiende a enredase, del xéneru "Convulvulus".

corru: *sust. m.* 1. Oxetu de forma circular. 2. Recintu circular de piedra. *Naquel corru hai dalguna cousa.* 3. Xuegu de *nenas,* que se ponen en círculu. 4. Cubil pa los gochos. *Tengo que dir al corru los gochos.* 5. Grupu, en forma circular, de xente. *Formóuse voláu un corru.*

cortadura: *sust. f.* Aición ya efeutu de *cortar. Fixénonme una cortadura mui mala.*

cortapisa: Pieza de tela que se cose nel borde interior de la saya ya del mantéu.

cortar(e): *v.* 1. Dividir un oxetu. *Cortóu la varaza.* 2. Separar traumáticamente la materia d'una entidá. *Cortóu-l.ly la cara.*

cortase: *v.* Faese un corte a sí mesmu. *Cortóuse cona navacha.*

corte: *sust. f.* Cuadra pa los animales. *Maruxa marchóu pa la corte.*

corte: *sust. m.* 1. Parte d'un oxetu que val pa cortar, filu. *La navacha tien mui buen corte.* 2. Perfil, forma de ser. *El.la vieno con outru corte.* 3. Aición ya efeutu de *cortar. Tien un corte no l.lombu.*

cortexar(e): *v.* 1. Alcontrase xuntos ya solos los novios. *Tán cortexando.* 2. Andar con un noviu o con una novia. *Esti cortexóu ail.lí muitu tiempu.*

cortezu: 1. Parte más tostada del pan. *A mí dexáime'l cortezu, que la miga nun la quiero.* 2. Pan de mesa en xeneral. *You sin cortezu nun como.* 3. Comida, alimentu en xeneral. *Hai cortezu de sobra.* ||| *¡Que nun nos falte'l cortezu!* espresa'l deséu de que nun falte la comida.

cortín: *sust. m. Cercáu* de piedra onde hai truébanos (alcuéntrase nel monte, cerca de dalguna fuente ya con una paré bien alta pa que nun entre l'osu). *Escondíuse nun cortín.*

corva: *sust. f.* Parte d'atrás de la pierna, opuesta a la rodilla. *Duel-l.ly la corva del golpe que l.levóu.*

corval: *sust. m.* Cordón de cueru pa *las abarcas* ya *las pel.lizas. Fainme falta unos corvales nuevos.*

corvechón: *sust. m. Corva* de los animales. *Garróulu polos corvechones.*

corzu, -a: *sust. m.* ya *f.* Mamíferu unguláu rumiante, "Capreolus capreolus". *Baxóu un corzu hasta El Xirón.*

coscas: *sust. f. pl.* Sensación que provoca la risa al tocar partes de la piel. *Tien coscas nos pías.* || *Sacar las coscas* 'faer rir a una persona con *coscas'.*

cosculiel.lu, -a: *ax.* Inquietu ya espabiláu, refiriéndose especialmente a los nenos. *Mirái, ahí vien el mieu cosculiel.lu.*

coser(e): *v.* Xunir con un filu trozos de tela o de cueru. ||| *Non, non, cosemos en casa, cosemos en casa* dizse nun cuentu popular.

cosichu: *sust. m.* Sustancia venenosa de la pera o cáscara del *cuenxu. Nun te manches cono cosichu, que nun se quita.*

cosil.lina: *sust. f.* Adivinanza. *A ver si aciertas esta cosil.lina.*

costal: *sust. m.* Sacu grandón. *Mandóunos un costal de farina.*

costapina: *sust. f.* Cuesta corta o d'escasa entidá. *Nun yía a xubire esta costapina.*

costapona: *sust. f.* Cuesta *l.larga* o de gran pendiente. *Esta costapona yía mala de xubire.*

costar(e): *v.* 1. Tener un preciu determináu. *El pan costóume más de la cuenta.* 2. Exixir mui bien d'esfuerzu. *Cuesta muito engazar nesti prau.* || *Costar caru* 'resultar mui difícil'. *A mí cuéstame caru dir a la yerba.*

costáu: *sust. m.* Cada *l.lau* de la cavidá torácica. *Manquéime nun costáu.* 2. Enfermedá de la pleura ya dolor que produz. *Garróu un costáu nel corral.*

costeiru: *sust. m.* 1. Cada parte del tueru d'un árbol al partilu ya que tien una cara plana namás. *D'aiquí sal un gran costeiru.* 2. Trozu grande de material que puei desprendese na mina. *Cayíu-l.ly un costeiru ya matóulu.*

costicona: *sust. f.* Cuesta grande. *Hai que xubire esta costicona.*

costiel.la: *sust. f.* Cada güesu de los qu'hai armando l'*arca* del ser humanu. *Rompíu dúas costiel.las.* || *A costiel.las* 'al *l.lombu*, a la espalda'. || *Cesta de costiel.las* 'cesta de poner na cabeza o al *l.lombu*'.

costil.lar: *sust. m.* Conxuntu de *costiel.las* del animal. *El costil.lar ponéilu aiquí.*

costrapada: *sust. f.* Aición ya efeutu de caer. *L.levóu una buena costrapada*

costu: *sust. m.* Preciu. *Nun séi'l costu del l.libru.*

costume: *sust. m.* Vezu, regularidá de comportamientu. *Tien malas costumes.*

cotra *sust. f.* 1. Suciedá que queda nel cuerpu. *Vien chenu de cotra.* 2. Capa de suciedá na cabeza de los nenos. *¿Nun ves la cotra?*

cotrosu: *ax.* Suciu, puercu. *Yá vien esa cotrosa pal poyal.*

coucear(e): *v.* Dar *couces. Nun apara de couceare.*

cousa *sust. f.* Oxetu, entidá en xeneral. *Aiquí hai muitas cousas.*

cousaza: *sust. f.* 1. *Cousa* grande. 2. Dichu grave, insultu. *Enfadóuse pola mor de las cousazas que-l.ly dixera.*

cousu: *sust. m.* 1. Oxetu, entidá en xeneral diminuta. *¿Qué yía aquel cousu que se vei?* 2. *Dizse cariñosamente d'un *nenu pequenu. ¡Ven p'acá, cousu!*

couta: *sust. f.* Sitiu onde s'alcuentra a salvu'l nenu que xuega a la *pesca.*

couta: *interx.* Espresión del nenu que xuega a la pesca cuando alcanza la *couta. ¡Couta!*

coutar(e): *v.* Reservar ya poner frontera a un espaciu determináu. *Coutóu mediu monte.*

couz: *sust. f.* 1. Patada del burru o del caballu. *Díu-l.ly una gran couz.* ||| *A las dúas el couz* úsase como fórmula nel xuegu de *monta la mula,* en masculín.

couza: *sust. f.* Raza de bichos que cría'l xamón. *Tien muita couza.*

coxear(e) *v.* Andar mal o con una pierna namás. *Agora coxea más qu'antias.*

coxera: *sust. f.* Defeutu d'andar, propiu del *coxu. You nun-l.ly notéi la coxera*

coxu, -a: *ax.* 1. Que nun tien una pierna o nun tien denguna. *Quedóu coxu.* 2. Qu'anda mal d'una pierna. *Anda mui coxu agora.*

cozcas: *sust. f. pl. Coscas.*

cozquiel.las: *sust. f. pl. Coscas*

crecer(e): *v.* 1. Desarrollase biolóxicamente. *El nenu crez muitu.* 2. Faese grande o más grande de tamañu. ||| *El rin res, n'astas crez* refierse a que la persona tien un aspeutu físicu ruin, pero una gran potencia sexual que nun paez correspondese.

crespu, -a: *ax.* 1. Rizáu, rizosu. *Yía crespu como'l bolicu.* 2. Enfadáu ya rebelde por dalgún motivu. *El nenu salíu crespu.* || *Ponese crespu* 'enfadase, especialmente por motivos d'escasa importancia'.

creyer(e): *v.* 1. Suponer. *Creyíu que nun venía.* 2. Tener por indudable lo que nun se demostró. *Él crei no que dixenon.*

cría: *sust. f.* 1. Nenu o animal que ta formándose biolóxicamente. *Dexóu las crías fuera.* 2. Criyanza, aición ya efeutu de *criare. Yía de mala cría.*

criar(e): *v.* 1. Cuidar el desarrollu d'un nenu o d'un animal. *Crióu seis nenos.* 2. Formase una infección nel cuerpu. *Peme que va a criate lo de la deda.*

criáu, -ada: *Sust m.* ya *f.* Persona que fai *l.labores* na casa por una paga. *En mia casa siempres hubo criaos.*

criba: *sust. f.* Oxetu circular que s'emplega pa cribar, de piel d'animal ya con furacos grandes. *Apúrreme la criba.*

cribu: *sust. m.* Criba de tamañu escasu.

criyanza: *sust. f.* 1. Aición ya efeutu de *criare. Entovía tien por delantre la criyanza de los nenos.* 2. Aición ya consecuencia d'educar a los nenos. *Tuvienon mala criyanza.*

cruce: *sust. m.* Interseición de caminos. *Alcontránonse no cruce.*

cruceiru: *sust. m.* Cruce. *Alcontróulu no cruceiru.*

crudu, -a: *ax.* Que nun ta cocináu con *l.lume. Comíulas crudas.* || *De crudu* 'comida que se da al gochu sin cocer'. *A los gochos hai que da-l.lys tamién de crudu.* ||| *Cocí-l.lys, cocí-l.lys ya dí-l.lys crudu* recuérdase como frase célebre.

cuachada: *sust. f. L.leite cucháu* arráimente, pal consumu de casa. *Présta-l.ly comere cuachada.*

cuachar(e): *v.* 1. Solidificar un líquidu. *Agora tien que cuachar el l.leite.* 2. Solidificase un líquidu. *N'enfriando, cuachóu la sangre.* 3. Fracasar nel xuegu de los bolos. *Xepe cuachóu esta vez.* 4. Fracasar en xeneral. *Quería estudiare, pero cuachóu.*

cuacháu, -ada: 1. Participiu de *cuachare*. *La sangre quedóu cuachada.* 2. *ax.* Pasmáu, inmovilizáu pola sorpresa. *Dexóulu cuacháu.*

cuacheiru: *sust. m.* Recipiente onde se guarda'l *cuachu. ¿Ónde colganon el cuacheiru?*

cuachera: *sust. f.* Estómagu del cabritu, que *s'aproveitaba* pa faer el *cuachu* (poníase a secar ya partíase en cachos). *Daime a mi la cuachera.*

cuachu: *sust. m.* Sustancia que fai *cuachar* el *l.leite. Faime falta'l cuachu.* || *De cuachu* 'de raíz'. *Arrincóulu de cuachu.* || *Tenere cuachu* 'ser mui tranquilu en momentos difíciles'. *Ya entovía tuvo cuachu pa faer como si nada.*

cuadrar(e): *v.* 1. Suceder, pasar. *La cousa cuadróu asina.* 2. Coincidir, casar bien, ser coherente. *A mí nun me cuadra.*

cuadriel.lu: *sust. m.* Trenza. *Tien unos cuadriel.los mui guapos.*

cuadru: *sust. m.* 1. Figura de forma regular con cuatro costaos rectos. *Fixo un cuadru no tueru de la castañal.* 2. **Úsase pa referise a un trozu de propiedá que tien forma cuadrada. *Tien ail.lí un gran cuadru,* queriendo dicir que'l propietariu tien un buen trozu cuadráu de tierra en propiedá.

cuálu, -a: *interr.* **Identifica un elementu posible ente unos cuantos. *¿Cuála yía la mia xatina?*

cuando: *conx.* 1. Si. *Cuando nun vien yía porque nun-l.ly interesa la fiesta.* 2. El momentu nel que. *Mañana yía cuando yía la macha.* 3. Nel momentu nel que. *Cheguemos cuando marchaba pa la tabierna.* 4. El tiempu de. *La nuesa casa yía de cuando la nuesa boda.* 5. Nel tiempu de. *Cuando la Salga la braña paez una ciudá.*

cuándo: *alv.* 1. En qué momentu. *¿Cuándo yía'l samartinu?.* 2. Qué momentu. *¿Ya tu pa cuándo pousas?*

cuantagüéi: *alv.* **Indica que va tiempu qu'hubo un acontecimientu, pero nel mesmu día. *Cuantagüéi que marchóu.*

cuantayá: *alv.* **Indica que yá va mui bien de tiempu qu'hubo un acontecimientu. *¡Cuantayá que nun vien por aiquí la rapaza!*

cuanto: *conx.* *Indica una idea de referencia temporal. *Cuanto antias marche, mechor vendrán las cousas.*

cuánto: *alv.* Con qué cantidá, con qué fuerza. ¡Cuánto nevóu ayere!

cuantu, -a: *pron.* ya *ax.* *Indica la totalidá d'una cantidá. *Comíu cuantas-l.ly dienon. Vieno cuantas veces lu dexanon.*

cuántu, -a: *pron.* ya *ax.* *Espresa una esclamación, refiriéndose a la cantidá. *¡Cuantu l.leite hai na canada! ¡Cuántas vinienon!*

cuántu, -a: *interr.* Qué cantidá de. *¿A cuánta xente víu?*

cuarta: *sust. f.* 1. Medida de *l.largura*, distancia qu'abarca la manu estirada, cuarta parte (unos 21 cms.) d'una *vara*, que mide 83 cms. 2. Parexa de *bueis* o *vacas* que se pon p'ayudar a *outra parexa* pa xubir una carga difícil.

cuartal *sust. m.* 1. Unidá de midida pa granu, de 11 kgs. ya mediu. *Vien con tres cuartales de pan.* 2. Caxón, que tien la capacidá d'un cuartal, pa midir el granu en cuartales. *Pása-l.ly al cuartal el rapu.* || *Cuartal d'eiru* 'midida de superficie pa los *eiros*, de 635 metros cuadraos'. || *Cuartal de l.linar* 'midida de superficie pa *las l.linares*, de 212 metros cuadraos'.

cuarterón: *sust. m.* 1. Parte superior d'una puerta que tien movimientu independiente. *Dexóu abiertu'l cuarterón.* 2. Midida de pesu, cuarta parte d'una *l.libra*. 3. Midida de líquidos, cuarta parte d'un *cuartillu*.

cuartiar(e): *v.* Cambiar la fase de la *l.luna. Peme que yá cuartióu.*

cuartillu: *sust. m.* Midida de líquidos, octava parte d'una *cañada*; un *cuartillu* tien 4 cuarterones.

cuartón: *sust. m.* Sala grande de la casa, que val de dormitoriu pero tamién de comedor.

cuartu: *sust. m.* 1. Habitación de la casa. *Tien un cuartu mui guapu.* 2. Entidá que resulta ser la cuarta parte d'una entidá distinta. *Yera un cuartu namás.* 3. Fase de la *l.luna. Dexaréilu pal cuartu menguante.*

cuasi: *alv.* Cerca de, más o menos, a puntu de. *Cuasi nun chega a tiempu.* || *Cuasi que non* 'peme que non'. *Cuasi que nun voi güei al calechu.*

cuasimente: *alv. Cuasi.*

cuatra: *sust. f.* Pieza *pequena* nel birle, una variedá del xuegu de los bolos. *Falta la cuatra.*

cubertera: *sust. f.* Tapa d'un pucheru. *Ponéi la cubertera.*

cubierta: *sust. f.* Piel gorda que tapa la cabeza de la vaca *xunida* (*las mul.lidas ya las cornales*) ya que podía decorase.

cubiertu, -a: *ax.* Tapáu. *Marchóu bien cubiertu.* ‖ *A cubiertu* 'embaxo d'un sitiu onde nun cai la nieve o la *chuvia*'. *Nun t'apures que van a ponese a cubiertu.*

cubil: *sust. f.* Cuadra onde tán los gochos. *La sua casa paez una cubil.*

cuchar(e): *sust. f.* Instrumentu pa comer sopa ya oxetos líquidos. *L.limpiái bien la cuchar.*

cuchareiru: *sust. m.* Sitiu pa poner la cuchar ya los tenedores. *Ponéilas nel cuchareiru.*

cucharón: *sust. m.* 1. Cuchar grande. *Apúrreme'l cucharón.* 2. *Ranacuachu. Naquel pocín hai cucharones a esgaya.*

cuchiel.la: *sust. f.* Trozu de gadaña que val como *cuchiel.lu* pa cortar *las serdas* al gochu escaldáu. *You tengo una buena cuchiel.la.*

cuchiel.lu: *sust. m.* 1. Oxetu cortante con mangu. *Afilái bien el mieu cuchiel.lu.* ‖ *El cuchiel.lu los gochos* 'cuchiel.lu l.largu que s'emplega pa matar los gochos'.

cudoxu: *sust. m.* 1. Arbustu de monte, de flores *mariel.las*, "Cytisus scoparius". *Foi al monte por cudoxos.* 2. Escoba pa barrer la cuadra, que se fai amarrando unos cuantos *cudoxos. Nun alcontréi dengún cudoxu.*

cuechu: *sust. m. Papas* de farina ya *l.leite. Revolvéi bien el cuechu.*

cuelga: *sust. f.* Cuerda que tien mui bien de caramelos ataos ya que se cuelga del pescuezu como regalu de felicitación. *Tengo que fae-l.ly la cuelga que mañana cumple diez anos.*

cuel.lu: *sust. m.* Parte del cuerpu, xunto al pechu, onde se ponen los nenos. *Tien el nenu nel cuel.lu.*

cuelmu: *sust. m. Feix* de *pacha* bien *l.larga* ya de calidá que val pa *teitar. Guardái aiquí los cuelmos.*

cuenta: *sust. f.* 1. Cálculu, operación matemática. *Fix las cuentas ya nun me sal la mesma cousa que te sal a ti.* || *Pa mi cuenta que...* 'a mi peme que...'. *Pa mi cuenta que nun vien güei.* 2. Cada cuerpu *pequenu* que compón una serie *enfilada. Perdíu las cuentas del rosariu.*

cuenxu: *sust. m.* Frutu, de cáscara mui dura, de la *conxal. Güei vamos a cuenxos.*

cuerda: *sust. f.* 1. Oxetu flexible formáu por filos ya que val p'atar ya asegurar dalguna entidá física. *Daime dúas cuerdas p'atalu.* 2. Filu o cuerda que se pon nel ríu con un cebu na punta pa pescar truitas. *Tenía dúas cuerdas n'El Pozu la Tornadiel.la.*

cuerna: *sust. f.* Cuernu de caza. || *Tar como una cuerna* 'tar mal de la cabeza'. *El tou amigu ta como una cuerna.* || *Tripa cuerna* 'intestinu ciegu de la res'.

cuerpuspín: *sust. m.* Mamíferu roedor que tien el cuerpu cubiertu de pinchos, "Hystrix cristata". *Salíu un cuerpuspín del eiru.*

cuervu: *sust. m.* Páxaru del xéneru "Corvus". *Aquel.los praos taban chenos de cuervos.*

cuestu, -a: *ax. Emplunu,* pendiente. *Yía un prau mui cuestu.*

cueta: *sust. f.* Parte d'una ferramienta opuesta al corte. *Díu-l.ly cona cueta.*

cuetu: *sust. m.* Picu altu nel monte. *Foi p'aquel cuetu d'ail.lí.*

cuezcu: *sust. m.* 1. Güesu de dalgunos tipos de fruta. *Nun tragues el cuezcu.* 2. Oxetu mui pequenu. *¿Metíuse-l.ly un cuezcu nel güechu?*

cuezcu, -a: *ax.* Con ruin aspeutu físicu pero con viveza ya *aire. ¿A ónde dirá esi cuezcu?*

cuezcuez: *sust. m.* Xuegu infantil femenín. *Agora quier xugar al cuezcuez.* ||| *Cuezcuez* usábase como fórmula nel xuegu del mesmu nome.

cuidanza: Cuidáu, proteición. *¡Tenéi cuidanza cono nenu!*

cuidáu: *sust. m.* 1. Precaución. *Andái con cuidáu.* 2. Atención servicial. *Necesita muitu cuidáu.*

cuidu: *sust. m.* Atención servicial. || *Tener a buen cuidu* 'cuidar bien a un enfermu'.

cuitáu, -ada: *ax.* Probe, que nun tien ayuda. *¿Qué fai esi cuitáu?*

cuiteiru: *sust. m.* Sitiu onde ta'l *cuitu. Tiróulu al cuiteiru.*

cuitu: *sust. m.* Abonu animal. *Yá yía hora de que saques el cuitu.*

culada: *sust. f.* Aición ya efeutu de caer de culu. *L.levóu una buena culada.*

culapada: *sust. f.* Aición ya efeutu de caer d'espalda ya de culu. *L.levóu una buena culapada.*

culapáu: *sust. m.* Cantidá que namás cubre'l fondu d'un vasu, d'un cestu, etc.. *Bebíu namás un culapáu de vinu.*

culera: *sust. f.* Parte trasera del pantalón. *Manchóuse na culera.*

culiestros: *sust. m. pl.* El primer *l.leite* de la vaca recién parida. *Na ol.la metíu los culiestros.*

cul.lucu: *sust. m.* Parte ancha del pescuezu del odre pa *mazar.*

culu: *sust. m.* 1. Final del intestinu. *Dixo que lu metiera nel culu.* 2. Parte d'atrás d'una entidá, en xeneral. *Dába-l.lys l'aire de culu.* || *A culu paxareiru* 'desnudu completamente'. *Andaba pol ríu a culu paxareiru.*

culubrizu, -a: *ax.* Que tien que ver con *culuebras. El sitiu yía culubrizu.*

culuebra: *sust. f.* Reptil de la familia de los ofidios. *Salíu una culuebra de las l.lousas.*

cumbe: *sust. m. Cume,* parte d'arriba del *teitu.*

cume: *sust. m.* Parte d'arriba del *teitu. Engaramóuse no cume.*

cuquín, -ina: *ax.* *Dizse cariñosamente de los nenos. *Ven, cuquina, ven.*

cura: *sust. f. Curación. Nun tien cura.*

cura: *sust. m.* Sacerdote. || *En ca'l cura* 'na casa del cura; *pero dizse tamién irónicamente cuando dalguién pregunta insistentemente ónde s'alcuentra un persona o de ónde vien'.

curación: *sust. f.* Aición ya efeutu de *curare. La curación nun foi mui buena.*

curandeiru, -era: *sust. m. ya f.* Persona que cura pero nun tien el títulu de médicu. *Marchóu al curandeiru.*

curar(e): *v.* 1. Tratar ya poner remediu a una enfermedá. *Curóu'l catarru nun par de meses.* 2. Ponese sanu. *El sou xenru nun acaba de curare.*

3. Secar ya conservase una entidá, como los productos del gochu. *Con tanta humedanza nun va a curar el samartinu.*

curase: Ponese sanu. *El sou xenru curóuse aiquí.*

curcuxar(e): *v.* Gruñir. *¡Dexa yá de curcuxare!*

curquiel.lu: *sust. m.* Páxaru inseutívoru, "Cuculus canorus". *Yá sentí cantar al curquiel.lu.*

curreyudu, -a: *ax. Correudu,* resistente.

curruscu: *sust. m.* 1. Punta bien tostada del pan. *A mi gústame'l curruscu.* 2. Cachín de pan. *Marchóu comiendo un curruscu.* 3. Nenu, *usáu cariñosamente. *¿Qué fai aiquí esti curruscu?*

curuxa: *sust. f.* Páxaru de la *nueite,* "Tyto alba". *Siéntese la curuxa pa contra La Proída.*

curuxín: *sust. m.* 1. Diminutivu de *curuxu. Yera un curuxu pequenu, un curuxín.* 2. Cestín pequenu pa los nenos *pañar castañas. L.leva'l curuxín que vamos a pañar castañas a Las Repoupadas.* 3. Espresión de cariñu a los nenos. *¡Mieu curuxín del alma!*

curuxu: *sust. m.* 1. *Curuxa.* 2. Cestín pequenu pa los nenos *pañar castañas. L.levade'l curuxu que vamos a pañar castañas a Las Repoupadas.*

cuscu: *sust. m.* 1. Perru d'escasu tamañu. *Tien un cusquín que nun val nada.* 2. Oxetu de tamañu escasu, xeneralmente usáu cariñosamente. *¿A ónde vas, cuscu?*

cuspir(e): *v.* Echar saliva. *Agora cuspe pol día ya pola nueite.*

cusquín, -ina: *sust. m.* 1. Perrín d'escasu tamañu. 2. Oxetu d'escasu tamañu, con un aquel cariñosu.

custapaneiru, -era: *ax.* Mui cuestu, mui *emplunu. Yía pa mi una senda mui custapanera.*

custión: *sust. f.* Asuntu, tema problemáticu. *Esta yía la custión.*

custrapada: *sust. f.* Aición ya efeutu de caer al suelu de cara.

cutuxín, -ina: *sust. m. ya f.* *Diminutivu de *cutuxu,* que s'aplica a un nenu pequenu, con matiz cariñosu. *¡Ven cutuxín, ven p'aiquí!*

cutuxu, -a: *sust. m.* ya *f.* *Espresión que s'aplica a un nenu pequenu, con matiz cariñosu. *¡Ven cutuxa, ven!*

cuzu, -a /k: *ax.* Fisgón, qu'anda queriendo saber de los demás. *Yía mui cuzu.*

D

dafeitu: *alv.* Completamente, totalmente. *Sos bobu dafeitu.*

dafurtu: *alv.* Ocultamente. *Díu-l.lylu dafurtu.*

dainos: *sust. m.* *Nome del rosariu cantáu qu'entamaba asina: *Dainos, Señor... Güei nun cantanon el dainos.*

dalguién: *pron.* Alguién.

dalgún, -una: *pron.* Algún.

dalquién: *pron.* Alguién.

dambos: *pron.* Entrambos.

dantes: *alv.* Antias. *Vieno dantes de nós.*

danzadera: *sust. f.* Pieza del telar. *Perdíuse la danzadera.*

danzaina: *sust. f.* Bail.le por parexas, güei desaniciáu. ||| *Entre músicas ya danzainas, pasóu'l día sin faere nada.*

dañar(e): *v.* Faer un dañu.

dañible: *ax.* Perxudicial, que fai dañu. *Yía mui dañible.*

dañu: *sust. m.* Mal, perxuiciu, aición que provoca dolor. *Fixénonme muitu dañu.*

daquel.la: *alv.* Naquel tiempu. *Daquel.la había mui bien de xente na braña.* || *Daquel.la mesmu* 'naquel momentu precisamente'. *Volvíu daquel.la mesmu.*

dar(e): *v.* 1. Regalar. *Díu-l.ly un regalu.* 2. Apurrir. *¡Dame la guichada!* || *Dare las bocaradas* 'faer, antes de morrer, inspiraciones finales'. || *Dare más* 'importar, ser d'interés'. *Nun me da más que venga.* || *Dare la zarapica, dare la columbiel.la* 'xirar sobre sí mesmu, dar la voltereta'. || *Dase un aire* 'paecese a'. *Dase un aire al tíu.* || *Dare tras los trapos* 'intentar violar'. *Diz que quería da-l.ly tras los trapos n'El Formosu.* || *Dare p'atrás* 'volver a la situación anterior, por exemplu un enfermu, La bolica díu p'atrás, o unos novios al dexase, Xuan ya Maruxa dienon p'atrás'.* || *Dare'l l.leite a la manu* 'dexase *muñir* la vaca nun teniendo'l tenral al *l.lau'. La nuesa Mora da'l l.leite a la manu.* || *Dare rabias* 'faer rabiar'. *Nun-l.ly días rabias al nenu.* || *Dar baraxáu* 'faer bien un asuntu'. *Trabachéi ayer ya güei ya nun di baraxáu.*

darréu: *alv.* Depués, a continuación, de forma continuada ya siguida. *Chegóu ya marchóu darréu.*

darriba: *alv.* Encima de. *Alcontréilu darriba de la paré.*

dau, -ada: 1. *Participiu de *dare.* 2. *ax.* Avezáu a, que tien la tendencia a. *Yía mui dau a marchar pal monte de nueite.*

debarrer(e): Barrer el granu de la era, la farina del *brandal* del molin, *la brasa* del fornu.

debaxo: *alv.* Nuna parte inferior. || *Debaxo* 'na parte inferior d'un oxetu o ser'.

debil.lida: *ax. f.* Que tien gracia ya *aire. Maruxina vieno tan debil.lida como siempres.*

debilidá: *sust. f.* 1. Falta de fortaleza. 2. Sensación de falta de fuerza. *Paez que tengo debilidá.*

deblidá: *sust. f.* Debilidá.

debrucar(e): *v.* Poner boca abaxo. *Víla debrucando la ol.la.*

debura: *sust. f. L.leite* al que se quitó la nata ya la grasa. *Él come la manteiga ya a nós danos la debura.*

deburar(e): *v.* Quitar la nata ya la grasa al *l.leite. Mama diz que tien que deburare'l l.leite.*

decurrir(e): *v.* Poner un oxetu de forma que suelte l'augua que tien. *Asperái que tien que poner los vasos a decurrir.*

deda: *sust. f.* Apéndiz del pía. *Tien una deda mala.*

dedu: *sust. m.* Apéndiz de la manu. *Mancóuse nun dedu.*

defender(e): Poner una proteición a dalgo. *Defendéi esa parte del prau del ríu.*

defendese: Ponese una proteición. *Defendíuse como pudo.*

degol.lar(e): *v.* Cortar el pescuezu. *Degol.lóula él.*

degol.láu, -ada: *Participiu de *degol.lare. Asustóuse al ver al cabritín degol.láu.*

deguechu: *sust. m.* Mechón de pelu. *Tien los deguechos puercos.*

deixar(e): *v.* 1. Dar un oxetu provisionalmente. *Deixába-l.ly las cousas que pidía.* 2. Parar de tener o dominar dalgún oxetu. *Deixóu los praos de Pumarín.* 3. Abandonar. *Deixánonnos solos.*

delantre: *alv.* 1. Indica una situación anterior. *Entróu delantre d'el.la.* 2. Enfrente. *Tiéneslu delantre.*

delantreiru, -era: *ax.* 1. Que va delantre. *El mieu yía'l cordeirín delantreiru.* 2. Que va más cargáu na parte d'alantre. *Paezme que'l carru va delantreiru.*

delgáu, -ada: *ax.* Finu, opuestu a gordu. *Alcontráranlu mui delgáu.*

deliriar(e): *v.* Tener *suenos* en voz alta. *Pasóu la nueite deliriando.*

demandar(e): *v.* 1. Pidir. *Mirái a ver qué demanda'l rapaz.* 2. Denunciar. *Quier demandanos.*

demandas: *sust. f. pl.* Denuncia, acusación. ‖ *Sacar las demandas* 'dir al xulgáu pa denunciar un dañu'.

demás: 1. *ax.* Que queda, restante: *Vieno conos demás amigos.* 2. pron. *Que queda, restante: Vieno conos demás.* ‖ *Por demás* 'en gran cantidá, escesivamente'.

demasiao: *alv.* *Indica escesu, cantidá por demás. *Trabachóu demasiao.*

demontres: *interx.* *Espresión d'almiración. *¡Demontres, nun quier venire!*

demorar(e): *v.* Tardar en faer dalgún asuntu. *Demoréi en prender el l.lume.*

dende: *prep.* *Indica puntu d'orixe o partida. *Dende aiquí marchóu pa Zarréu.*

dengue: *sust. m.* Pieza del traxe tradicional, que se pon nel *l.lombu* ya cruza por delantre. *Tien un dengue nuevu.*

dengún, -unu, -una: *indef.* Nengún.

dentame: *sust. m.* ya *f.* Dentamen.

dentamen: *sust. m.* ya *f.* Conxuntu de los dientes. *Rompìu-l.ly la dentamen.*

dentel.lada: *sust. f.* Aición ya efeutu de fincar los dientes. *Díu-l.ly una dentel.l.ada na pata.*

denticha: *sust. f.* Semilla comestible d'una planta anxosperma dicotiledónea, "Vicia lens". *Güei comimos dentichas.*

dentichal: *sust. m.* Finca semada con *dentichas*. *Semóu un gran dentichal n'Arbuenu.*

dentón, -ona: *ax.* 1. Que tien más corta la mandíbula inferior que la d'arriba. *Nacíu dentona.* 2. Que tien los dientes mui grandes. *Salíu dentón dafeitu.*

denunciel.la: *sust. f.* Carnívoru, "Mustela nivalis". *Ayere vi una denunciel.la n'El Poulu Estrel.lu.*

deprender(e): *v.* 1. Recibir conocimientos. *El nenu deprende bien.* 2. Enseñar. *¿Deprendiénonte a faelo?*

derechos: *sust. m. pl.* Cantidá que tien que pagar un mozu de fuera pa una fiesta de los mozos del pueblu si aquél va casase con una moza del pueblu. *Como nun yía d'aiquí tien que pagar los derechos.*

dereita: *sust. f.* Mano que s'alcuentra na parte opuesta al corazón. *Tien más fuerza cona esquierda que cona dereita.*

dereitu, -ta: *ax.* 1. Reutu. *Vieno dereita contra nós.* 2. Que ta na parte del cuerpu onde s'alcuentra la manu *dereita.* 3. Que s'alcuentra na orientación nel espaciu que correspuende a la manu *dereita.* || *Nin tuertu nin* *dereitu* 'nin d'una manera nin d'una manera distinta'. *Nun marchóu nin tuertu nin dereitu.*

derrangáu, -ada: *ax.* 1. Mui cansáu. *Chegóu derrangada.* 2. Qu'anda mal pola mor del cansanciu. *Anda derrangáu.*

derretir(e): *v.* Convertir en líquidu un sólidu por efeutu de recibir calor. *Derretíu las manteigas.*

derretise: *v.* Convertise en líquidu un sólidu pol efeutu de recibir calor. *La manteiga derretíuse no cazu.*

desabotonar(e): *v.* Desabrochar los botones. *Desabotonóu la camisa.*

desacupar(e): *v.* Vaciar, dexar d'ocupar. *Fai falta desacupare la casa.*

desamecer(e): *v.* Estremar, separar. *Desamecíu a la xente.*

desaminar(e): *v.* 1. Examinar. *Desaminóunos a nós güei.* 2. Examinar de teoría cristiana antes de la boda o de la primera comunión. *Tien que vos desaminar el cura.*

desangrar(e): *v.* Sacar la sangre a un animal. *Desangróulu bien desangráu.*

desangrase: *v.* Perder sangre. *Ya la raposa desangróuse.*

desanoxar(e): *v.* Dexar d'*anoxar*. *El rapaz desanoxóu l'estudiu.*

desanoyar(e): *v.* Desfaer un *noyu*. *Nun sabe desanoyare la soga.*

desapacienciáu, -ada: *ax.* Impaciente, inquietu. *Víulu mui desapacienciáu.*

desaparar(e): *v.* Estremar, separar. *Hai que desaparalos.*

desapartar(e): *v.* Estremar, separar. *Hai que desapartare a éstos de los outros.*

desapechar(e): *v.* Abrir la cerradura d'una puerta. *¡Desapiecha la puerta!*

desapegar(e): *v.* Despegar. *Desapegái los papeles.*

desatináu, -ada: *ax.* Que se mueve desordenadamente ya con priesa. *Vieno desatinada contra nós.*

desaviare: *v.* Desarreglar, estropiar. *Desavióu l'alcobina.*

desbaratar(e) /dIsbaratáR/: *v.* Desfaer, desaniciar. *Desbaratóu los trué-banos.*

desbaratu: || *Al desbaratu* 'con precios mui baxos'. || *Dare al desbaratu* 'vender a precios mui baxos'. *Díu-l.lylu al desbaratu.*

descalavichar(e): *v.* Abrir una *calavicha*. *Descalavicha que chaman.*

descamináu, -ada: *ax.* Desorientáu. *La xatina anda descaminada.*

descansar(e) /dIskaNsáR/: *v.* 1. Parar de *trabachar*. *En terminando de muñir, descansa.* 2. Reposar. *Alcontróulu descansando un pouquín.* 3. Salir d'una situación d'agobiu. *Descanséi al vete.*

desclavar(e): *v.* 1. Quitar clavos a dalgún oxetu o ser. *Desclavanon la tarrancha.* 2. Desprendese al caer los clavos. *Desclavóu la madera.*

desclavase: *v.* Soltase una entidá que taba clavada. *Desclavóuse la madera.*

descomponer(e): *v.* Desfaer un oxetu dividiéndolu en partes. *Quier descomponer las nuesas cousas.*

desconvidase: *v.* Nun aceutar una invitación. *Paez que nun se desconvida.*

desconxunturar(e): *v.* Sacar los güesos del sitiu. *Desconxunturóulu a golpes.*

desconxunturase: *v.* Ponese los güesos fuera del sitiu. *Desconxunturóuse tou.*

descoser(e): *v.* Desfaer lo que yá se cosiera. *Descosíu la roupa.*

descosese: *v.* Desfaese lo que yá se cosiera. *Descosiénonse las camisas*

descuidar(e): *v.* Dexar de cuidar, abandonar. *Nun descuides la l.linar.*

desdexar(e): *v.* Abandonar, dexar de cuidar. *Desdexóu la familia.*

desdexase: *v.* Abandonase, dexar de cuidase. *Desdexóuse ya acabóu asina.*

desdexáu, -ada: *ax.* Despreocupáu, que nun tien interés. *Yía un desdexáu.*

desembruxar(e): *v.* Quitar un embruxu o mal de *güechu*. *Como nun la desembruxen nun sei qué-l.ly pasará.*

desempedriar(e): Correr una persona o galopar un animal de forma que fai saltar *piedriquinas* p'atrás. *Marchóu desempedriando pola Cuesta la Furaquina.*

desencaxar(e): *v.* Sacar un oxetu del sitiu nel que tien que tar. *Desencaxóu los güesos de la pata.*

desencaxáu, -ada: 1. *Participiu de desencaxare. *Tien un güesu desencaxáu.* 2. *ax.* Que tien mala cara: *Víu al osu ya vieno desencaxáu.*

desendeguechar(e): *v.* Desenredar los pelos. *Nun séi si será a desendeguechare los pelos.*

desenfilar(e): *v.* Sacar el filu de l'agucha. *Cuasi desenfila l'agucha.*

desenl.librar(e): *v.* Desdoblar la ropa doblada o *enl.librada. Quier desenl.librare las sábanas.*

desenrechuscar(e): *v.* Desenredar, desfaer un *enrechuscamientu. Desenrechuscái esa roupa.*

deseparar: *v.* Estremar, separar. *Deseparóu unas cousas de las outras.*

deseparáu, -ada: 1. *Participiu de *deseparare.* 2. *ax.* Solu, solitariu. *You vilas mui desaparadas.*

desfaer(e): *v.* Desaniciar la forma d'un oxetu descomponiéndola. *Desfixenon la casa.*

desfarrapar(e): *v.* Desfaer, destrozar. *Desfarrapanon las nuesas cousas.*

desfeitu, -a: 1. *Participiu de *desfaere.* 2. *ax.* Desaniciáu, que yá nun existe. *Quedóu desfeita la vecera.*

desferrar(e): *v.* 1. Quitar la ferradura. *Quier desferrar la sua vaca.* 2. Quitar oxetos de fierru a dalgún oxetu o ser. *Hai que desferrare la marcación.* 3. Caer oxetos de fierru. *Apartái que desfierran ya pueden mancanos.*

desferráu, -ada: 1. *Participiu de *desferrare.* 2. *ax.* Que nun tien ferradura. *La Galana andaba desferrada.*

desgracia: *sust. f.* Acontecimientu malu, perxudicial. *Yía una desgracia mui grande.*

desgraciar(e): *v.* Provocar una desgracia a dalgún ser: *Desgracióulu.*

desgraciase: *v.* 1. Quexase ya *l.lamentar* la desgracia propia *chorando* a voces. *La probe ta desgraciándose.* 2. Despeñase un animal o una persona ya quedar muertu o mediu muertu. *Desgracióusenos la vaca.*

desigualar(e): *v.* 1. Desarreglar. *Desigualóu la roupa que quedara preparada.* 2. Sacar un güesu del sitiu. *La buela desigualóuse un todiel.lu.*

desiguidina: *alv.* Al momentu, rápidamente. *Marchóu desiguidina pa La Braña la Fontel.lada.*

desinfinidu, -ida: *ax.* Indetermináu, imprecisu. *Diz cousas disinfinidas.*

desl.leitar(e): *v.* Destetar, quitar de mamar la teta o'l tetu a la cría. *Desl.leitánonlu antias de tiempu.*

desl.linguáu, -ada: *ax.* D'escasa discreción. *Yía un desl.linguáu.*

desmediáu, -ada: *ax.* Que s'alcuentra a la mitá. *Vien cona cesta desmediada.*

desneviar(e): *v.* Desapaecer la nieve. *Pa contra la tardiquina paez qu'entamóu a desneviare.*

desneviu, -via: *ax.* Que yá nun tien nieve. *La l.linar quedóu yá desnevia.*

desourizar(e): *v.* Sacar *las castañas* de los *ourizos*. *El.la desourizaba ya you pañaba.*

desque: *conx.* *Contraición de *desde* ya *que*. *Desque vieno nun hubo más que faere.*

desteitar(e): *v.* Quitar el *teitu* a una casa o a una *cabana*. *Yá desteitanon la cabana.*

desterciu: *sust. m.* Trestornu, contrariedá. *Yía un buen desterciu que nun venga.*

desurdir: *v.* Quitar la grasa del intestinu del gochu pa depués embutir. *Agora tienen que desurdir.*

determinar(e): *v.* Decidir, concretar. *Nun sei qué determinanon.*

determinu: *sust. m.* Decisión, concreción. *El determinu foi marchare pa La Degol.lada.*

detreminar(e): *v.* Determinar.

detreminu: *sust. m.* Determinu.

devotu: *sust. m.* Noviu que s'echa a suerte la *nueite* de fin *d'anu*. *Tocóu-l.ly un buen devotu.* || *El bail.le los devotos* 'danza del últimu día del *anu*, cuando cada buena moza faía parexa con un mozu ruin ya viceversa'.

dexadez: *sust. f.* Despreocupación, falta d'interés. *Tien muita dexadez cona xente que vien a mercare.*

dexar(e): *v. Deixare.*

día: *sust. m.* 1. Tiempu nel que da una vuelta la Tierra alredor de sí mesma. *Echóu tres días.* || *L'outru día* 'va unos días'. *Marchóu l'outru día.* 2. Tiempu nel qu'hai claridá de sol. *Vieno de día.* || *Al sere día* 'al amanecer'. *Al sere día marchemos pa Fanales.* 3. Conmemoración relixosa o festiva. *El día Tolos Santos.* 4. Aspeutu climatolóxicu. *Peaz que va a faere un buen día.*

diablu: *sust. m.* Diañu.

diañu: *sust. m.* Ser malignu. *L.levóulu'l diañu.* *Úsase n'espresiones de contrariedá como ¡Arreniego'l diañu!, Mal anu pal diañu, ¡Diañu cono rapaz, qué malu yía!

dibuxar(e): *v.* Faer una figura nun papel o nuna superficie en xeneral. *El nenu dibuxa yá muitas cousinas.*

dibuxu: *sust. m.* Aición ya efeutu de *dibuxar. Nun me gusta'l tou dibuxu.*

diciembre: *sust. m.* Últimu mes del *anu.*

dicir(e): *v.* 1. Emitir soníos oralmente. *Nun séi qué cousas dixo.* 2. Opinar. *¿Ya Xuan qué diz?* || *Dicire a Dious* úsase pa dar énfasis a una afirmación. *Dicire a Dious que nun fai nada en toditu'l día.* || *Como diz l'outru* 'como suel dicir la xente'. *Como diz l'outru, yá las pagará.* || *Nun dicir verdá* 'manifestar una apariencia non verdadera': *Cambiala de sitiu qu'asina nun diz verdá.*

diferencia: *sust. f.* Cualidá que fai qu'un ser seya distintu. *Hai muita diferencia de xente.*

diferenciáu, -ada: *ax.* Separáu, estremáu. *Tenémoslu diferenciáu de los demás.*

diferente: *ax.* Distintu. *Ésta yía diferente de la outra.*

difrencia: *sust. f. Diferencia.*

difrenciáu: *ax. Diferenciáu.*

difrente: *ax. Diferente.*

dineiru: *sust. m.* 1. Moneda. *Vien con muitu dineiru nun bolsu.* 2. Riqueza. *Yía xente de dineiru.*

dinguilindón: || *Al dinguilindón* 'd'un sitiu pa *outru'. Anduvo toditu'l día al dinguilindón.*

dious: *sust. m.* Ser supremu. || *Fichos de por Dious* 'fichos de moza soltera'. || *Tare de Dious* espresa la fatalidá del destín. *Taba de Dious que yiba a morrer.* || *¡Dious te lu premie!* 'que Dios te recompense'. || *¡Dious t'ayude!* úsase contestando al saludu de bienvenida. || *Dious vos l.libre que* indica una amenaza si dalguién quier faer dalgo. *Dious vos l.libre que dexéis entrare las vacas outra vuelta no mieu prau.* || *Asina Dious me salve* espresa la idea de poner a Dios por testigu. *Asina Dious me salve que nun entro más na tua casa.*

dir(e): *v.* 1. Yir, marchar, dirixise a un sitiu. *El.la nun foi a la salga.* 2. Acomodar, convenir. ¿Vate bien segar el Pumarín mañana? || *Dire al mundu alantre* 'marchar a un sitiu mui distante o dir a l'aventura'.

dirixir(e): *v.* 1. Guiar, orientar. *Dirixíu él a los nenos.* 2. Mandar. *Ya ¿quién dirixíu aiquí?*

disipela: *sust. f.* Enfermedá infecciosa de la piel, erisipela. *Tien disipela.*

disponer(e): *v.* Mandar, ordenar. *El.la dispón ya él fai lo qu'el.la diz.*

distraición: *sust. f.* 1. Actu de perder la concentración mental. *Yía que tuvo una distraición.* 2. Entretenimientu. *Nun tien distraición denguna.*

diteria: *sust. f.* Difteria. *El nuesu yá pasáou la diteria.*

díxome: || *Díxome díxome* 1. 'rumor, cuentu que va de boca en boca'. *Anda por ahí un díxome díxome'.* 2. 'disculpa, esplicación que yá nun sirve'. *Nun vengas diciendo díxome díxome'.*

dogal: *sust. m.* Cuerda pa dominar a una animal pasándola alredor del pescuezu. *Garrái bien el dogal.*

dolencia: *sust. f.* Dolor, achaque. *Tien muitas dolencias.*

doler(e): *v.* Producir dolor. *La muela dolíume más güei qu'ayere.* || *¡Que la manu nun te duelga!* espresa'l reconocimientu, del que recibe dalgún bien, a la persona caritativa.

dolor(e): *sust. m.* Aición ya efeutu de *dolere. El dolor nun me dexa dormire.*

doma: *sust. f.* Domesticación. || *Andar a doma* 'entrenar al ganáu pa *xunilu'.*

domingu: Día festivu de la selmana, anterior al *l.lunes*. || *Domingu'l gordu* 'domingu d'*antroidu*'.

doráu, -ada: *ax.* Que tien color d'oru. *Tien un reló doráu.*

dormecer(e): *v.* Descansar perdiendo la conciencia. *Dormecíu todita la tarde.*

dormecese: *v.* Quedase descansando perdiendo la conciencia. *El nenu dormecíuse desiguidina.*

dormir(e): *v.* 1. Descansar perdiendo la conciencia. *Dormíu no pachar.* 2. Dexar reposando la masa pa metela más tarde nel fornu. *Dexáila dormire un pouquín.*

dormise: *v.* Quedase descansando perdiendo la conciencia. *Dormíuse xunto al fornu.*

dous: *sust. m.* Númberu qu'equival un par. *Tocóu-l.ly el dous.*

dous: *num. m.* Parexa d'oxetos o seres. *Tien dous l.libros.*

dreita: *sust. f.* Dereita.

doutor(e), -a: *sust. m.* ya *f.* Médicu. || *Andar d'acá p'al.lá señore doutore* 'andar d'un sitiu pa *outru*'.

dreitu, -a: *ax.* Dereitu.

dúas: *num. f.* Parexa d'oxetos o seres. *Tien dúas casas.*

duela: *sust. f.* Tira de madera que s'emplega pa faer toneles. *Fain falta dúas duelas nuevas.*

duelu: *sust. m.* Sentimientu de dolor ya cariñu por una persona. *Tien muitu duelu del sou probe fichu.*

duernu: *sust. m.* Recipiente onde se pon la comida al gochu, na *cubil* o *corru*.

dulceiru, -era: *sust. m.* ya *f.* Persona que vende dulces ya *pacencias* na romería. *Asperái que venga'l dulceiru.*

duvanadera: *sust. f.* Aparatu pa *duvanar* la *l.lana*. *Estropeóuse la duvanadera.*

duvanar(e): *v.* Formar *duviel.los*. *Pasóu la tarde duvanando.*

duvaniel.lu: *sust. m.* Bultu que sal na piel, especialmente onde la muñeca. *Salíu-l.ly un duvaniel.lu mui grande.*

duviachu: *sust. m.* Canalín, pa regar los praos, que sal de *las presas. Hai que faer outra vuelta esti duviachu.*

duviel.lu: *sust. m.* Madexa de filu. *Guardéi aiquí'l duviel.lu.*

E

ea: *interx.* *Espresión usada especialmente pa *xaxar* a los nenos.

echar(e): *v.* 1. Faer salir d'un sitiu. *Echóulu de casa.* 2. Mandar a pa dalgún sitiu, unviar. *Echóulu pal nuesu prau.* 3. Tirar. *Echánon los gatos al ríu.* 4. Ufiertar un espectáculu. *Güei echan una comedia.* || *Echar una cousa a la trompa'l diañu* 'tirar un oxetu al diablu'. || *Echar un vasu* 'dir a la tabierna'. || *Echar buen pelu* úsase irónicamente pa dicir que van mal los asuntos a dalguién. *Aquél.la echóu buen pelu por ail.lí.* || *Echar l'augua* 'faer l'aición necesaria pa regar un prau o una tierra'.

echase: *v.* 1. Tirase, tumbase. *Echóuse al pía de la presa.* 2. Acostase na cama.

eh: *interx.* *Espresión p'avisar ya reclamar l'atención. *¡Eh, ven p'aiquí!*

ei: *interx.* 1. *Espresión pa que'l ganáu tire del carru. *¡Ei, garbosa!* 2. *Espresión d'escepticismu ya desaprobación. *¡Ei!, ¡nun sei qué quier!*

eichar(e): *v.* Echar.

eichase: *v.* Echase.

eiráu: *sust. m.* Conxuntu de cereales na era. *L'eiráu quedóu preparáu.*

eiru: *sust. m.* Tierra que se cultiva ya que nun tien riegu, de segunda categoría en calidá. *Tien un eiru n'El Carbachu.*

eix(e): *sust. m.* Pieza que va d'una rueda del carru a la opuesta. *Nun sei si nun romperá l'eix.*

el: *art.* *Fórma masculina singular. *El nenu vien solu.*

él: *pron.* *Forma de la tercera persona gramatical masculina del singular. *Vien él con nós.*

el.la: *pron.* *Forma de la tercera persona gramatical femenina del singular. *Vien el.la con nós.*

el.lo: *pron.* *Tercera persona gramatical, neutro. *Vien con el.lo.*

el.los: *pron.* *Plural d'él, forma de la tercera persona gramatical masculina. *Vinienon el.los con nós.*

embaraxar(e): *v. Cerner* bien los naipes al baraxar. *Embaraxáilas bien que fai falta embaraxalas.*

embarrar(e): *v.* Manchar, emporcar con barru. *Embarremos la casa.*

embarrigar(e): *v.* Embarazar. *A la vecina embarrigóula'l noviu.*

embarrucar(e): *v.* Manchar y humedecer con *barruecos* ya *turrones* de barru. *Embarrucanon la entrada.*

embarrucáu, -ada: 1. *Participiu d'*embarrucare*. 2. *ax.* Mui puercu. *La rodera quedóu embarrucada.*

embarul.lar(e): *v.* Confundir, desordenar. *Chegóu el.la ya embarul.lóu la conversación.*

embarul.lase: *v.* Confundise, enquivocase. *Embarul.lóuse ya nun entendimos nada.*

embaxo: *alv.* Debaxo. *Embaxo'l carru hai un picachu.*

embazacar(e): *v.* Faer que dalguién s'embazaque. *Embazacóulu con cecina ya queisu.*

embazacase: *v.* Hinchase con *augua* o líquidos en xeneral. *Ayere embazacóuse na cena.*

embazar: *v.* Dar un golpe na barriga que corta la respiración. *Pegóu-l.ly fuerte ya embazóulu.*

embelga: *sust. f.* Parte que se señala nuna tierra con un *sucu* pa semala, *trabachala* o regala. || *Trabachar por embelgas* 'faer los *l.labores* de la tierra por partes'.

embelgar(e): *v.* Faer *embelgas* nuna tierra. *N'El Poulón fai falta embelgar.*

embeligru: *sust. m.* Repuelgu que queda al cortar el *remu. Víu-l.ly l'embeligru.*

embilortar(e): *v.* Atar con *bilortos. Pa l.levalos hai que los embilortar.*

embilortáu, -ada: 1. *Participiu d'embilortare.* 2. *ax.* Enredáu, por exemplu, dos individuos al pelease. *Cayenon los dous embilortaos al suelu.*

embobaperdices: *sust. m.* Ave rapaz que queda inmóvil, parada nel aire. *Víu un embobaperdices na Val.lina la Cabeza'l Castru.*

embranar(e): *v.* Pasar el branu na braña cuidando'l ganáu. *Esti anu embrana la boliquina.*

embrucare: *v.* Poner un recipiente boca abaxo. *Hai qu'embrucare las xarras.*

embruxamientu: *sust. m.* Aición ya efeutu *d'embruxar. Paez cousa d'embruxamientu.*

embruxar(e): *v.* Influir máxicamente en dalguién. *Embruxóula'l foresteiru.*

emburriar(e): *v.* Faer fuerza pa mover un oxetu o persona. *Nun m'emburries que me tiras.*

emburrión: *sust. m.* Aición ya efeutu *d'emburriar. Díu-l.ly un emburrión ya tiróulu.*

embutidu: *sust. m.* Conxuntu de productos del gochu que van envueltos en tripa.

embutir(e): *v.* 1. Meter carne de gochu na tripa. *Agora hai qu'embutire.* 2. Faer *embutidos* en xeneral.

empantanar(e): *v.* Parar, dexar inmóvil. *Esti asuntu empantanóunos tola tarde.*

empapizar(e): *v.* Atragantar. *Estas papas empapizan.*

empapizase: *v.* Atragantase con un alimentu. *Empapizóuse cono caldu.*

empapolar(e): *v.* Adornar con flores. *Empapolanon la casa.*

empapolase: *v.* 1. Adornase con flores. 2. Adornase, preparase. *Empapolóuse pa venire.*

empapoláu, -ada: 1. *Participiu d'empapolare. Vien mui empapolada.* 2. *ax.* Con mui bien de flores, refiriéndose a los praos.

empaponar(e): *v.* Embobar, dexar *esteláu. Empaponóunos con tanta parola.*

empaponáu, -ada: 1. *Participiu d'empaponare.* 2. *ax.* Inactivu, atendiendo p'asuntos distintos de los propios de l'aición na que se ta. *Si sigues empaponáu nun terminamos güei.*

emparar(e): *v.* Protexer. *Emparáime que nun soi pa defendeme.*

emparreirar(e): *v.* Meter la yerba o la *pacha* nel *pachar* o *parreiru. Yá terminemos d'emparreirar.*

empastonar(e): *v.* Amasar la pasta pa faer el pan. *You yá empastonéi.*

empel.lizar(e): *v.* Enredar. *Empel.lizóunos la nuesa l.lana.*

empelinquincosu, -a: *ax.* Delicáu, repunante. *Pónesti asina porque sos un empelinquincosu.*

empericotar(e): *v.* Poner nun sitiu demasiáu altu. *Empericotesteis las cousas ail.lí arriba.*

empericotáu, -ada: 1. *Participiu d'empericotare. El gatu quedóu empericotáu na groma del árbol.* 2. *ax.* Que se considera nuna posición superior. *Agora anda mui empericotáu.*

empicar(e): *v.* 1. Xubir un oxetu d'un estremu; nel casu del carru, xubir el pezón del carru al poner demasiada carga na parte d'atrás. *Empicóu'l carru.* || *Empicar el xarru* 'beber mui bien d'alcohol'. || *Empicar las ferraduras* 'morrer, especialmente los animales'.

empicáu, -ada: 1. *Participiu d'empicare.* 2. *ax.* Que tien una parte más alta. *Yía un poulu bien empicáu.*

empicipiar(e): *v.* Empezar, entamar. *Empicipióu a comere.*

empisna: *sust. f.* Redondel ásperu na piel que se produz pola mor del fríu. *Saliénon-l.ly empisnas.*

emplunu, -a: *ax.* Pendiente, cuestu. *Yía un prau mui emplunu.*

empol.la: *sust. f. Ampol.la.*

empol.lase: *v.* Ponese con *ampol.las. Empol.lóuse esta nueite.*

empol.láu, -ada: *ax.* Que tien mui bien d'*ampol.las* o *queimaduras.*

empol.leirar(e): *v.* 1. Xubir *las pitas* al *pol.leiru. Empol.léiralas que yía tarde.* 2. Poner dalgún oxetu o entidá nun sitiu altu. *Empol.leiróu la caxa ya agora nun soi a garrala.* 3. Ensalzar a una persona, ponela mui alta. *Mirái cómo la empol.leiran.*

empol.leirase: *v.* 1. Xubise *las pitas* al *pol.leiru. Yá s'empol.leiranon.* 2. Xubise a un sitiu altu. *Empol.leiróuse ahí arriba ya nun lu alcuentro.*

empolveirase: *v.* Manchase de polvu. *Si se pon ahí va a empolveirase.*

emporcar(e): *v.* Manchar, ensuciar. *Emporcanon la roupa.*

emporcase: *v.* Manchase, ensuciase. *Emporcámonos por demás.*

empreñar(e): *v.* Fecundar el machu a la fema. *Quier que la empreñe.*

emprestar(e): *v.* Dexar un oxetu o un ser por un tiempu determináu a una persona. *Emprestóumelu la mía madrina.*

emprincipiar(e): *v.* Empezar, entamar. *Emprincipióu a dicir toladas.*

emprobecer(e): *v.* Faer probe o más probe. *Emprobecíulu la mucher.*

emprobecese: *v.* Faese probe o más probe. *Emprobecíuse la mucher.*

empuitar(e): *v.* Poner *en puita,* echar sal ya *cenisa* a la piel de la *ugüecha* o la cabra pa quitar la *l.lana* o'l pelu pa curtila ya faer odres. *Antias tienes qu'empuitare.*

encabritase: *v.* Enfadase ya rebelase. *Encabritóuse cuando dixenon aquel. las cousas.*

encal.lar: *v.* 1. Poner a ferver namás un nadín los callos pa *l.limpialos.* 2. Poner a ferver namás un *nadín* un líquidu.

encal.lecidu, -ida: *ax.* Que tien *cal.los. Tien la piel encal.lecida.*

encalcar(e): *v.* 1. Presionar p'abaxo. *Encalca pa que faiga una marca.* 2. Pisar la yerba nel *pachar. Nenos, hai qu'encalcare nel pachar de Tiadosiu.*

encaliar(e): *v.* 1. Dar cal a la paré. *Hai qu'encaliar la casa.* 2. Dar cualquier sustancia pastosa a la paré. *Encalianon como pudienon.*

encamáu, -ada: *ax.* 1. Que s'alcuentra na cama. *El.la víulu encamáu pol día ya pola nueite.* 2. Que cai ya queda nel suelu. *El pan quedóu encamáu.*

encampizar(e): *v.* Convertir una tierra en campu con yerba. *Encampizóu El Poulón porque-l.ly faía falta pa las vacas.*

encanar(e): *v.* Protexer una parte ferida del cuerpu con un *encanu. Hai qu'encana-l.ly el todiel.lu.*

encanáu, -ada: 1. *Participiu d'*encanare. Tien la cabeza encanada.* 2. *ax.* Que tien un encanu nuna parte del cuerpu. *Va tou encanáu.*

encanu: *sust. m.* Trapu *l.limpiu* de *l.linu* pa protexer una parte del cuerpu que tien una ferida. *L.leva un encanu na cabeza.*

encarabecer(e): *v.* Presentar dalgún síntoma de pasar fríu. *El nenu encarabez nel poyal.*

encarabidu, -a: *ax.* Que tien una postura o aspeutu de pasar fríu. *Atopéi al nenu encarabidu.*

encariñase: *v.* Garrar cariñu a una persona o a un animal. *Encariñóuse cono melandru.*

encarnadura: *sust. f.* Calidá de la carne pa cicatrizar. *Tien buena encarnadura. Tien mala encarnadura.*

encarnáu, -ada: *ax.* Coloráu. *Tien una cousa encarnada.* ||| *Cielu encarnáu, suelu mocháu.*

encarneiráu, -ada: *ax.* Que tien *carneiros* o *nubles. El cielu quedóu encarneiráu.*

encender(e): *v.* 1. Faer arder un oxetu. *Encendíu la cocina.* 2. Ponese a arder un oxetu. *Encendíu por ail.lí.* 3. Poner a funcionar un aparatu. *Encendíu l'aparatu.*

enceñise: *v.* Ser negativu con una persona o con un animal ya maltratalu. *El padrastru nun lu quier, nun fai más que pega-l.ly ya enceñise nél.*

encesu, -a: *ax.* 1. Que s'alcuentra ardiendo. *El l.lume quedóu encesu.* 2. Que ta funcionando. *L'aparatu quedóu encesu.* 3. Nerviosu ya coloráu. *Vieno encesu contra nós.*

encetar(e): *v.* 1. Empezar una fogaza. *Encetéila you.* 2. Pelar la piel al mancase. *Encetéi'l brazu.*

encetáu, -ada: 1. *Participiu d'encetare.* 2. *ax.* Que sufre una aición d'encetar. *Anda tou encetáu.*

enchabanar(e): *v.* Poner *chábanas. Tuvienon qu'enchabanar la Fuente'l Campiel.lu outra vuelta.*

encietu: *sust. m.* Primer cachu de pan que se corta de la fogaza. *L'encietu yía pa el.la.*

encimentar(e): *v.* Poner cimientu a un oxetu. *Encimentáilu bien que nun caiga.*

enclencase: *v.* Agachase descansando nos *pías. Enclencóuse pa mirar bien.*

enclencáu, -ada: 1. *Participiu d'enclencare.* 2. *ax.* Qu'anda entreteniéndose en vez de *trabachar. Nun fixo nada porque anduvo enclencáu tola tarde.*

encocher(e): *v.* 1. Faer un oxetu más cortu, menguar. *Encochíulu metiéndolu nel augua.* 2. Faese un oxetu más cortu, menguar. *Encochíu al quedare nel augua.*

encochidu, -ida: 1. *Participiu d'encochere. Quedóu-l.ly la roupa encochida.* 2 *ax.* Que tien una postura mui encorvada. *Agora anda yá mui encochidu.*

encomenzar(e): *v.* Empezar, entamar. *Yá encomienza la cousa.*

encorchizáu, -ada: *ax.* Ruin, en mal estáu, especialmente los vexetales que van quedando secos . *Díume una carueza encorchizada.*

encordar(e): *v.* Tocar a muertu. *Tuvienon encordando tola nueite.*

encorniar(e): *v.* Andar enfadáu con dalguién. *La nuesa vecina encornióu con nós.*

encorniáu, -ada: 1. *Participiu d'encorniare. Aquel.los andan encorniaos.* 2. *ax.* Que nun tien tratu con nadie: *Conocílu siempres encorniáu.*

encorrador(e): *sust. m.* Círculu de piedra con un borde ya un *canalechu* (usábase pa la colada). *L'encorradore rompíu ayere.*

encorrar(e): *v.* Faer la colada, poniendo blanca la ropa echando augua con cenisa. *Güei foi a encorrare.*

encrespar(e): *v.* 1. Poner furiosu. *Encrespóulu cono que dixo.* 2. Ponese furiosu. *El rapaz encrespóu.*

encrespase: *v.* Ponese furiosu. *El rapaz encrespóuse.*

encubrir(e): *v.* 1. Perdese de vista nel horizonte. *El sol yá encubríu.* 2. Perdese detrás d'una realidá determinada. *Cuando lu chaméi, yá encubriera.*

encurtiar(e): *v.* Faer qu'un oxetu seya más cortu. *Hai qu'encurtiar los pantalones.*

endemoniáu, -ada: *ax.* Que tien un comportamientu enfermizu pola mor d'una influencia sobrenatural, que la xente cree que tien eficacia. *Paez que yía una endemoniada.*

endentar(e): *v.* Salir los dientes. *Paez que'l nenu empieza a endentare.*

endereitar(e): *v.* Poner *dereitu* un oxetu que nun taba asina. *Endereitaban la barra.*

endilgar(e): *v.* Ver, distinguir. *La viecha yá nun endilga pa enfilare l'agucha.* 2. Dar, regalar, pero con un aquel negativu. *Endilgóu-l.ly un puñetazu.* 3. Dexar un cncargu que nun presta. *Marchóu ya endilgóume a mi l.limpiar la corte.*

enduvil.lar(e): *v.* Faer *duviel.los. Güei tenemos qu'enduvil.lar.*

enduvil.láu, -ada: 1. *Participiu d'*enduvil.lare.* 2. *ax.* Envueltu como un *duviel.lu. Alcontróulu enduvil.láu no corredor.*

enestoncias: *alv. Entoncias.*

enfanar(e): *v.* Meter una res o una pesona nuna *fana* o zona de peligru. *Nun las l.leves pa contra Mortiruelas nun vayas a enfanalas.*

enfanase: *v.* Metese un res o persona nuna *fana* o zona de peligru. *La Mora enfanóuse por Fasgadiel.*

enfarinar(e): *v.* Manchar con *farina. Enfarinóume la cara.*

enfarinase: *v.* Manchase con *farina. Enfarinóuse por demás.*

enferriar(e): *v.* Pasar mui bien de fríu ya quedar como xeláu. *Foi a echar l'augua ya enferrióu.*

enferriáu, -ada: 1. *Participiu d'*enferriare.* 2. *ax.* Enfermu pola mor del fríu. *Foi a echar l'augua ya chegóu enferriáu.*

enfilar(e): *v.* Meter el filu pol furacu de l'*agucha*. ||| *-Enfilái l'agucha, -Non, non, enfilámosla en casa* dicíase nun cuentu popular.

enflacar(e): *v.* Ponese delgáu o más delgáu. *Enflacóu porque trabachóu por demás.*

enforcase: *v.* 1. Enroscase una cadena o cuerda al pescuezu ya peligrando afogase. *La Garbosa enforcóuse, vete a la corte.* 2. Afogase con una cuerda o cadena puesta alredor del pescuezu. *Si nun chega la mucher, enfórcase.*

enfornar(e): *v.* Meter *las fogazas* nel fornu. *Pasóu'l día enfornando.*

enfoscáu, -ada: *ax.* Enfadáu. *Paez qu'anda enfoscáu con nós.*

enfrenáu, -ada: *ax.* Que vien de frente. *Víulu venire contra el.la enfrenáu ya con una cibiel.la.*

enfurruñar(e): *v.* Oxidar.

enfurruñase: *v.* 1. Oxidase. *El fierru que quedóu no corral enfurruñóuse.* 2. Enfadase, ponese a mal con alguién. *La rapaza enfurruñóuse con nós.*

enfurruñáu, -ada: 1. *Participiu d'*enfurruñare*. 2. *ax.* Que tien mala cara o mal humor. *Güei anda mui enfurruñada.*

engachustrar(e): *v.* Engatusar, convencer engañando. *Quier engachustranos con afalagos.*

engachustráu, -ada: 1. *Participiu d'*engachustrare*. *Tiénenlu engachustráu.* 2. *ax.* Que vive fuera de la realidá. *Xuan sigue engachustráu como siempres.*

enganidu, -a: *ax.* Enfermizu, que tien cara de mala salú, que paez que nun tien capacidá pa trabachar. *¡Á nena, paez que tas enganida!*

engañar(e): *v.* Dar información falsa. *Engañóunos cono que dicía.*

engañosu, -a: *ax.* Mentirosu. *Nun faigas casu que yía mui engañosu.*

engarabuchare: *v.* Contraer, apretar, envolver. *Engarabuchóu la mia roupa ya manchóula.*

engarabucháu, -ada: 1. *Participiu d'*engarabuchare*. 2. *ax.* Encorváu. *Tien las dedas engarabuchadas.*

engaramar(e): *v.* Poner nun sitiu altu. *Engaramóu'l miel no ventanu.*

engaramase: *v.* Ponese nun sitiu altu. *Engaramóuse na cereisal.*

engaramu: *sust. m.* Algo que se fai pero queda inestable ya pue caer. ¿Quién fixo esti engaramu?

engarabitáu, -ada: *ax.* 1. Que tien postura de tener fríu. *Alcontróulu engarabitáu na canciel.la.* 2. Encorváu: *Anda yá mui engarabitáu.*

engarrotar(e): *v.* Poner tiesu como un garrote. *La xelada engarrotóume las dedas.*

engarrotase: *v.* Ponese tiesu como un garrote. *La roupa engarrotóuse cona xelada.*

engarrotáu, -ada: 1. *Participiu d'engarrotare. 2 ax.* Paralizáu, que nun pue movese. *Quedóu engarrotáu de miedu que tenía.*

engavil.lar(e): *v.* Preparar *gaviel.las. Yéramos poucos pa engavil.lare.*

engayolase: *v.* Entretenese, disfrutar de la *gayola. ¡Mirái cómo s'engayola'l rapaz!*

engazar(e): *v.* Pañar la yerba con un *engazu. Güei hai qu'engazare Las Quintaniel.las.*

engazu: *sust. m.* Instrumentu que s'emplega pa pañar yerba; tien un mangu ya una riestra de dientes de madera na cabeza. ||| *¡Cuañu cono engazu de Dious!* dizse nun cuentu popular que critica la diglosia.

engorriosu, -a: *ax.* Que tien dalgún estorbu, que pon dalguna dificultá. *Yía una tierra mui engorriosa.*

engorriu: *sust. m.* Problema, estorbu, dificultá. *Nun vengas con engorrios.*

engrañar(e): *v.* Ponese infestáu, ponese gafu. *Engrañóu la ferida.*

engrañase: *v.* Ponese infestáu, ponese gafu. *Engrañóuse la cortadura.*

engrañáu, -ada: 1. *Participiu d'engrañare. 2. ax.* Que tien mal aspeutu. *La cousa quedóu bien engrañada.*

engrol.lar(e): *v.* Endurecer la comida pola mor de dexar de *ferver ya qu'an-*que depués fierva yá nun cuez bien. *Las patacas engrol.lanon.*

engrol.láu, -ada: 1. *Participiu d'engrol.lare. 2. ax.* Que tien *grol.los. Nun me gustan las papas, porque tán engrol.ladas.*

enguano: *alv.* Anguano.

enguapecer(e): *v.* Ponese guapu o más guapu. *Paez que'l rapaz enguapecíu.*

enguila: *sust. f.* Anguila.

enguiláu, -ada: *ax.* *Estreitu* de la parte trasera, como una *enguila. Quedóu enguiláu que da pena velu.*

engul.lar(e): *v.* Tragar a gran velocidá la comida. *Mirái cómo engul.la, paez que tenía fame.*

engulema: *sust. f.* Encargu, *l.labor* que nun presta faer. *¡Menuda engulema que me tocóu!*

enguñón, -ona: *ax.* Roñosu.

enl.lagar(e): *v.* Meter el *l.linu* nel augua pa qu'ablande. *Agora hai qu'enl.lagalu.*

enl.lagunáu, -ada: *ax.* Pantanosu, que paez una *l.laguna. El Sancéu quedóu enl.lagunáu.*

enl.lastrar(e): *v.* Parar el molín porque'l granu humedez ya forma una costra que nun lu dexa moler bien. *El molín de La L.luenga enl.lastróu.*

enl.librar(e): *v.* Doblar una sábana, ropa, etc. *Enl.libróu las suas sábanas.*

enl.louquecer(e): *v.* Volvese *l.loucu. Talmente paez qu'enl.louquecíu.*

enquivocar(e): *v.* Provocar un *enquivocu. Enquivocanon al rapaz.*

enquivocase: *v.* Tener un *enquivocu. Enquivocóuse'l rapaz.*

enquivocu: *v.* Error, confusión. *Tuvienon un enquivocu.*

enrabáu, -ada: *ax.* Que tien el rabu pa dientro pola mor d'un golpe. *El perrín anda enrabáu.*

enramar(e): *v.* 1. Poner palos pa que xuba la planta de la faba. *Hai qu'enramar las fabas.* 2. Poner ramos adornando, adornar. *Enramóu las ventantas.*

enratonar(e): *v.* Enfermar los gatos pola mor de comer demasiaos ratones. *La gata enratonóu.*

enreblar(e): *v.* Formase *reble* onde pasa dalgún líquidu. *Al faer la balsada, l'augua enrebla ya va quedando arena pa que quede más grande'l l.leirón.*

enreblase: *v.* Tapase una conducción por culpa de que se forma *reble*. *Enreblóuse la presa.*

enrebláu, -ada: 1. *Participiu d'*enreblare*. *La presa ta enreblada.* 2. *ax.* Puercu, de forma que queda taponáu. *L.limpiáilu, que quedóu enrebláu.*

enrebuchar(e): *v.* 1. Arrugar, plegar mal. *Enrebuchanon la roupa.* 2. Mecer, enredar. *Nun enrebuches los calcetos.*

enrebucháu, -ada: 1. *Participiu d'*enrebuchare*. *Nun traigas esas sogas que tán enrebuchadas.* 2. *ax.* Amontonáu con desorden. *Dexóu la roupa enrebuchada na cama.*

enrechar(e): *v.* 1. Faer una *recha* untando *manteiga* nel pan. *Enrecha bien el pan que tengo fame.* 2. Embadurnar. *Enrechóu malamente la paré.* ||| *Enrechesti, enrechesti ya nun freguesti* recuérdase como frase célebre que critica fregar mal.

enrechuscar(e): *ax.* Enroscar, retorcer. *Enrechuscóu la roupa.*

enrechuscáu, -ada: 1. *Participiu d'*enrechuscare*. 2. *ax.* De caráuter complicáu ya escuru. *Yía mui enrechuscada.*

enredar(e): *v.* 1. Xugar en vez de faer lo qu'hai que faer. *Nun enredéis, guah. es.* 2. Mecer oxetos, quedando enganchaos ente sí. *Enredóu la cuerda.*

enredu: *sust. m.* 1. Aición ya efeutu d'enredar. *Canséi de los vuesos enredos.* 2. Xuguete. *El nenu anda con un enredu nuevu.*

enrestrar(e): *v.* Faer *riestras* de *cebol.las*, de maíz, etc. *Esti anu hai qu'enriestrar en ca Xuan.*

enriar(e): *v.* Inundar. *Vieno una cachumbada ya enrióu la l.linar.*

enribichidu, -a: *ax.* 1. Arrugáu. *Quedóu-l.ly la cara enribichida.* 2. Que tien la piel arrugada pola mor de ser *viechu. Alcontréi a la paisanina mui enribichida.*

enriestrar(e): *v.* Poner oxetos en forma de *riestra. Güei pola nueite tenemos qu'enriestrar las cebol.las.*

enriscar(e): *v.* 1. Poner el gatu'l rabu p'arriba ya enroscáu. *Si afalagas al gatu, enrisca'l rabu.* 2. Enroscar.

ensangrecer(e): *v.* Reponese, recobrar la sangre depués d'una enfermedá o accidente. *Paez que va ensangreciendo.*

enseñar(e): *v.* 1. Dexar ver una realidá. *Enseñanon los animales.* 2. Deprender. *El maestru enseña bien a los escolinos.*

ensin: *prep.* Sin; *úsase mui escasamente.

entafarrar(e): *v.* Abrigar, tapar. *Entafarrái al nenu que cayíu una buena pelona.*

entafarrase: *v.* Abrigase, tapase. *Entafarróuse porque cayíu una buena pelona.*

entamar(e): *v.* 1. Empezar un asuntu. *¿Entovía nun entamesteis a faere nada?* 2. Preparar, organizar un asuntu. *¿Qué tais entamando?* ‖ *Entamala* 'preparar dalguna aición'. *Quieren entamala.* ‖ *Entamala con alguién* 'garrar manía a alguién'. *Entamóula con nós ya nun aparóu de faenos la vida imposible.*

entamu: *sust. m.* 1. Preparación, organización d'un asuntu. *Andan con nun séi qué entamos.* 2. Principiu d'un asuntu. *Vieno al entamu del calechu.*

enteiru, -era: *ax.* Completu, íntegru. *Comíu un platáu enteiru.* ‖ *Entera ya mera* 'completamente entera'. *Víula entera ya mera.*

entelada: *ax.* Qu'entela. *La vaca entelada yía vuesa.*

entelar(e): *v.* Crecer el volume de la barriga de la vaca. *La vaca entelóu naquel.la corrada.*

entelase: *v.* Crecer el volume de la barriga de la vaca. *La vaca entelóuse naquel.la corrada.*

enterrar(e): *v.* 1. Meter baxo tierra. *Enterranon la bolsa.* 2. Faer la ceremonia funeraria de meter baxo tierra. *Enterránonlu ayere.*

entestar(e): *v.* Faer más espesu. *Tien qu'entestare la sopa.*

entierru: *sust. m.* Ceremonia funeraria de meter baxo tierra. *¿Cuándo yía l'entierru?*

entisnare: *v.* Manchar con restos negros del *fuegu*. *Entisnóuse tou al tizar la cocina.*

entoncias: *alv.* 1. Naquel momentu, naquel tiempu. *Entoncias vieno ya díxome aquel.las cousas.* 2. En tal casu, con tal condición. *Entoncias you voi tamién ail.lí.*

entós: *alv.* Entoncias. ‖ *Entós mesmo* 'naquel momentu'. *Chegóu entós mesmo.*

entovía: *alv.* Hasta esti momentu. *Entovía nun vieno.*

entoxar(e): *v.* Antoxar.

entrambos, -as: *indef.* *Refierse a un par de seres, a los dos. *Ahí chegan entrambas.*

entrar(e): *v.* Metese nun sitiu. *Las vacas entranon na corte.*

entrecechu: *sust. m.* Zona de la cara ente *las cechas. Pegóu-l.ly no entrece-chu.*

entregar(e): *v.* Dar. ‖ *Entregar l'odre* 'morrer'.

entremecer(e): *v.* Xuntar, mecer. *Entremeciénonse ya alón.*

entremediar(e): *v.* Mecer a partes iguales. *Entremediái patacas ya fabas.*

entremisu: *sust. m. Encorrador,* que tien forma de *fregadeiru* poco fondu ya con un canalín pa que salga l'augua de la colada (ponse encima la *cansiel.la* pa *encorrar* la ropa).

entufáu, -ada: *ax.* Enfadáu.

entumidu, -a: *ax.* Que tien señales de tener mui bien de fríu. *La probina chegóu entumida.*

enturriar(e): *v.* 1. Dir de cabeza contra dalgo. *La tua vaca enturrióume.* 2. Quedar cansáu d'una entidá ya nun querela más. *El mieu rapaz entu-rrióu la hestoria.*

envechecer(e): *v.* Faese *viechu* o más *viechu. Paez qu'envecheciú bien nos últimos anos.*

enveredar(e): *v.* 1. Conducir a una senda. *Enveredái bien las nuesas vacas.* 2. Conducir a un sitiu seguru. *Si lu veis, enveredáilu a la nuesa cabana*

envergonzar(e): *v.* Sentir culpabilidá por faer dalgo mal. *Depués de faelo envergonzóu.*

enverrugada: *ax.* Que nun queda preñada porque tien una verruga na *madre*, refiriéndose especialmente a la vaca (pa solucionalo fai falta cortar la verruga). *La Morica ta enverrugada.*

envivicer(e): *v.* Revivir. *Envivicíu'l rapaz.*

envizcar(e): *v.* 1. Animar al perru a morder. *Envizcóunos el perru.* 2. Animar a una persona a ser agresiva. *Envizcóulu contra nós.*

envizcáu, -ada: 1. *Participiu d'*envizcare*. 2. *ax.* Obsesionáu agresivamente nuna aición. *Anda mui envizcáu con cousas de la caza.*

enxabonadura: *sust. f.* Aición ya efeutu d'*enxabonar*. *Díuse una buena enxabonadura.*

enxabonar(e): *v.* Untar con xabón un oxetu. *Enxabonóuse bien enxabonáu.*

enxamar(e): *v.* 1. Formase un *enxame* ya salir de la colmena. *A ver si esti anu enxaman las nuesas.* 2. Xunise la xente. *Paez que cona cousa del ganáu la xente enxamóu.* 3. Xunise sentimentalmente. *Terminanon enxamando.*

enxamás: *alv.* Nunca. *Nun vien enxamás a la sua casa.*

enxame: *sust. m.* 1. Grupu d'*abechas* que tien una mesma reina. *Hai un enxame na nuesa l.linar.* 2. Grupu de mui bien d'individuos. *Con aquel enxame de xente nun foi pa sentir nada.*

enxaretar(e): *v.* Filvanar una prenda de vestir preparándola pa coser. *Yá entamóu a enxaretare, nun sei si terminará a tiempu.*

enxarnar(e): *v.* 1. Dar mui bien de frutos una planta ya propagase. *La guindal enxarnóu por demás.* 2. Manchar, embadurnar, estender la suciedá.

enxordar(e): *v.* Quedar xordu. *Enxordóu entovía más.*

enxordecer(e): *v.* Quedar xordu. *Enxordecíu aiquí entovía más qu'ail.lí.*

enxuagar(e): *v.* Echar agua pa poder *l.limpiar* dalgún oxetu. *Hai qu'enxuagar los platos.*

enxuagos: *sust. m. pl.* Aición d'*enxuagar* los platos de comer pa la *l.lavaza*. *Dexái los enxuagos ya venide.*

enxugar(e): *v.* Secar. *Amira si enxugóu la roupa del hurriu.*

enxutu, -a: *ax.* Secu, que nun tien humedanza. *La tierra de la güerta ta bien enxuta.*

enzalamatáu, -ada: *ax.* 1. Vinculáu amorosamente, pero xeneralmente nun teniendo intención de casase. *Xuan ya Maruxa andan enzalamataos.* 2. Que s'alcuentra en dalguna griesca o pelea.

enzarzase: *v.* 1. Metese nun *zarzal. La ugüecha resbalóu ya enzarzóuse.* 2. Metese nuna griesca. *Enzarzánonse a morrillazos.*

era: *sust. f.* Campu abiertu, propiedá del pueblu o de dalgunos vecinos, onde se *macha. Hai muita xente na era.*

ermu, -a: *ax.* Solitariu, que nun tien xente. *Foi a El Saltu la Fervienza ya alcontróu'l val.le ermu.*

értigu, -a: *ax.* 1. Duru. 2. Ásperu. *Quedóu bien értiga la roupa.*

esbabachar(e): *v.* 1. Dexar caer la baba involuntariamente. *Esbabachóuse delantre de nós.* 2. Dicir lo que diz un *babachón. Apara yá d'esbabachare.*

esbabachase: *v.* Dexar caer la baba involuntariamente. *Esbabachóuse enteritu.*

esbancar(e): 1. *v.* Quitar los oxetos que conducen l'augua a una presa pa que vaya a una distinta. *Hai que dir al ríu ya esbancare l'augua.* 2. Quitar l'augua a un vecín. *Nun sei quién nos esbancóu l'augua.*

esbarabuniar(e): *v.* Refunfuñar con fuerza. *Marchóu d'aiquí esbarabuniando.*

esbaratar(e): *v.* Esfaer, estropiar. *Esbaratóunos la comedia.*

esbardagüertos: *sust. m. pl.* Daños, estropicios que se faen como gamberrada. *Los nenos nun faen más qu'esbardagüertos.*

esbariar(e): *v.* Resbalar pola mor del xelu o de la pendiente. *Baxaba pola cuesta ya esbarióu.*

esbarrumbar(e): *v.* Tirar, echar abaxo. *L'aire esbarrumbóu la nuesa casa.*

esbarrumbase: *v.* Caer, desmoronase. *Esta casa esbarrumbóuse l'anu pasáu.*

esberraxar(e): *v.* Berrar mui fuerte la vaca. *El ganáu quedóu esberraxando no prau.*

esberraxase: *v.* Berrar el ganáu. *Sintíu a las vacas esberraxase.*

esbil.icar(e): *v.* Royer un güesu ya nun dexar nada de carne. *Quier qu'esbil.lique bien las costiel.las.*

esblancul.láu, -ada: *ax. Esblanquisnáu.*

esblanquisnar(e): *v.* Poner d'un color más o menos blancu, non un blancu puru. *Xuan anduvo esblanquisnando la cocina.*

esblanquisnáu, -ada: 1. *Participiu d'*esblanquisnar*. 2. *ax.* Que tien un color mui apagáu. *La mesina quedóu esblanquisnada.*

esbocar(e): *v.* Rematar la boca de la madreña. *Agora namás falta esbocare.*

esbocón: *sust. m.* Cuchiel.lu cortu, gordu ya fuerte pa rematar la boca la madreña ya faer dibuxos. *Guardóu l'esbocón nun caxón.*

esburricar(e): *v.* Caer, fundir. *Esburricóu la paré.*

esburricase: *v.* Caer, esbarrumbase. *Esborricóuse la paré.*

escabardar(e): *v.* Asustar ya pegar a un animal. *Nun fai más qu'escabardar al gatu.*

escabardáu, -ada: 1. *Participiu d'*escabardare*. El gatu marchóu porque ta escabardáu. 2. ax.* Recelosu, desconfiáu. *Alcontréilu escabardáu por demás.*

escabechar(e): *v.* Meter los alimentos nuna salsa especial pa conservalos. *Diz mama qu'hai qu'escabechar las truitas.*

escabezar(e): *v.* Echar un *suenín. Escabecéi un pouco antias de venire.*

escacareixar(e): *v.* Cacarexar la pita. *Yá tán éstas escacareixando.*

escacechar(e): *v.* Mover *las patas* por demás, especialmente *las cabras* ya las ougüechas. *Amira cómo escacechan.*

escachadiablos: *sust. m.* Persona qu'enreda por demás. *Esti nenu yía un escachadiablos.*

escachar(e): *v.* Romper un oxetu en *cachos. Tiróu la ol.la ya escachóula.*

escaciñar(e): *v.* Mover los nenos los *pías* con fuerza al envolvelos. *Paez que la nena escaciña más de la cuenta.*

escadrilar(e): *v.* Romper o estropear el *cadril.*

escadriláu, -ada: *ax.* 1. *Participiu d'*escadrilare. 2. *ax.* Qu'anda mal, qu'anda escangaxáu. *Chegóu a casa tou escadriláu.*

escadril.lar(e): *v. Escadrilar.*

escadril.láu, -ada: *ax.* 1. *Participiu d'*escadril.lare. 2. *ax.* Qu'anda mal, qu'anda escangaxáu. *Chegóu a casa tou escadril.láu.*

escagalase: *v.* Manchase pola mor de la *fueira. El probe escagalóuse por al.lá alantrones.*

escagalurciáu, -ada: *ax.* 1. Andar una persona con *fueira.* 2. Andar una persona inquieta como si tuviera *fueira.*

escagazase: *v.* Manchase la vaca na parte d'atrás pola mor del escrementu. *Aquel.las vacas van escagazándose todas.*

escalada: *sust. f.* Escalera de manu; *úsase xeneralmente en plural. Trai las escaladas pa xubire al árbol.*

escalafríu: *sust. m.* Sensación de fríu nel cuerpu. *Debe tar malu porque tien muitos escalafríos.*

escaldar(e): *v.* 1. Echar *augua* mui caliente na piel d'un animal o d'una persona. *Cuidáu nun escaldes al nenu.* 2. Echar augua caliente al gochu namás matalu pa poder afeitalu bien. *Agora toca escaldar el gochu.*

escaldar(e): *v.* Echar augua mui caliente na piel d'un animal o d'una persona. *La vecina foi la qu'escaldóu'l gochu.*

escaldase: *v.* Echase un animal o persona agua mui caliente na piel. *La vecina escaldóuse fayendo la comida.*

escalzase: *v.* Quitar el calzáu. *Escalzóuse ya metíuse na cama.*

escalzu, -a: *ax.* Que nun s'alcuentra calzáu.

escambrón: *sust. m.* Planta con pinchos, especialmente la que da los *ablunos,* "Prunus spinosa".

escampar: *v.* 1. Parar la *chuvia. Aspera a ver si escampa.* 2. Quitase del cielu las *nubles. Paez qu'escampa.*

escanare: *v.* Cortar *canas* d'un árbol. *Escanóu la castañal.*

escanciar(e): *v.* Echar bebida nos vasos. *¡Aguanta a escanciar el vinu!*

escandalera: *sust. f.* Alborotu, voces que faen mui bien d'escándalu.

escangaxáu, -ada: *ax.* 1. Qu'anda cansáu ya con mala postura. *Vien tou escangaxáu.* 2. Cansáu. *Tabas escangaxáu.*

escanu: *sust. m.* Bancu anchu de madera, que suel alcontrase na cocina ya que tien respaldu. *Queimóu l'escanu.*

escañil: *sust. m. Escanu* que nun tien pa poner los brazos ya suel ser más estreitu.

escapáu: *alv.* Rápidamente, darréu. *Los nenos marchanon escapao.*

escapáu, -ada: *ax.* Qu'anda escondiéndose por dalgún motivu. *El.las andan escapadas pol monte.*

escarabaniare: *v.* Nevar, pero escasamente pola mor de que fai demasiáu fríu. *Anda escarabaniando sin aparare.*

escarabaniegu, -a: *v.* Que tien que ver con *escarabaniare. La tarde yía escarabaniega.*

escarabanión, -ona: *ax.* A mui baxa temperatura, *refiriéndose al tiempu que fai que nieve mui escasamente. *Vaya día más escarabanión.*

escarcal.lase: *v.* Ponese sentáu nos *pías. Escarcal.lóuse delantre casa.*

escarcianu, -a: *ax.* Trabachador ya eficaz.

escarpín: *sust. m.* Pieza de pañu fuerte, con botones, que se ponía nos *pías* pa calzar la madreña.

escarpizar(e): *v.* 1. Desenredar el pelu. 2. Estirar la *l.lana* usando la mano. *Agora tócanos escarpizare.*

escarriar(e): *v.* 1. Sacar a los animales d'onde deben alcontrase o dir. *Nun escarries las ugüechas.* 2. Perdese, desorientase. *Las ugüechas escarrianon por Formigueiros.*

escarriase: *v.* Perdese, desorientase. *Las ugüechas escarriánonse.*

escavar(e): *v.* Faer el güecu a la madreña. *Agora diz que tien qu'escavare.*

escaxar: *v.* Sacar de la caxina la faba. *Anueite tuvimos qu'escaxar los tres hasta la una.*

escazolar(e): *v. Estroldar* moviendo ya manipulando cacharros na cocina. *¿Qué faías escazolando tola nueite?*

escentel.lar(e): *v.* Correr a gran velocidá. *Salíu escentel.lando.*

eschapazar: *v.* 1. Chapotiar, andar pisando nos charcos, etc. *¡Nenos, dexái d'eschapazare!* 2. Andar mal calzáu cuando *chueve*.

eschucariar(e): *v.* Sonar *las chucarinas* del ganáu. *Yá vienen eschucariando las vuesas ugüechinas.*

escoba: *sust. f.* 1. Planta de monte que da una flor *mariel.la*, "Sarothamnus scoparius". 2. Instrumentu pa barrer, que se fai con esa mesma planta del monte. || *Escoba blanca* 'escoba de monte que tien flor de color blancu'.

escobal: *sust. m.* Sitiu del monte onde hai mui bien d'*escobas*.

escocer(e): *v.* 1. Poner a cocer un momentu. *Tien qu'escocer la morciel.la.* 2. Sentir picor nel cuerpu. *Escuezme la rozadura.*

escocher(e): *v.* Faer la eleición d'un ser ente varios. *Escochíu la mechor parte.*

escogol.lar(e): *v.* Quitar los *cogol.los* a un oxetu.

escogotase: *v.* Morrer al dase un golpe nel cogote. *Si cai por aiquí va a escogotase.*

escolanciu: *sust. m.* Reptil que s'alcuentra nos praos, "Anguis fragilis". *Cortóu trés escolancios cona gadaña.*

escolase: *v.* Escurrise, eslizase. *Escolóuse pola yerba.*

escolín, -ina: *sust. m.* ya *f.* Nenu o nena que va a la escuela. *Por ail.lí van unas escolinas.*

escomencipiar(e): *v.* Empezar dalgún asuntu, entamar. *Ya entós escomencipianon a comere.*

esconderite: *sust. m.* Xuegu infantil onde hai qu'escondese o nun dexar ver los movimientos que se faen. *Xuguemos al esconderite n'El órticu.*

escondidiel.la: *sust. f.* Xuegu infantil d'escondese unos nenos a los que tienen qu'alcontrar los demás. *Xugaremos a la escondidiel.la.* || *A escondidiel.las.* Ocultamente, de forma que nadie vea lo que se fai. *Cheganon a escondidiel.las.*

esconxar(e): *v.* 1. Separar el *cuenxu* de la cáscara. *A los cuenxos maduros yía más fácil esconxalos.* 2. Separar un frutu del güesu.

esconxunturar: *v.* Sacar del sitiu una articulación del cuerpu. *Esconxunturóu la muñeca.* 2. Estrozar, desgobernar. *Esconxunturanon l'aparatu.*

esconxurar(e) *v.* Espantar el mal máxicamente, por exemplu, poniendo un *rodabiel.lu* ya la pala'l fornu en forma de cruz nel corral.

escornar(e): *v.* 1. Quitar los cuernos a un animal. 2. Romper los cuernos d'un animal. *Quier escornar la nuesa vaca.* 3. Pegar, dar una paliza. *Si te cuechu escuérnote.*

escornase: *v.* 1. Rompese los cuernos un animal. *Ayer escornóuse la nuesa vaca.* 2. Faer una actividá con esfuerzu, pero xeneralmente con resultaos non mui positivos. *Escornóuse con el.los ya nun-l.ly valíu de nada.*

escorneixar(e): *v.* Frotar la vaca los cuernos nel suelu o nun oxetu. *Aquel.la vaca nun apara d'escorneixare.*

escorpión: *sust. m.* ||| *Si te pica l'escorpión, la pala ya l'inxadón; si te pica la sacabera, la pala ya la batedera* usábase previniendo de la picadura de seres supuestamente peligrosos.

escotar(e): *v.* Pagar distinta xente una cantidá proporcional con una finalidá determinada. *Fai falta escotar pa pagar la merendola.*

escote: *sust. m.* 1. Abertura de la *roupa* nel pechu. 2. Cantidá que s'escota.

escotera: *ax.* Que tien *muitu escote.*

escotofia: *sust. f.* *Nome usáu cariñosamente pa referise a una nena. ¡Ven, escotofia!

escretar(e): *v.* Xubir ya abrir la masa del pan nel fornu pola mor del *furmientu. Hai qu'asperar qu'escrete bien.*

escribanu: *sust. m.* Páxaru que tien la cabeza azulada, "Fringilla coelebs".

escribir(e): *v.* Representar gráficamente una *l.lingua. Pasóu la nueite escribiendo.*

escricase: *v.* Ponese *escricáu.*

escricáu, -ada: *ax.* Que s'alcuentra sentáu nos talones o separtando los muslos. *Alcontróula escricada delantre la cabana.*

escriñase: *v. Escricase.*

escriñáu, -ada: *ax. Escricáu. Alcontróula escriñada delantre la puerta.*

escrófula: *sust. f.* Hinchazón de los ganglios del pescuezu. *Saliénon-l.ly unas escrófulas.*

escuaxaringar(e): *v.* 1. Sacar del sitiu un güesu o una parte del cuerpu. *Escuaxaringóu la manu.* 2. Destrozar. *Escuaxaringóu la fiesta.*

escuaxaringáu, -ada: 1. *Participiu d'*escuaxaringare. 2. *ax.* Mui cansáu, con postura d'agotamientu. *Alcontréilu escuaxaringáu nel sendeiru.*

escudar(e): *v.* Protexer, resguardar. *Hai qu'escudar al ganáu.*

escudase: *v.* Protexese, resguardase. *Chueve ya fai falta escudase.*

escudáu, -ada: 1. *Participiu d'*escudare. *Las vacas dexóulas bien escudadas.* 2. *ax.* Que nun tien peligru. *Diz que ta bien escudáu.*

escudel.lada: *sust. f.* 1. Una *escudiel.la* hasta arriba. 2. Lo qu'hai na *escudiel.la* cuando s'alcuentra hasta arriba.

escudiel.la: *sust. f.* Recipiente redondu de madera, que suel tener una tapina. *Esta escudiel.la díumela la mía bolica.*

escudil.leiru, -era: *sust. m. ya f.* Persona que fai *escudiel.las.*

escuernacabras: *sust. m.* Arbolín que naz nel monte ya tien unos frutinos que nun se comen.

escuitar(e): *v.* 1. Preparase pa oyer. *Escuita qué yía lo que diz.* 2. Oyer. *¿Escuitesti lo que dixenon?*

escuitón, -ona: *ax.* Que disfruta *escuitando* la conversación de los demás. *Yía mui escuitón.*

esculadapáu, -ada: *ax. Esculapáu.*

esculapáu, -ada: *ax.* Planu na parte d'atrás.

escupidu, -a: *ax.* Igual a, que se paez por demás a. *El nenu yía pintáu ya escupidu al sou padre.*

escupu: *sust. m.* Saliva.

escupulosu, -a: *ax.* 1. Que siente noxu con facilidá. *Yía mui escupulosu.* 2. Que nun come cualquier comida. *Nun me presta invitalu porque yía mui escupulosu.*

escurecer(e): *v.* 1. Volvese escuru o más escuru. 2. Acercase la *nueite.* *Marchái antias de qu'escureza.*

escurecerín: *sust. m.* Momentu de la tarde cuando marcha'l sol. *Di-l.ly que venga al escurecerín.*

escuridá: *ax.* Cualidá d'*escuru.*

escurriachu: *sust. m.* Cantidá escasa que rezuma d'un banzáu o presa. *Valme con esti escurriachu.*

escurrideiru: *sust. m.* Sitiu onde s'escurren los platos. *Ponlu no escurrideiru.*

escurrimientu: *sust. m.* Aición ya efeutu de producir dalguna idea. *¡Amirái los escurrimientos que tien!*

escurrir(e): *v.* 1. Producir dalguna idea. *¡Amirái lo qu'escurre!* 2. Secar un oxetu húmedu. *¡Escurride los vasos!*

escuru, -a: *ax.* 1. Que tien poca l.luz. *L'alcobina yía mui escura.* 2. De color más bien prietu. *Alcuéntrase naquel.la parte escura.*

escusáu, -ada: *ax.* Que nun tien obligación. *Ta escusáu de dir a la yerba.*

esesperare: *v.* Enritase, ponese nerviosu. *Fíxolu esesperase.*

esfaer(e): *v.* Disolver, descomponer, desaniciar. *Esfixo las ol.las.*

esfaragacháu, -ada: *ax.* Que tien la camisa fuera, que va mal arregláu. *Vieno tou esfaragacháu.*

esfaraguchar(e): *v.* 1. *Esmigachar.* 2. Faer *trabachos* de carpintería poca entidá. *Paséi la tarde esfaraguchando.*

esfarrapar(e): *v.* Estropiar. *Esfarrapanon la sua roupa.*

esfarrapáu, -ada: 1. *Participiu d'esfarrapare.* El prau quedóu esfarrapáu.* 2. *ax.* Que tien la ropa estropiada. *Chegóu a casa tou esfarrapáu.*

esfarxoláu, -ada: *ax.* Que tien la vistimenta mal puesta. *Güei vieno esfarxolada pa la nuesa l.linar.*

esferrar(e): *v.* Quitar la ferradura. *El.la quier esferrar el ganáu.*

esferrase: *v.* 1. Caer la ferradura al animal. *L'animal esferróuse ayere.* 2. Perder dalgún clavu la madreña.

esferraxar(e): *v.* Andar con *trabachos* d'escasa importancia con fierros. *Pasóu'l día esferraxando pol corral.*

esflaquecer(e): *v.* Quedar flacu o más flacu. *Esflaquecíu pol iviernu.*

esflaquecidu, -ida: 1. *Participiu d'*esflaquecere*. 2. *ax.* Ruin, que nun tien fuerza. *El.la alcontróuse esflaquecida.*

esfochagar(e): *v.* Faer *ruídu* al pisar *fuechas*. *Ahí chega l'outru esfochagando.*

esfocicar(e): *v.* 1. Tocar un oxetu usando'l focicu. *La gocha esfocicóu las patacas.* 2. Estropiar dalgo al entrometese. *Nun vengas que nun queremos qu'esfociques l'asuntu.*

esfocicase: *v.* Caer pegando de cara en dalgún sitiu. *Vímoslu esfocicase contra la paré.*

esfol.lar(e): *v.* Quitar la piel a un animal. ||| *Igual mata'l qu'esfuel.la, el que mata, que'l que tira de la pata. ||| Él tien manu ya el.la esfuel.la.*

esfondonáu, -ada: *ax.* Que ta p'abaxo, que tien una posición fundida. *La cama ta esfondonada.*

esforzar(e): *v.* Violar. *Diz que quería esforzala.*

esfrebar(e): *v.* Sacar *frebas* al bacaláu, a cualquier materia.

esfrecer(e): *v.* 1. Enfriar. *Aiquí esfrez unu cona xelada.* 2. Faer enfriar. *Diz qu'hai qu'esfrecer el l.leite.*

esgadañar(e): *v.* Segar mal ya ruinamente con gadaña. *Nun fai más qu'esgadañare aiquí ya ail.lí.*

esgamotar(e): *v.* Quitar a un árbol mui bien de *canas* ya la *groma*.

esgañar(e): *v.* Dexar en mal estáu la punta de la pluma d'escribir. *Esgañéi la pluma na escuela.*

esgañase: *v.* Quedar en mal estáu la punta de la pluma d'escribir. *Esgañóuseme la pluma na escuela.*

esgañáu, -ada: 1. *Participiu d'*esgañare*. 2. *ax.* *Refierse a cualquier oxetu que tien la punta rota.

esgañotar(e): *v.* Apretar el pescuezu a dalguién. *Taba esgañotándolu cuando cheguemos.*

esgañotase: *v.* Esnucase, romper la nuca. *Cayíu ya esgañotóuse.*

esgañu: *sust. m.* Cría del osu. *Víu la osa con dous esgaños.*

esgarabatar(e): *v.* Mover con *garabatu* la tierra superficial de los güertos pa quitar la mala yerba que sal antes de nacer el frutu. *Mañana hai qu'esgarabatar la güerta.*

esgarfel.lar(e): *v.* Faer sonar los cacharros de la cocina al movelos. *A ver si paráis d'esgarfel.lar que yía tarde por demás.*

esgargaxar(e): *v.* Mover saliva na boca. *Anda esgargaxando ya nun apara.*

esgazar(e): *v.* 1. Romper ya separase una *cana* d'un árbol. *Esgazóu la mechor cana de la cereisal.* 2. Sufrir un árbol la rotura ya separación de dalguna cana. *Esgazóu la nuesa cereisal.*

esgonzar(e): *v.* 1. Sacar del sitiu dalguna entidá que s'alcontraba encaxada. 2. Destrozar. *Esgoncesti los aparatos.*

esgromar(e): *v.* Quitar la *groma* a un árbol. *Esgroméi los choupos.*

esgromeiru: *sust. m.* Páxaru guapu ya de pechu rosa, que come los *pipos* de los árboles, "Pyrrhula pyrrhula".

esgualdrapáu, -ada: *ax.* Ruin ya d'escasa entidá, como un *gualdrapu. Anda esgualdrapada dafeitu.*

esgüeveirar(e): *v.* Dexar en mal estáu ya desgobernar un ser. *Si vien él esgüeveira la cousa.*

esgüeveirase: *v.* 1. Quedar en mal estáu una pita porque tien caída la *madre* de forma que yá nun pue poner güevos. *Esgüeveiróusenos la pita.* 2. Estropiase ya desgobernase un ser. *Si vien él esgüevéirase l'asuntu.*

esgüeveiráu, -ada: 1. *Participiu d'*esgüeveirar. La pita ta esgüeveirada.* 2. *ax.* Que tien una postura de relaxación ya d'alcontrase descansando. *¿Qué faes ahí tou esgüeveiráu?*

esguilar(e): *v.* Xubir a los árboles como un *esguilu. ¡Mirái cómo esguilan!*

esguilu: *sust. m.* Mamíferu roedor, "Sciurus vulgaris". *N'El Formosu hai esguilos a esgaya.*

esgurriada: *ax.* Que yá soltó fuera la placenta, refiriéndose a una fema. *Alcontréi a la Garbosa esgurriada.*

esgurriase: *v.* Echar la placenta. *¿Esgurrióuse yá la Garbosa?*

esi, -a: *demost.* *Indica un ser que nin ta próximu nin mui distante. *Esa nun yía de las nuesas.*

esl.laguazar(e): *v.* Pisar un suelu que tien *l.laguaza* ya faer un *estrueldu* carauterísticu. *Chegóu esl.laguazando.*

esl.lavazáu, -ada: *ax.* Que tien *pouca* sustancia ya mui bien d'augua, refiriéndose especialmente a la comida.

esl.leirar(e): *v.* Faer, especialmente los animales, *estrueldu* al pisar nuna *l.lera. Sentí al xabaril esl.leirare pola L.lera Val.linas.*

esl.limada: *ax.* Qu'echa *l.limu*, refiriéndose a la vaca *tora.*

esl.limase: *v.* Echar la vaca'l *l.limu* na *natura*, porque s'alcuentra *tora.*

esliz: *sust. m.* Actu ya consecuencia *d'eslizase. Nun tuvu esliz dengunu.*

eslizase: *v.* 1. Salise del comportamientu qu'hai que tener. *Vive aiquí ya nun s'esliza un nadín.* 2. Escurrise, escolase. *Eslizóuse pola yerba.*

esmadreñar(e): *v.* Faer *estrueldu* al andar calzáu con madreñes. *Yá vien esi esmadreñando.*

esmadronase: *v.* Salise *la madre* a la vaca. *Esmadronóuse la Pinta.*

esmagotada: *ax.* Que cai sola, refiriéndose a la castaña suelta, non nun *ourizu*, que tien un sabor más dulce. *Nun cuechas las esmagotadas.*

esmanzanase: *v.* Quedar defeutuosu *un res* al mancase na *manzana*, un güesu de la cadera. *La vaca esmanzanóuse nas Fanas de Mortiruelas.*

esmañanar(e): *v.* Quedase na cama gran parte de la mañana. *Paez qu'esmañanóu bien.*

esmediáu, -ada: *ax.* Que s'alcuentra a la mitá. *Alcontróu'l miel esmediáu.*

esmel.láu, -ada: *ax.* Que tien dalguna rotura ya defeutu nel dentame.

esmelendrar(e): *v.* Dexar en mal estáu la vistimenta. *Esmelendróu l'abrigu.*

esmeloubáu, -ada: *ax.* Que va mal peináu, con mala pinta. *Chegóu toda esmeloubada.*

esmigachar(e): *v.* Convertir el pan en miga. *Nun esmigaches la fogaza.*

esmormeirase: *v.* Dexar caer los mocos. *Esmormeiróuse al reír.*

esnarriáu, -ada: *ax.* Ruin, flacu, *pequenu.*

esneviar(e): *v.* Quitase la nieve. *Paez que yá empieza a esneviare.*

esneviu, -ia: *ax.* Que va quedando con menos nieve. *Yá quedóu esneviu'l corral.*

esniciar(e): *v.* Desfaer, descastar, estrozar. *Esnicióu las nuesas cousas.*

esnudar(e): *v.* Quitar la *roupa. Esnudóulu antias de metelu na cama.*

esnudase: *v.* Quitase la *roupa. Esnudóuse ya metíuse no ríu.*

esnudu, -a: *ax.* Que nun tien ropa. *Alcontróulu esnudu.*

espachizar(e): *v.* Fumar. *Nun fai más qu'espachizare.*

espaciu: *sust. m.* 1. Sitiu. 2.Tiempu disponible. *Güei nun tengo espaciu pa yire un mocadín a túa casa.*

espadana: *sust. f.* Planta anxosperma monocotiledónea, del xéneru "Typha".

espadiel.la: *sust. f.* Instrumentu pa dar golpes al *l.linu,* pa separar la *estopa* antes d'usar el *rastriel.lu.*

espadina: *sust. f.* Nel xuegu del naipe, l'as del palu de la espada. *Tenía la espadina.*

espalear(e): *v. Trabachar* con una pala. *Nevóu ya anda espaleando la nieve.*

espalumbar(e): *v.* Romper los güesos del final de la columna vertebral d'un ser vivu.

espalumbase: *v.* Romper la parte de la columna vertebral, quedando inútil. *Espalumbóuse la xatina pinta.*

espalumbáu, -ada: 1. *Participiu d'*espalumbare.* 2 *ax.* Mui cansáu. *Cheguéi espalumbáu a la salga.*

espanar: *v.* Esparcer la yerba, namás segar, pa que seque al sol. *Garrai'l forcáu ya espanái que va a cambiar el tiempu.*

espanochar(e): *v.* Quitar *las fuechas* a *las panochas. Güei vamos a espanochar an ca María.*

espantapastores: *sust. m.* Flor morada que sal nel *outuenu.*

espantapáxaros: *sust. m.* Oxetu que tien la figura d'un paisanu ya que se pon pa espantar los páxaros d'una propiedá.

espantuchu: *sust. m.* 1. *Espantapáxaros.* 2. Persona que tien un aspeutu raru. 3. Animal que s'espanta fácilmente. *Esti caballu yía un espantuchu.*

espanzar(e): *v.* Romper la barriga d'un animal ya matalu. *Espanzanon al nuesu gatu.*

espanzase: *v.* Matase un animal rompiendo la barriga. *Espanzóuse la vaquina polas Fanas de Veigafondera.*

espapachurrar(e): *v.* Faer *papas*, aplastar. *Espapachurranon las cebol.las.*

espapachurrase: *v.* Faese *papas*, convertise en cuasi líquidu una sustancia. *Espapachurránonse las brevas.*

espaparrar(e): *v.* Faer *papas*, faer qu'una sustancia seya cuasi líquida. *Tán espaparrando las patacas.*

espaparrase: *v.* Faese *papas*, faese una sustancia cuasi líquida. *Las brevas tán espaparrándose.*

esparabán: *sust. m.* 1. Xestu mui marcáu. *Nun faigas esparabanes.* 2. Persona que fai *esparabanes.* *¿A ónde vas con ese esparabán?*

esparabanáu, -ada: *ax.* Que fai mui bien d'esparabanes. *Esa moza yía mui esparabanada.*

esparaxismeiru, -era: *ax.* Que fai *esparaxismos.*

esparaxismu: *sust. m. Esparabán,* xesticulación, ademán esaxeráu, especialmente al contar dalgún asuntu.

esparcer(e): *v.* 1. Esparramar, estremar. *Agora tien qu'esparcer los granos.* 2. Difundir. *Quier esparcer que yía malu.*

esparcise: *v.* Esparramase, separase. *Las ugüechas esparciénonse pol monte.*

esparnancar(e): *v.* Abrir *las piernas. Esparnancóu las piernas cuanto pudo.*

esparnancase: *v.* Sentase abriendo *las piernas. Chegóu ya esparnancóuse bien esparnancáu.*

esparramar(e): *v.* Esparcer, difundir una sustancia nun espaciu. *Esparramóu la farina pola alcobina.*

esparramase: *v.* Esparcese, difundise una sustancia nun espaciu. *Esparramóuse'l caldu por tola mesa.*

espatalexar(e): *v.* Mover *las patas. El nenín nun apara d'espatalexare.*

espatarrar(e): *v.* Tirar al suelu, especialmente d'espalda. *Espatarránonlu d'un emburrión delantre casa.*

espatarrase: *v.* Caer al suelu, especialmente d'espalda. *Espatarróuse delantre casa.*

espatarráu, -ada: 1. *Participiu d'*espatarrare. 2. *ax.* Que s'alcuentra nal suelu ya boca arriba descansando en postura mui relaxada. *En vez de trabachar ta ahí espatarráu delantre casa.*

espavorecese: *v.* Sentir pánicu. *Espavoreciénonse namás venos.*

espelurciar(e): *v.* 1. Tirar de los pelos. *Espelurciánonse namás vese.* 2. Despeinar.

espelurciáu, -ada: 1. *Participiu d'*espelurciare. 2. *ax.* Que tien un aspeutu desarregláu. *Cada día anda más espelurciada.*

espera: *sust. f.* 1. Aición ya efeutu d'esperar. 2. Sitiu de pasu del osu ya onde se ponen los cazadores pa cazalu. *Ahí hai una espera.*

esperar(e): *v.* 1. Tar nun sitiu o nuna situación hasta que pase dalgo que se piensa que va pasar. *Esperanon que chegaran.* 2. Tener esperanza de que pase dalgo. *Espera que chueva.*

espertar(e): *v.* Dexar de dormir. *Espertóu ceo.*

espeta: *sust. f.* Agucha que s'emplega pa texer. *Texe con espetas mui viechas.*

espetaperru: ‖ *A espetaperru* 'en gran cantidá, a esgaya'. *Hai fisuelos a espetaperru.*

espetar(e): *v.* 1. Clavar. *Espetanon un palu na paré.* 2. Dicir abiertamente. *Espetéi-l.ly que nun vien por casa nada.*

espetera: *sust. f.* 1. Pechu de la *mucher. Tien muita espetera.* 2. Pieza de la que salen *espetos* pa colgar oxetos. *Colgóulu na espetera.*

espetu: *sust. m.* Palu afiláu, pinchu. *Tien un espetu nel pía.*

espetunada: *sust. f.* Actu de clavase un pinchu. *¡Menuda espetunada tien nel brazu!*

espetunar(e): *v.* Clavar un oxetu de punta. *Espetunóuse un pinchu.*

espetunazu: *sust. m.* Aición ya efeutu d'espetunare. *¡Menudu espetunazu tien nel brazu!*

espiase: *v.* Doler la planta del *pía* pola mor d'andar más de la cuenta.

espiáu, -ada: *ax.* Que tien dolor de *pías* por andar más de la cuenta. *Chegóu espiáu d'andar por Val.lechos.*

espiltrazáu, -ada: *ax.* Con mui bien d'augua, que ta pingando. ||| *Tamos mochaos ya espiltrazaos igual que triezos* recuérdase como frase célebre indicando una gran *mochadura.*

espinu: *sust. m.* Planta de diferentes especies: *Espinu albar* "Crataegus oxyacantha", *Espinu negral* o *escambrón.*

espirriar(e): *v.* 1. Estornudar. 2. Echar saliva con fuerza. *Nun para d'espirriare.* 3. Soplar *auguardiente* fuerte nel *l.lombu* del enfermu fayendo *friegas* na *coluna.* || *Espirriar la l.lana* 'echar aceite, que se ponía na boca, pa cardar la *l.lana'.*

espirriáu, -ada: 1. *Participiu d'esperriare.* 2. *ax.* Que tien catarru.

espranza: *sust. f.* Esperanza. *Tien muitas espranzas.*

esprimentar(e): *v.* Tener esperiencia de dalgo. *El.la esprimentóulu bien esprimentáu.*

espués: *alv.* Más tarde. *El.la chegóu espués.*

espuma: *sust. f.* Sustancia que se forma na parte superior de los líquidos al movese, al cocer, etc.

espumacheiru: *sust. m.* Conxuntu importante d'espuma.

espumarachu: *sust. m.* Espuma. *¡Quitái-l.ly l'espumarachu!*

espurrise: *v.* 1. Estirase pa quitase la pereza. *Mira cómo s'espurre.* 2. Estirase en xeneral ya de forma figurada. *Espurríuse ya fixo una gran boda.*

esquiciar(e): *v.* Sacar del *quiciu,* sacar del sitiu. *Esquicióu la puerta.*

esquierda: *sust. f.* La mano que s'alcuentra na parte del cuerpu onde ta'l corazón. *Tien más fuerza cona esquierda que cona dereita.*

esquierdu, -a: *ax.* 1. Que s'alcuentra nel cuerpu na parte del del cuerpu onde ta'l corazón. *Mancóuse na ourecha esquierda.* 2. Que s'alcuentra na orientación nel espaciu que correspuende a la manu esquierda.

estaca: *sust. f.* 1. Palu. 2. Palu claváu nel suelu pa estremar la propiedá de la tierra. *Chenóu d'estacas El Poulón.*

estacazu: *sust. m.* Golpe con una estaca.

estal.lar: *v.* 1. Reventar. *Estal.lanon los globos.* 2. Faer reventar. *Nun-l.ly estal.les el globu al nenu.*

estal.láu, -ada: 1. *Participiu d'estal.lar.* 2. *ax.* Rotu, estrozáu. ‖ *Riire a rabu estal.láu* 'riir con fuerza ya gana'.

estal.lón: *sust. s.* 1. Planta anxosperma dicotiledónea, "Digitalis purpurea". 2. Flor de la mesma planta. 3. *Estal.lón mariel.lu,* "Verbascum thapsus".

estameña: *sust. f.* Tela de pañu de buena calidá, xeneralmente de llana texida ya abatanada.

estampanar(e): *v.* 1. Faer reventar un oxetu o ser vivu. *Doite un golpe que t'estampano.* 2. Reventar un oxetu o un ser vivu. *Estampanóu de tanto comere.*

estandochazu: *sust. m.* Golpe con un *estandochu.*

estandochera: *sust. f.* Furacu onde se mete l'*estandochu.*

estandochu: *sust. m.* Palu, estaca que va na parte periférica del carru.

estar: *v.* Tar.

estaramar(e): *v.* Faer, armar dalgo mal ya con escasu fundamentu. *¿Qué yía lo qu'andáis estaramando?*

estaramáu: *sust. m.* 1. Asuntu, entidá mal entamada ya con escasu fundamentu. *¿Qué estaramáu yía esti que preparestis?* 2. Barullu, escándalu.

estaribel: *sust. m.* Entidá que se tien o se pon n'alto ya de forma ridícula. *Preparóu un estaribel que nun val pa nada.*

estaya: *sust. f.* Tira de finca na que yá se *trabachóu* (al terminar una estaya empiézase una estaya distinta). ‖ *L.levala d'estaya* 'usar una finca o meter el ganáu nuna finca non de golpe, sinón a *estayas,* a trozos'.

estazar(e): *v.* Pulir el trozu de madera pa faer la madreña.

esteláu, -ada: *v.* 1. Plasmáu. *Quedóu estelada al velu.* 2. Tener la vista fixa nun puntu ya nun atender pa lo que pasa.

estenar(e): *v.* Dexar de *chovere* ya quedar el cielu escasu de *nubles.*

estenu, -a: *ax.* Que nun tien *nubles. Quedóu estenu pa contra Los Corones.*

esternina: *sust. f.* Venenu usáu pa matar animales salvaxes (sácase principialmente de la "Strychnos nux-vomica").

esti, -a: *demost.* *Indica un ser que s'alcuentra cerca del que fala.

estiel.la: *sust. f.* Trozu, xeneralmente afiláu, de madera. *Tenemos estiel.las a esgaya.*

estil: *sust. m.* Mangu de la gadaña.

estirafola: *sust. f.* Esfuerzu mui grande. *Canséi cona estirafola que fixe.*

estirar(e): *v.* 1. Al.largare. 2. Planchar. *Alcordóuse de que tenía qu'estirare los pantalones.*

estolaxe: *sust. m.* Vistimenta ya adornos ridículos. *¡Mirái con qué estolaxe vien!*

estopa: *sust. f.* Parte menos fina del *l.linu*.

estortachar(e): *v.* Aplastar, dexar un oxetu planu. *Estortachóu-l.ly las dedas.*

estoxu: *sust. m.* Estómagu. *Duel-l.ly l'estoxu.*

estracamundiar(e): *v.* Revolver ya desordenar. *Siempre que vien estracamundia las mias cousas.*

estrañón, -ona: *ax.* Que nun quier tar con xente que nun conoz. *Yía mui estrañón.*

estráu: *sust. m.* Sitiu onde, antes d'enfornar, pónense *las fogazas*, nun tableru o nel *escanu*.

estrecar(e): *v.* Echar el *cuitu* a la tierra pa que más tarde salga más frutu. ||| *El que sema ya nun estreca, toul anu anda de babieca.*

estreitar(e): *v.* Faer más *estreitu*. *Quieren estreitare'l nuesu pasu.*

estreitu, -a: *ax.* Ruin, que tien escasa anchura. *Esti sendeiru yía mui estreitu.*

estrel.la: *sust. f.* 1. Astru que brilla na *nueite*. 2. Oxetu que tien una forma que se paez al astru. *La mia xatina tien una estrel.la na frente.*

estrel.láu, -ada: *ax.* Que tien *estrel.las*.

estremar(e): *v.* 1. Apartar, separtar el ganáu de cada casa cuando vien del monte'l rebañu de vecera: *Paulu foi a estremare.* 2. Separtar, apartar: *Estremái las buenas de las malas.*

estremecer(e): *v.* Faer temblar pola mor d'una impresión. *Estremecíulu al miralu.*

estremecese: *v.* Temblar pola mor d'una impresión. *Estremecíuse al miralu.*

estripar(e): *v.* Sacar *las tripas. Estripóulu contra la paré.*

estrochar(e): *v.* Faer *estrueldu* al pisar trozos de madera. *Ahí vien estrochando.*

estroldar(e): *v.* Faer mui bien d'*estrueldu. Yá vien por ahí estroldando.*

estronconar(e): *v.* Sonar de forma importante al andar. *Sentílu estronconare.*

estroncoñar(e): *v.* Estronconare. *¡Dexái d'estruncuñare!*

estropiciu: *sust. m.* Estrozu. *¡Menudu estropiciu que formóu!*

estrozar(e): *v.* Desfaer, desaniciar. *Estrozanon tola casa.*

estrozu: *sust. m.* Aición ya efeutu d'estrozar.

estruchar(e): *v.* Aplastar, machacar. *Estruchóu-l.ly la manu con una piedra.*

estruchón: *sust. m.* Aición ya efeutu d'*estruchare.*

estrueldu: *sust. m.* 1. Aición ya efeutu d'*estroldar. Sentí un estrueldu na alcobina.* 2. Alborotu. *Hai un estrueldu que nun hai quien duerma.*

esturronar(e): *v.* Desfaer los *turrones* nuna finca. *Pasemos el día esturronando.*

esvaciase: *v.* Caer al suelu. *Salíu de casa, pisóu un resbalón ya esvacióuse.*

esvariar(e): *v.* Resbalar. *Esvariéi pola Cuesta la Canalona.*

esveirar(e): *v.* Segar con cuidáu *las ouriel.las* de los praos. ‖ *Qu'esveira* indica que se fai bien una aición ya con rapidez. *El rapaz canta qu'esveira.*

esvestir(e): *v.* Quitar la vestimenta. *Esvistíula la ficha.*

esvestise: *v.* Quitase la vestimenta. *Esvistíuse ya metíuse na cama.*

esviar(e): *v.* Sacar de la direición debida. *Esvióu las vacas.*

esvirgachase: *v.* Perder el machu la fuerza sexual, xeneralmente por excesu. *El nuesu toru esvirgachóuse.*

esvirgacháu: *ax.* Que pierde la fuerza sexual, refiriéndose al machu ya xeneralmente por escesos. *Quedóu esvirgacháu.*

eya: *interx.* *Espresión pa marcar el ritmu. ||| *¡Eya!, ¡eya!, ¡que nun soi tan feya, ya si lo soi que lo seya!* usábase especialmente pa *xaxar* a los nenos.

F

faba: *sust. f.* Frutu de la "Vicia faba".

fabona: *sust. f.* Variedá de faba de tamañu grande.

facendera: *sust. f.* Obra que fai conxuntamente la xente del pueblu.

facha: *sust. f.* Pinta, aspeutu. *Tien buena facha.*

fachenda: *sust. f.* Comportamientu de presumiciu. *Tien muita fachenda.*

fachendosu, -a: *ax.* Que presume de tener una presencia positiva.

facienda: *sust. f.* 1. Capital familiar. *Son de muita facienda.* 2. Conxuntu d'animales de la casa. 3. Conxuntu de nenos de la casa. *¿Ónde anda la facienda?*

faedor, -ora: *ax.* Que fai mui bien de *l.labores.*

faer(e): *v.* Realizar una actividá. || *Faer de menos* 'minusvalorar'. *Nun lu faigais de menos.* || *Faer la goña* 'ridiculizar'. *Nun-l.ly faigáis la goña.* || *Faer mal terciu* 'cuadrar mal, nun venir bien'. *Faime mal terciu dir güei conas ougüechas.*

faisán: *sust. m.* Ave que vive nos montes, "Tetrao urogallus". || *Paecer el faisán* 'alcontráse atontáu ya nun ser a sentir nada'. *¡Escuita, que paeces el faisán!* || *Xordu como'l faisán* 'que nun siente lo que suena nin lo que se diz'. *Alcontréilu xordu como'l faisán.*

fal.licu, -a: *ax.* Que s'alcuentra en mal estáu, *refiriéndose a los frutos ya especialmente a la castaña.

fal.lisna: *sust. f.* 1. Caspa del pelu. *Tien fal.lisna a esgaya.* 2. Escama que cría la piel.

fala: *sust. f. Falax.*

falax(e): *sust. m.* Forma de falar.

falcueiru, -era: *ax.* 1. Ruin, baxu ya delgáu. 2. Que nun val. *Yía malu ya falcueiru.*

falmega: *sust. f.* Parte d'abaxo ya colgante de la barriga de la vaca, xunto al ubre.

falmegu, -a: *ax.* *Dizse del animal, xeneralmente la vaca, que tien la barriga vacía, especialmente cuando sal de la corte pa dir al monte.

faloupar(e): *v.* Nevar con *faloupos* grandes.

faloupu: *sust. m.* Copu de nieve. *Cayenon faloupos como trapos.*

faltar(e): *v.* 1. Insultar. *Faltóu al sou tíu.* 2. Nun alcontrase onde se debe o nel sitiu de costume. *Güei falta muita xente nel concechu.*

faltón, -na: *ax.* Que suel insultar, provocador.

faltriquera: *sust. f.* Bolsa que s'emplega pa guardar los cuartos.

faltu, -a: *ax.* Que nun tien un comportamientu normal. *El rapaz yía un pouquín faltu.*

fame: *sust. f.* Sensación ya necesidá de comer. *Pasanon muita fame.*

familia: *sust. f.* Grupu de parentescu.

fana: *sust. f.* Precipiciu, sitiu de monte con *cáscaros* ya *penas,* peligrosu pal ganáu ya la xente, pero que puei tener dalguna yerba.

fanega: *sust. f.* Midida de capacidá que val cuatro *cuartales.*

fanfarria: *sust. f.* Calidá de fanfarrón.

fanfarrón, -ona: *ax.* 1. Gordu ya d'aspeutu saludable. *Alcontréila mui fanfarrona.* 2. Que presume de destacar en dalguna o cualquier actividá. *Yía un fanfarrón.*

faragacha: *sust. f.* 1. Camisa de paisanu. *Vien cona faragacha puerca.* 2. Parte de la camisa qu'asoma encima los pantalones. *Garróulu pola faragacha.*

faragachu: *sust. m.* 1. Camisa de paisanu. 2. Inútil, folgazán; *usáu como insultu. *A ónde dirá esi faragachu.*

faragucha: *sust. f. Migacha* de pan, viruta de madera, oxetu diminutu ya de desperdiciu.

faranduleiru, -era: *ax.* Que presume ya miente.

fardel: *sust. m.* Bolsa o sacu de tela pa guardar oxetos, la merienda, etc. *Quedóu-l.ly aiquí'l fardel.*

fardela: *sust. f.* Bolsa o sacu de tela con una cinta que se cuelga ya que val pa meter la merienda, los *l.libros* de la escuela, etc. *Marchóu cona fardela chena.*

fardelada: *sust. f.* 1. Fardela hasta arriba. 2. Lo que va na fardela hasta arriba.

farfalar: *sust. m.* Persona que tien una pinta rara ya estravagante. *Venía con un farfalar que daba la risa.*

farfantón, -ona: *ax.* Fanfarrón. *El.la siempres foi mui farfantona.*

farful.lar(e): *v.* Falar confusamente ya nun pronunciar bien. *Nun fai más que farful.lar.*

farina: *sust. f.* Productu que resulta de moler granu nel molín. *Hai pouca farina.*

farinientu, -a: *ax. Farinosu.*

farinosu, -a: *ax.* Que s'alcuentra untáu de *farina. Chegóu tou farinosu.*

farracada: *sust. f.* Cantidá grande de *cuartos. Vien con una gran farracada.*

farracu: *sust. m.* Bolsa pa meter los cuartos. *¿L.levas el farracu?*

farragucheiru, -era: *ax.* Aficionáu a faer cualquier actividá en casa. *Yía un farragucheiru que nun pierde'l tiempu.*

farrapizu: *sust. m.* Oxetu minúsculu ya que nun tien valor. *Nun dexaba nin un farrapizu.*

farrapu: *sust. m.* Ropa en mui mal estáu. *Nun tien más que farrapos.*

farraspa: *sust. f.* 1. Cantidá mui escasa de nieve. *Cayíu una farraspina pola nueite.* 2. *En plural, *faloupos pequenos* ya escasos, que xeneralmente caen asina pola mor de que fai demasiáu friu. *Cayenon namás unas farraspas.*

farraspu: *sust. m.* Oxetu diminutu. *Nun dexanon nin un farraspu.*

farriar(e): *v.* Dir de fiesta. *Los mozos pasanon el branu farriando.*

fartar(e): *v.* Faer que dalguna persona o animales acaben *fartos*. *Fartóulu a plataos de caldu.*

fartase: *v.* Nun ser a comer más porque se comiera yá más de la cuenta. *Güei fartóuse bien.*

fartu, -a: *ax.* 1. Que yá s'alcuentra *chenu* de comida ya nun pue comer más. *Quedéi fartu.* 2. Que yá s'alcuentra cansu de la escesiva cantidá de dalgo. *Díxome que taba farta de bail.le.* || *A farta* 'en gran cantidá'. *Había xente a farta.*

fartura: *sust. f.* 1. Estáu de nun poder yá comer más. *¡Tien una fartura!* 2. Comilona. *Marchanon de fartura.* 3. Estáu de cansanciu pol consumu o pol usu escesivu de dalguna entidá. *Garranon una buena fartura de música.*

farxola: *sust. f.* Ropa que forma bultos porque nun se mete nin se viste bien. *Daba pena miralu con aquel.la farxola.*

farxolu, -a: *ax.* Gordu ya de mala figura. *Chegóu con aquel farxolu.*

fasga: *sust. f.* Planta de monte, especie d'espinaca de monte, que la xente comía antiguamente (salía na braña nel *cuitu*). *Había muitas fasgas.*

fatear(e): *v.* Usar l'olfatu. *El perru anda fateando por aiquí ya por ail.lí.*

fatiga: *sust. f.* Respiración dificultosa, asma. *Tien muita fatiga.*

fatu: *sust. m.* 1. Bolsa pa viaxar. *Garróu los fatos ya marchóu p'an ca la madre.* 2. Rebañu pequenu. *Anda vixilando'l sou fatu.* ||| *Cuando'l l.lobu vien al fatu, probe del que tien namás cuatru.*

fatu, -a: *ax.* Tontu, bobu. *Yía fatu dafeitu.*

faxa: *sust. f.* Prenda masculina que se ponía na cintura.

faxeiru: *sust. m.* Tira que se ponía a los nenos encima del pañal.

faya: *sust. f.* Árbol anxospermu dicotiledóneu, "Fagus sylvatica" (dase mui escasamente).

fazaña: *sust. f.* Aición de gran importancia. *¡Sí, home, fixisti una gran fazaña!*

febreiru: *sust. m.* Segundu mes del calendariu. *En febreiru fai muitu fríu.*

febreirudu, -a: *sust. m.* Que tien los aspeutos más esenciales del mes de *febreiru.* ||| *Febreiru febreirudu, béisame'l culu* indica que se trata d'un mes malu pa la ganadería ya l'agricultura.

fedor: *sust. m.* Mal golor.

fégadu: *sust. m.* Glándula mui grande que desintoxica la sangre. *Ponéi aiquí'l fégadu del gochu.*

feisán: *sust. m. Faisán.*

feisolada: *sust. f.* Conxuntu grande de *feisuelos. Presentóusenos con una gran feisolada.*

feisuelu: *sust. m.* Pieza que se fai con una pasta de *l.leite,* güevu ya farina ya que s'echa a freir con una *garfiel.la* nel cazu con aceite dando una vuelta alredor ya trenzando (en friendo, pue echase o non azucre). *Almorcéi los feisuelos que me fixo la mía tía Araceli.*

feitu, -a: *ax.* 1. *Participiu de *faere. El l.labor ta feitu.* 2. *ax.* De forma bien acabada. *El nenu yía guapu ya bien feitu.* || *Sou dichu, sou feitu* indica que la realidá terminó siendo como decía la tercera persona. || *D'esta feita* 'd'esta vez, nesta ocasión'. *D'esta feita va a xelare.*

feitura: *sust. f.* 1. Aición ya efeutu de *faere. Tanta feitura pa nada.* 2. Forma, imaxe. *Tien una feitura guapísima.*

feix(e): *sust. m.* Conxuntu atáu de yerba o de *l.leña. Chegóu a la corte con un feix al l.lombu.*

feixiquín: *sust. m.* Diminutivu de *feix.*

feleita: *sust. f.* Variedá del *feleitu* que tien una forma más ancha.

feleital: *sust. m.* 1. Conxuntu de *feleitos.* 2. Sitiu onde hai mui bien de *feleitos.*

feleitu: *sust. m.* Planta del tipu de los filicinófitos. *Salienon muitos feleitos pol aviséu.*

felice: *ax.* Dichosu, que s'alcuentra contentu. *El.la vive felice.*

felpechu: *sust. m.* 1. *Colgachu* de piel que nun tien carne. *Nun tien más que felpechos no cuerpu.* 2. Persona d'escasu valor; *úsase como insultu.

felperriu: *sust. m.* 1. Ropa que cuelga ya que s'alcuentra en mal estáu, *pingachu, colgachu.* 2. Persona d'escasu valor; *úsase como insultu.

fema: *sust. f.* Ser vivu del xéneru femenín. *El machu ya la fema.*

fendedura: *sust. f.* Corte, grieta.

fender: *v.* 1. Faer un corte. *Fendíu-l.ly la barriga.* 2. Meter p'abaxo un oxetu o una parte d'un oxetu. *Fendíu la piedra hasta que nun podía más.*

feneza: *sust. f.* Borde d'una tela.

feria: *sust. f.* Mercáu ya fiesta onde va mui bien de xente. *Marchanon pa la feria.*

ferrador, -ora: *sust. m.* ya *f.* Persona que fierra'l ganáu. *Hai que dir al ferrador.*

ferradura: *sust. f.* Pieza de fierru que se pon a los animales pa nun se manquen al andar. ǁ *Empicare las ferraduras* 'morrer, especialmente los animales'. *La Garbosa empicóu las ferraduras.*

ferramenta: *sust. f.* 1. Un oxetu que s'emplega pa *trabachar.* 2. Conxuntu d'oxetos de *trabachu. Vien con tola ferramenta.*

ferrar(e): *v.* 1. Poner a los animales la *ferradura* pa qu'anden con más proteición. *Fai falta ferrar a la Mora.* ǁ *Ferrar bien* 'faer buena amistá'. *Paez que Xuan ya Antón fierran bien.*

ferrasna: *sust. f.* Tipu de forraxe. *Díu-l.lys ferrasna a embute.*

ferrax(e): *sust. m.* Conxuntu de fierros. *Quitóu'l ferrax que tenía delantre casa.*

ferreiru, -era: *sust. m.* ya *f.* Persona que *trabacha* con fierru ya fierra'l ganáu. *Fíxomelu un ferreiru.*

ferrete: *sust. m.* Piecina de metal que se pon a los *gordones* na punta. *Perdíu un ferrete.*

ferruguñosu, -a: *ax.* Que tien mui bien d'óxidu. *Tenéi cuidáu que ta mui ferruguñosu.*

ferruñu: *ax.* Óxidu. *Tien muitu ferruñu.*

ferver: *v.* Bul.lir un líquidu por causa del calentamientu o la fermentación. *Hai que poner a ferver el caldu.*

fervideiru: *sust. m.* Consecuencia sonora de respirar con dificultá. *Nun séi cómo podía con aquel fervideiru.*

fervidu: *sust. m.* L.leite bien caliente que se bebe pa curar el catarru. *Bebíu un fervidu antias de dir a la cama.*

fervurar(e): *v.* Ferver. *Yá fervuran las lentichas.*

festexar: *v.* Andar de fiesta por dalgún motivu. *Nun aparan de festexar la ganancia.*

festexeiru, -era: *ax.* Que disfruta diendo de fiesta ya va frecuentemente. *El.la yía mui festexera.*

fetía: *sust. f.* Piedra grande enterrada na que tropieza l'aráu al l.labrar. *Pegóu contra una fetía.*

feyu, -a: *ax.* Que nun tien buena forma. *El sou harmanu yía mui feyu.*

fiar(e): *v.* 1. Dar un productu pero retrasando'l cobru. *La mia mama díxo-l.ly al pereiru: ¿fíasme la fruta?* 2. Nel bail.le, solicitar un mozu que lu dexen terminar la pieza con una moza que bail.la con un mozu distintu (dizse al mozu: *¿Fías?*).

fichastru, -a: *sust. m. ya f. Fichu* que se tien con un esposu o esposa distintos. *Tien dous fichastros.*

fichu, -a: *sust. m. ya f.* Descendiente de los padres. *Yía fichu de Xuan ya Xuana.*

fichuela: *sust. f. Feisuelu* que se fai con sangre no *samartinu. Comienon fichuelas.*

fidalgu, -a: *sust. m. ya f.* Que tien dalgún atributu de cierta nobleza. ||| *Fidalgos los de Palacios* diz l'escudu de los Marqueses de Palacios.

fiel: *sust. m.* Bilis. *El fiel nun lu dexa vivire.*

fierru: *sust. m.* Elementu metálicu que tien el símbolu 'Fe'. *Tien muitu fierru.* || *L.levare fierru a Bilbáu* 'dir con oxetos a onde hai abundancia de los mesmos'.

fierrucarril: *sust. m.* Vía del tren. *Pasóu-l.ly el fierrucarril pol mediu la finca.*

fierva: *sust. f.* Aición ya efeutu de *ferver.* ‖ *Cona fierva'l sol* 'cuando más calienta'l sol'.

figa: *sust. f.* ‖ *Faere la figa* 'faer rabiar'. *Tuvienon toditu'l día fayéndo-l.ly la figa.*

figal: *sust. f.* Árbol que da figos.

figu: *sust. m.* Frutu, blandu ya dulce, de la *figal.*

figuera: *sust. f.* Verruga grande que sal na barriga de la vaca.

fila: *sust. f. Filera.*

filadora: *sust. f.* La *mucher* o la moza que fila.

filandón: *sust. m.* Reunión de xente nuna casa del pueblu pa falar ya divertise (faíase de *nueite,* teóricamente alredor de la *filadora*).

filandoneiru, -era: *ax.* Que va frecuentemente a los filandones.

filangrechu: *sust. m.* 1. Trapu que tien filos colgando. *Tira esi filangrechu.* 2. Filu que sal d'un trapu. *Pasóu-l.ly los filangrechos pola cara.*

filar(e): *v.* Convertir el *l.linu* en filu. *La boliquina sigue filando.*

filera: *sust. f.* Serie de seres asitiaos en forma de *l.linia. ¡Vaya filera de xente!*

filosera: *sust. f.* 1. Enfermedá propia de la castañal. 2. Borrachera. *Menuda filosera trai.*

filu: *sust. m.* 1. Fibra que constitúi lo que se texe. *Esta camisa tien un filu sueltu.* 2. Corte de *cuchiel.lu, navacha* o ferramienta en xeneral. *El macháu tien un gran filu.*

fincar: *v.* 1. Clavar, poner. *Fincóu una buena estaca na l.linar.* 2. Quedar, nel xuegu de los bolos, la bola detrás ya nun faer dengún tantu. ‖ *Fincala* 'morrer'. *Fincóula pol branu.*

fincáu, -ada: *ax.* Claváu, puestu nun sitiu. *Hai un palu fincáu na tierra.*

finochu: *sust. m.* Planta umbelífera, "Foenículum vulgare".

firida: *sust. f.* Destrozu sangrante nel cuerpu. *Tien muitas feridas.*

firidera: *sust. f.* Cacharru onde se *fiere* la nata (antiguamente yera un odre). *Nun séi qué foi de la feridera.*

firir(e): *v. Mazar* la nata pa que salga la *manteiga. La mia mama vien en feriendo.*

fisgu: *sust. m.* Persona con cara afilada ya ruina, *refiriéndose especialmente a un nenu. Vieno aquel fisgu ya díu-l.ly una l.limosna.*

fitar: *v.* Poner con firmeza encima d'una base. *Fitóula bien pa que nun cayera.*

fitase: *v.* Ponese con firmeza encima d'una base. *Fitóuse bien pa dar más fuerte.*

flaire: *sust. m.* 1. Relixosu que pertenez a una orde. *Vinienon dous flaries a la ilesia.* 2. Inseutu negru ya encarnáu de forma ovalada. *Aiquí hai muitos flaires.*

flatu: *sust. m.* 1. Dolor agudu nel costáu. *Nun marchóu porque-l.ly salíu un flatu.* 2. Aición ya efeutu de salir de la boca gases estomacales.

flauteiru, -era: *sust. m.* ya *f.* Persona que toca la flauta.

flauteiru, -era: *ax.* Mui delgáu.

floxar(e): *v.* Faer qu'un oxetu quede más floxu, ablandar. *Antias floxóulu bien.*

floxidá: *sust. f.* Debilidá. *Con esa floxidá nun hai nada que faere.*

floxu, -a: *ax.* Blandu, que nun resiste. *Yía mui floxu.*

fuchagal: *sust. m.* Conxuntu de *fuechas* de los árboles. *Veise un fuchagal bárbaru.*

fuchagueiru, -era: *sust. m.* ya *f.* Conxuntu de *fuecha* nel suelu. *Formóuse muitu fuchagueiru no prau. Formóuse una fuchaguera mui grande.*

fuchudu, -a: *ax.* Que tien mui bien de *fuecha. Yía un árbol mui fuchudu.*

focicada: *sust. f.* Golpe nel focicu o usando'l focicu. *Que nun te pegue una focicada.*

focicón, -ona: *ax.* 1. Que tien mui grande'l focicu. 2. Que s'enfada fácilmente. *Yera mui focicona.*

focicu: *sust. m.* 1. Cara del gochu. *Pegóu-l.ly no focicu.* 2. Cara d'animal en xeneral.

fogarata: *sust. f.* Foguera grande. *Prendíu una fogarata.*

fogaza: *sust. f.* Pan de forma circular. *Mercóu dúas fogazas.*

foguera: *sust. f. Fuegu* grandón.

folganza: *sust. f.* Situación de nun faer nada ya nun *trabachar. Anda de folganza.*

folgar(e): *v.* Divertise ya nun faer nada. *Pasa'l día folgando.*

folgáu, -ada: *ax.* Que nun *trabacha. Agora anda mui folgáu.*

folgazán, -ana: *ax.* Que nun *trabacha* como debe. *Sos una folgazana.*

folgueta: *sust. f.* Situación de nun faer nada. *Quier andar de folgueta un día ya outru.*

fondeiru, -era: *ax.* Que s'alcuentra al fondu, al final.

fondu: *sust. m.* Parte baxa de dalgún oxetu. *Quedóu no fondu.*

fondu, -a: *ax.* 1. Que s'alcuentra na parte baxa de dalgo. *Quedóu mui fondu.* 2. Profundu. *El pozu yía mui fondu.*

fondura: *sust. f.* Cualidá de fondu. *El Pozu Pumarín tien muita fondura.*

fontanada: *sust. f.* 1. Cantidá mui grande d'augua que sal d'una fuente. *Agora sal una fontanada grandísima.* 2. Fuente de comida hasta arriba. *Chegóu con una fontanada de feisuelos.* 3. Cantidá de comida qu'hai nuna fuente hasta arriba.

fontanina: *sust. f.* *Diminutivu de *fuente.*

fontanona: *sust. f.* 1. *Aumentativu de *fuente.* 2. Fuente que da mui bien d'augua.

forasteiru, -era: *sust. m.* ya *f.* Persona que vien de fuera. *Yá dienon la caridá pa los forasteiros.*

forasteiru, -era: *ax.* Que vien de fuera. *Güei hai muita xente forastera.*

forcáu: *sust. m.* Instrumentu que se fai con un mangu de madera ya un par de pinchos na punta ya que s'emplega na *yerba. Rompíu'l forcáu.*

forciosu, -a: *ax.* Que tien mui bien de fuerza.

forcu: *sust. m.* Medida de *l.largura* qu'equival a la distancia del pulgar al índiz abriendo los dedos de la manu nuna superficie. *Tien dous forcos.*

foresteiru, -era: *sust. m.* ya *f* ya *ax.* Forasteiru.

forga: *sust. f.* Viruta de madera. *Quedóu chena de forga.*

forgar: *v.* 1. *Trabachar* con madera. 2. Ocupase nuna actividá nun mui importante. *Él pasa'l día en casa forgando ya forgando.*

forma: *sust. f.* Figura, estructura. *Tien mala forma.*

formientu: *sust. m.* Sustancia que fai crecer la masa del pan. *Quedemos con poucu formientu.*

formiga: *sust. f.* *Nome pa mui bien d'especies d'inseutos sociales. || *Formiga volona* 'un tipu de formiga que vuela ya sal cuando hai calor'. || *Comer el sol las formigas* 'ponese nubláu'l cielu'.

formigal: *sust. m.* Construcción cónica que faen pa vivir *las formigas. Queimanon dous formigales.*

formigueiru: *sust. m.* 1. Sitiu onde hai mui bien de *formigas.* 2. Sensación de picor internu nel cuerpu. *Tien un formigueiru que nun apara.*

fornada: *sust. f.* Cantidá de *fogazas* que se cuecen nel fornu d'una vez.

fornelu, -la: *sust. m.* ya *f.* Natural de Fornela ya vendedor ambulante. *Ayere vinienon los fornelos.*

fornidu, -a: *ax.* Fuerte.

fornu: *sust. m.* Espaciu zarráu que s'alcuentra nun buecu d'una paré ya que val pa cocer el pan. || *L.levantar el fornu* 'volver a tener contactos sexuales en pasando'l partu'.

forqueta: *sust. f.* Cualquier *cana* que tien forma de Y. *Pon una forqueta pa que nun venza.*

forquetu: *sust. m.* Cualquier *cana* que tien forma de Y, más ruin que la *forqueta.*

forra: *ax.* Estéril, refiriéndose a la fema.

forrax(e): *sust. m.* Conxuntu de vexetales que se dan al ganáu. *Díu-l.ly muitu forrax.*

foscu, -a: *ax.* 1. Que tien cara dura ya non amistosa. *Alcontrémoslu mui foscu.* 2. Suciu. *¡Qué foscu vien el nenu!*

foucín: *sust. m. Fouz* con mangu *l.largu*, que suel usase pa rozar. *L.levóu'l foucín a Valdefontán.*

foucina: *sust. f. Fouz* que tien el filu dentáu. *Fai falta una foucina.*

fouz: *sust. f.* Ferramienta pa segar cereales, con corte semicircular. *Mercóu una fouz pa dir al pan.*

fouzada: *sust. f.* Golpe con una *fouz. Cortóulu de dúas fouzadas.*

fozar: *v.* 1. Escarbar el gochu ya'l xabaril usando'l focicu. *La gocha nun apara de fozare.* 2. *Trabachar* más de la cuenta una persona. *Anda toul día fozando.*

fozón, -ona: *ax.* Que foza más de la cuenta. *Apartáilu que yía mui fozón.*

fraugua: *sust. f.* Taller, sitiu onde se *trabacha* con fierru. *El ferreiru marchóu de la fraugua.*

freba: *sust. f.* Tira de carne o de xamón. *Comíu unas frebas.*

frebudu, -a: *ax.* Que tien mui bien de *freba.*

fregadeiru: *sust. m.* Sitiu onde se frega. *L.limpióu'l fregadeiru.*

fregar(e): *v.* 1. *L.lavar* los cacharros. 2. Poner *las truitas güevas* nel ríu. *Agora yía cuando fregan las truitas.*

fregase: *v.* Frotase con dalguna entidá inmóvil como (por exemplu, el ganáu con un árbol p'arrascase). *Mirái como se frega la Galana.*

fregaxar(e): *v.* Fregar mal. *Namás sabe fregaxar.*

frégol(e): Frutu que vien en vaina verde. *Vien con unos frégoles.*

freisnu: *sust. m.* Árbol del xéneru "Fraxinus".

frescu, -a: *ax.* 1. *L.limpiu*, que nun ta puercu. *Vien bien fresca.* 2. Que nun ta recargáu. *Alcontróulu más frescu qu'outras veces.* 2. *Dizse de la comida que nun ta en conserva. *Güei hai carne fresca.* 3. Que tien una temperatura baxa. *Yía una mañanina mui fresca.*

friambera: *sust. f.* Recipiente que s'usa pa guardar la merienda o comida. *Perdíu la friambera.*

friega: *sust. f.* Masaxe que se da na nuca ya nel *l.lombu*, con un trozu de tela. *Viniénon-l.ly bien las friegas.*

friesnu: *sust. m.* Freisnu.

fríu: *sust. m.* Sensación que produz la falta de calor. *Tien fríu.*

fríu, -a: *ax.* Que tien una temperatura baxa o más baxa de lo normal. *Abúltame un pouquín fríu.*

friulentu, -a: *ax.* Que siente fríu con facilidá. *Sos mui friulentu.*

friura: *sust. f.* Calidá de los oxetos fríos. *Yía cousa de la friura.*

fuécana: *sust. f.* Furacu grandón ya anchón. *Abríu una fuécana no mediu'l prau.*

fuecha: *sust. f.* 1. Parte verde ya plana que naz nos vexetales. *Namás tien dúas fuechas.* 2. Conxuntu de *fuechas*. *Tien muita fuecha.* 3. Oxetu planu ya finu. *Da-l.ly una fuecha de papel.*

fueira: *sust. f.* Diarrea. *Entróu-l.ly la fueira.*

fuel.le: *sust. m.* 1. Odre suave al que fai falta curtir especialmente pa poner nél granu ya farina. *Vien cono sou fuel.le.* 2. Oxetu que val pa dar aire na fraugua. *Esta fraugua tien un fuel.le mui pequenacu.*

fuente: *sust. f.* 1. Sitiu onde naz una corriente d'augua. ‖ *Fuente de mal tiempu* 'fuente que namás echa augua cuando fai mal tiempu'. ‖‖ *¡Qué fuente se perdíu de l.leite!* indica la tristura del amu por una vaca muerta. 2. Construcción onde naz una corriente d'*augua*. *Rompienon la fuente qu'hai no mediu'l pueblu.* 3. Platu grande pa poner alimentos. *Sacóu una fuente de xamón.*

fuercia: *sust. f.* Fuerza.

fuerza: *sust. f.* Capacidá d'actuar físicamente. *Quéda-l.ly pouca fuerza.*

fuireta: *sust. f.* *Fueira* que güel mui mal.

fuirón, -ona: *ax.* Diarréicu, *refiriéndose especialmente a los gochos.

ful.lecáu: *sust.* 1. Un *fuel.le* hasta arriba. 2. La cantidá de materia qu'hai nun *fuel.le* hasta arriba. *Díume un ful.lecáu de granu.*

ful.lecu, -a: *ax.* De mal aspeutu físicu, arruináu, pero con mui bien de barriga. *Al probín alcontréilu mui ful.lecu.*

fumaquera: *sust. f.* Gran cantidá de fumu. *Salía una fumaquera mui grande del corredor.*

fumareda: *sust. f. Fumaquera.*

fumazu: *sust. m.* Aición ya efeutu d'*afumar* al ganáu enfermu *queimando* na corte dalguna planta. *Va a faer un fumazu.*

fumeiru: *sust. m.* Instrumentu que s'emplega pa echar fumu a *las abechas.*

fumear(e): *v.* Echar fumu. *El l.lume ta fumeándovos.*

fumu: *sust. m.* 1. Sustancia gaseosa que produz el *fuegu.* 2. *En plural, significa altanería ya agresividá. *Vien con muitos fumos.* || *Echar fumu* 'alcontrase mui enfadáu'. *El mieu bolicu vieno echando fumu.* || *¡Fai fumu!* refuerza una idea o una realidá. *¡Fai fumu la xente qu'había na fiesta!. ¡El mieu primu tien un negociu que fai fumu!*

fundir(e): *v.* 1. Meter un oxetu p'abaxo. *Fundíu la cama hasta'l suelu.* 2. Consumir una propiedá. *Fundienon el capital que tenía la familia.* 3. Estropease un aparatu de *l.luz. Vas a fundire la televisión.* 4. Perxudicar, mancar. *Nun marches que te funden.*

fundise: *v.* 1. Metese un oxetu p'abaxo. *Fundíuse la cama hasta'l suelu.* 2. Presentar la vaca una forma nel cuerpu qu'indica que s'alcuentra cercana al partu. *Avisái si la vaca se funde.* 3. Dexar de funcionar un aparatu de *l.luz. Va a fundise la bombilla.*

fungar: *v.* Falar con un defeutu nasal. *Chegóu fungando.*

fungosu, -a: *ax.* Que funga.

funtagacha: *sust. f.* Fuente ruina. *Hai namás una funtagacha.*

furabol.los: *sust. m. Dedu* índiz. ||| *Pequenín, harmanín, rei de tous, furabol.los ya matapiochos* úsase como fórmula nun xuegu infantil.

furaca: *sust. f.* 1. Furacu anchu ya grande. 2. Sepultura. *Si nun come va dir pa la furaca.*

furacu: *sust. f.* Abertura, xeneralmente de forma redonda, nun oxetu. *La paré tien un furacu.*

furaquina: *sust. f.* Diminutivu de *furaca.*

furar: *v.* 1. Faer un furacu. *Hai que siguir furando.* 2. *Trabachar* insistentemente pa conseguir un oxetivu. *Furóu, furóu hasta que l.logróu aquel.las cousas que quería.*

furón: *sust. m.* 1. Animal que tienen los paisanos pa cazar dalgunos animales, "Mustela furo". 2. Gochín que naz l'últimu ya nun mama bien. *El furón nun séi si nun morrerá.*

furón, -ona: *ax.* Qu'anda apartáu de la xente. ‖ *Salir furona* 'salir mal, dar mal resultáu'. *Salíu-l.ly furona.*

furruñu: *sust. m.* Óxidu.

furtadiel.las: ‖ *A furtadiel.las* 'ocultamente, a escondidiel.las'.

furtu: ‖ *A furtu* 'a escondidiel.las'.

fusa: *sust. f.* Fusu *pequenu. Guardóu la fusa.*

fusada: *sust. f.* 1. Fusu que s'alcuentra hasta arriba de *l.linu* o *l.lana.* 2. Cantidá de filu de *l.linu* o *l.lana* qu'hai nel fusu. *Fixo una buena fusada.*

fuseiru, -era: *sust. m.* ya *f.* Persona que fai fusos, *fusas* ya *parafusas.*

fusu: *sust. m.* 1. Instrumentu de madera que s'emplega pa filar, que va adelgazando pa una punta. *El fusu yía mieu.* ‖‖ *En cada tierra sou usu ya en cada rueca sou fusu* indica que cada tierra tien costumes diferentes qu'hai que respetar. 2. Pieza del molín, palu central que va del *rodenu* a la muela.

G

gabiteiru: *sust. m.* Pieza de la que se cuelga la matanza na bodega, en curándola al fumu ya al aire.

gabitu: *sust. m.* Ganchu pa colgar oxetos. *Colgáilu d'un gabitu.*

gabuzu: *sust. m.* Palu secu de xardón que s'usaba p'*al.lumar. Antias al.lumábanse cono gabuzu.*

gachu: *sust. m.* Cada palu qu'abre formando una forqueta. *Pa entamar a faer la balsada hai que poner dous palos conos gachos p'arriba ya atravesar outru por encima.*

gachu, -a: *ax.* Qu'anda mirando pal suelu, triste. || *Conas ourechas gachas* 'avergonzáu'. *Chegóu conas orechas gachas.*

gachuspeiru, -era: *ax.* Qu'anda agazapáu, qu'anda alredor ya nun da la cara. *Yá lu víamos mui gachuspeiru.*

gadaña: *sust. f.* Ferramienta pa segar la yerba que tien un mangu, estil ya un corte que termina en punta. *Preparái la gadaña.*

gadañar(e): *v.* Segar con gadaña. *Andan gadañando un pouquín.*

gadañu: *sust. m.* Gadaña corta que s'emplega xeneralmente pa rozar. *A ver si rozas un pouquín con un gadañu.*

gafedá: *sust. f.* Situación de calor sofocante. *Hai muita gafedá.*

gafosu, -a: *ax.* Bochornosu, de calor sofocante. *Con esta tarde tan gafosa nun hai quien trabache.*

gafu, -a: *ax.* Enfadáu, con mala cara. *Paez qu'anda gafu.*

gaita: *sust. m.* Instrumentu musical d'aire.

gaiteiru, -era: *sust. m.* ya *f.* Persona que toca la gaita. *Vieno un gaiteiru a la salga.*

galabernu: *sust. m. Madeiru* grande sueltu. *Aquel.los galabernos tapóulos la nieve.*

galafate: *ax.* 1. Folgazán. *Nun quier dir con esi galafate.* 2. Que suel fisgar. *Yía un galafate ya un ciscoleiru.*

galán: *sust. m.* 1. Mozu que pretende a una moza. 2. En plural, xuguetes. *El nenu tien mui bien de galanes.*

galán, -ana: *ax.* Guapu, *úsase xeneralmente en forma femenina. *Vien mui galana.*

galantiante: *ax.* 1. Que tien la edá del noviazgu. *El rapaz yá yía galantiante.* 2. Mozu aficionáu a cortexar. *Yía mui galantiante.*

galantiar(e): *v.* Faer el mozu los posibles por cortexar a una moza.

galapa: *sust. f.* Animalín de cuerpu aplastáu que vive nos charcos. *Nun hai más que galapas nesta fuentacha.*

galbana: *sust. f.* Falta de gana, xenralmente pol calor.

galbanosu, -osa: *ax.* 1. Que produz galbana. *Yía una tarde mui galbanosa.* 2. Que tien galbana. *Yá chegara él mui galbanosu.*

galeras: ‖ *Vaite pa galeras* espresa rechazu, como diciendo 'marcha, déxame en paz'.

galfarru: *sust. m.* Ave rapaz grande, en xeneral. *Alcontréi un galfarru muertu en Buscalfríu.* ‖‖ *¡Galfarru, que te queima la casa!* dicíase al *galfarru* como fórmula al velu.

galga: *sust. f.* Frenu del carru.

gálgaru: *sust. m.* Piedrona que pue rodar nel monte. *Baxanon unos gálgaros grandísimos.*

galindra: *ax.* *Úsase como espresión cariñosa pa una nena. *¡Ven, galindra!*

gal.lear(e): *v.* Fecundar el *gal.lu* a la pita.

gal.legada: *sust. f.* Danza de tipu gallegu.

gal.legu, -a: *ax.* Que tien que ver con Galicia.

gal.liadura: *sust. f.* Pinta que paez de sangre nos güevos de pita. *Danme noxu las gal.leaduras.*

gal.lina: *sust. f.* Pita.

gal.linaza: *sust. f.* Escrementu de pita. *Quedóu mui puercu de gal.linaza.*

gal.lón: *sust. m.* Machu de la pita. *Morríu'l gal.lón.*

gal.lu: *sust. m.* Machu de la pita. ‖ *Gal.lu de monte* 'faisán'.

galopiar(e): *v.* Conducir el caballu a gran velocidá. *Agárrate que vamos a galopiare.*

gamachada: *sust. f.* Golpe con un gamachu. *Pegóu-l.ly una gamachada no l.lombu.*

gamachu: *sust. m. Cana* grande, especialmente de *rebol.lu*, con *fuecha. Cueche un gamachu ya ven p'aiquí.*

gamón: *sust. m.* Planta, "Asphodelus albus", que da como flor *pitasciegas. Aiquí hai muitos gamones.*

gamusinu: *sust. m.* Animal imaxinariu (engáñase a los *forasteiros* diciendo que si quieren dir de caza a *cazar gamusinos*).

ganadeiru, -era: *sust. m.* ya *f.* Persona que tien ya cuida ganáu.

gananciales: *sust. m. pl.* Aparatu xenital del home. *Mancóulu nos gananciales.* || *Nun tener más que los gananciales* 'nun tener capital'. *Cuando se casóu nun l.levóu más que los gananciales.*

ganar(e): *v.* 1. Conseguir un beneficiu. *Ganóu muitos cuartos.* 2. Sacar ventaxa a los demás. *Ganóulu corriendo la rosca.* || *Ganar la cebada* 'revolcase los burros nel suelu'.

ganáu: *sust. m.* El conxuntu d'animales. *Tien muitu ganáu.* ||| *El ganáu roe bien la pacha* indica a que los comensales comen a esgaya ya con gustu.

ganosu, -a: *ax.* Que tien gana de faer dalgo. *Anda agora mui ganosu.*

ganzal: *sust. m.* Sitiu onde hai *ganzos* ya onde se forma un monte difícil de pasar. *Cruzóu aquel ganzal ya baxóu pola regueirina.*

ganzu: *sust. m.* 1. Planta de monte ericácea, especialmente la *urz. Nun te metas ail.lí qu'hai muitos ganzos.* 2. Ganzal. *Ayere vi unos l.lobos por aquel ganzu.*

gañir(e): *v.* Quexase'l perru ya los animales en xeneral. *Esti gazapu nun fai más que gañire.*

gañote: *sust. m.* Gorxa, gorgüelu. *Garróulu pol gañote.*

garabatu: *sust. f.* Ferramenta compuesta d'un palu de madera ya cuatro dientes de fierru curvos ya que s'emplega pa sacar el cuitu del carru.

garabitu: *sust. m.* Palu con un ganchu de fierru p'atrás ya que s'emplega pa mesar la yerba del *pachar. ¿Ónde escondienon el garabitu?*

gárabu: *sust. m.* Ave rapaz del xéneru "Otus". *Sintíu'l gárabu tola nueite.*

garabuchu: *sust. m.* 1. Trozu de *l.leña* de tamañu escasu. *Pañái unos garabuchos.* 2. Menudencia en xeneral. *Nun séi qué vamos a faere con esti garabuchu.*

garañón: *sust. m.* Burru grandón ya *viechu.*

garbanzu: *sust. m.* Frutu comestible de la planta del mesmu nome, "Cicer arietinum". || *Nun-l.ly cabe un garbanzu no culu* 'que s'alcuentra mui ufana una persona'.

garbosu, -a: *ax.* Que tien garbu. *La nuesa ficha tien muitu garbu.*

garbu: *sust. m.* Disposición, capacidá de movilidá ya de *trabachu. La nuesa ficha yía garbosa por demás.*

garduña: *sust. f.* Animal del xéneru Martes, "Martes martes", "Martes foina". *Entróu la garduña.*

garduñera: *sust. f.* Trampa pa cazar animales de monte, especialmente la *garduña. Tien que poner una garduñera.*

garduñu, -a: *ax.* L.ladrón, que s'apodera d'oxetos *achenos.*

garfáu: *sust. m.* Cantidá escasa de yerba, de *pacha,* etc. *Díu-l.lys un garfáu de yerba.*

garfel.lada: *sust. f.* 1. La garfiel.la cuando s'alcuentra hasta arriba: *Vien con una garfel.lada pa mi.* 2. Cantidá qu'hai na *garfiel.la* cuando s'alcuentra hasta arriba. *Comíu tres garfel.ladas de caldu.* 3. Golpe dau con una *garfiel.la. Pegóu-l.ly una garfel.lada na cabeza.*

garfiel.la: *sust. f.* Cucharón semiesféricu con mangu grande que s'emplega polo xeneral pa vaciar el caldu. *Escondíu la garfiel.la.*

gargachu: *sust. m.* Conxuntu de saliva.

gargamel.lu: *sust. m.* Esófagu. *Atrancóuse-l.ly no gargamel.lu.*

gargantil.la: *sust. f.* Adornu que se cuelga alredor del pescuezu. *Vien con una gargantil.la.*

garranchazu: *sust. m.* Mancadura nel cuerpu o rotura na *roupa* pola mor d'un *garranchu.*

garranchu: *sust. m.* Pinchu onde se queda engancháu al andar ente la vexetación. *Engachóuse con un garranchu.*

garrar(e): *v.* 1. Apoderase d'un oxetu. *Garróu l'estandochu.* 2. Pasar a un estáu determináu. *Garróu una borrachera. ¡Garróu una fuerza!*

garriachu: *sust. m.* Gargachu.

garridu, -a: *ax.* De presencia prestosa, *refiriéndose especialmente a un mozu o a una moza. *Yía mui garridu.*

garrucha: *ax.* Que tien los cuernos p'arriba. *La Garbosa yía una vaca garrucha.*

garrucha: *sust. f.* Bail.le propiu de la zona, *bail.le del país.*

garrupeiru: *sust. m.* Ganchu que se pon con una *l.lousa* pa que los ratos nun baxen al *samartinu* cuando cuelga na bodega.

garul.la: *sust. f.* Fruta verde comestible. *Siempres anda comiendo garul.la.*

gastar(e) /gastáR/: *v.* Consumir, estropiar. *Yá gastóu las botinas que-l.ly regalara.* || *Gastare pouca salú* 'andar mal de salú'.

gastosu, -a: *ax.* Que gasta más de lo que debe. *Sós más gastosu que l'outru.*

gatera: *sust. f.* Furacu redondu na puerta pa salir ya entrar los gatos. *Salíu pola gatera.*

gatu, -a: *sust. m.* ya *f.* Animal felinu domésticu, "Felis catus". || *Gatu montés* 'gatu salvaxe', "Felis sylvestris".

gatuelu, -a: *ax.* Que s'apodera d'oxetos *achenos* de ruina entidá. *Foi dalgún gatuelu.*

gatuñar(e): *v.* 1. Andar como un gatu. *El nenu metíuse gatuñando na cocina.* 2. Arañar como un gatu.

gatuñu: *sust. m.* Entidá (olor, comportamientu, etc.) que tien que ver con gatos. *Güel a gatuñu.*

gatuñu, -a: *ax.* Que tien ver con gatos. *Paez cousa gatuña.* || *A gatuñas* 'forma d'andar como los gatos'.

gavanza: *sust. f.* 1. Planta anxosperma dicotiledónea, "Rosa canina". 2. Frutu coloráu de la planta homónima. *Nun comades las gavanzas.*

gaviel.la: *sust. m.* Feix de cereal. *Ponéi aiquí las gaviel.las.*

gaviluchu: *sust. m.* Águila de tamañu escasu.

gavión: *sust. m.* Defensa que se pon xunto a los ríos ya que se compón d'alambre qu'envuelve mui biende piedra. *Hai unos gaviones pa que'l ríu nun l.leve'l nuesu prau.*

gayola: *sust. f.* Diversión, fiesta. *Peme qu'anueite anduvo de gayola.*

gayoleiru, -era: *ax.* Que suel andar de gayola. *El.la yía mui gayolera.*

gayu: *sust. m.* Páxaru, "Garrulus glandarius". *Agora hai muitos gayos.*

gazapu: *sust. m.* Perru ruin que *l.ladra* por demás. *Tien un gazapu que nun val nada.*

gazuza: *sust. f.* Fame. *Pasóu muita gazuza.*

glacha: *sust. f.* Páxaru prietu de la familia de los córvidos, "Corvus frugilegus". *Güei hai muitas glachas.* ||| *Cuando la glacha glachea, el l.lobu arrodea* indica qu'esti animal barrunta la *carnada.*

glachar(e): *sust. f.* Gritar. *Glachóu más de la cuenta.*

glachear(e): *v.* Cantar la *glacha.*

glayu: *sust. m. Gayu.*

gobernador(e): *sust. m.* Persona que se dedica a arreglar cacharros de casa. *Si vien el gobernadore doi-l.ly los cazos.*

gochada: *sust. f.* Aición ya efeutu propios d'un gochu. *Fixo una gochada.*

gochería: *sust. f.* Aición ya efeutos propios d'un gochu.

gochu, -cha: *sust. m. ya f.* Mamíferu unguláu domésticu, "Sus scrofa". *L.levóu la gocha al vurrón.*

gochu, -a: *ax.* 1. Puercu. *Yía un rapaz mui gochu.* 2. Groseru.

goler(e): *v.* 1. Percibir pola mor del olfatu. *You nun güelo nada.* 2. Fisgar, inspeccionar, investigar. *¿Qué faía goliendo por aiquí?* 3. Intuir, barruntar. *El.la golíu que venía güei.*

golondrón: *sust. m.* Golpe fuerte nel agua. *You tamién sentí'l golondrón nel pozu.*

golondrín: *sust. m.* Bultu que sal nel sobacu. *Salíu-l.ly un golondrín.*

gomitar(e): *v.* Echar lo que se tien nel estómagu. *Gomitéi la meriendaca.*

gómitu: *sust. m.* Actu ya efeutu de *gomitare. Tien gómitos.*

goña: *sust. f.* Ridiculización, risión. *Fíxome la goña delantre de la xente.*

gorar(e): *v.* Incubar los güevos. *La pita sigue güerando.*

gorbeiru: *sust. m. Gorgüelu. Secóuse-l.ly el gorbeiru.*

gorbizu: *sust. m.* 1. Entidá de tamañu mui escasu. *Yera un gorbizu de nada.* 2. *Úsáse pa referise a un nenu d'escasa edá, xeneralmente con un matiz cariñosu. *El gorbizu que venga p'aiquí.*

gordón: *sust. m.* Cordón. *Perdíu los gordones.*

gordoneta: *sust. f.* Cordón.

gordu, -a: *ax.* 1. De dimensión horizontal grande. *Yía más gordu que l'outru.* 2. *Dizse *gorda* a la *mucher* puerca pa faer la comida.

gorgotu: *sust. m.* 1. Restu de dalgún oxetu. *Quedanon unos gorgotos.* 2. *Duviel.lu* de tamañu escasu.

gorgüelu: *sust. m.* Conxuntu formáu pola tráquea ya l'esófagu. *Él echóulu pal gorgüelu.*

gorigori: *sust. m.* Cantares fúnebres. *Fálta-l.ly pouquín pal gorigori.*

gorín: *sust. m.* Gochu de cría. *Morríu-l.lys un gorín.*

goritu: *sust. m. Gorín.*

gorra: *sust. f.* Prenda que val pa tapar la cabeza. || *De gorra* 'gratis ya a costa d'una persona distinta'. *Comíu de gorra.*

gorrión: *sust. m.* Páxaru del xéneru "Passer". *Hai gorriones a esgaya na l.linar.*

gorxa: *sust. f.* Garganta. *¿Tenedes la gorxa seca?*

gorxudu, -a: *ax.* Que tien *papu. Yía gorxuda.*

gotu: *sust. m.* Cantidá escasa de líquidu, *especialmente vinu. *Toméi un gotu en ca Tiadosiu.*

goviqueiru, -era: *sust. m.* ya *f.* Que vende *pitas,* güevos ya *pol.los.*

goviquín: *sust. m.* 1. Güevu de páxaru. *Había un goviquín no nial.* 2. Güevu ruin.

gracia: *sust. f.* 1. Buen humor, *al.legría.* Últimamente paez que nun tien gracia. 2. *En plural, agradecimientu. *Díunos las gracias.*

gracias: *interx.* *Esclamación d'agradecimientu. *¡Ya muitas gracias!*

grada: *sust. f.* Rastru grande con pinchos de fierru que s'emplega pa desfaer los *turrones* na tierra ya que suel tener forma triangular. *La grada quedóu no corral.*

gradecer(e): *v.* Faer demostración d'agradecimientu. *Gradecíu-l.ly bien las cousas que-l.ly fixo.* 2. Reconocer una deuda de dalgún tipu. *Gradecémoste lo que fixeras daquel.la.*

granda: *sust. f.* Falda del monte con vexetación ruina, como cuando hai una *queimada.*

grandal: *sust. m. Brandal.*

grañuela: *sust. f.* Atadura que se fai con un *manochu* del mesmu cereal que quier atase.

griesca: *sust. f.* Pelea. *Hubo griesca.*

gril.landa: *sust. f.* Piedra plana o *l.lousa* que se pon nos estremos de los *teitos* en forma d'escalera. *El teitu entovía tien muitas gril.landas.*

gril.lar(e): *v.* Echar *gril.los* la pataca. *Con esta gafedá van a gril.lar las patacas.*

gril.lu: *sust. m.* Brotu que sal na pataca. *Saliénon-l.lys muitos gril.los.*

grima: *sust. f.* 1. Sensación de *miedu. Pasóu muita grima.* 2. Sensación de malestar. *Dame grima velu asina.*

gritar: *v.* 1. Dar gritos. *Dexái de gritare.* 2. Echar un *ih.uh.ú.*

gritu: *sust. m.* Voz mui fuerte.

grol.lu: *sust. m.* 1. Bultu que se forma nel cuerpu, especialmente na cabeza. *Tien un gran grol.lu.* 2. Bola formada por dalguna sustancia. *El l.leite tien grol.los.*

groma: *sust. f.* Copa superior del árbol. *Xubíu hasta la groma.*

gruñida: *sust. f.* Voz del gochu. *Sintíu las gruñidas la xente d'El Xirón.*

guah.e, -h.a: *sust. m.* ya *f.* 1. Ayudante del picador na mina. 2. Nenu ya rapaz. *Nun séi onde andan los guah.es.*

gualdrapa: *sust. f.* Ser que nun val ya de ruina entidá. *El sou home yía una gualdrapa.*

gualdrapu: *sust. m. Gualdrapa.*

guantazu: *sust. m.* Bofetada. *Pegóu-l.ly un buen guantazu.*

guante: *sust. m.* Prenda pa protexer o p'abrigar las manos. Vien con *guantes.*

guapu, -a: *ax.* Que tien buena forma, *refiriéndose a seres animaos o non. *Nun yía nada guapu.* || *Guapu ya bien feitu* 'mui guapu'. *El mieu nietu yía guapu ya bien feitu.*

guapura: *sust. f.* Calidá de lo que tien buena forma. *La guapura nun se compra.*

guarda: *sust. f.* Cubierta esterior de los *l.libros. Tien unas guardas mui guapas.*

guardamontes: *sust. m.* Guarda que vixila la fauna ya la flora. *Vieno un guardamontes nuevu.*

gubia: *sust. f.* Ferramienta del *madreñeiru.*

gucha: *sust. f.* Agucha.

gucheiru: *sust. m.* Agucheiru.

güechu: *sust. m.* 1. Muérganu de la vista. *Tien los güechos malos.* 2. Pieza del molín, furacu na muela pa moler el granu. 3. Furacu del que sal l'*augua* de la fuente. 4. Sitiu del *l.lavadeiru* xunto al *güechu* de la fuente ya onde hai más *l.limpieza. La nuesa vecina madrugóu pa ponese nel güechu.*

guedechu: *sust. m.* 1. Conxuntu del pelu. *Tien los guedechos puercos.* 2. Mechón de pelu. *Tien guedechos roxos.*

güei: *alv.* Día presente. || *De güei n'ocho* 'el mesmu día de la selmana siguiente'. || *De güei nun anu* espresa una felicitación de *cumpleanos.* || *De güei en venti unu por unu* espresa una felicitación de *cumpleanos.*

güei: *interx.* *Espresión d'estrañeza. *¡Güei! ¡vien mocháu!*

güelga: *sust. f. Sendeiru* que se fai na nieve. *Fixenon la güelga pa dir los escolinos pola mañana a la escuela.*

güelma: *sust. f.* Carne con sangre pola mor de recibir golpes. *Esta güelma nun val.*

güelmosu, -a: *ax.* Que sufre los efeutos de machacar, *refiriéndose especialmente a la carne con sangre pola mor de los golpes. *El.la nun la quier güelmosa.*

güérfanu, -a: *ax.* Que nun tien padres. *El rapaz quedóu güérfanu mui nuevu.*

güerta: *sust. m.* Tierra de cultivu con paré alredor, más grande que'l güertu, xeneralmente cerca de la población. *Tien una güerta al l.lau de casa.*

güertu: *sust. m.* Tierra de cultivu de tamañu escasu, con paré alredor, xeneralmente cerca de la población. *Tien unas berzas no güertu.*

güeru, -a: *ax.* 1. Vacíu, que nun tien nada. *Alcontréilu güeru.* 2. Que yá tien cría, *refiriéndose al güevu. *Ya'l güevu taba güeru.*

güéspede, -a: *sust. m.* ya *f.* Que vive en casa *achena. Tien un güéspede.*

güesu: *sust. m.* Pieza del esqueletu. *Rompíu muitos güesos.*

gueta: *sust. f. Guedechu* de tamañu escasu. *Quedóu aiquí una gueta de nada.*

güeva: *sust. f.* 1. Embrión de *truita.*

güevu: *sust. m.* 1. Embrión d'ave. ||| *Esi güevu sal quier* 'hai que devolver el favor que te faen agora'. ||| *L.límpiate que tas de güevu* indica que l'interlocutor cuenta con algo imposible. 2. Pieza del molín, onde'l fusu xira.

guichada *sust. f.* Palu que tien na punta un *guichu* ya val pa conducir al ganáu. *Garrái dúas guichadas que marchamos pa El Pumarín.*

guichón: *sust. m.* 1. Pinchu de la *guichada.* 2. *Aguichón* de l'*abecha. Quitóu'l guichón pa que nun mancara.*

guichu: *sust. m. Guinchu.*

guiliel.lu: *sust. m.* Pasu *estreitu* ente dos montes más bien baxos. *Paséi pol guiliel.lu ya vi la vaca.*

guinchu: *sust. m.* Oxetu que pincha ya s'alcuentra mui afiláu. *Enganchóume un guinchu la camisa.*

guinda: *sust. f.* Frutu de la guindal. *Las guindas xelanon esti anu.*

guindal: *sust. f.* Árbol anxospermu dicotiledóneu, "Prunus cereasus". *Esgazóu la nuesa guindal.*

guisar: *v.* Cocinar axuntando aceite o dalgún tipu de salsa. *La mia mama guisóu siempres bien.*

guisu: *sust. m.* 1. Salsa pa guisar. 2. Comida guisada. *Sobróu muitu guisu.* 3. Aire suave pero que trai mui bien de fríu. *¡Vien un guisu del Ríu Pedrosu!*

guíu: *sust. m.* Direición del ganáu na braña (fai falta encaminar el ganáu a un *guíu* ya más tarde vendrá él solu a la braña). *L.levóulas al guíu.*

guixu: *sust. m.* Pieza del molín qu'entra nel *sapu.*

gulisma: *sust. f.* Envidia al ver comer a los demás dalgo que gusta. *Vieno namás pola gulisma.*

gulispu: *sust. m.* Cantidá escasa de líquidu. *Bebíu namás un gulispu.*

gúmara: *ax.* Fisgona ya entrometida. *Esa yía una gúmara que val más nun la tener cerca.*

guó: *interx.* *Esclamación pal ganáu, pa que pare. *¡Guó Garbosa, güó!*

gurriafu: *sust. m.* 1. Gochín, más grande que'l *gorín*, pero d'escasu valor. Ésti yía un gran gochu, pero l'outru yuía un gurriafu que nun val pa nada, come ya come ya nun prospera. 2. *Úsase como insultu.

gurrias: *sust. f. pl.* Placenta del animal. *Quitái d'aiquí las gurrias.*

gurrumbu-a: *ax.* Mui gordu ya mal *feitu. Vien con un harmanu gurrumbu.*

gusecón: *sust. m.* *Aumentativu de *güesu. Díu-l.ly un gusecón al perru.*

gusequeiru: *sust. m.* Sitiu ya montón de güesos, osariu. *Hai un gusequeiru na ilesia.*

gusequín: *sust. m.* *Diminutivu de *güesu.*

gustante: *ax.* Que ta d'alcuerdu. *Soi gustante de dir a pañar castañas.*

gustar(e): *v.* Sentir placer al percibir una realidá. *Víu al tou amigu ya gustóu-l.ly.*

gustu: *sust. m.* 1. Sensación del paladar. *Nun sabe bien, nun séi por quéi pero tien mal gustu.* 2. Sensación de placer. *Vieno pol gustu de faenos la* *goña.* || *A gustu* 'con sensación de placer'. || *Mal a gustu* 'con sensación d'incomodidá o sufrimientu'. *Ail.lí taba mui mal a gustu.*

H

h.uasús: *interx.* *Espresión d'almiración. *¡H.uasús, pero tu que faes, rapaz!*

haber(e): *v.* 1. Ocurrir, realizase una realidá. *Hai muita xente.* || *Haber hai* úsase pa enfatizar una aición. *Habelos hailos, la custión yía dar con el.los.* || *Lo habido ya por habere* refierse a la totalidá del pasáu ya del presente. *Díxol.les tou lo habido ya por habere.* || *Haber que* 'deber, tener la obligación de'. *Habrá que yir a la boda.*

hábil: *Ax.* Que tien capacidá pa salvar la dificultá. *El.las son mui hábiles.*

hablar(e): *v.* Falar. *Tu hablas ya cuentas muitas cousas.*

hablidá: *sust. f.* Cualidá del ser hábil. *Tien pouca hablidá.*

harmanastru, -a: *sust. m.* ya *f. Harmanu* namás de padre o de madre. *Marchóu cono harmanastru.*

harmanu, -a: *sust. m.* ya *f.* 1. Persona del mesmu padre. *Foi'l mieu harmanu.* 2. Igual, análogu. *Esta garfiel.la ya la outra son harmanas.*

harniáu: *ax. Herniáu.*

heredar(e): *v.* Recibir de los padres o de dalguién una propiedá, un rasgu físicu o un vezu. *Heredóulu de la nuesa familia.*

hernia: *sust. f.* Rotura na tela de los intestinos.

herniase: *v.* Faese una hernia pola mor d'un movimientu determináu. *Hernióuse tirando del carru.*

herniáu: 1. *Participiu d'*herniase*. *Quedóu herniáu pola mor de que trabachóu más de la cuenta.* 2. *ax.* Inútil, *usándose xeneralmente de forma irónica. *Ya tu quéi ¿tas herniáu?*

hespiciu: *sust. m.* Casa onde viven los güérfanos. *L.levánonla pal hespiciu.*

hespital: *sust. m.* Casa onde se cura a los enfermos. *Nun volvíu del hespital.*

hih.uela: *sust. f.* Propiedá que correspuende a cada *fichu. Tocóu-l.ly una buena hih.uela.*

hinchar(e): *v.* 1. Faer más grande'l volume d'un ser metiendo aire, augua, etc. *Hinchóulu de vinu.* 2. Crecer el volume d'un ser pola mor del aire, *augua*, etc. *Hinchóu de patacas.* 3. Ponese distante, pola mor d'un enfadu o por otru motivu. *Hinchóu en cuantas que supo que ganaba.*

hinchase: Faese más grande'l volume d'un ser metiendo aire, *augua*, etc. *Hinchóuse de patacas.*

historia: *sust. f.* 1. Cuentu, narración. 2. Tontería encubierta. *Nun me vengas con historias agora.*

ho: *interx.* *Apócope d'*home*. *¡Sí, ho, seguramente que voi a trabachar contíu!*

hoh.alateiru, -era: *sust. m.* ya *f.* Persona ambulante que *trabacha* arreglando recipientes de metal.

hombra: *ax.* 1. Recién parida que tien la teta infectada. 2. Que tien un tetu malu.

hombrada: *sust. f.* 1. Aición propia d'un home. *Fixo una hombrada.* 2. Carga que va al *hombru. L.levaba una buena hombrada de feixes.* 3. El *trabachu* d'un xornaleru nun día. *Debíanme siete hombradas.*

hombru: *sust. m.* Parte del cuerpu onde s'alcuentra la clavícula.

home: *sust. m.* 1. Persona del xéneru masculín. *Vien un home ya una mucher.* 2. Esposu. *El mieu home.*

home: *interx.* 1. *Espresión d'estrañeza ya d'almiración. *¡Home! ¡Yía mui tarde yá!* 2. *Espresión qu'indica complicidá. *Non, home, non, nun fai falta que vengas.*

hora: *sust. f.* 1. Unidá de tiempu que tien sesenta segundos. *Tardóu dúas horas en chegare.* 2. Tiempu apropiáu ya alcordáu pa dalgo. *Yá yía hora de que chegue.*

hortelana: *sust. f.* Planta medicinal que naz xunto a los caminos, del xéneru "Mentha". *Ortiguéime ya quiero una hortelana.* || *Hortelana de perru* 'hortelana'.

humedá: *sust. f. Humedanza.*

humedanza: *sust. f.* Cantidá de presencia relativa d'augua. *Hai muita humedanza.*

hurriu: *sust. m.* Construcción de madera que s'afita nel suelu ya s'alcuentra defendida de la humedanza ya de los ratos. *El nuesu hurriu vieno de la outra punta del pueblu.*

I

ideya: *sust. f.* Pensamientu, conceutu. *Pa mia ideya que nun quier marchare.*

iguada: *sust. f.* Cabra d'un *anu* d'edá. *Nós tenemos dúas iguadas.*

igualare: *v.* 1. Componer, arreglar oxetos. *La tua harmana igualóu los pantalones ya quedanon muitu bien.* 2. Sazonar una comida. *Agora tien qu'igualare las patacas.* 3. Faer qu'unos oxetos seyan iguales.

ih.uh.ú: *sust. m.* Gritu nel monte ya en dalguna fiesta como espresión de presencia ya allegría. *Sintiuse l'ih.uh.ú por toul monte.*

ih.uh.ú: *interx.* *Esclamación que se grita nel monte ya en dalguna fiesta como espresión de presencia ya allegría.

ilesia: *sust. f.* Templu, edificiu relixosu. *Yá vieno de la ilesia.*

ilesina: *Sust, f.* Diminutivu d'*ilesia. Hai una ilesina xunto al ríu.*

impisizáu, -ada: *ax.* Que sufre un enredamientu, como la *l.lana* a la que cuesta *escarpizare* o desfaer porque tien los filos mui xuntos.

in: *interx.* *Voz pa qu'atienda'l gochu. ¡In, in, gochu, in!

ina: *sust. f.* Pieza de fierru que s'alcuentra na parte d'arriba'l fusu del molín ya va encaxada na muela. *Fálta-l.ly la ina.*

inclincáu, -ada: *ax.* Que s'entretién n'asuntos de ruina importancia. *Anda inclincáu ya nun fai nada.*

incomodáu, -ada: *ax.* 1. Enfadáu por dalgún motivu. 2. Que tien dalgún dolor. *Güei anda incomodáu pola mor de las muelas.*

indición: *sust. f.* Inyección.

infeción: *sust. f.* Empeoramientu d'una ferida pola aición de microorganismos. *¡Menuda infeción tien el probe!*

infestase: *v.* Sufrir un procesu d'*infeción. Al nenu infestóuse-l.ly la cortadura que tien na pierna.*

infestáu, -ada: *ax.* Que tien una *infeción. Tien infestáu'l güechu.*

inflar: *v.* 1. Meter aire nun recipiente. *Los nenos nun quieren inflar los globos.* 2. Sentise superior por dalgún motivu. *Afalagóulu la viecha ya inflóu.* 3. Enfadase. *Inflóu porque-l.ly diximos la verdá.*

infláu, -ada: *ax.* 1. Que se tien por superior a los demás. 2. Enfadáu. *Paez qu'agora anda infláu.* || *Infláu como un odre* 'mui enfadáu'. *Chegóu infláu como un odre.*

infuncia: *sust. f.* Conxuntu de nenos qu'hai enredando ya molestando. *Esta infuncia vuélveme l.loucu.*

ingüentu: *sust. m.* Líquidu o pomada que val pa curar. *Diénon-l.ly un ingüentu.*

inorancia: *sust. f.* Cualidá del ser inorante. *¡Qué inorancia!*

inorante: *ax.* Que nun sabe, que nun conoz. *El probe yía un inorante.*

inritación: *sust. f.* Aición ya efeutu d'*inritare.*

inritar(e): *v.* Poner enfadáu, alteriar. *Inritóulu con aquel.las cousazas que dixo.*

inritáu, -ada: 1. *Participiu d'*inritare*. 2. *ax.* De mal humor. *Chegóu mui inritáu.*

interesosu, -a: *ax.* Egoísta, que namás busca l'interés personal. *Yía mui interesosa.*

invernada: *sust. f.* 1. Iviernu. *A ver si pasa la invernada.* 2. Golpe de fríu. *Chegóu de golpe una invernada.*

invernar(e): *v.* 1. Enfriar el tiempu como n'iviernu. *Paez que ta invernando.* 2. Axuntar yerba pal ganáu pol iviernu. *Invernéi pa tres vacas.* 3. Pasar l'iviernu fuera de casa.

invernizu: *ax.* Propiu del iviernu. *¡Qué día más invernizu!*

inxadón: *sust. m.* Ferramienta de *trabachu* nel campu, que tien un mangu ya na cabeza tien dos partes (una parte pa picar ya una pa mover la tierra).

inxertar(e): *v.* Xunir a una planta una *cana* con dalgún *pipu* pa que creza. *Hai qu'inxertar esta cereisal.*

inxertu: *sust. m.* Aición ya efeutu d'*inxertar*. *Esti mes fixo siete inxertos.*

inxertu, -a: *ax.* Que resulta d'un inxertu. *La nisal inxerta yía la mía.*

inxiba: *sust. f.* Carne qu'hai alredor de los dientes. *Duélen-l.ly las inxibas.*

inxinia: *sust. f.* 1. Amígdala. 2. *En plural refierse a la inflamación por amigdalitis. *Tien inxinias.*

iña: *interx.* *Espresión pa faer rabiar a dalguién. *¡Iña, iña que cheguesti tarde!*

iñar(e): *v.* Faer la voz propia de la vaca o del tenral.

ir(e): *v.* Dir, yir, encaminase a un sitiu.

iriuariu: *sust. m.* Xuegu infantil que se xuega con un palu grande ya con un palu más cortu de quince centímetros afiláu na punta. ||| *¡Iriuariu xube xube al campanariu!* úsase como fórmula nel xuegu del *iriulariu* al dar un golpe al palu afiláu pa faelu satar.

iviernu: *sust. m.* Estación que sigue al *outuenu*. *Chegóu l'iviernu.*

L

la: 1. *art. f. La nena.* 2. *Pron. personal f. Nun la mira.*

lapos: *sust. m. pl.* Golpes. *Aquél ya aquél.la andan a lapos un día ya outru.*

lásticu: *sust. m.* Prenda de puntu. *Pon un lásticu que fai fríu.*

lenticha: *sust. f.* Denticha.

leugua: *sust. f.* Midida qu'equival a 5.572 metros. *Anduvo muitas leuguas.*

libra: *sust. f. L.libra,* midida qu'equival a dalgo más de 400 gramos.

lilainas: *sust. m.* Persona que nun tien nin xuiciu nin pesu propiu. *El tou amigu yía un lilainas.*

lomu: *sust. m.* Productu del gochu que sal de la carne del *l.lombu* del gochu. *Comienon choscu ya lomu.*

los: *art.* *Forma del masculín plural. *Los mozos nun cheganon a la braña.*

lumia: *ax.* Escasamente fiable, *sabichega* ya malintencionada. *Con esa lumia nun quiero saber nada.*

L.L

l.labancu: *sust. m.* Güesu grandón. *Tiróu un l.labancu a la l.linar.*

l.labor: *sust. m.* 1. Actividá, *trabachu.* 2. *En plural refierse a los *trabachos* femeninos. *La moza tien güei muitos l.labores en sua casa.*

l.laborcial: *ax.* Que *trabacha* por demás. *Alcuéntrote mui l.laborcial últimamente.*

l.laboriegu, -a: *ax. Trabachador,* que nun para de faer dalgo. *Tien un xenru mui l.laboriegu.*

l.labrador, -a: *sust. m.* ya *f.* Que *trabacha* na agricultura. *Nós somos l.labradores.*

l.labradura: *sust. f.* Aición ya efeutu de *l.labrare. Esti eiru necesitaba una buena l.labradura.*

l.labrantíu: *sust. m.* Tierra que se *l.labra. Tien muitu l.labrantíu*

l.labrantíu, -a: *ax.* Que se *l.labra. Esta tierra yía l.labrantía.*

l.labrare: *v.* 1. Mover la tierra con un *aráu.* 2. Cultivar una tierra. *Diz que quier l.labrar el poulu aquel.*

l.labría: *sust. f.* Primera *l.labradura.*

l.lacianiegu, -a: *ax.* De L.laciana.

l.laciu, -a: *ax.* 1. *Dizse del pelu que nun tien dengún rizu. *Tien el pelu mui l.laciu.* 2. Débil, sonce. *Yía mui l.laciu pa mi.*

l.lacón: *sust. m.* Pata delantrera cocida del gochu. *Díu-l.lys l.lacón.*

l.ladear(e): *v.* Poner de *l.lau. L.ladeanon el carru.*

l.ladera: *sust. f.* Costáu d'una montaña. *Baxóu pola l.ladera.*

l.ladinu, -a: *ax.* Espabiláu ya que *trabacha* ocultamente. *Yía mui l.ladina.*

l.ladral: *sust. m.* Aral.

l.ladrar(e): *v.* Dar *l.ladridas.* ‖ *L.ladra pero nun muerde* 'forma d'actuar de la persona qu'amenaza ya diz pero nun fai nada'. *Nun te preocupes, ésta l.ladra pero nun muerde.*

l.ladrida: *sust. f.* Voz del perru. *¿D'ónde vienen esas l.ladridas?*

l.ladripa: *ax.* Charlatana, que se mete en griesca. *¡Menuda l.ladripa!*

l.ladrón, -ona: *ax.* Persona que *rouba,* que s'apropia de lo de los demás. *Entróu un l.ladrón pola ventana.*

l.ladroniciu: *sust. m.* Situación en qu'hai mui bien d'actuaciones de *l.ladrones. La cousa convirtíuse nun l.ladroniciu.*

l.ladronzacu, -a: *ax. L.ladrón* de ruina entidá. *Yía una l.ladronzaca de nada.*

l.lagaña: *sust. f.* Sustancia que suelta'l *güechu. Tien los güechos chenos de l.lagañas.*

l.lagañosu, -a: *ax.* Que tien *l.lagañas.*

l.lagarta: *sust. f.* Reptil de la familia "Lacertidae", "Lacerta muralis", etc. *Na paré de la ilesia hai l.lagartas a esgaya.*

l.lagartesa: *sust. f.* L.lagarta. ||| *L.lagartesa pon la mesa* úsase como fórmula infantil pa la *l.lagarta.*

l.lagartu: *sust. m.* Reptil sauriu, de cuerpu redondu, de la familia "Lacertidae", "Lacerta viridis", "Lacerta lepida".

l.lágrima: *sust. f.* Gota de líquidu que sal de los *güechos* por dolor, angustia, risa, etc.

l.lagrimal: *sust. m.* Conductu de *las l.lágrimas.*

l.lagu: *sust. m.* 1. Poza con augua onde se ponía'l *l.linu* ya tamién el *cánamu* a *remuechu.* 2. Gran masa acuática nuna depresión del terrenu.

l.laguaza: *sust. f.* Barru, masa de tierra ya d'augua, *l.lueza. Había muita l.laguaza pol sendeiru.*

l.laguazu: *sust. m.* 1. L.laguaza. 2. Charcu. *Metíuse por aquel.los l.laguazos.*

l.laguna: *sust. f.* Masa acuática nuna depresión del terrenu. *Nel altu hai una l.laguna.*

l.lagunosu, -a: *ax.* Que tien mui bien d'humedanza, que paez una *l.laguna.*

l.lama: *sust. f.* 1. Prau con fuente propia que s'alcuentra siempre húmedu. *Tien una l.lama n'El Val.le l'Augua.* 2. Zona de yerba verde que siempre tien humedá. *Nun te metas nesa l.lama.*

l.lamazal: *sust. m.* Sitiu grande con humedá, con unos cuantos *l.lamazos.*

l.lamazón: *sust. m.* L.lamazu grande nel monte.

l.lamazu: *sust. m.* Sitiu nel monte mui *l.lagunosu* ya regáu por una fuente. *Ya encubríu naquel.los l.lamazos de L.lamaurén.*

l.lambeculos: *ax.* Adulador, que tien un comportamientu servil. *Él yía tamién un l.lambeculos.*

l.lambedura: *sust. f.* Aición ya efeutu de *l.lamber.*

l.lamber(e): *v.* Untar dalgo usando la *l.lingua. Quier que'l perru-l.ly l.lamba la pata.*

l.lamberetada: *sust. f. L.lambida* grande.

l.lambida: *sust. f.* Aición ya efeutu de *l.lamber. Préstan-l.ly las l.lambidas.*

l.lambuleiru, -era: *ax.* Que disfruta comiendo dulce. *El nenu yía mui l.lambuleiru.*

l.lamentable: *ax.* Que da pena o dolor. *Foi l.lamentable.*

l.lamentar(e): *v.* Sentir pena ya dolor por dalgún motivu. *L.lamentóu la muerte del nenu.*

l.lamentu: *sust. m.* Gritu ya espresión de pena ya dolor. *Sentíanse muitos l.lamentos.*

l.lamera: *sust. f.* Árbol de monte, "Ulmus glabra". *Na Regueirona hai muitas l.lameras.*

l.lamizu: *sust. m.* Terrenu con mui bien d'humedanza, pero non mui grande. *Metíuse naquel l.lamizu.*

l.lámpara: *sust. f.* Aparatu que val pa dar *l.luz. Dexóu la l.lámpara encesa.*

l.lamparina: *sust. f. L.lámpara* de tamañu escasu.

l.lamparón: *sust. m.* 1. Manchón de grasa. 2. Gangliu hincháu. *Tien unos l.lamparones mui grandes.*

l.lampazada: *sust. f.* Parte de prau que come'l ganáu de forma irregular. *Estas l.lampazadas fixénonlas las tuas vacas al metese nel mieu prau.* ||| *L.lampazada de mayu nun cubre en toul anu* indica que la parte de prau pacida en mayu da yerba con dificultá.

l.lamprea: *ax.* Ruina ya charlatana.

l.lamplu, -a: *ax.* 1. Rasu, de superficie plana. *Quedóu bien l.lamplu.* 2. Que nun ta ferráu (carru, madreña, etc.). *Tien las madreñas l.lamplas.*

l.lana: *sust. f.* 1. Conxuntu de pelos de la *ougüecha. Esta ougüechina tien muita l.lana.* 2. Texíu que se fai con *l.lana. El mieu cobertor yía de l.lana.*

l.lande: *sust. m.* Frutu del *rebol.lu. El l.lande pa los gochos.*

l.landiu, -a: *ax.* Que nun sabe a nada. *Alcontréilu l.landiu por demás.*

l.lanta: *sust. f.* Cercu metálicu de la rueda'l carru. *Fai-l.ly falta outra l.lanta.*

l.lanudu, -a: *ax.* Que tien abundancia de *l.lana.*

l.lapar(e): *v.* Sonar de forma especial al beber direutamente pa la boca. *Aquel perru l.lapa ya l.lapa.*

l.larbiu: *sust. m.* Bultu que sal nos *l.labios* del ganáu na parte interior. *A la Mora saliénon-l.ly unos l.larbios.*

l.largaretu, -a: *ax.* Que tien forma *l.larga* ya *estreita*, pero con un sen despeutivu. *Tien xunto al ríu un prau mui l.largaretu.*

l.largu, -a: *ax.* 1. Que tien gran duración temporal o espacial. *Fíxoseme l.largu'l día.* 2. Esperimentáu, con recursos, non inxenuu. *Esi yía bien l.largu.*

l.lariega: *sust. f.* *L.lume* nel suelu de la casa, onde se fai la comida. *La nuesa l.lariega yá nun val.*

l.larigada: *sust. f.* Conxuntu escesivu de seres, especialmente *fichos* na casa, na familia. *Tien una l.larigada de nenos.*

l.lástima: *interx.* *Espresión de reproche ya venganza. *¿Pegánonte? ¡L.lástima!*

l.lástima: *sust. f.* Sentimientu de pena por dalguién. *Dame l.lástima.*

l.lastra: *sust. f.* Piedra grande ya plana que sal na tierra. *No mediu del prau hai una l.lastra.*

l.lastráu: *sust. m.* *L.lastrada.*

l.lastrada: *sust. f.* Cantidá grande ya densa d'oxetos puestos nuna superficie plana. *Había nel pórticu una gran l.lastrada de castañas.*

l.lata: *sust. f.* Viga d'una casa o d'una *cabana.*

l.lau: *sust. m.* 1. Costáu. *Díu-l.ly de l.lau.* 2. Parte nuna direición determinada. *D'esti l.lau p'acá la finca yía mía ya d'aquel outru l.lau p'arriba tamién yía mía.*

l.lavadeiru: *sust. m.* Sitiu onde diba la xente a *l.lavare.*

l.lavadora: *sust. f.* *Mucher* que *l.lava.*

l.lavandera: *sust. f.* *Refierse a distintos tipos de páxaros que viven xunto al ríu, *auguarríos.*

l.lavar(e): *v.* Quitar la suciedá usando augua. *L.lavóu la garfiel.la ya'l cazu.*

l.lavase: *v.* Quitase la suciedá usando augua. *L.lavóuse la pata.*

l.lavativa: *sust. f.* Enema, actu ya productu de *l.lavar* l'intestinu.

l.lavaza: *sust. f.* Restos de comida que se quita a los platos ya val pa los gochos. *Echái las migachas a la l.lavaza.*

l.lazu: *sust. m.* Trampa de caza que se fai con una cuerda o cable que se cierra ya prende al que la toca. *Tenéi cuidáu conos l.lazos.*

l.lebratu, -a: *sust. m.* ya *f.* Cría de la *l.liebre.*

l.legra: *sust. f.* Ferramienta del *madreñeiru* que s'emplega p'afuracar la madera ya faer la madreña. *La l.legra quedóu no mieu hurriu.*

l.leirón: *sust. m.* Prau o sitiu con mui bien de piedra ya pegando al ríu. *La riada cuasi l.leva'l l.leirón.*

l.leirona: *sust. f.* L.lera mui grande. *Ya onde la l.leirona tuerces a la esquierda.*

l.leitalina: *sust. f.* L.leitarina.

l.leitarina: *sust. f.* Planta medicinal que da una sustancia que paez *l.leite.*

l.leite: *sust. m.* Alimentu líquidu de los mamíferos que da la madre a la cría pa mamar. *Na mia casa siempres hai l.leite a esgaya.* || *L.leite a la manu* 'l.leite que da la vaca sin tener al *pía* al tenral'. || *L.leite migáu.* 'l.leite con mui bien de pan en trozos'. || *L.leite caliente,* 'l.leite enteiru, 'l.leite con tola nata'. ||| *El mieu perrín morríu por nun da-l.ly l.leite caliente* recuérdase como frase célebre del amu d'un perru muertu.

l.leiteiru: *sust. m.* Colcha de colores, texida nos telares del pueblu con filu d'algodón. *Tien un l.leiteiru na cama.*

l.leitera: *ax.* Que da *l.leite. L.levóu la vaca l.leitera.*

l.lendón: *sust. m.* Piedra que marca la división de propiedá de la tierra. *Nun muevas el l.lendón.*

l.leña: *sust. m.* Conxuntu de madera pa usar nel *l.lume. Tien la l.leña no corral.*

l.lera: *sust. f.* Zona con mui bien de piedra suelta. *Xubíu pola l.lera qu'hai en Val.linas.*

l.levantar(e): *v.* 1. Alzar, xubir, poner un oxetu nun sitiu más altu. *L.levantóu'l macháu ya pegóu nel árbol.* 2. Alzar, xubir, ponese nun sitiu más altu. *Paez que la nublina nun l.levanta.* || *L.levantar el fornu* 'volver a tener contactos sexuales en pasando'l partu'.

l.levantase: *v.* 1. Salir de la cama o d'onde una persona o animal tán echaos. *L.levantóuse ya marchóu.* 2. Ponese nun sitiu más altu. *L.levantáivos un pouco más si queréis vela.*

l.levar(e): *v.* Tresportar. *¿L.levésti-l.ly el l.leite a la boliquina?* 2. Encaminar, orientar. *L.leváilu a la cabana de Tiadosiu.* 3. Tener puestu. *¿Qué yía lo que l.leva nel l.lombu?* 4. *Trabachar* una finca alquilada a dalguién. *¿Sos tu'l que l.leva anguano Los Treitorios?* || *L.levar d'estaya* 'usar (*trabachando*, metiendo'l ganáu) una finca por partes o *estayas*'.

l.lía: *sust. f.* Soga d'espartu. *Guardóu la l.lía.*

l.libertá: *sust. f.* Calidá de ser *l.libre*. *Diz que nun tien l.libertá.*

l.libra: *sust. f.* Midida de pesu qu'equival a dalgo más de 400 gramos.

l.librar(e): *v.* Salvase de dalguna situación mala. *L.libróu d'una buena.*

l.librase: *v.* 1. Echar la madre la placenta al parir. *L.libróuse yá la Garbosa.* || *Paez que paríu ya nun se l.libróu* refierse a una persona de mal aspeutu ya enfermiza. 2. Salvase de dalguna situación mala. *L.libróuse d'un buena.*

l.libre: *ax.* 1. Que nun s'alcuentra atáu. *Dexáilu l.libre.* 2. Que nun tien dependencia de dalgún referente. *Ya you quedéi l.libre.*

l.libreta: *sust. f.* Cuadernu pa escribir. *L'escolín quier una l.libreta.*

l.libru: *sust. m.* 1. Conxuntu de *fuechas* que se xunen per una parte. *Tien un l.libru mui viechu.* 2. Recipiente del aparatu dixestivu de la vaca, que tien mui bien de *fuechas*.

l.licencia: *sust. f.* Permisu, por exemplu pa pescar nel ríu. *Marchóu a pescare pero nun tien l.licencia.*

l.liebre: *sust. f.* Mamíferu roedor de monte, del xéneru "Lepus".

l.lienzu: *sust. m.* Trozu de tela, de *l.linu*, d'algodón, etc. *Metíulu nun l.lienzu.*

l.leer(e): *v.* Interpretar los signos escritos. *A la rapaza présta-l.ly pol vivire l.liere l.libros.*

l.limase: *v.* Echar *l.limu* la natura de la vaca.

l.limpiar(e): *v.* Quitar la suciedá. *L.limpiái-l.ly al nenu la manina.* || *L.limpiar el pan* 'echar el granu al aire pa que lu *l.limpie*'.

l.limpiu, -a: *ax.* Que nun tien suciedá. *Quedóu mui l.limpia la cocina.*

l.limu: *sust. m.* 1. Sustancia qu'echa la vaca cuando anda *tora*; *dizse que *cuando'l l.limu sal con sangre Yía que yá-l.ly pasóu la calentura.* 2. Barru, *l.lueza.*

l.linar(e): *sust. f.* Tierra de buena calidá, con paré alredor ya con riegu, antiguamente dedicada al *l.linu* (Palacios foi una tierra de *l.linares* a esgaya ya entovía hai más de 350 sitios con esti nome). *La mechor l.linar yía la d'arriba.*

l.linaza: *sust. f.* Farina que se saca de la simiente del *l.linu* (usábase la *l.linaza* molida pa faer *cataplasmas* nel pechu p'*ablandar* el catarru).

l.lindar(e): *v.* Vixilar el ganáu pa que nun salga del prau. *Los nenos tán l.lindando las vacas.*

l.linde: *sust. f.* Límite, borde.

l.lindeiru, -era: *sust. m.* ya *f.* Persona que tien una finca apegando a una finca propia. *Esa yera l.lindera mía.*

l.lingua: *sust. f.* Músculu de la boca usáu pa falar. *Paez que nun tien l.lingua.*

l.linguaniza: *sust. f.* Vuelta entera de *chourizu*, que nun tien atadura nel mediu. *Quedóuse con muitas l.linguanizas.*

l.linguaretu, -a: *ax.* Charlatán, que diz más de lo que debe. *Yía mui l.linguaretu.*

l.linguateiru, -era: *ax.* *L.linguaretu*, charlatán.

l.linia: *sust. f.* Raya. *Hai una l.linia qu'estrema las dúas cousas.*

l.linu: *sust. m.* 1. Planta anxosperma dicotiledónea, "Linum usitatissimum"; cultivábase a esgaya en Palacios del Sil. || *L.linu de raposa* 'planta que naz *nas penas* (en secando fai *coscas* al pasala pola cara ya val p'adornar)'. 2. Tela que se fai con esta mesma planta.

l.liñuelu: *sust. m. Maral.lu*, filera de yerba que va dexando'l segador.

l.liviadera: *sust. f.* Pieza del molín pa graduar la distancia de muela a muela.

l.livianu, -a: *ax.* Que tien pesu escasu, d'entidá ruina.

l.lobada: *sust. f.* Rebañu de *l.lobos*. *Que nun vos apañe la l.lobada.*

l.lobecu: *sust. m.* *L.lobu* de cría. *Alcontróu un l.lobecu muertu.*

l.lobeiru, -era: *sust. m.* ya *f.* Persona que se dedica a matar *l.lobos*. *Chegóu un l.lobeiru.*

l.lobín: *sust. m.* *Diminutivu de *l.lobu*.

l.lobisniegu, -a: *ax.* Malu, tristón, propiu de *l.lobos*, *refiriéndose especialmente al tiempu atmosféricu. *Escochenon pa venire un día bien l.lobisniegu.*

l.lobón: *sust. m.* *Aumentativu de *l.lobu*.

l.lóbregu, -a: *ax.* Escuru ya siniestru, de forma que da grima. *Agora de nueite vese mui l.lóbregu'l pórticu.*

l.lobu: *sust. m.* Mamíferu carnívoru, "Canis lupus". ||| *¡Malos l.lobos te coman!* úsase como fórmula de maldición, que pue emplegase irónicamente.

l.locura: *sust. f.* Calidá de *l.loucu*. *Yía cousa de la l.locura.*

l.lomba: *sust. f.* 1. Monte de forma non mui de punta. 2. Entidá que tien forma abultada. *El prau fai una l.lomba ya entós baxa hasta'l ríu.*

l.lombada: *sust. f.* Aición ya efeutu de caer de *l.lombu*. *Pegóuse una buena l.lombada.*

l.lombones: || *L.levantar los l.lombones* 'garrar a una persona ya movela pa que suenen los güesos, como aición curativa'.

l.lombriz: *sust. f.* Animal platelmintu que vive na tierra.

l.lombu: *sust. m.* 1. Parte d'atrás del troncu humanu, onde va la columna vertebral. ||| *¡Tu que nun puedes l.levame al l.lombu!* dizse a la persona que quier ayudar pero yá tien sobrecarga de *trabachu*. 2. *En xeneral ya figuradamente, abultamientu d'un oxetu. *Menudu l.lombu quedóu nel sendeiru.*

l.lorza: *sust. f.* Pliegue na tela o na carne. *¡Vaya l.lorzas que tien esa moza nel brazu!*

l.lou: *alv.* 1. Más tarde. *Marchóu ya l.lou vieno outra vuelta.* 2. Entós, siendo asina. *L.lou ¿qué piensas faere?*

l.loucu, -a: *ax.* Enfermu mental, que tien un comportamientu raru. *Volvíuse l.loucu.*

l.lousa: *sust. f.* Pieza plana de pizarra. *Rompienon unas l.lousas.*

l.lousar(e): *v.* Poner *l.lousas* pa cubrir una casa o una *cabana. Tien que l.lousame la cabana antias de que chegue l'iviernu.*

l.lousáu, -ada: *ax.* Que tien *l.lousa* puesta. *A nós la cocina préstanos l.lousada.*

l.lousera: *sust. f.* Sitiu onde se parte la *l.lousa* de la pizarra.

l.lucidu, -a: Que tien buena pinta, *l.limpiu* ya guapu. *Quedóu mui l.lucida.*

l.luenxe: *alv.* A gran distancia. *Tien la cabana mui l.luenxe d'onde nós.*

l.lueza: *sust. f.* Barru. *Metíuse na l.lueza ya cayíu.*

l.lugar(e): *sust. m.* Sitiu, espaciu. *¿De qué l.lugar vien?*

l.lume: *sust. m.* Fuegu. *Echái más l.leña que nun s'apague'l l.lume.* ‖ *Echare l.leña al l.lume* 'meter cuentos ya poner peor una discusión'.

l.lumiacu: *sust. m.* Moluscu terrestre, del xéneru "Limax". *Chenóuseme la l.linar de l.lumiacos.*

l.luna: *sust. f.* El satélite de la Tierra. *Güei nun hai l.luna.*

l.lunada: *sust. f.* Aición propia d'un *l.lunáticu.*

l.lunáticu, -a: *ax.* Que padez dalguna manía o ataques de *l.locura.*

l.lunes: *sust. m.* Día que sigue al domingu. *El l.lunes nun voi a la braña.*

l.luniegu, -a: *ax.* 1. Que tien que ver con dalgún aspeutu de la *l.luna.* ‖ *Nueite de l.luna* 'nueite na que la *l.luna al.luma* por demás'. 2. Que s'alcuentra en celu cuando hai *l.luna.*

l.luria: *sust. f.* Soga (usada especialmente especialmente p'atar la carga del carru). *L.levái una l.luria por si fai falta.*

l.luriánganu: *sust. m.* Planta parásita que va enredándose nos árboles. *Cortade bien los l.luriánganos.*

l.luz: *sust. f.* Enerxía radiante que fai posible la visión. *Agora yá hai muita l.luz.* || *Cocu l.luz,* 'inseutu que da *l.luz*', "Lampyris nocticula".

M

macha: *sust. f.* 1. *Trabachu* coleutivu de separar a golpes el granu de centenu de la espiga, usando *manales. Güei nun hai escuela, porque vamos a la macha.* 2. Conxuntu de xente *machando. Yá marchóu la macha.*

machador, -a: *sust. m.* ya *f.* Persona que *macha* con un *manal,* xeneralmente un home.

machar(e): *v.* 1. *Trabachar* coleutivamente na *macha. Nun hai naide en casa, porque marchanon a machar a la era.* 2. Garrar el *cadexu* de *l.linu* ya, en cociéndolu, golpealu contra una piedra pa que suelte l'augua ya ablande. *Vamos a machar los cadexos.*

macháu: *sust. m.* Ferramienta pa cortar, con mangu de madera ya cabeza con filu metálicu. *Cortóuse cono macháu.*

machorra: *ax.* Fema estéril.

machucar(e): *v.* 1. Machacar. *Cuidáu nun machuques el pía.* 2. Machacar *moras* pa faer *machucu. Vamos a machucar las moras que pañemos.*

machucu: *sust. m.* Zumu que se fai machacando *moras. Los nenos fixenon un machucu.*

madexa: *sust. f.* Conxuntu de filu de *l.lana* que s'envuelve. *Ponéi aiquí las madexas.*

madeiru: *sust. m.* Pieza grande de madera, xeneralmente de forma *al.largada. Hai unos madeiros no corral.*

madera: *sust. f.* 1. Sustancia sólida de los vexetales. *Ésta sí yía buena madera.* 2. Conxuntu d'elementos sólidos vexetales. *Fai falta muita madera p'arreglar la casa.* 3. Actividá de cortar árboles nel monte. *Marchanon a la madera.*

madereiru, -era: *sust. m.* ya *f.* Persona que vende ya compra madera.

madiezas: *interx.* *Espresión de molestia, disgustu ya menospreciu. *¡Ba, ba, madiezas!*

madragacha: *sust. f. Madre* de la fema de los mamíferos. *Nun séi si nun perderá la madragacha.*

madrastra: *sust. f.* Nueva esposa del padre. *Agora a los nenos cuídalos la madrastra.*

madre: *sust. f.* 1. Ser vivu femenín que da vida a un ser vivu distintu. *Esta yía mia madre.* 2. Parte del cuerpu femenín onde crez el fetu. *Vixila que nun se-l.ly salga la madre.*

madreña: *sust. f.* Calzáu de madera, con tres tacos. *Merquéi las madreñas.*

madreñeiru, -era: *sust. m.* ya *f.* Persona que fai *madreñas. Vien d'onde'l madreñeiru.*

madreñada: *sust. f.* 1. Golpe con una madreña. 2. Tontería. *Soltóu una madreñada que válgame Dious.*

madureiru: *sust. m.* Sitiu con *pacha* onde se pon la fruta verde a madurar. *Mirái si queda dalguna nel madureiru.* || *Ponere a madureiru* 'poner fruta a madurar nel *madureiru'.*

mafa: *sust. f.* Sustancia provocada por microorganismos ya que mancha los oxetos. *El vasu tien muita mafa.*

magarza: *sust. f. Manzaniel.la* de gustu amargu. *Gústa-l.ly la magarza.*

magostar(e): *v.* 1. Asar *castañas* en campu abiertu. *Esta tarde vamos a magostar a La Cuérguila.* 2. Acabar, malgastar el capital heredáu. *Magostóu'l capital que-l.ly dexanon.*

magostu: *sust. m.* Aición ya efeutu de *magostare.*

magu, -a /: *sust. m.* ya *f.* Persona que tien poderes especiales ya positivos. *Yía mediu magu.*

magüetu, -a: *sust. m.* ya *f.* Vacunu d'un par d'*anos* o más. *Vendíu una magüeta'l mes pasáu.*

magutín, -ina: *sust. m.* ya *f.* *Diminutivu de *magüetu.*

mal: *sust. m.* Enfermedá, en xeneral. *Yía un mal que tien.* || *Mal malu* 'carbunclu o bacera, enfermedá infecciosa de los animales'. || *Mal de güechu* 'mal envidiosu, embruxamientu provocáu pola mor de la mirada'.

malapenas: *alv.* 1. Cuasi non. *Malapenas vivíu.* 2. Escasamente. *Van malapenas seis días que marchóu ya yá ta aiquí outra vuelta.*

malatería: *sust. f.* Sitiu apartáu pa los leprosos.

malatu, -a: *sust. m.* ya *f.* Leprosu.

maleza: *sust. f.* Conxuntu espesu de matos ya arbolinos. *Metíuse na maleza.*

malfaer(e): *v.* Embruxar con *mal de güechu. ¡Muitu cuidáu cono malfaere de la viecha!*

malparáu, -ada: *ax.* Perxudicáu. *Salíu malparáu de la palestrina.*

malpartu: *sust. m.* Aición ya efeutu de parir prematuramente. *Tuvo un malpartu.*

malucu: *sust. m.* Forúnculu. *Tien un malucu mui malu.*

malusina: *sust. f.* 1. Enfermedá del ganáu, según la tradición porque una vaca pasaba fame viendo comer piensu a *outra.* 2. Envidia al ver comer a dalguién. *Nun comas qu'al rapaz va a da-l.ly la malusina.*

malva: *sust. f.* Planta anxosperma dicotiledónea que tien valor medicinal, "Malva sylvestris".

malvariscu: *sust. m.* Planta anxosperma dicotiledónea que tien usu medicinal, "Althaea officinalis".

mama: *sust. f.* Madre, xeneralmente en contestu infantil. *Dí-l.ly a mama que güei nun vien el pereiru.*

mama: *interx.* *Voz del nenu pa reclamar l'atención de la madre. *¡Mama, ven!*

mamentar(e): *v.* 1. Dar la teta. *Agora tien que mamentar a la nenina.* 2. Poner el tenralín acabante nacer xunto al ubre de la vaca. *Mamentái al tenralín pa que miedre.*

manacu: *sust. m. Feix* de tamañu mui escasu de *l.leña, pacha, escobas,* etc.

manada: *sust. f.* Cantidá de cereal que se garra con una *manu* ya siégase de cada vez.

manal: *sust. m.* Instrumentu pa *machare,* formáu por dos palos (el que se garra, *manueca,* ya'l que da golpes al cereal, *piértigu*). *Yá guardanon los manales.*

manar(e): *v.* Caer un líquidu o sustancia a partir d'una entidá (una *l.laga,* el tetu d'una vaca, etc.). *El tetu la Garbosa sigue manando.*

mancadura: *sust. f.* 1. Mal nel cuerpu, xeneralmente por un golpe o traumatismu. *L.levóu unas buenas mancaduras.* 2. L.laga. *Paez que nun cura la mancadura.*

mancar(e): *v.* Faer dañu física o síquicamente. *¿Mancóute la vaca?* ||| *Esti animal mancóume'l nenu* úsase como frase célebre.

mancase: *v.* Faese dañu. *Mancóuse'l nenu contra l'escanu; Pisóu mal ya mancóuse nel todiel.lu.*

mancáu, -ada: 1. *Participiu de *mancare.* 2. *ax.* Inútil. *Anda por casa porque ta mancáu.*

mancorniar(e): *v.* Atar una vaca pa *muñila. A la Pinta hai que la mancorniar.*

manda: *sust. f.* 1. Parte de la herencia que *mechora* a un descendiente ya nun entra na partición. 2. Dote pal matrimoniu. *Fíxo-l.ly manda a la ficha.*

mandar(e): *v.* Dar órdenes, obligar a faer dalgo. *Mandóume venir a casa darréu.*

mandáu: *sust. m.* Recáu. *Díxo-l.ly al nenu que me fixera un mandáu.*

mandáu, -ada: *ax.* Obediente. *El vuesu rapaz yía mui mandáu.*

mande: *interx.* Contestación a padres ya xente mayor. *¡Mande!*

mandil: *sust. m.* Delantal. *Abríu la puerta ya salíu cono mandil.*

mandiláu: *sust. m.* Cantidá d'oxetos que se ponen nel mandil. *Vieno con un mandiláu de cereisas.*

manferlán: *sust. m.* Prenda d'abrigu usada por demás. *Chegóu con un manferlán que daba pena.*

manfluritu, -a: *ax.* Hermafrodita, que tien los dos sexos.

manfuritu, -a: *ax. Manfluritu.*

mangar(e): *v.* Poner un mangu a un ferramienta. *Fai falta mangar el forcáu.*

manguán, -ana: *ax.* Folgazán. *El tou primu yía un manguán.*

manía: *ax.* Vaca que nun queda preñada. *La manía l.leváila pa La Sierra.* || *Quedar manía* 'nun quedar preñada la vaca'. *La vaquina quedóu manía.*

maniar(e): *v.* Atar *las patas delantreras* de caballos ya burros pa que nun marchen. *Manióulu ya dexóulu n'El Poulu Estrel.lu.*

maniegu, -a: *ax.* Que namás *trabacha bien a una manu;* *dizse especialmente de la vaca que namás *xune d'un l.lau. Yía maniega.*

maniel.la: *sust. f.* Porción de *l.linu* preparada pa *filare.*

maniel.lu: *sust. m. Maniel.la.*

maniza: *sust. f. Feix* de *pacha* de calidá inferior, que va pal *pachar;* el de buena calidá yera *cuelmu* ya valía pa *teitare. L.levái las manizas p'an ca Felicidá.*

manizu: *sust. m.* Escoba de tamañu escasu, que se fai con un arbustu de monte.

manochu: *sust. m. Feix* de centenu. *L.levái estos manochos p'ail.lí.*

manrubiu: *sust. m.* Planta medicinal anxosperma dicotiledónea "Marrubium vulgare". ||| *A vete manrubiu vengo, antias de que día'l sol, pa que me quites la tiricia ya me vuelvas la color* usábase como fórmula máxica pa curar la *tiricia.*

mansulín, -ina: *ax.* Hipócrita, que paez blandu ya dulce pero resulta ser diferente en realidá. *Cuidáu con ésa que yía mui mansulina.*

mante: *interx.* Espresión cariñosa, especialmente pa los nenos. *¡Ven p'aiquí, mante!*

mante: *sust. m.* ya *f.* Noviu, novia. *Catuxa aspera al sou mante.*

manteiga: *sust. f.* 1. Sustancia grasa que sal de la nata *del l.leite.* 2. *Untu,* sustancia grasa que sal de partes del gochu, del osu, etc.

manteigueiru, -era: *sust. m ya f.* Persona que vende o compra *manteiga*.

mantéu: *sust. m.* Falda abierta cruzada atrás (el mantéu de diariu yera de pañu torpe ya'l de vistir yera de pañu ya tenía adornos de terciopelu).

mantiel.la: *sust. f.* Prenda femenina pa tapase la cabeza ya los hombros (habíala de diariu ya de fiesta; habíala tamién pa envolver a los nenos, de muletón).

manu: *sust. f.* 1. Estremidá del brazu. || *Dise la manu* 'echar más cantidá de lo que se debe o faer más de lo que se debe'. *Fóise-l.ly la manu cono sal.* || *Si a manu vien* 'si cuadra, si vien bien'. *Si a manu vien, marchamos nós tamién.* || *Dir de buena manu* 'viaxar, cambiar de residencia ya alcontrase bien'. *Paez que foi de buena manu.* ||| *¡Que la manu nun te duelga!* dizse a la persona caritativa al recibir un bien. 2. Nos xuegos, persona o equipu qu'entama'l xuegu o la partida. *Agora la manu soi you.*

manueca: *sust. f.* El palu del *manal* que se garra al *machar*, más cortu que'l *piértigu.*

manxar: *sust. m.* Comida que sabe mui bien. *Había manxares naquel.la boda.*

manzana: *sust. f.* 1. Frutu de la *manzanal.* 2. Güesu de forma esférica que s'alcuentra na cadera. *Rompíu la manzana.*

manzanal: *sust. f.* Árbol anxospermu dicotiledóneu, "Malus domestica". *Nós tenemos muitas manzanales.*

manzaniel.la: *sust. f.* 1. Planta anxosperma dicotiledónea, medicinal, "Matricaria chamomilla". *Hai muita manzaniel.la n'El Gabinete.* 2. Flor d'esta planta. 3. *Agüina* que se fai con esta flor. *Antias d'echase bebíu una manzaniel.la.*

manzanilla: *sust. f. Manzaniel.la.*

mañana: *sust. f.* 1. Parte del día desde qu'amanez hasta mediudía. *La mañana yía muitu guapa.* 2. Parte del día desde *medianueite* hasta mediudía. *Chegóu de la fiesta a las dúas de la mañana.*

mañana: *alv.* Al día siguiente. *Mañana vamos a la braña.*

mañanada: *sust. f.* 1. Mañana carauterizada por ser especialmente buena o mala n'espresiones como *Buena mañanada, mala mañanada.* 2. Aición destacada que pasa nel tiempu de la mañana. *¿Qué vos paecíu la mañanada?*

mañanina: *sust. f.* Primer momentu del día, namás *amanecere. Vamos a xubire a Mortiruelas pola mañanina.*

mapola: *sust. f.* Planta anxosperma dicotiledónea del xéneru "Papaver". *Hai muitas mapolas pol Outeiruelu.*

maquila /: *sust. f.* Parte de granu que queda pal *molineiru* o molinera por moler pa los clientes.

maquilar(e): *v.* 1. Quedase'l *molineiru* o molinera con parte del productu. *Esta molinera maquila más de la cuenta.* 2. *L.levantar* a la moza al terminar una parte del *bail.le del país. Nun sabe maquilar bien.*

maral.lu: *sust. m. L.liñuelu,* fila o montón que va dexando'l segador de yerba. *Vense unos cuantos maral.los.*

marandones: || *A marandones* 'en gran cantidá'. *Cayía augua a marandones.*

marcación: *sust. f.* Marcu de la puerta. *Rompíu la marcación.*

marca: *sust. f.* Raya, muezca o dibuxu nuna superficie. *La nuesa tien muitas marcas.*

marcar(e): *v.* 1. Faer dalguna raya, muezca o dibuxu nuna superficie. *Marcóu bien la sua cousa.* || *Tirar a marcar* 'nel xuegu de bolos, tirar al principiu a faer los más tantos posibles'.

marchar(e): *v.* 1. Abandonar un sitiu. *Marchóu de casa van diez anos.* 2. Dir a dalgún sitiu. *Marchóu pa Mortiruelas.*

marciada: *sust. f.* Temporal d'augua o nieve nel mes de marzu. *Vieno una marciada mui mala pal frutu.*

maría: *sust. f.* *Nome femenín. || *Las tres Marías* 'tres estrel.las d'Orión, "l'escudu d'Orión"'.

mariel.lu: *sust. m.* Tercer color del arcu iris. *Pintóu l'escanu de mariel.lu.*

mariel.lu, -a: *ax.* 1. Que tien el tercer color del arcu iris. *Tien muita roupa mariel.la.* 2. Pálidu, de mal color, especialmente en xente que tien *tiricia. El rapaz anda malu, alcuéntrolu mariel.lu.*

marina: *sust. f.* Parte de los praos que s'alcuentra xunto a los ríos ya sufre inundaciones. *Cona crecida, metíuse'l ríu pola marina.*

mariqueiru: *ax.* Afemináu. *Esi d'aquel.la casa paez un pouco mariqueiru.*

marmul.lar(e): *v.* 1. Falar en voz baxa. *Nun séi qué marmul.lóu.* 2. *Marmurare.*

marmurar(e): *v.* Contar en voz baxa cuentos de la xente. *Andan marmurando que vas a marchar p'América.*

martel.lar(e): *v.* Dar golpes con un *martiel.lu. Martel.lóu todita la nueite.*

martes: *sust. m.* Día anterior al miércoles.

martiel.lu: *sust. m.* Ferramienta que tien un mangu de madera ya una cabeza de fierru pa golpear.

martiniega: *sust. f.* Impuestu que se pagaba nel tiempu de Samartín. *Falta guapamente pa la martiniega.*

maruxa: *sust. f.* 1. *Nome de la raposa nos cuentos populares. *Xuan ya Maruxa.* 2. *Diminutivu del nome femenín María.

maruxina: *sust. f.* 1. Diminutivu de *Maruxa.*

marzu: *sust. m.* Tercer mes del calendariu.

más: *alv.* 1. *Indica superioridá o cantidá más grande. *Güei hai más xente qu'ayere. En marchando d'aiquí yá nun foi más buena.* ‖ *Más que* indica una idea concesiva. *Nun voi, más que me diga que vaiga.* ‖ Detrás del verbu, *más* refuerza l'aición verbal indicando más intensidá o cantidá n'espresiones de tipu esclamativu. *¡Comíu más!, ¡Duelme más!*

masera: *sust. f.* Recipiente de madera, menos anchu nel fondu, usáu p'amasar el pan, con caxones abaxo, a veces (en cociendo ya enfriando'l pan, guardábase na *masera* ya tapábase pa que nun endureciera; la masera valía tamién pa *cerner* el granu que se molía, estremando'l *salváu* de la farina). *Fai falta una masera nueva.*

masoria: *sust. f.* Aparatu que val pa pescar *truitas.*

mata: *sust. f.* Grupu d'árboles nel monte o nuna parte d'un prau. *Las vacas moscanon ya metiénonse naquel.la mata.*

matu: *sust. m.* Grupu d'arbustos ya maleza. *Agora en Veigancha nun hai más que matos.*

matachín: *sust. m.* Persona que mata al gochu clavando'l *cuchiel.lu.*

matadeiru: *sust. m.* Sitiu onde se mata a los animales.

matapiochos: *sust. m. Dedu* pulgar.

matar(e): *v.* 1. Faer el samartín. *Güei matanon en ca Xe.* 2. Quitar la vida. *El l.lobu matóunos tres ugüechinas.* || *Nun matar una mosca* 'ser incapaz de faer mal a dalguién'. || *¡Menos mal que'l mieu Xuan matóu una mosca!* indica sorpresa irónica porque dalguién fai bien un asuntu.

matase: *v.* Quitase o perder la vida. *El xatu matóuse nas Fanas de Fasgadiel.*

materia: *sust. f.* Pus, sustancia que sal d'una *l.laga. Tien muita materia.*

matraca: *sust. f.* Instrumentu que tien una tabla ya un mazu ya que val pa faer "triqui-traque" nos oficios relixosos.

maurida: *sust. f.* 1. Voz esaxerada del toru, de la vaca o del magüetu. *Chachu, la magüetina daba unas mauridas que daba miedu escuitala.* 2. Protesta esaxerada d'una persona. *Marchóu dando mauridas.*

maurientu, -a: *ax.* Que tien suciedá ya *mafa* pola aición de microorganismos. *Alcontróulu nel caxón, pero maurientu.*

maxetón, -ona: *ax.* Buen mozu, buena moza. *Venía con un mozu mui maxetón al l.lau.*

maxu, -a: *ax.* Guapu, con buen tipu. *Yía bien maxu.*

maya /máya/: *sust. f.* Xuegu infantil, variante del escondite. *Xuganon a la maya.* ||| *¡Alza la maya por...!* dizse nel xuegu de la *maya.*

mayu: *sust. m.* Quintu mes del calendariu. *Marchanon por mayu.*

mazacula: *sust. f.* Actu de garrar ente varios a una persona ya golpeala nel suelu o nuna piedra (tratábase más bien d'una amenaza frecuente de los mozos a los nenos). || *Dar la mazacula* 'faer l'actu de la *mazacula'.*

mazada: *sust. f.* Líquidu que queda sobrante en *mazando,* ya que podía comese o dase a gatos ya gochos. *L.levái la mazada a los gochos.*

mazar(e): *v.* Firir, mover ya golpear *l'odre,* con nata, contra los muslos pa faer la manteca. *Yá tenemos l.leite abondu pa mazare.*

mazcachu, -a: *ax.* Que come *pouca* cantidá ya tarda *muitu* tiempu; *úsase como insultu. *Acaba, mazcachu.*

mazcar(e): *v.* Masticar. *Anda toul día mazcando.*

mechor(e): *ax.* *Comparativu de *buenu*, indicando superioridá. *Nun sos mechor que you.*

mechor(e): *alv.* *Comparativu de *bien*, indicando superioridá. *Fix you mechor qu'el.la las cousas.* ||| *Dicen los del outru l.lau que cantan mechor que nós, eso un cuernu pa el.los, que mechor cantamos nós* cantábase como estrofa de vaqueirada.

meda: *sust. f.* Montón redondu, grande ya anchu que se fai con *manochos*; el día de la *macha* hai qu'esfaer la meda ya soltar los *manochos*. *La era quedóu chena de medas.*

medar(e): *v.* Faer *medas. Yá terminanon de medare.*

midacha: *sust. f.* Sien. *A la mía mama duélen-l.ly las midachas.*

midaya: *sust. f.* Sien. *A la mía mama duélen-l.ly muitu las midayas.*

medianil: *ax.* Que s'alcuentra ente dos sitios o espacios agrarios distintos (paré, árbol, etc.). *Diz que la nuesa paré yía medianil.*

medianu: *sust. m.* Palu ya correa, en forma d'U, p'atar l'*aráu* al xugu. *Traime'l medianu que vamos a xunire.*

medianu, -a: *ax.* Que s'alcuentra nel mediu. *El.la yía la ficha mediana.*

mediáu, -ada: *ax.* Que s'alcuentra a la mitá. *Tien la escudiel.la mediada.* || *A mediaos* 'a la mitá'. *A mediaos de xineiru voi a poner un teitu nuevu a la tua cabana.*

mediu: *sust. m.* Parte d'una entidá que s'alcuentra equidistante de los estremos. *Failu no mediu la masera.* || *Así un mediu* 'nin bien nin mal, regular'. *¿Cómo vos alcontrades? Nós así un mediu.*

medrar(e): *v.* Crecer, madurar. *El nuesu arbolín nun miedra.*

medrosu, -a: *ax.* Miedosu. *¡Qué rapazas más medrosas!*

megol.lu: *sust. m.* 1. Meollu, tuétanu de los güesos. *Gústa-l.ly chupar el megol.lu.* 2. Miga del pan. 3. Sustancia, aspeutu importante d'una entidá. *El megol.lu de la custión yía que nun quier venire.*

meimar(e): *v.* Dar *meimu. En casa méimanlu más de la cuenta.*

meimón: *sust. m.* 1. Brotu que sal xunto a un árbol. *Salienon muitos meimones al pía la cereisal.* 2. Piedra grandona ya suelta. *Pegóu contra un meimón.* || *Dir a cazar meimones* dizse cuando meten un *meimón* o piedrona nun sacu como si fuera un animal cazáu ya faen un engañu al novatu que piensa que se trata de caza, igual que cuando se va al *gamusinu.*

meimón, -ona: *ax.* Que tien necesidá de xestos ya aiciones de cariñu. *Aquel nenu yía un meimón.*

meimu: *sust. m.* 1. Conxuntu de xestos ya aiciones de cariñu. *¡Mirái cuantu meimu-l.ly da la mama!* 2. Deséu de recibir xestos ya aiciones de cariñu. *Yía'l meimu, el nenu quier beisos.*

melandru: *sust. f.* Mamíferu de focicu *l.largu,* cuerpu gordu ya parta corta, que vive nuna madriguera, "Meles meles". *Güei vi un melandru por L.ladréu.*

melecina: *sust. f.* Medicina, medicamentu. *Fartánonla a melecinas.*

meleiru, -era: *sust. m.* ya *f.* Persona que va vendiendo miel. *Ayere vieno un meleiru por aiquí.*

melena: *sust. f.* Piel que se pon encima de *las mul.lidas* ya *cornales* como defensa de la *chuvia. Apurride a papa las melenas pa la Mora.*

melendros: *sust. m. pl.* 1. Restos de carne, de piel, etc. *Los l.lobos comienon las ougüechas ya cuando cheguemos namás alcontremos los melendros.* 2. Trapos, ropa mui usada ya rota. *Vieno chena de melendros.*

melfu, -a: *ax.* Que tien la mandíbula o los *l.labios* inferiores más salientes que los d'arriba. *El fichu primeiru yera melfu.*

melindreiru, -era: *ax.* Charlatán, adulón, especialmente usáu como insultu. *Nun te fíes d'el.la que yía mui melindrera.*

mel.láu, -ada: *ax.* Que tien mal ya rota la dentadura. *Anda mel.láu que da pena.*

mel.lu, -a: *ax.* Que nun tien dientes. *Quedóu-l.ly la enxibia mel.la dafeitu.*

meloubu, -a: *ax.* Despeináu, mal peináu. *Nun séi por quéi, pero anda siempres meloubu.*

memoria /mImória/: *sust. f.* 1. Capacidá de recordar. *Tien muita memoria.* 2. *En plural refierse a los recuerdos que se dan pa una persona al saludar a una distinta. *Da-l.ly memorias a tua mama ya a tou papa.*

mentir(e): *v.* 1. Dicir una mentira. 2. Retrasase una vaca nel partu en saliéndose de cuenta. *La mia vaca Careta mintíu quince días.*

mercáu: *sust. m.* 1. Xunta grande de xente que compra ya vende ganáu ya oxetos en xeneral. ‖ *Mercáu cochiqueiru* ‘mercáu de gochos’. ‖ *Mercáu castañeiru* ‘mercáu de *castañas’.*

merecer(e): *v.* Ser dignu de dalgo. *La bulica merez una cuelga pol santu.*

merienda: *sust. f.* 1. Comida del pastor al mediudía. *En chegando a El Campu la Muezca, comemos la merienda.* 2. Comida de la tarde. *Preparóu-l.lys una buena merienda.*

merinu, -na: *ax.* *Refierse a una clas de ganáu ovinu. *Nun tien ougüechas merinas.* ‖ *De merinu* ‘un tipu de pañuelos ya mantos de *l.lana* mui finos’. *Tien un mantu de merinu.*

mermurar(e): *v. Marmurare.*

merriu: *sust. m.* Estáu de celu de los gatos. *Los gatos andan al merriu.*

mesar(e): *v.* Sacar del *pachar* la yerba con un *garabitu. Tenedes que mesar pa cebar güei al ganáu.*

mesmu, -a: *ax.* ya *pron.* *Indica identidá. *Yía'l mesmu que vieno'l mes pasáu.*

mestedal: *sust. m.* Zona de monte mui *tupu* ya onde se camina con dificultá. *Metíuse nun mestedal ya nun yera a salire d'ail.lí.*

mestranzu: *sust. m.* Planta que se tien por mala pal ganáu, con flores *mariel.las* de mal olor, “Senecio vulgaris”.

mestu, -a: *ax. Tupu,* con mui bien de maleza. *Aquel monte vese agora mui mestu.*

meúl: *sust. m.* Pieza central de la rueda del carru d'*eix* de madera. *Rompíu'l meúl.* ‖‖‖ *Cuando taba en Filipinas, peleando con gandules, contéi que* *taba en Valdelaladru, fayendo eixes ya meúles* recuérdase como una frase célebre.

mexadera: *sust. f.* Aición de mexar con demasiada frecuencia. *Trai una mexadera que válgame Dious.*

mexar(e): *v.* Echar l'orín del cuerpu. *Mexóu nel pachar.*

mexase: *v.* Mexar manchándose a sí mesmu. *El nenu mexóuse.*

mexete: *sust. m.* Recipiente onde se mexa. *Xubíu'l mixete a l'alcobina.*

mexón, -ona: *ax.* Que mexa por demás. *Yía un nenu mui mexón.*

mexu: *sust. m.* 1. Orina. *Las vacas dexanon el corral chenu de mexos.* 2. Orina venenosa del sapu, *que diz la creencia que dexa ciega a la xente si toca los *güechos*. *¡Cuidáu que nun t'eche'l mexu'l sapu!*

mia: *ax.* ya *pron.* *Posesivu de primera persona, femenín, antepuestu; indica propiedá de la primera persona. *Son de mia casa.*

mía: *ax.* ya *pron.* *Posesivu de primera persona, femenín, pospuestu; indica propiedá de la primera persona. *Viven na casa mía.*

miagada: *sust. f.* Voz del gatu. *Las miagadas vienen del teitu aquel.*

miagar: *v.* Dar *miagadas* los gatos. *La nuesa gata miagóu todita la nueite.*

michanu: *sust. m.* Ave rapaz peligrosa pal corral, de la familia "Milvus". *Tienen miedu del michanu.*

michinal: *sust. m.* Furacu na paré. *Metíulu nun michinal.*

michu: *sust. m.* 1. Cereal que se cultivaba ya sirvía pa faer *papas*. ||| *Nun quiero berzas con untu, nin tampouco con aceite, a mí gústanme las papas, de michu ya con buen l.leite* cantábase como estrofa popular. 2. Entidá prieta que cría la *panocha* de maíz. *Crianon muitu michu las panochas.*

micu: *sust. m.* 1. Xestu de los nenos anterior al *choru*. *Paez que'l nenu por el micu.* 2. *Úsase, xeneralmente como insultu, pa referise a una persona ridícula ya d'escasa entidá. *¡Mirái, vien con aquel micu!*

miel: *sust. m.* Productu dulce de *l'abecha. *El miel yía la cousa más rica qu'hai.* || *Miel de formiga* 'resina de *cereisal*'.

mielga: *sust. f.* Pescáu de mar que se paez a la merluza, pero de piel más áspera ya prieta; quitábase la piel a la *mielga* escaldándola.

miente: *sust. f.* Tema, asuntu. || *Sacare la miente* 'sacar el tema, meter un asuntu na conversación'. *Sacóu la miente ya entós dixénon-l.ly que non.*

mientras: *alv.* *Espresa un tiempu nel que pasa una aición simultánea. *Aspérame mientras.* || *Mientras ya non* 'nesi espaciu de tiempu'. *Mientras ya non, you l.limpiéi la mesa.*

mientras: *conx.* *Espresa una aición simultánea. *Chegóu mientras xaxaba al nenu.*

miera: *sust. f.* Parte de la caza que correspuende equitativamente a cada cazador (la cabeza yera pal que mataba l'animal). *Xuanón l.levóu la mechor miera.*

miércoles: *sust. m.* Día anterior al xueves. *El miércoles chovíu toul día.*

mieu: *ax.* ya *pron.* *Posesivu de primera persona, masculín, antepuestu. *El mieu prau yía mieu namás.* || *Mieu dichu, mieu feitu* indica que l'asuntu sal al final como dixera quien asina s'espresa. *El Pumarín nun se segóu: mieu dichu, mieu feitu.*

miga: *sust. f.* 1. Parte blanda del pan. *A mí gústame más la miga que'l cortezu.* 2. Secretu, esencia. *Peme qu'eso que diz tien miga.*

migacha: *sust. f.* Trozu desmenuzáu de pan. *Quedanon unas migachas debaxo l'escanu.*

migar(e): *v.* Echar la miga nun alimentu líquidu. *Nós migamos siempres el l.leite.*

migáu, -ada: *Participiu de *migare. *Siempres cena l.leite migáu.* ||| *Blancu, migáu, cucharas alredor, l.leite ¿qué yía?* úsase como *cosil.lina* evidente (*el l.leite migáu*).

migol.lu: *sust. m.* Miga de pan. *Nun quedanon más que los migol.los.*

mil: *sust. m.* *Nome del númberu mil. *Gustóu-l.ly el mil.*

mil: *num.* Conxuntu de diez veces mil. *Hai más de cien vacas pola Sierra.*

milprenda: *sust. f.* Páxaru grande, *mariel.lu* ya verdosu, "Oriolus oriolus".

mimar(e): *v. Meimare.*

minar(e): *v.* Afuracar baxo tierra, especialmente los *toupos. Los toupos minanon la nuesa l.linar de La Ol.lina.*

minga: *sust. f.* Pene. *Viénon-l.ly la minga.*

miñona: *sust. f.* Amante, querida. *Anda con una miñona.*

miñuelu: *sust. m.* Dulce de *farina. Comienon unos miñuelos.*

miriñaque: *sust. m.* Blusa corta que sostién la saya.

mísere: *ax.* 1. Tacañu, egoísta. 2. Probe. *Yía un sitiu mui mísere.*

mitá: *sust. f.* Parte de dos en que se divide dalgo. *Salíu la mitá'l pueblu.*

míu: *ax.* ya *pron.* *Posesivu de primera persona, masculín, pospuestu. *El prau míu yía'l grandón.*

mix: *interx.* Voz pa que venga'l gatu. *Mix, mixín, mix.*

mixín, -ina: *sust. m.* ya *f.* Gatu. *Anda por aiquí la mixina.*

mixín: *interx.* Voz pa que venga'l gatu. *Mix, mixín, mix.*

mixina: *interx.* Voz pa que venga'l gatu. *Mix, mixina, mix.*

miya: *ax.* ya *pron.* Mía.

mocada: *sust. f.* Aición ya efeutu de sonase los mocos. *Hasta los vecinos sintienon la mocada.*

mocadín: *sust. m.* Ratadín, *bocadín,* cachín de tiempu. *Entretúveme un mocadín en ca María.*

mocedá(de): *sust. f.* 1. Conxuntu de los mozos del pueblu. *La mocedá anda entamando la salga.* 2. Etapa de la vida que sigue a l'adolescencia. *Na mia mocedade you corría más que vós.*

mochar(e): *v.* Poner humedanza o augua nun ser. *Mochóume la roupa.*

mochase: *v.* Ponése húmedu o con augua un ser. *¿Mochóuse la nena?*

mocháu, -ada: 1. *Participiu de *mochare. Vieno mui mocháu.* 2. *ax.* Húmedu, con augua. ||| *Tamos mochaos ya espiltrazaos igual que triezos* úsase como frase célebre.

mochu, -a: *ax.* Que nun tien cuernos. *Nun alcuentremos a la nuesa cabritina mocha.* ||| *Cabra mocha nun tien cuernos* úsase como dichu popular pa indicar una evidencia.

mociquín, -ina: *sust. m.* ya *f.* Diminutivu de *mozu*. *El.la yá viniera l'anu pasáu con aquel mociquín.*

modroñu: *sust. m.* Arbustu anxospermu dicotiledóneu, parásitu ya con poderes máxicos, "Viscum album". *Cochíu un ramín de modroñu.*

mofu: *sust. m.* Conxuntu d'especies vexetales de tipu briofitu que cubren espacios húmedos. *Los nenos marchanon por mofu pal nacimientu.*

moler(e): *v.* 1. Machacar, triturar un oxetu. *Moléilu bien antias.* 2. Machacar el granu nel molín. *Güei nun muel mieu padre.* 3. Funcionar el molín. *El mieu molín yá nun muel.*

molín: *sust. m.* 1. Mecanismu pa moler el granu, xunto a un ríu pa mover hidráulicamente la muela. *Nun hai molín onde moler.* || *Faer un molín* 'actividá infantil de faer nuna presa un molín de xuguete'. 2. Construcción onde hai un mecanismu que muel. *Esbarrumbóuse'l molín.*

molineiru, -era: *sust. m.* ya *f.* Persona qu'atiende'l molín. *Marchóu la molinera.*

momu: *sust. m.* Carne que nun tien grasa, nin güesos nin nervios. *Yera tou momu.*

monesteriu: *sust. m.* Casa de relixosos.

mondongu: *sust. m.* Carne que s'adoba pa los *chourizos*.

mondonguera: *sust. f. Mucher* qu'ayuda na matanza del gochu. *L'anu pasáu tuviera de mondonguera pa los de Nin.*

mondrugu: *sust. m.* Trozu de pan duru. *Díu-l.ly un mondrugu al probe.*

mondrugu, -a: *ax.* Malencaráu, que paez enfadáu. *Nun quiero que venga esi mondrugu del tou xenru.*

monín, -ina: *interx.* 1. *Espresión de cariñu, especialmente pa los nenos: Ven monín, ven.* 2. *Espresión d'alvertencia. ¡Ai, monín! ¿Ya tú qué pensabas?*

monteiría: *sust. f.* Cacería de *l.lobos*, con tolos homes del pueblu. *Marchanon de monteiría.*

monte: *sust. m.* 1. Montaña. *Pa chegar a El Cuetu l'Osu hai que pasar aquel monte d'ail.lí.* 2. Sitiu onde hai árboles ya vexetación salvaxe. *Metíuse* *naquel monte qu'hai n'El Val.le'l Teixu.* 3. *Refierse a cualquier sitiu non cultiváu. El poulu agora yía monte.*

montera: *sust. f.* Gorru tradicional de los paisanos. *Venían dous de montera.*

montón: *sust. m.* 1. Grupu d'oxetos que tien dalgún relieve, por exemplu, un montón de yerba. ‖ *Montón de cuitu 'cuiteiru,* sitiu onde se pon el *cuitu* nel corral'. 2. Persona gorda ya qu'anda mal. *Va con aquel montón.*

montona: *sust. f.* Montón de yerba de tamañu escasu. *Echái al carru esa montona.*

montonera: *sust. f.* Montón grandón de cualquier tipu d'oxetos. *Tien una montonera de morrillos delantre casa.*

monxa: *sust. f.* Relixosa de diferentes órdenes.

moña: *sust. f.* 1. Muñeca de trapu o cartón. *La nena tien una moña nui guapa.* 2. Borrachera.

moñica: *sust. f.* Escrementu del ganáu que queda nel suelu. *Quitái las moñicas de delantre casa.*

moqueiru: *sust. m.* Pañuelu pa guardar nel bolsu. *Perdíu'l moqueiru nel monte.*

moquita: *sust. f.* Mocu acuosu. *Cayía-l.ly la moquita pol fríu.*

mor: ‖ *Por mor de, pola mor de* 'por causa de'. *Nun vieno por mor del trabachu. Nun chegóu pola mor de que yera tarde.*

mora: *v.* Frutu silvestre ya comestible, formáu por un piñu de graninos negros o coloraos (la mora pue ser albar o corchiza: l'*albar* sabe bien, la *corchiza* cómese mal). *Prestaríame faer un machucu de moras.*

moracu, -a: *ax.* ya *sust.* Moru, con matiz despeutivu.

morcel.lera: *sust. f.* Tripa ancha que val pa faer *morciel.las.*

morciel.la: *sust. f.* Productu de la matanza que se fai con sangre ya *cebol.la. Díume una morciel.la la vecina.*

morder(e): *v.* Clavar los dientes. *Nun dexes que te muerda la perra.*

mordichón: *sust. m.* Aición ya efeutu de *mordere. Pegóu-l.ly un mordichón nel brazu.*

morena: *sust. f.* Montonín de yerba. *Quitái esta morena d'aiquí.*

morenu, -a: *ax.* De color escuru. *El sol dexóula morena.*

morga: *sust. f.* 1. Conxuntu de desperdicios o de basura de tipu vexetal. *Con tanta morga nun soi a vivire.* 2. *Dizse, irónicamente, de los nenos. *¿Ónde anda la morga?*

morgazu: *sust. m.* Restos ruinos de *l.leña*, *pacha*, etc. *L.limpiái el morgazu que quedóu por aiquí.*

morgueiru: *sust. m.* Ayudante del *sogueiru*. *Chegóu'l sogueiru cono morgueiru.*

moricu, -a: *ax.* ya *sust.* 1. *Mouru.* 2. *Úsase pa referise a la xente piel morena, pero con un aquel negativu, porque tiense por rasgu antiestéticu. *Yía mui morica.*

morillu: *sust. m.* Pieza de fierru que se pon xunto a la *l.lariega*. *Apartái'l morillu, que muerre'l l.lume.*

moriscu: *ax.* ‖ *Piornu moriscu* 'piornu más baxu ya que fai más difícil el pasu'.

morisqueta: *sust. f.* Afalagu, caricia. *Fai-l.ly muitas morisquetas.*

mormeirosu, -a: *ax.* Que siempre tien *mormera* o *mormeras*. *Nun traigas a esi mormeirosu.*

mormera: *sust. f.* 1. Catarru de nariz. *Paez que tienes mormera.* 2. *Úsase enn plural pa referise a los mocos colgando de la nariz. *¡Qué mormeras trai la nena!*

mormeras: *sust. m.* Persona que tien siempre mui bien de mocos. *¡L.límpiate, mormeras!*

morralla: *sust. f.* Conxuntu d'oxetos que nun valen pa nada. *Quitáime toda esta morralla d'aiquí.*

morrer(e): *v.* Dexar d'esistir un ser. *Morríu la nuesa Pinta.*

morrillu: *sust. m.* Piedra, de tamañu non mui escasu. *Tiróu-l.ly morrillos a esgaya.*

morrina: *sust. f.* Animal muertu, pero que nun ta enterráu. ||| *La utre come morrina ya sábe-l.ly a xixa fina* espresa la idea de que pa los gustos nun hai valores absolutos.

morrinosu, -a: *ax.* Enfermu, que seguramente muerre, aplicándose a animales. *You vilu yá mui morrinosu.*

morru: *sust. m.* Focicu, parte de la cara onde s'alcuentra la boca. *Cayíu de morros.* || *Beber a morru* 'beber direutamente del recipiente a la boca'. || *Pregare'l morru* 'poner cara de ponese a *chorar*'.

mortacha: *sust. f.* Vestimenta pal difuntu. *Val-l.ly de mortacha.*

morteiru: *sust. m.* Vasu que s'emplega pa machacar dalgunos alimentos.

moru: *sust. m.* Pieza del carru que va na piértiga ya que val pa meter el palu delantreru de la *talanguera*.

morugu, -a: *ax.* Que tien cara d'enfadu, que suel enfadase fácilmente. *Los d'esa casa son mui morugos.*

morzolada: *sust. f.* Escrementu secu que s'echa de golpe.

moscanciu: *sust. m.* Tipu de *morciel.la* de tamañu ruin. *Gústa-l.ly el moscanciu.*

mosca: *sust. f.* *Nome de diferentes especies d'inseutos dípteros. *Tornade las moscas que nos comen.*

moscar(e): *v.* 1. Espantase'l ganáu pola mor del calor ya la mosca. *Güei con esta gafedá van a moscar las vacas.* 2. Ponese'l ganáu nun sitiu frescu pa defendese del calor ya la mosca. *Las vacas tán moscando naquel.la mata.* 3. Metafóricamente, actuar los seres humanos de forma sorprendente ya escesiva. *El.la yá moscóu daquel.la.*

moscón: *sust. m.* Inseutu dípteru, de tamañu más grande que la mosca.

mosqueiru: *sust. m.* Sitiu al que van los animales a moscar. *Faía un calorón mui grande ya las vacas buscanon un mosqueiru.*

mosquera: *sust. f.* Armariu con tela metálica pa que los alimentos s'alcuentren frescos. *Metéi los queisos na mosquera.* 2. *Úsase en plural pa referise a los flecos colgantes de *las mul.lidas* pa que'l mosqueríu nun moleste a la parexa xunida. *Con tantu mosqueríu, si nun yía polas mosqueras cómen-l.lys los güechos a las vacas.*

mosqueríu: *sust. m.* Conxuntu grande d'inseutos, como la mosca. *Güei hai muitu mosqueríu.*

mosquilón: *sust. m.* Golpe, trompazu que se da a una persona. *Pegóu-l.ly unos buenos mosquilones.*

mostacha: *sust. f.* Frutu coloráu, que nun se come, del *mostachal.*

mostachal: *sust. m.* Árbol que da un frutu coloráu, "Sorbus aria".

motorra: *sust. f.* Conxuntu d'árboles, oxetos o xente apretaos. *Ahí alantrones hai una buena motorra de rebol.los.*

moucu, -a: *ax.* *Dizse del animal que nun tien yá namás qu'un cuernu. *La vaca mouca yía la vuesa.*

mourión: *sust. m.* Cada palu grande ya gordu vertical que sostién la *rodera. Cayíu un mourión de la rodera de la L.lama la Cuérguila.*

mouru, -a: *ax.* ya *sust.* 1. Musulmán del norte d'África. 2. Antepasaos míticos. *Pola senda Las Antiguas pasaban los mouros.*

movida: *sust. f.* Corrimientu de nieve ya piedra. *Ayere hubo una movida n'Andrías.*

mozacu, -a: *Sust m.* ya *f.* Adolescente. *Entovía yía un mozacu.*

mozada: *sust. f.* Cantidá que pue garrase xuntando *las manos. Díume una mozada de cereisas.*

mozón, -ona: *ax.* *Aumentantivu de *mozu.*

mozquitar(e): *v.* 1. Quitar una cachín a un oxetu. *Mozquitóulu cona piedra.* 2. Quitar un cachín a la castaña pa poder asala. *Nun t'olvides de mozquitar las castañas.*

mozquitu: *sust. m. Muezca,* señal, marca na *ourecha* del ganáu.

mozu, -a: *sust. m.* ya *f.* Persona que yá dexó de ser nenu ya entovía nun s'alcuentra casáu. *Yía cousa de mozos.*

mucher(e): *sust. f.* 1. Persona del xéneru femenín. 2. Esposa del home. *Él vieno cona mucher.*

mucheriegu: *ax.* Qu'anda por demás con *mucheres. Dixenon que yera mui mucheriegu.*

mucherina: *sust. f.* *Diminutivu de *mucher.*

mucherona: *sust. f.* *Aumentativu de *mucher.*

muechu: *sust. m.* Situación d'un oxetu puestu n'augua pa qu'humedeza bien. || *Poner a muechu* 'dexar un oxetu nel augua durante un tiempu determináu'.

muel.le: *ax.* Blandu, suave. *Paez más muel.le qu'antias.*

muela: *sust. f.* 1. Piedra del molín que muel el granu. 2. Pieza de la dentadura. *Cayíu-l.ly una muela.* 3. *Chábana* redonda que se pon encima los *pegol.los* pa que nun entren los ratos nel *hurriu.*

muermu: *sust. m.* Enfermedá propia de caballos ya burros ya que fai que hinchen los ganglios.

muerte: *sust. f.* Aición ya efeutu de dexar d'esistir un ser vivu. || *Cocher la muerte, Garrar la muerte* 'enfermar gravemente de fríu'. *Nun andes pola nieve que vas a cocher la muerte.*

muezca: *sust. f.* 1. Corte que queda como una *fendedura* nuna superficie. *Esta gadaña tien una muezca.* 2. Canalín en forma d'espiral que se fai al fusu ya a la fusa pa que nun salga'l filu al *filare.*

muito: *alv.* 1. *Indica cantidá grande. *Aiquí nun hai muito.* 2. *Formador de superlativos. *Fixo las cousas muito bien.*

muitu, -a: *ax.* En gran cantidá. *Había muita xente na fiesta.*

mul.lida: *sust. f.* Almogadina que se pon na cabeza de la vaca pa que nun la manque'l xugu.

mul.lidu, -a: *ax.* 1. Con material que da más blandura. *Yía una cama mui mul.lidina.* 2. Que s'alcuentra encima d'un oxetu blandu. *Aiquí toi mul.lidu mui a gustu.*

mul.lir(e): *v.* Componer un sitiu blandu pa poner dalguna parte del cuerpu de persona o animal. *Hai que mul.lir la corte pa que s'eche la vaca.*

mulu: *sust. m.* Animal de carga, híbridu de *caballu* ya *burra.*

mundicia: *sust. f.* Suciedá, porquería por falta d'hixene. *Pasóu un probe que tenía mui bien de mundicia.*

munuzuela: *sust. f.* Parte musculosa del esófagu de la pita onde machaca la comida.

muñeca: *sust. f.* 1. Articulación del antebrazu ya la mano. *Rumpíu la muñeca porque cayíu del carru.* 2. Xuguete qu'imita una figura femenina, *moña.*

muñecu: *sust. m.* 1. Figura qu'imita a un ser humanu. 2. Xuguete qu'imita una figura masculina.

muñir(e): *v.* Sacar el *l.leite* a la vaca. *Yá yía hora de muñire.*

muradal: *sust. m.* Mata baxa espesa, con *zarzas*, arbolucos, onde s'entra con dificultá. *Tiróulu pa un muradal ya perdíuse.*

murador(e), -a: *ax.* Que caza mui bien de *ratos*, refiriéndose al gatu.

murar(e): *v.* Vixilar el gatu al ratu pa cazalu. *El gatu sigue murando.*

murciégalu: *sust. m.* Mamíferu volador, "Pipistrellus pipistrellus".

murga: *sust. f.* 1. Fiesta con mui bien d'*estrueldu* que se fai nel *Antroidu*. 2. Molestia. *Diénonme la murga todita la nueite.*

murimundu, -a: *sust.* ya *ax.* Que s'alcuentra mui cerca de la muerte.

murnia: *sust. f.* Tristura, angustia. *La murnia acabóu con él.*

murrión: *sust. m.* 1. *Panocha* de maíz que se vuelve escura por una enfermedá. *Los murriones tiráilos aiquí.* 2. Enfermedá de la *panocha. Nun séi si nun-l.lys entrará'l murrión.*

muruca: 1. *Coca. Nós siempres pescamos con muruca.* 2. *Minga* de los nenos. *Mirái cómo tapa la muruca.*

murueca: *sust. f.* Montón de piedra suelta, xeneralmente xunto a *l.linares*, eiros ya güertos. *Quier faer una casa al l.lau de la murueca.*

muruéndanu: *sust. m.* Fresa de monte, "Fragaria vesca" ya especies d'esa clas. *Alcontrémos unos muruéndanos mui riquísimos.*

muruxa: *sust. f.* Planta escrofuliarácea, "Stellaria media". *La tierra chenóuse de muruxa.* || *La muruxa de tierra* sal nos sitios cultivaos. || *La muruxa de fuente* sal nos sitios mui húmedos,

música: *sust. f.* Son que tien guapura ya armonía.

música: *interx.* *Espresión que manifiesta que nun se considera lo que diz dalguna persona. *Si ho, ¡música!*

mux: *interx.* *Voz pa espantar al gatu. *¡Mux, mux, muxina!*

muxa: *interx.* *Voz pa espantar al gatu. *¡Muxa, muxa, mux!*

muxega: *sust. f.* Depósitu na parte d'arriba del molín onde s'echa'l granu pa molelu. *Chenái bien la muxega.*

muxín, -ina: *sust. m.* ya *f.* Gatu.

muxín: *interx.* *Voz pa espantar al gatu. *¡Mux, mux, muxín!*

muxina: *interx.* *Voz pa espantar al gatu. *¡Mux, mux, muxina!*

muxín, -ina: *ax.* *Empléase más bien en femenín ya dizse especialmente de *las mucheres* que paecen suaves, que "paez que nun rompen un platu". *Ta feita una buena muxina.*

N

na: Contraición d'*en* ya *la*. *Quedóu na corte.*

nabina: *sust. f.* Simiente del nabu. *Faime falta nabina pa esti anu.*

nabiza: *sust. f.* Conxuntu de *fuechas* de los nabos. *Garróu la nabiza ya vieno asina pal pueblu.* ||| *Agárrate al nabu que la nabiza xelóu.*

nabu: *sust. f.* Planta que tien raíz comestible, "Brassica napus".

nabudu, -a: *ax.* 1. Que tien que ver con nabos. 2. De Matalavil.la (porque yera xente que semaba mui bien de nabos ya vendía la *nabina*). 3. *Dizse especialmente de la *pataca* dura, que cuez mal. *Nun me traigas ésas que son mui nabudas.*

nacer(e): *v.* 1. Entamar la esistencia. *Paez que nacíu ayere.* 2. Salir una planta. *¿Nacíu la cereisal?*

nacida: *sust. f.* Bultu que sal na piel de la vaca. *La Garbosa tien una nacida ya nun-l.ly la viera hasta güei.*

nada: *sust. m.* Cantidá mínima de cualquier entidá. *Díume un nada de sal.*

nada: *alv.* *Indica negación. *Nada, nun vien.*

nada: *pron.* Denguna realidá. *Aiquí nun hai nada.* || *Más nada* 'denguna realidá más'. *Nun me pidas más nada.*

nadín: *sust. m.* Cantidá mínima d'una realidá determinada. *Daime un nadín de l.leite.*

nadixín: *sust. m.* Cantidá mínima de cualquier entidá. *Diénonme un nadixín.*

naide: *pron.* Denguna persona. *Nun chegóu naide entovía.*

nainu, -a: *sust. m.* ya *f.* Persona baxa, que nun tien el crecimientu normal. *Entróu a la tabierna con un nainu.*

nalar(e): *v.* Nadar. *Nalóu, nalóu hasta qu'afondóu.*

namás: *alv.* Únicamente, solamente. *Vieno el.la namás.* || *Aiquí namás* 'únicamente *aiquí'. Pasóu namás aiquí.*

namás: *conx.* Nel mesmu momentu, inmediatamente. *Namás que vieno Tiadosiu, marchemos pa L'Oubiu.*

namorar(e): *v.* Provocar un sentimientu amorosu. *Namoróula no bail.le.*

namorase: *v.* Llegar a tener un sentimientu amorosu. *Namoróuse nel bail.le.*

namoráu: *sust. m.* Flor de forma circular ya con pinchos, que queda fácilmente pegada a los cuerpos. *Tien un namoráu apegáu al pantalón.*

namoráu, -ada: 1. *Participiu de *namorare. El.la sigue mui namorada.* 2. *ax.* Entusiasmáu por, partidariu de. *Chegóu namoráu de la cabana que-l.ly fixenon en L.lourinas.*

narigada: *sust. f.* 1. Nariz grandona. *Tien una buena narigada.* 2. Golpe na nariz. *L.levóu una buena narigada.*

narigón: *sust. m.* Aru de metal que se pon nel focicu de los animales pa controlalos. *Garráilu pol narigón.*

naspa: *sust. f.* Cada pieza plana del *rodenu* del *molín. Rompienon unas cuantas naspas del molín.*

nasu: *sust. m.* Cestu de *brimbas* anchu por abaxo ya *estreitu* arriba pa garrar *truitas* nel ríu. *Cochíulas cono nasu.*

natar(e): *v.* Criar nata'l *l.leite. Pon el l.leite al frescu pa que nate.*

natura: *sust. f.* Xenitales femeninos ya matriz d'animales en xeneral, pero especialmente de la vaca.

navacha: *sust. f. Cuchiel.lu* plegable. *Tenía una navacha escondida.*

nebrera: *sust. f.* Arbolín de monte, "Juniperus communis", que da como frutos *arándanos de nebrera.*

néfetes: *sust. m. pl.* Narices ya morros del ganáu vacunu. *Garróulu polos néfetes.*

nefetear(e): *v.* Controlar a un animal garrándolu na parte de los morros con un narigón o namás manualmente. *Pa garrar el magüetu hai que nefetialu.*

negral: *sust. m.* Renegrón que sal na piel pola mor d'un golpe. *Chenánonlu de negrales.*

negrillu: *sust. m.* Árbol del xéneru "Ulmus", de *fuecha pequena* que sal xunto a los ríos.

nenina: *sust. f.* 1. *Diminutivu de nena. *Marchóu cona sua nenina.* 2. Iris de los *güechos. Mancóuse na nenina mesma.*

nenu, -a: *sust. m.* Persona na parte de la vida anterior a l'adolescencia. *Yía namás un nenu.*

nestoncias: *alv. Entoncias.*

nevada: *sust. f.* 1. Aición ya efeutu de nevar. *Ta entamándose una gran nevada.* 2. Cantidá de nieve que cai ya dexa cubiertu'l suelu. *Cayíu una buena nevada.*

nevarada: *sust. f.* Nevada grandona. *¡Menuda nevarada!*

nial: *sust. m.* Construcción que faen páxaros pa poner los güevos ya cuidalos. *You séi onde hai un nial de pimenteras.*

nialada: *sust. f.* 1. Gran cantidá de *pol.los* de la pita. 2. Gran cantidá de güevos o de páxaros nun nial. *Alcontréi una nialada naquel.la cereisal.*

nialeiru: *sust. m.* 1. Sitiu onde ponen güevos *las pitas.* 2. Güevu que se dexa pa que sigan poniendo *las pitas.*

nin: *Apócope de *ninu* usada n'esclamaciones, pero mui escasamente. *¿Tu que faes, nin?*

nin: *conx.* *Partícula qu'axunta una negación. *Nun fai nin ésta nin aquél.la.*

ninu, -a: *interx.* *Úsase como espresión d'almiración. *¡Ah ninu!, ¿tú que fais?* ||| *¡Ah nina!, ¡qué sustu me disti!, ¡contéi que mamara'l xatu a la vaca Corneixa!* recuérdase como frase d'un cuentu popular.

ninu, -na: *sust. m.* ya *f.* Nenu. *Marchóu cono nenu a L.lourinas ya a Fanales.* ||| *Esti anu hai remolachas como ninos* recuérdase como frase célebre.

nisal: *sust. f.* Árbol que da *nisos,* de la familia de "Prunus domestica".

nisu: *sust. m.* 1. Frutu de color escuru que da la "Prunus domestica" o *nisal.* 2. Tontu, bobu. *Sos un nisu.*

nizas: *sust. f. pl.* Pelos enredaos ya malcuriosos. *¿A ónde vas con esas nizas?*

no: *Contraición d'*en* ya *el. Vien no carru.*

nogal: *sust. f.* Árbol que da *cuenxos,* "Juglans regia". *N'El Poulón hai dúas nogales nuesas.*

non: *alv.* *Negación tónica, de tipu absolutu. *Non, nun voi a la macha.*

norabuena: *sust. f.* 1. Felicitación ritual a los novios al anunciar la boda, resultáu de la contraición de'*en hora buena. Hai que da-l.lys la norabuena.* 2. Felicitación en xeneral. *Darémoste la norabuena polo bien que lo fixisti.* || *¡Que seya norabuena!* úsase como espresión ritual de felicitación.

norabuena: *interx.* *Contraición d'*en hora buena* que s'usa como saludu de felicitación. *¡Norabuena!*

noramala: *alv.* En mal momentu ya desgraciadamente, *resultáu de la contraición de'*en hora* ya *mala. Vieno noramala.* || *¡Que seya noramala!* úsase como espresión de maldición.

nortada: *sust. f.* Vientu ya *chuvia* que vienen del norte. *Vieno una nortada mui mala.*

nós: *pron.* *Forma tónica de la primera persona del plural. *Nós diximos la verdá.*

nos: *pron.* *Forma átona de la primera persona del plural. *Dixénonnos la verdá.*

noviembre: *sust. m.* Penúltimu mes del calendariu.

noxu: *sust. m.* Ascu. *¡Ah nenu!, ¡paez que te doi noxu!*

noyu: *sust. m.* 1. Atadura que se fai nuna cuerda. *¿Sabedes faere'l noyu?* 2. Articulación de los dedos. *Duélen-l.ly los noyos.*

nublar: *v.* Cubrise'l cielu de *nubles. Paez que va a nublar.*

nuble: *sust. f.* Condensación de vapor que se ve nel cielu. *Nun sei, hai muitas nubles.*

nublina: *sust. f. Nuble* que se forma na superficie terrestre. *Güei yá nun l.levanta la nublina.*

nublu, -a: *ax.* Cubiertu de nubles. *Amanecíu mui nublu.*

nudiel.lu: *sust. m.* El güesu que sal nel *todiel.lu. Manquéime nel nudiel.lu ya duelme entovía.*

nueitada: *sust. f.* Aición destacada que pasa nel tiempu de la *nueite. ¿Preparades dalguna nueitada?*

nueite: *sust. f.* Mitá escura del día. *Xelóu pola nueite.* || *Nueite piechu* 'nueite total, mui escura'. *Cuando marchóu pa L.lourinas yera nueite piechu.*

nueitina: *sust. f.* *Diminutivu de *nueite*; suel referise a una *nueite* divertida ya satisfactoria. *¡Menuda nueitina la d'ayere!*

nuera: *sust. f.* Esposa del *fichu. La mia nuera vien güei.* || *La probe nuera* 'zona del intestinu de la vaca".

nuesu, -a: *ax.* ya *pron.* *Posesivu de primera persona del plural. *La nuesa castañal yía mui grandísima.*

nuevecientos: *sust. m.* *Nome que ser refier al numberal nuevecientos. *Tenía'l nuevecientos.*

nuevecientos: *num.* Nueve veces cien.

nuevecitu, -a: *ax.* Mui nuevu. *Mercóula nuevecita.*

nuevu, -a: *ax.* 1. Xoven, de corta edá. *Entovía sos mui nuevu, rapaz.* 2. En buen estáu. *Tien el l.libru nuevu.* 3. Reciente. *La mía casa yía nueva.* || *¿Tenedes dalgu de nuevu? ¿pásavos dalgo en casa?'*

númaru: *sust. m.* Entidá de la serie aritmética. *Había un númaru mui grande de xatos.*

nun: *alv.* *Negación átona, acompañante de forma verbal. *Nun séi si vendrá güei.*

nunca: *alv.* En denguna ocasión, denguna vez, enxamás. *Nun quier venir nunca.* || *Nunca tal se víu, Nunca se víu outru tal* indica qu'enxamás tien pasao un acontecimientu asina.

nuncias: *sust. pl. f.* Matrimoniu.

Ñ

ñalga: *sust. f.* Glúteu. *Mancóuse na ñalga.*

ñáñaras: *sust. m.* Persona charlatana pero confusa, que nun se sabe bien lo que piensa. *Chegóu aquel ñáñaras ya you marchéi.*

ñudu: *sust. m.* Atadura que se fai nuna cuerda o nun oxetu que tien forma de cuerda. *El ñudu quedóu mui bien feitu.*

O

o: *conx.* *Disyunción qu'indica una alternativa. *¿Vien o nun vien?*

obispa: ||| *Ya ¿qué tal la obispa ya las obispinas?* recuérdase como frase d'un cuentu popular.

obispina: ||| *Ya ¿qué tal la obispa ya las obispinas?* recuérdase como frase d'un cuentu popular.

obispu: *sust. m.* Cargu más importante de la Ilesia na diócesis (Palacios del Sil yera de la Diócesis d'Uviéu hasta 1953). *Marchóu a onde l'obispu pa la dispensa.*

obligación: *sust. f.* 1. Aición ya efeutu d'obligar. *Nun tien obligación de dir.* 2. Documentu priváu que contién dalgún contratu o deuda. *Diz que tien una obligación firmada.*

obligar(e): *v.* Faer qu'una persona tenga una conducta determinada. *Obligóula a dir a la braña.*

obra: *sust. f.* Construcción, movimientu de tierra que faen los seres humanos. *Fixenon muita obra no Punxil.*

obrar(e): *v.* Faer dalgún tipu d'aición o construcción. *Obranon mal nun la reconociendo.*

obreiru, -era: *sust. m.* ya *f.* Persona que tien un empléu ya tien un salariu. *Anda d'obreiru pa los vecinos.*

ocasión: *sust. f.* Oportunidá, situación favoratible. *Siempres que lu ve, nun pierde ocasión de conta-l.ly la historia.*

ochavu: *sust. m.* Moneda antigua.

odre: *sust. m.* Piel d'ougüecha que se curte ya prepara pa echar la nata ya faer la *manteiga* ya que pue valir tamién pa trasportar *el l.leite* de la braña al pueblu. || *Entregar l'odre* 'morrer'. || *Tar como un odre* 'tar mui gordu ya abotargáu'.

olea: *sust. f.* Olor mui fuerte ya penetrante. *¡Vaya olea que vien!*

oler(e) *v. Goler.*

olfatear(e): *v.* Percibir pola mor del olfatu. *Olfatiando, olfatiando alcontróulu.*

ol.la: *sust. f.* Recipiente de base circular. *Metíu las truitas nuna ol.la.*

ol.lera: *sust. f.* Construcción onde se pon *el l.leite* a enfriar pa que se conserve ya que s'alcuentra na braña, nuna fuente bien fría. *Ponéi los bidones nas ol.leras.*

olor(e): *sust. m.* Sensación del olfatu. *Da buen olor.*

olvidar(e): *v.* 1. Nun ser a faer presente dalguna alcordanza. *Olvidéi cuála yía la senda que va a La Fuente l'Osu.* 2. Nun faer dalgo por distraición. *Olvidóuse de dir al concechu.*

onde: *rel.* 1. El que, la que, lo que. *La pena por onde cayíu yía la que ta encima un l.leirón.* 2. Al que, a la que, a lo que. *El sitiu onde chegemos yera mui malu.* 3. Nel que, na que, no que. *Vieno a vere la casa onde naciera.*

onde: *alv.* 1. El sitiu que. *Onde diz nun val pa nada. Xubíu a El Cuetu l'Osu por onde you.* 2. Nel sitiu que. *Onde diz el.la nun hai xiplos. nun quedóu denguna.*

ónde: *interr.* 1. Qué sitiu. *¿Por ónde xubíu a El Cuetu l'Osu?* 2. En qué sitiu. *¿Ónde tien güei la vecera?* 3. A qué sitiu. *¿Ónde va güei la veceirina?*

ondequiera: *alv.* En tolos sitios. *Ondequiera que vas, ahí lu alcuentras plantáu.*

onza: *sust. f.* Dieciseisava parte d'una *libra.*

orbachada: *sust. f. Orbachu* mui fuerte. *Esta nueite cayíu una grandísima orbachada.* 2. Aición ya efeutu d'*orbachare. Enfrióu cona orbachada.*

orbachar(e): *v.* Formase l'*orbachu* nos praos, especialmente na *nueite.*

orbachu: *sust. m.* Conxuntu de d'humedá qu'apaez na vexetación ya nos praos pola mor del fríu de la *nueite. Hai muitu orbachu esta mañana.*

orbazar(e): *v.* Caer una *chuvia* fina. *Orbazóu pola tarde.*

orbazu: *sust. m. Chuvia* fina. *Cayíu muitu orbazu pola mañanina.*

orechudu, -a: *ax.* Que tien las *ourechas* mui grandes. *Tien un rapaz mui orechudu.*

orgul.losu, -a: *ax.* Que tien una estima mui grande, escesiva de sí mesmu. *Sos mui orgul.losu.*

oriéganu: *sust. m. Ouriéganu.*

orón: *sust. m.* As d'oros del xuegu de naipes. *Tien l'orón.*

ortiga: *sust. f.* Planta verde urticácea que produz dolor ya lesiones na piel al tocala. *Hai unas ortigas más altas que you.*

ortigal: *sust. m.* Sitiu onde hai mui bien d'*ortigas. Agora la l.linar yía un ortigal.*

ortigar(e): *v.* Provocar dolor ya lesiones na piel al tocar a dalguién con un ortiga. *Arrincóu una ortiga ya quería ortigame.*

ortigase: *v.* Sufrir el dolor ya la lesión na piel al tocar dalguna ortiga. *Ortiguéime al pasar por un calechón.*

oru: *sust. m. Ouru. Tien cousas d'oru.*

oruxu: *sust. m.* Bebida alcohólica que sal de la destilación de la uva. *Fartóuse d'oruxu pola mañana.*

orzulín: *sust. m. Arzulín.*

osu, -a: *sust. m.* ya *f.* Mamíferu omnívoru ya grandón, frecuente nos montes de Palacios del Sil, "Ursus arctos". || *Parl.lade del osu que yía fieru animal* úsase pa recomendar esviar la conversación violenta ya buscar asuntos non conflictivos.

ou: *conx. U. ¿Vien ou nun vien?*

ouca: *sust. f.* Organismu acuáticu verde qu'hai nos ríos ya *nas presas. El pozu chenóuse d'oucas.*

ougüecha: *sust. f. Ugüecha.*

ourecha: *sust. f.* 1. Cartílagu qu'hai a los *l.laos* de la cabeza. *Tien las ourechas mui pequeninas.* 2. Aparatu fisiolóxicu pa sentir. *Tien buena ourecha.* || *Tener ourecha de gochu flacu* 'ser quien a sentir mui bien lo que pasa alredor'. *Nun alcéis la voz, que tien ourecha de gochu flacu.*

ourechera: *sust. f.* Saliente del *aráu,* que va echando pa los *l.laos* la tierra de los *sucos* que va abriendo la *recha.*

ouriéganu: *sust. m.* Yerba medicinal ya que s'emplega como condimentu, "Origanum vulgare". *Pon las lentichas con ouriéganu.*

ouriel.la: *sust. f.* Parte de la tierra que s'alcuentra xunto al ríu. *Cayíu na mesma ouriel.la.*

ouriel.lu: *sust. m.* Borde d'una tela, d'una páxina. *Tien un ouriel.lu mui guapu.*

ourizu: *sust. m.* 1. Envoltura, con mui bien de pinchos, de la castaña. *Chenóuse d'ourizos El Poulón.* 2. Enfermedá infecciosa del ganáu *nas pezuñas.*

ouru: *sust. m.* Metal preciosu *mariel.lu. Tien muitu ouru.*

outeiru: *sust. m.* Elevación non mui grande del terrenu.

outramiente: *alv.* Dende un puntu de vista distintu, *por outru l.lau. Outramiente nun yía mal rapaz.*

outru, -a: *ax.* ya *pron.* 1. Distintu. *Daime outru cachapu.* ‖ *L'outru anu* 'van unos *anos'. Vieno l'outru anu.* 2. Una entidá más. *Una magüeta yía pouco, merca outra.* 3. Réplica d'un ser. *Yá tenemos outru fatu nel pueblu.*

outubre: *sust. m.* Décimu mes del calendariu. *Por outubre empieza a enfriare.*

outuenu: *sust. m.* 1. Estación que sigue al branu. *Pol outuenu nun xubas que fai fríu.* 2. Yerba que da'l prau en pasando'l branu. *Esti prau tien un gran outuenu.*

ouyer(e): *v.* Percibir dalgo que suena. *Nun soi a ouyer las cousazas que diz.*

ox: *interx.* *Voz pa espantar a *las pitas.* ¡Ox, ox!*

oyer(e): *v.* Ouyer. *La viecha yá nun oi nada.*

P

pa: *prep.* 1. *Indica direición. *La vecera va pa La Granda l'Espinu.* ||| *Cuando voi pa la braña nun l.levo pena* cántase como estrofa d'una canción popular. 2. *Indica finalidá. *Vieno pa ver al sou xenru.* 3. *Indica utilidá. *Nun val pa nada.* 4. *Indica causa. *¿Pa qué vien a estas horas si entovía nun amanecíu?* || *Pa ente nós* 'que nun se diga a naide más'. *Estas cousas dígotelas pa ente nós namás.* || *Pa siempres xamás amén* 'pa siempre'. *Marchóu pa siempres xamás amén.* || *Ya pa con eso* 'como diba diciéndote'. *Ya pa con eso, el.la chegóu ya entróu pola puerta d'atrás.*

pábilu: *interx.* *Voz que se canta na *vaqueirada,* seguramente d'aniciu onomatopéyicu. || *Cuando voi pa la braña, nun l.levu pena, porque l.levo conmíu, la mia morena* diz la estrofa d'una *vaqueirada.*

pábilu: *sust. m.* 1. Mecha de la vela. 2. Parte *queimada* de la mecha.

pacencia: *sust. f.* 1. *Calidá de ser tranquilu. 2. Galletina redonda que se vende na romería. *Vieno de Carrasconte con pacencias.*

pacer(e): *v.* Comer los animales la yerba del prau. || *L.levare la l.lingua a pacere* 'dicir más de la cuenta'. *Ya nun vuelvas a l.levare la l.lingua a pacere.*

pacha: *sust. f.* 1. Tallu secu de gramínea. || *Nun mover una pacha* 'nun faer nada'. 2. Conxuntu de tallos secos de gramínea. *Nun sei onde vamos a meter esi anu la pacha.* || *Paez que'l ganáu roye bien la pacha* indica que los comensales comen a esgaya ya con gustu.

pachar(e): *sust. m.* Sitiu onde se guarda la yerba ya la *pacha.*

pachizu: *sust. m.* 1. *Manochu de pacha* que se pon na tierra p'alvertir que s'alcuentra semada. 2. Ramín de *pacha* encesa que vuela cuando hai un incendiu.

pacicar(e): *v.* Pacer. ||| *Pacica, pacica, que mañana nevará* úsase como frase de cuentu popular.

pación: *sust. f.* Pastu de primavera ya *outuenu.*

paecer(e): *v.* 1. Tener un aspeutu superficial de. *El.la paez fata pero nun yía fata, non.* || *Paez que-l.ly lu debo ya nun-l.ly lu pago* úsase pa indicar que dalguién tien aspeutu de tar enfadáu ya nun conocer el motivu.

2. Opinar, pensar. *¿Qué te paez? Vieno ya entróu como un xabaril.* || *Paezme que, Peme que* 'pienso que'. 3. Tener rasgos similares. *El fichu paezse bien a la boliquina.*

paga: *sust. f.* Salariu, sueldu. *Tien una buena paga.*

pagar(e): *v.* 1. Dar una cantidá de dineru o de bienes. *A ti yá te paguéi you bien pagáu.* 2. Devolver una aición buena o mala. *¡Yá me las pagará!*

pagas: *sust. f. pl.* Xuegu de nenos nel qu'hai que tocar a los demás. ||| *¡Pagas me debes!* úsase como fórmula del xuegu de las *pagas.*

pala: *sust. f.* Ferramienta con mangu de madera ya una cabeza plana. || *Pala'l fornu* 'pala de madera entera que s'emplega pa *enfornare* ya que si había tormenta sacábase al corral ya cruzábase con un *rodabiel.lu* pa espantar la *tuena'.* || *Pala dientes* 'ferramienta con mangu de madera ya cuatro dientes de fierru que s'emplega pa cargar ya esparcer el *cuitu'.*

palanca: *sust. f.* Tranca de madera p'asegurar la puerta de casa dende dientro.

palancana: *sust. f.* Recipiente nel que se pon augua pa *l.lavase.*

palancaneiru: *sust. m.* Sitiu onde se pon la *palancana.*

palestrina: *sust. f.* Paliza, griesca, especialmente de mozos. *Formóuse una gran palestrina.*

palear(e): *v.* Mover tierra, arena, carbón con una pala. *Antias de nada hai que paliar pa quitar la tierra.*

paliza: *sust. f.* Conxuntu de golpes. *L.levóu una buena paliza.*

pal.luecu: *sust. m.* Cachu de tierra o de *cuitu secu* que cuesta desfaer.

pal.luecu, -a: *sust. m. ya f.* Persona qu'anda mal, d'escasa movilidá. *You con esi pal.luecu un voi a La Sierra.*

palmu: *sust. m.* Midida qu'equival a la palma de la manu abierta.

palomba: *sust. f.* Ave de picu cortu, d'especies mui diferentes. || *Palombina de Dious* 'inseutu coleópteru, semiesféricu ya pintu'. ||| *Palombina de Dious, cuéntame los dedos ya vaite con Dious* dizse al poner na manu una *palombina de Dious.*

palomina: *sust. f.* Mariposa, inseutu lepidópteru.

palpadiel.las: *sust. f. pl.* || *A palpadiel.las* 'palpando'. *Entróu a palpadiel.las.*

palpar(e): *v.* Tocar con una o dos manos. *Como nun vía nada, anduvo palpando pola alcobina.*

palu: *sust. m.* 1. Maderu *l.largu* ya delgáu. 2. Golpe dau con un palu. *¡Dábate unos palos!* || *Palu pintu* 'palu con dibuxos na corteza'. || *D'esi palu tengo you una gaita* 'tener los mesmos males que los demás'. || *A palu secu* 'nun beber nada al comer dalgo'.

pampeiru, -era: *ax.* Que vien como emigrante de La Pampa.

pan: *sust. m.* 1. Alimentu de cereal que cuez nel fornu. *Nun tenemos agora pan pa comere.* ||| *Pan pa güei ya fame pa mañana* refierse a la mala alministración de los recursos. 2. Centenu, planta anxosperma monocotiledónea, "Secale cereale". *Esti anu quier semar la finca de pan.* 3. Granu del centenu. *Hai que l.levar el pan al molín.* || *Pan de curquiel.lu* 'planta que crez na paré ya tien unos graninos tienros del tamañu del centenu'.

pana: *sust. f.* Tela d'algodón que paez terciopelu. *Tien siempres roupa de pana.*

panadeiru, -era: *sust. m.* ya *f.* Que fai pan de forma profesional. || *Igual qu'una panadera* 'que tien una gran gordura'.

panadera: *sust. f.* Conxuntu de golpes o de palos que se reciben. *Va a cae-l.ly una buena panadera.*

pándanu, -a: *ax. Pandu*, que tien forma más bien plana. *Ponéilu nun sitiu pándanu.*

pandeiru: *sust. m.* Instrumentu musical de percusión, de piel ya de forma cuadrada. *El.la sabe tocar mui bien el pandeiru.*

pandiel.la: *sust. f.* Zona plana ya abombada del monte. *Ail.lí hai una pandiel.la.*

pandu, -a: *ax.* Que tien una superficie plana ya tamién abombada. *Ail.lí alcontrarás un prau bien pandu.*

panera: *sust. f.* Sitiu onde se guarda'l pan. *Sacái la panera.*

paniega: *sust. f.* Planta que cuando naz nos cultivos resulta perxudicial, del xéneru "Rumex". *Marchanon a la güerta a quitar paniegas.*

paniegu, -a: *ax.* Que come mui bien de pan. *Yía mui paniegu.*

panizu: *sust. m.* 1. Infección xunto a la uña (pa curalu usábase untu). *Tien un panizu nel dedu.* 2. Cereal que se semaba en tiempos mui antiguos.

panocha: *sust. f.* Frutu del maíz. *Cayíu una panocha.*

panrel: *sust. m.* Persona con movilidá mui deficiente. *La tua harmana yía un panrel que nun val pa nada.*

pantasma: *sust. f.* Espíritu, ser con poderes misteriosos. *Había una pantasma nesa casona d'ail.lí.*

panu: *sust. m.* 1. Tela de *l.lana.* || *Panu pardu* 'tela torpe de *l.lana* que se fai nos telares'. 2. Tela en xeneral.

panuelu: *sust. m.* 1. Trozu cuadráu de tela que suel guardase nel bolsu. *Perdíu'l panuelu.* 2. Trozu cuadráu de tela que ponen *las mucheres* pola cabeza.

pañadera: *sust. f. Capadera,* palu dobláu que s'emplega pa *pañar castañas.*

pañar(e): *v.* Garrar del suelu, recolectar. *Güei hai que dir a pañar castañas.*

papada *sust. f.* 1. Parte de la cabeza que s'alcuentra debaxo de la quixada. 2. *Papu* mui grande. *Esti tien una buena papada.*

papar(e): *v.* Comer, tragar. *Papóulu darréu.*

paparáu: *sust. m.* El sorbu que cabe na boca. *Bebíu namás un paparáu.*

papas: *sust. f. pl. Cuechu,* comida que se fai con farina de maíz, *l.leite* ya azucre. *Cenóu papas namás.*

papola: *sust. f.* Flor de monte, en xeneral. *El Poulón chenóuse de papolas.*

papolina: *sust. f.* Flor de monte, en xeneral. *Hai muitas papolinas.*

papón: *sust. m.* Personaxe qu'atemoriza a los nenos con comelos. *Nun seyas malu que vien el papón.*

papón, -ona: *ax.* Que queda mirando embobáu. *¡Qué amiras, papón!*

papoxu, -a: *ax.* Gordu, de buen aspeutu, *especialmente refiriéndose a *las mucheres.*

papu: *sust. m.* Bociu. *Tien yá muitu papu.* || *Comere a papu tiesu* 'comer más de la cuenta en casa de los demás'. ||| *El que nun tien papu nun yía guapu.*

par: *sust. m.* Conxuntu de dos individuos de la mesma clas. || *A la par* 'al mesmu tiempu, a la vez'. *Cheganon a la par.* ||| *Cien vacas nun corral todas mexan a la par* úsase como *cosil.lina* que se refier a *las veras.*

parafusu: *sust. m.* Fusu más grande que'l fusu normal ya la *fusa.*

paralís: *sust. m.* Enfermedá que provoca una contracción ya una paralización enfermiza de los músculos o los nervios. *Díu-l.ly un paralís.*

parar(e): *v.* 1. Dexar de movese. *Paróu al chegar a La Proida.* ||| *¡Nun habrá una urz que lu pare!* recuérdase como frase célebre. 2. Dexar de pasar o de faer dalgo. *Yá paróu de chovere.* 3. Vivir en réxime de pensión. *Para en ca Tiadosiu.*

parauguas: *sust. m.* Instrumentu pa defendese de la *chuvia.* *¿Nun tenedes parauguas?*

paraugüeiru, -era: *sust. m.* ya *f.* Persona qu'arregla *parauguas.*

parax(e): *sust. m.* Sitiu de monte. *¡Qué parax más ermu!*

paraxismeiru, -era: *ax.* Que fai mui bien de *paraxismos.*

paraxismu: *sust. m.* Esparabán, xestu escesivu. *Al veme fixo nun sei cuántos paraxismos.*

paré(de): *sust. f.* Construcción de piedra qu'estrema cualquier tipu de propiedá o los cuartos d'una casa. *Tiróu la parede cono carru.*

parexa: *sust. f.* 1. Conxuntu formáu por dos seres. 2. Par de *vacas xunidas* por un xugu. *Marchóu cona parexa pa Las Veigas.*

paridera: *ax. f.* Res que da cría siempre que toca. *La Navarra yía mui paridera.*

paridera: *sust. f.* 1. Sitiu onde pare'l ganáu. 2. Aición ya efeutu de parir, *pero con un matiz irónicu. *Yá acabóu la paridera.*

paridura: *sust. m.* Aición ya efeutu de parir, partu. *Tuvo mala paridura.*

parir(e): *v.* Salir la cría del úteru la madre nos animales mamíferos. || *Como sua madre lu paríu 'desnudu'.* || *Mal parire 'albortar'.* || *Paez que paríu ya nun se l.libróu 'tien mal aspeutu ya paez enfermizu'.*

parl.la: *sust. f. Parola. Andan de parl.la.*

parl.lar(e): *v.* Andar de *parl.la. Parl.lade, parl.lade, que nun chegáis a tiempu.*

parl.latán: *ax.* Charlatán.

parola: *sust. f.* Conversación, *indicando xeneralmente un caráuter escesivu. *Aquel.los tán de parola.*

parral: *sust. f.* Planta que xube a cierta altura ya da uvas.

parreiru: *sust. m.* Desván onde se pon la yerba ya la *pacha. Esta nueite duermen no parreiru.*

particha: *sust. f.* Parte d'una propiedá que se recibe na herencia.

partir(e): *v.* 1. Dividir un oxetu. *La fogaza quier partila la madrina.* 2. Faer trozos del animal matáu'l día antes. *Mañana partimos el gochu.* 3. Dividir la herencia. *Mañana xúntanse tolos fichos pa partire.*

parva: *sust. f.* Copa d'aguardiente que se tomaba na primera parte del día.

parvulín, -ina: *ax.* Que nun tien xuiciu, que nun razona bien.

pasabolos: *sust. m.* Xuegu de los bolos, que consiste en pasar d'una raya unos bolos de tamañu escasu.

pasada: *sust. f.* Pasu, que nun tien un caráuter estable, de carru hasta un sitiu, xeneralmente atravesando un ríu (mui propia de los *val.les* con mui bien de praos). *Pa dir a Valdel.lamas hai que garrar aquel.la pasada.*

pasar(e): *v.* 1. Atravesar un sitiu. *Pasóu'l ríu cono gochu.* 2. Tresportar. *Ya la gocha saltóu la presa ya pasóu al gochín.* 3. Adelantar. *Las vacas de Ca Xe pasanon a las nuesas.* 4. Meter a traviés d'un furacu. *Pasóulu pol ventanu pa la cabana.* 5. Terminar dalgo. *La fiesta yá pasóu.* || *Pasare'l sol pola puerta 'quedase solteiru'. Al nuesu Xuan pasóu-l.ly el sol pola puerta.*

pasase: *v.* Quedar en mal estáu, perdese. *Coméi las brevas que van a pasase.*

pasáu, -ada: 1. *Participiu de *pasare*. 2. *ax.* Que nun s'alcuentra bien pol pasu del tiempu. *Mercóu-l.ly al pereiru unas pacencias pasadas.* || *Vaca pasada* 'vaca que vien del pastu ya vien flaca'.

pascón: *sust. m.* Prau malu al que va'l ganáu, pero que nun se siega.

pasta: *sust. f.* Masa de farina, sal ya formientu pa faer pan o bizcochos.

pasuca: *sust. f.* Pasu normal de la vaca (cuando l'animal nun alcanza *la pasuca* hai un síntoma de que tien mal l'aparatu locomotor).

pata: *sust. f.* Pierna d'animal o de persona. || *A pata* 'andando'. *Tuvienon que dir a pata.* ||| *Agora que nun tienes cabal.lu tu tamién andas a pata* recuérdase como frase célebre. ||| *La pata coxa* úsase como nome del xuegu infantil de correr con una pata garrada pola manu.

pataca: *sust. f.* 1. Planta anxosperma cotiledónea, con tubérculos baxo tierra. *Leiru agora ta chenu de patacas.* 2. Tubérculu comestible de la planta homónima. *Tenemos la bodeguina chena de patacas.*

patacada: *sust. f.* Gran cantidá de *patacas.*

patacal: *sust. m.* 1. Tierra semada de *patacas.* 2. Conxuntu de *patacas semadas* con mui buen aspeutu. *Menudu patacal tien na L.linar de los Paredones.* || *Como un burru nun patacal* 'alcontrase mui a gustu'. *Disfrutóu como un burru nun patacal.*

patacu, -a: *ax.* Baxu. *¡Ai Dious, yía ruin ya patacu como él solu!*

patalixera: *sust. f.* Partera, comadrona.

pataqueiru, -era: *sust. m* ya *f.* Sitiu onde se tienen *las patacas.*

pataquín, -ina: *ax.* *Diminutivu de *patacu* (hai dichos ya reflanes a esgaya d'un tal *Pataquín de Zarréu*, un paisanín mui baxu).

patarru, -a: *ax.* Baxu, pero fuerte ya sólidu. *El rapaz yía feu ya patarru.*

pataxu, -a: *ax.* Mui baxu. *Yía un pataxu.*

patipati: || *Patipati* 'pasín a pasín'. *El.la foi patipati a Carrasconte.*

pautu: *sust. m.* Alcuerdu, especialmente demoníacu. *Tien pautu.*

pavesa: *sust. f.* *Faloupu* secu ya de tamañu mui ruin que tarda en caer al suelu. *Cayenon namás unas pavesas.*

pavesar(e): *v.* Caer *pavesas.*

paxareiru, -era: *ax.* 1. Que tien que ver con páxaros. 2. Que se dedica a asuntos d'escasa importancia. || *A culu paxareiru* 'totalmente desnudu'. *Alcontróulu a culu paxareiru.*

paxarera: *sust. f.* Mecanismu que s'emplega pa cazar páxaros.

paxarina: *sust. f.* Bazu del gochu, que se daba al ganáu o a los probes.

páxaru: *sust. m.* Ave de tamañu escasu.

paz: *sust. f.* Tranquilidá, falta de griesca. *Haiga paz.* || *¡Déxame en paz!* 'déxame tranquilu'. || *¡Déxate en paz!* 'nun te fíes, espera a ver'.

peada: *sust. f.* Cantidá grande d'animales de los tratantes.

pebil.la: *sust. f.* 1. Simiente de la calabaza ya de la fruta en xeneral. 2. Cáscara dura que cría la pita na punta de la l.lingua cuando enferma del mal homónimu: *La mia madre Felicidá quitába-l.lys la pebil.la a las pitas ya curábalas con un gotín de saliva.* 3. Enfermedá de la pita, que cría una tela dura (*pebil.la*) que nun la dexa comer. *Paez qu'esta pita tien la pebil.la.*

pecáu: *sust. m.* 1. Aición mala según la ética cristiana. 2. Ser malignu, demoniu. *Esti rapaz yía'l pecáu.*

pechar(e): *v.* Agarrar, cazar. *Ayere no Ríu Pedrosu pechanon muitas truitas.*

pechar(e): *v.* 1. Trancar. *Piecha la puerta y métete na cama.* 2. Pescar, agarrar, controlar. *Pechóu unas cuantas truitas.*

pedáneu: *sust. m.* Alcalde de pueblu.

pedrés, -esa: *ax.* Que tien color gris ya *pintas blancas. La mechor pita yía la pedresa.*

pedrical: *sust. m.* Sitiu con mui bien de piedra.

pegar: *v.* 1. Dar golpes. *Pegóu-l.ly una paliza mui grande.* || *Da-l.ly que te pego* 'repetir lo mesmo'. *You dicía-l.ly que cal.lara pero el.la da-l.ly que te pego.* 2. Apegar, xunir.

pegol.lu: *sust. m.* Pata del *hurriu.*

pegón: *sust. m.* Emplastu de pez que ponen los *curandeiros.*

peina: *sust. f.* Peine de púa corta pa sacar de la cabeza *piochos* ya *l.liéndanas.*

peinar(e): *sust. m.* Arreglar el pelu con un peine. *¿Nun te peinas?*

peine: *sust. m.* Instrumentu que s'emplega p'arreglar el pelu.

peirón: *sust. m.* Segador que siega a cambiu d'un xornal ya vien de fuera. ||| *-Vida mía, prenda mía, dime quién te vieno a vere. -Colinas de Rabanal, Saltasucos de L.lumaxu ya'l Peirón de San Miguel* recuérdase como contestación irónica d'una *mucher* al home celosu.

pelax(e): *sust. m.* Aspeutu, buenu o malu. *El que vienu con el.la nun tenía mui buen pelax.*

pelegrinu, -a: *sust. m.* ya *f.* Persona que fai un viaxe con un aquel relixosu. *Cheganon muitos pelegrinos a la fiesta.*

pelgar: *sust. m.* Persona vaga, sinsustancia ya más bien probe. *¿Qué fairá por ahí esi pelgar?*

pelgarada: *sust. f.* Grupu de *pelgares. Ahí vien todita la pelgarada.*

pelgu: *sust. m.* Teta o tetu de fema que queda vacíu depués de dar de mamar. *Tiróume'l nenu del pelgu todita la nueite.*

pelgu, -a: *ax.* De ruina entidá ya que nun se fai respetar. *¿Qué fai esa pelga por aiquí?*

pel.la: *sust. f.* Bola de nieve apretada pa xugar los nenos. *Nun tiréis pel.las que podéis mancavos.*

pel.lada: *sust. f.* Golpe con una *pel.la.*

pel.lecheiru, -era: *sust. m.* ya *f.* Persona que vende ya anda con *pel.lechos.*

pel.lechu: *sust. m.* 1. Piel d'animal. 2. *En plural refierse a los cachos de piel de gochu adobaos con güesos ya que sirven pa faer *botiel.los.*

pel.lica: *sust. f.* Piel d'animal.

pel.liza: *sust. f.* Chaqueta fuerte de piel.

pel.lizu: *sust. m.* Cantidá enredada de *l.lana* que cuesta caro desenredar.

pelmón: *sust. m.* Muérganu del aparatu respiratoriu.

pelmonaria: *sust. f.* Planta medicinal de flor azul.

pelmonía: *sust. f.* Inflamación de los *pelmones.*

pelón, -ona: *ax.* Que nun tien pelu. || *Castaña pelona* 'castaña cocida que nun tien piel'.

pelona: *sust. f.* Xelada fuerte. *Menuda pelona que cayíu güei.*

pelosa: *sust. f. Pol.lía* seca que cría na carne.

pelota: *sust. f.* Oxetu de forma esférica, que xeneralmente val pa xugar. *Tiróu-l.ly una pelota de barru.* || *En pelota* 'desnudu'.

pelu: *sust. m.* 1. Filamentu de los mamíferos na piel. *Tien los pelos blancos.* || *Pelos de panocha* 'filamentos de la panocha, usaos medicinalmente'. 2. Conxuntu de filamentos de los mamíferos. *La tua harmana vieno cono pelu mochadón.* || *Dare pal pelu* 'pegar, castigar'. || *Andare al pelu melendru* 'pelease tirándose de los pelos'.

pelurciu, -a: *ax.* Mal peináu, despeináu.

pena: *sust. f.* Piedra grande. *Al terminar el sendeiru alcuentras dúas penas ya entós tuerces a la dereita.*

pena: *sust. f.* Tristura, murnia. *Tien una pena mui grande.*

penal: *sust. m.* Paré del costáu d'una casa, onde nun hai denguna ventana, namás dalgún ventanu. *Pintanon el penal de casa.*

penca: *sust. f.* 1. Mancha na piel. *Tien muitas pencas na cara.* 2. Mancha de nieve que queda del iviernu. *En Fasgadiel hai unas pencas de nieve.*

pencosu, -a: *ax.* Que tien *pencas.*

pendanga: *ax.* Mala, que tien mala vida; *úsase como insultu.

pendangón, -ona: *ax.* Qu'anda demasiáu a la vista de los demás; *úsase como insultu pa la *mucher.*

pendín: *sust. m.* Fatu, fardela. || *Garrar el pendín* 'marchar a vivir a un sitiu diferente'.

penear(e): *v.* Perder *las pitas* ya los páxaros la pluma. *Agora yía cuando penean las nueses pitas.*

peneirar(e): *v. Cerner,* cribar la farina.

peneireiru, -era: *sust. m.* ya *f.* Vendedor de *peneras.*

penera: *sust. m.* Criba circular de seda fina que s'emplega pa *l.limpiar* ya *cerner* el granu.

pensar(e): *v.* 1. Usar la mente. *Pasóu la nueite pensando.* 2. Tener intención de. *El.la pensaba venir con vós.*

pensatible: *ax.* Pensativu, que dulda. *Anda mui pensatible.*

peor(e): *ax.* *Comparativu de *mal. Ésta yía peore.*

peor(e): *alv.* *Comparativu de *mal. Yía peore marchare.*

pequenín, -ina: *ax.* *Diminutivu de *pequenu.*

pequenu, -a: *ax.* De dimensión escasa nel tiempu o nel espaciu. *Mercóu un cousu mui pequenu.*

pera: *sust. f.* 1. Frutu de la peral. 2. Envoltura del *cuenxu.*

peral: *sust. f.* Árbol anxospermu dicotiledóneu, "Pyrus communis". *Esta peral yá nun val.*

perder(e): *v.* 1. Dexar de saber ónde s'alcuentra un ser. *El rapaz perdíu la xipla pol monte.* 2. Dexar de tener un ser. *La ugüecha perdíu la chocarina.* || *Perdere'l sentidu* 1. 'perder la capacidá de razonar'. *Van tres anos que perdíu'l sentidu.* 2. 'distraese ya retrasase por demás'. *Esta mucher perdíu'l sentidu, entovía nun vieno a casa.*

perdigüelu, -a: *ax.* Dau a perder oxetos con frecuencia.

perdiz: *sust. f.* Ave que correspuende a diferentes especies de los xéneros "Perdix" ya "Alectoris".

perdón: *sust. m.* 1. Actu ya efeutu de perdonar. 2. *En plural refierse a los dulces que puen mercase na romería. *Mercóu unos perdones en Carrasconte.*

perdonanza: *sust. f.* Aición ya efeutu de perdonar. *Pa ti nun hai perdonanza.*

perdonar(e): *v.* Dexar de tener en cuenta una falta. *El.la diz que nun-l.ly perdona las cousas que fixo.*

pereiru, -era: *sust. m.* ya *f.* Vendedor ambulante, especialmente de fruta ya de dalguna golosina ya fruta. *Güei nun vien el pereiru.*

perene: *ax.* En buen estáu, frescu. *El.la sigue tan perenne.*

perexil: *sust. m.* Planta anxosperma dicotiledónea, "Petroselinum sativum".

perfeutu, -a: *ax.* Bien acabáu, bien *feitu.*

pergoleiru: *sust. m.* Viga que va de la *piérgola* a la paré ya que val pa colgar *las pregancias*, encima de la *l.lariega*.

pergunta: *sust. f.* Pregunta.

perguntar(e): *v.* Faer *perguntas*.

perguntón, -ona: *ax.* Que *pergunta* demasiao.

perigüela || *De perigüela* dizse d'un cacharru de barru especial pa guisar. *Traéime'l cacharru de perigüela.*

perindola: *sust. f.* Pene.

pernada: *sust. f.* Actu de dormir con una *mucher*. Ésti ayere echóu una pernada.

pero: *conx.* *Indica una idea alversativa, con un aquel de dificultá respeuto a la realización de l'aición. *Chueve, pero nun fai fríu.*

perra: *sust. f.* Manifestación d'enfadu d'una persona. *Como nun-l.ly fixenon casu, el nenu garróu una perra que contéi que nun aparaba.*

perrín, -ina: *sust. m.* ya *f.* *Diminutivu de perru.

perrina: *sust. f.* Antigua moneda de cinco céntimos. *Nun val dúas perrinas.*

perrón, -ona: *sust. m.* ya *f.* *Aumentativu de perru.

perrona: *sust. f.* Antigua moneda de diez céntimos. *Nun val una perrona.*

perru, -a: *sust. m.* ya *f.* Animal doméstica, "Canis familiaris".

perru, -a: *ax.* Malu, malintencionáu. *Yía mui perru.*

persinase: *v.* Faer la señal de la cruz na cara.

pertigada: *sust. f.* Golpe con un *piértigu*, al *machar*.

peruchal: *sust. f.* Peral de monte, árbol anxospermu dicotiledóneu. *Al chegar a aquel.la peruchal, das la vuelta.*

peruchu: *sust. m.* Frutu de la *peruchal*.

perxuiciu: *sust. m.* Dañu.

perxurar(e): *v.* 1. Blasfemar. *Perxuróu tola mañana.* 2. Xurar en falso.

pesca: *sust. f.* 1. Aición ya efeutu de pescar. 2. Xuegu infantil nel qu'hai que *pescar* a los demás.

pescar(e): *v.* 1. Garrar, prender dalguna entidá. 2. Garrar *truitas* nel ríu.

pescuezu: *sust. m.* Parte del cuerpu que xune la cabeza al troncu.

peseta: *sust. f.* Moneda d'usu corriente hasta l'*anu* 2002. *Tien muitas pesetas.* || *Cambiare la peseta* 'agomitar la comida'.

pesque: *sust. m.* || *Andar al pesque* 'vixilar, espiar, poner l'atención en dalguna aición'. *You andaba al pesque pa ver quién quería quitame l'augua.*

pestaña: *sust. f.* Pelu que naz nel borde del párpadu.

pestilencia: *sust. f.* Peste, andanciu.

pétana: *sust. f.* Pata del odre (que va atada pa que nun salga la nata).

petuñu: *sust. m.* Tierra firme ya dura, cimientu. *Hai qu'afondar hasta alcontrar el petuñu.*

petuñu, -a: *ax.* Apretáu, duru. *Nun quedóu bien petuña.*

pez: *sust. m.* *Tienen el nome de *pez* los vertebraos acuáticos con escama que nun son *truitas* (nun hai en Palacios del Sil).

peza: *ax.* || *Ahí va la mia cocha peza, sin rabu ya sin cabeza* usábase como fórmula del xuegu de la *cocha*.

pezón: *sust. m.* 1. Final en punta de cualquier oxetu. 2. Punta delantrera de la piértiga del carru. 3. Palu que se mete na punta de la *piértiga* del carru ya que queda presu por una pina.

pía: *sust. m.* Parte na que termina la pierna. *Tien los pías malos.* || *Al pía* 'xunto a'. *Quedóu al pía del ríu.*

picachón: *sust. m.* Ferramienta que s'emplega pa *trabachar* la tierra.

picachu: *sust. m.* Ferramienta que s'emplega pa *trabachar* la tierra ya que tien un mangu de madera ya una cabeza triangular.

picapedreiru: *sust. m.* Home que *trabacha* picando la piedra.

picar(e): *v.* 1. *Chamar* na puerta. *¿Quién yía'l que pica na puerta?* 2. Dar la primera pasada con *picachu* a la tierra semada.

picarraca: *sust. f.* Gripe.

picatueru: *sust. f.* Páxaru, de diferentes especies, qu'afuraca los tueros de los árboles.

picoteiru, -era: *ax.* Qu'arma griesca. *Sos mui picoteiru ya eso nun me gusta.*

picu: *sust. m.* 1. Parte alta d'un monte. *Xubíu al picu Las Molineras.* 2. Parte alta de cualquier entidá. *Sentóuse nel picu'l prau, Engaramóuse nel picu l'árbol.* 3. Sitiu onde naz un ríu. *Foi de Fontaninas hasta'l picu'l ríu.*

pidiguñón, -ona: *ax.* Que siempre anda pidiendo. *Sos un pediguñón.*

pidricona: *sust. f.* *Aumentativu de *piedra.*

pidriquina: *sust. f.* *Diminutivu de *piedra.*

piechu: *sust. m.* Mecanismu que s'emplega pa trancar una puerta.

piedra: *sust. f.* 1. Materia de roca. *Nesti monte nun hai más que piedra.* 2. Pieza de materia de roca. *Tiróu-l.ly una piedra.* ‖ *Piedra d'afilare* 'piedra que s'emplega p'afilar la *gadaña*'. 3. Granizu. *Cayíu muita piedra na l.linar.* 4. Pieza inmóvil del molín, debaxo de la muela. 5. *En plural refierse a un xuegu infantil. *Marchanon a xugar a las piedras a El Pórticu.*

piedrina: *sust. f.* *Diminutivu de piedra.

piérgola: *sust. f.* Parte superior de la cocina, onde se ponen *las castañas* pa que sequen.

pierna: *sust. f.* Estremidá inferior del cuerpu humanu. *Mancóuse na pierna esquierda.* ‖ *Montar a pierna cacheta* 'montar *las mucheres* con un pía a cada *l.lau*, como los paisanos'.

piértiga: *sust. f.* 1. Armazón del carru, en forma de Y. 2. Palu de grandes dimensiones.

piértigu: *sust. m.* Palu grande, del *manal*, que da golpes al granu na *macha*.

pila: *sust. f.* 1. Montón d'oxetos. *Quitái esa pila de morrillos qu'hai na puerta.* 2. Recipiente onde se pon l'augua bendita na ilesia.

pilón: *sust. m.* Gran recipiente d'augua d'una fuente, onde xeneralmente bebe'l ganáu.

pilonga: *ax.* Que nun tien monda, *refiriéndose especialmente a la castaña.

pimentera: *sust. f.* Páxaru que tien el papu encarnáu, "Erithacus rubecula". *Pa L.lazos hai muitas pimenteras.*

pimentón: *sust. m.* Especia que se saca del "Capsicum annum".

pimentoneiru, -era: *sust. m.* ya *f.* Que vende *pimientu.*

pimientu: *sust. m.* 1. Planta anxosperma dicotiledónea, "Capsicum annum". 2. *Pimentón,* especia del frutu de la planta anterior. *Pa la matanza fainos faltu mui bien de pimientu.*

pímpanu: *sust. m.* Furacu por onde sal l'augua al *encorrar.* ‖ *Beber, sudar a pímpanu* 'Beber, sudar a chorros'.

pimpol.lu: *sust. m.* 1. *Pipu* de la flor. 2. Mozu curiosu, *pero refierse xeneralmente a la moza. *La sua nieta ta feita un pimpol.lu.*

pina: *sust. f.* 1. Pieza angular, xeneralmente de madera, que se mete nun cuerpu sólidu. *Fai falta que metas aiquí una pina.* ‖‖‖ *Nun hai peor pina que la de la mesma madera* indica que los enemigos más dañibles son los del círculu propiu o de la mesma casta. 2. Clavu de madera. 3. Pieza del molín ya d'unos cuantos artefactos que s'emplega p'asegurar dalguna parte o pieza.

pinchar(e): *v.* 1. Clavar con un oxetu de punta. *Pinchóu al mieu harmanu con un forcáu.* 2. Clavase con un oxetu de punta. *Pinchóu con un fierru.*

pinchu: *sust. m.* Oxetu que pincha, en xeneral.

pinchu, -a: *ax.* Que presume, que viste bien: *¡Menudu pinchu!*

pindiu, -a: *ax.* Empináu, *emplunu. El sendeiru a El Cuetu l'Osu yía mui pindiu.*

pingada: *sust. f.* Gota de líquidu. *Cayíu-l.ly una buena pingada.*

pinganiel.lu: *sust. m.* 1. Oxetu colgante. 2. *Carámbanu.* 3. *Chorrín* d'augua que cai d'una fuente. 4. Campanina de la *gorxa.*

pingar: *v.* 1. Caer un líquidu gota a gota. *Ta pingando l'augua del grifu.* 2. Empezar a caer *las castañas* de la castañal o frutos en xeneral d'un árbol. *Yá pingan las castañas.*

pingase: *v.* Manchase al beber o al comer. *Nun te pingues que nun tienes outra roupa.*

pingáu, -ada: 1. *Participiu de *pingare. ¿Quién dexóu la mesa pingada?* 2. *ax.* Puercu. *Chegóu tou pingáu.*

pingu: *sust. m.* 1. Gota, cantidá mínima d'un líquidu. *Quedóu namás un pingu de vinu.* 2. Persona de costumes criticables. *Tien una ficha que yía un pingu.*

piniel.lu: *sust. m. Pena* que sobresal un metru o dos del suelu.

pinta: *sust. f.* 1. Aspeutu. *Nun tien buena pinta.* ‖ *Sacare pola pinta* 'conocer a dalguién pol aire de familia'. 2. Mancha na piel o na pluma de los animales. *Tien muitas pintas no l.lombu.*

pintar(e): *v.* 1. Cubrir con un color o con una sustancia. *Foi el.la la que pintóu la paré.* 2. Resultar un procesu, positiva o negativamente. *Paez que nun-l.ly pintóu bien la boda, Paez que-l.ly pintóu bien el cambiu d'aires.* ‖ *A lo que pinte* 'a lo que salga, bien o mal'.

pintu, -a: *ax.* Que tien distintos colores. *Pa mi yía mui pinta.*

pintureiru, -era: *ax.* Guapu, que presume. *Pasóu un mozu mui pintureiru.*

pinu: *sust. m. Pina.*

piochosu, -a: *ax.* Que tien *piochos.*

piochu: *sust. m.* Inseutu parásitu, "Pediculus humanus".

piornal: *sust. m.* 1. Sitiu onde hai piornos. ‖ *Piornal moriscu* 'sitiu de monte con *piornu moriscu*'. 2. Conxuntu de piornos.

piornu: *sust. m.* Arbustu, "Cytisus cantabricus". ‖ *Piornu moriscu* 'piornu más baxu ya que fai más difícil el pasu'.

pipa: *sust. f.* Cuerda interna del pescuezu qu'hincha al cantar o dar voces. *Mirái cómo se-l.ly ponen las pipas.*

pipar(e): *v.* Brotar nun árbol *los pipos. Ya pipóu la cereisal.*

pipirripí /: *sust. m.* Flor *mariel.la,* del xéneru "Narcissus". *Las Quintaniel.las chenánonse de pipirripís.*

pipu: *sust. m.* Brotu que sal nun vexetal. *Aiquí hai outru pipu.*

piquirrichín, -ina: *ax. Pequenín.*

pirindengue: *sust. m. Prindengue.*

pirindola: *sust. f.* Pene.

pisaurechu: *sust. m.* Inflamación de la parótida.

pisón: *sust. m.* Mecanismu pa dar golpes al *panu* pardu.

pispiretu, -a: *ax.* Vivu, dispuestu, graciosu, *especialmente como calificativu femenín. *La nuesa vecina yía mui pispireta.*

pisu: *sust. m.* Suelu, parte ya superficie inferior d'una construcción, d'un artefautu. *Fixo obra nel pisu la cocina.* || *Pisu'l carru* 'suelu de tabla que forma la base del carru'.

pita: *sust. f.* 1. Fema del *gal.lu*. 2. Fema del faisán. || *Pita de monte* 'fema del faisán'. || *Pousare la pita* 'dar dalgún oxetu que se tien ya que nun quier dase'. *Pousanon la pita, que si non nun los dexan entrare. Si queredes venire con nós, posái la pita.*

pitaciega: *sust. f.* 1. Flor del *gamón*. 2. Xuegu nel qu'una persona tien los *güechos tapaos*.

pitín, -ina: *sust. m.* Cría de la *pita*.

pitón: *sust. m.* 1. *Aumentativu de *pitu*. 2. *Xiplu*, furacu de la bota de vinu.

pitosu, -a: *ax.* Que tien los *güechos* malos ya con *l.lagañas*. *L.levantóuse pitosa perdida.* || *Güechu pitosu* 'güechu con *l.lagañas*'.

pitu: *sust. m.* 1. *Gal.lu*. 2. Instrumentu de percusión que se paez a la castañuela, pero de tamañu más escasu. 3. Pene.

pixarda: *sust. f.* Vinu de mal sabor o en mal estáu. *Paez pixarda.* ||| *¡Qué pixarda me disti!* recuérdase como frase célebre.

pizpunte: *sust. m.* Cosedura doble.

placer(e): *v.* Gustar, tar d'alcuerdu. *Nun me plaz.*

pláganu: *sust. m.* Árbol anxospermu dicotiledóneu con fuecha en forma de manu, "Acer pseudoplatanus". *El pláganu secóu.*

plasmar(e): *v.* Quedar asombráu. *Plasméi cuando lu escuitéi dicir aquel.las cousazas.*

platu: *sust. m.* Recipiente redondu que s'emplega pa poner nél la comida.

plepa: *ax. f.* Ruina ya enfermiza; *úsase namás en forma femenina. *Ta feita una plepa.*

poder: *v.* 1. Ser quien a, ser capaz de. *Nun podemos xubir a la groma.* 2. Tener derechu moral a. *Nun podéis entrar na l.linare.* || *Puei que sí* 'posiblemente'. *Puei que nun marche.*

podre: *ax.* En mal estáu por procesos biolóxicos. *Esta carne yá ta podre.* || *Podre de cuartos* 'que tien mui bien de cuartos'.

podre: *sust. f.* || *Meter la podre* 'ganar de forma aplastante'. *Cuando xuguemos la última vez metímos-l.lys la podre.*

podriqueiru: *sust. f.* Montón de materia podre, *patacas*, etc. *Tien aiquí un podriqueiru porque yía un gochu.*

polaina: *sust. f.* Pieza de *panu* con botones ya qu'abraza la pierna de la corva hasta'l *pía.*

pol.larada: *sust. f.* La camada de *pol.los* d'una pita. *Espantóuse la pol.larada.*

pol.leiru: *sust. m.* Sitiu onde tán *las pitas. Yá xubienon al pol.leiru.*

pol.lía: *sust. f.* Cría d'un inseutu qu'estropea texidos, pieles, etc. *Metíuse la pol.lía ya acabóu con el.las.*

pol.los: *sust. m. pl. Bail.le* mui antiguu que se faía en corru.

pol.lu, -a: *sust. m.* ya *f.* Cría d'ave. || *Tare en pol.los* 'alcontrase embarazada una *mucher'.*

polveiru: *sust. m.* Conxuntu de polvu que se forma por cualquier motivu. *Formóuse un polveiru mui grande.*

ponedeiru: *sust. m.* Sitiu onde ponen los güevos *las pitas. Foi al ponedeiru.*

poner(e): *v.* 1. Asitiar, poner un ser nun sitiu. *Pon la garfiel.la nel caldeiru.* 2. Echar güevos la pita. *Mirái a ver si la pita pon o nun pon.* || *Poner el micu* 'faer los nenos xestos d'entamar a *chorar'.* || *Ponere a madureiru* 'poner *peruchos, caruezas* o *cereisas* en *pacha* pa que maduren'. || *Poner a muechu, poner a remuechu* 1. 'poner una sustancia n'augua pa qu'ablande. 2. 'dexar pa más tarde un asuntu ya nun solucionalu con urxencia'. *Por agora ponlu a muechu.*

pontón: *sust. m.* Construcción na qu'hai una *chábana* grandona tapando una presa ya sirviendo de puente. *Cayíu debaxo'l pontón.*

por: *prep.* 1. A causa de. *Vieno polas ganas que tien de ver a la ficha.* || *Por mor de, Pola mor de* 'por causa de'. 2. *Indica sitiu onde se ta o onde s'anda. *Anda pola braña.* || *Pol aire* 'con gran rapidez, a gran velocidá'. *Si soi you faeslu pol aire.* 3. *Indica tiempu aproximáu. *Marchanon pola tarde.* 4. *Indica duración. *¡Que seya por muitos anos!* 5. *Indica parte de dalgo. *Cochíulu pol pescuezu.* 6. *Indica finalidá. *Nun vieno por nun enferrriare.* 7. *Indica favor o interés. *La fiesta fixénonla por ti.* 8. En vez de, en cuenta de. *Trabachanon por nós.*

porcesión: *sust. f.* Marcha ritual de xente. *Agora sal la porcesión de San Roque.*

porción: *sust. f.* Parte, fracción. || *Una porción de* 'gran cantidá de'. *Había una porción de xente.*

porru: *sust. m.* 1. Planta anxosperma dicotiledónea, que se paez a la *cebol.la*, "Allium porrum". 2. Mazu. *Díu-l.ly cono porru na cabeza.*

porteiru: *sust. m.* 1. Puerta *pequena* ya ruina que se pon na corte pa estremar el ganáu (*ugüechas* de gochos, etc.). 2. Puerta ruina d'un güertu o güerta.

portica: *sust. f.* Puertina de tamañu escasu xunto a la *portona*, ésta p'animales ya carros ya la *portica* pa la xente.

portiel.la: *sust. f.* Puertina mui elemental pa entrar a un finca.

portiel.lu: *sust. m.* Puertina más *estreita* que la *portiel.la*.

portil.lín: *sust. m.* *Diminutivu de *portiel.lu*.

portil.lina: *sust. f.* *Diminutivu de *portiel.la*.

portón: *sust. m.* Puerta grandona.

portona: *sust. f.* *Aumentativu de *puerta*. || *Las portonas* 'la entrada grande de la casa antigua'. || *Portona carretal* 'la puerta grande pal pasu del ganáu ya del carru'.

pos: *conx.* 1. Causa. *Pos que nos diga qué yía lo que quier.* 2. Consecución. *¿Préstate venir a la braña? Pos ven con nós.*

posadeiru: *sust. m.* Tripa del rectu d'una persona (que podía salise, especialmente a los nenos). *Al mieu nenu sal-l.ly el posadeiru.*

posadeiru, -era: *sust. m.* ya *f.* Persona que manda na *posada. Salíu'l posadeiru ya díxonos que non.*

posadoiru: *sust. m.* Sitiu onde se posa la carga pa descansar. *Ya parade naquel posadoiru.*

posafuel.les: *ax.* Que cuando va cargáu para mui bien de veces pa charlar con tolos qu'alcuentra. *Cal.la, posafuel.les, que nun chegas a tiempu.*

postema: *sust. f.* Conxuntu de pus, gran cantidá de pus. *Tien una postema que da miedu.*

postiel.la: *sust. f.* Costra que cría una firida. *L.levantóuse-l.ly la postiel.la.*

postreiru, -era: *ax.* Últimu. *Este fichu yía'l postreiru.*

potax(e): *sust. m. Caldu,* comida que se fai con *patacas, berzas* ya carne de gochu. *Quier más potax.*

pote: *sust. m.* 1. Recipiente de fierru que pue colgase de *las pregancias.* ‖ *Seriu como un pote* 'mui seriu'. *El vecín nuevu yía seriu como un pote.* 2. *Bil.larón* que nun tien la forma redonda completa ya tien salientes.

potru: *sust. m.* 1. Bancu del *madreñeiru.* 2. Armazón de madera que s'emplega pa ferrar el ganáu. *Yá va'l ferreiru pal potru.*

potru, -a: *sust. m.* ya *f.* Cría de la *yeugua.*

pouco: *alv.* 1. Con escasa intensidá. *Trabacha pouco.* ‖ *¡Más poucu! '¡Nun creas lo que dices!'.* 2. Cantidá escasa de tiempu. *Va poucu que marchóu pa Las Tachetas.* ‖ *Poucu ya roucu* 'en poca cantidá ya de mala calidá'. *Había poucu ya roucu.*

poucu, -a: *ax.* ya *pron.* Escasu en cantidá o en calidá. *Había pouca xente na feria.* ‖ *Un poucu de* 'dalgo de'. ‖ *Unos poucos* 'dalguna xente, pero non demasiada cantidá'.

poula: *sust. f.* Tierra que nun se cultiva últimamente. *Tien una poula xunto al monte.* ‖ *Tar en poula* 'situación de la tierra que nun se cultiva'. *La Ol.lina ta agora en poula.* ‖ *Quedar en poula* 'quedar *solteiru*'.

poulu: *sust. m.* 1. Campu cerca del monte que nun se riega ya nun se cultiva como prau nin como *eiru.* 2. Tierra o prau abandonaos ya apoderaos pol monte.

pouquín, -ina: *ax.* *Diminutivu de *poucu.* Díume un pouquín de zucre.

pouquín: *alv.* *Diminutivu de *pouco. Tardóu pouquín.*

pouquinín, -ina: *ax.* *Diminutivu de *poucu. Díume namás una pouquinina d'augua.*

pousada: *sust. f.* Casa onde se paga pa dormir ya, a veces, pa comer.

posadeiru: *sust. m.* Pousadeiru. *Al mieu nenu sal-l.ly el pousadeiru.*

posadeiru, -era: *sust. m.* ya *f.* Pousadeiru, -a. *Salíu'l pousadeiru ya díxonos que non.*

pousadoiru: *sust. m.* Pousadoiru. *Ya parái naquel pousadoiru.*

pousar(e): *v.* 1. Dexar la carga un ratadín pa descansar. *Vamos a pousar aiquí.* 2. Poner a un ser nun sitiu. *Pousóulu na l.lousa.* ||| *L.levóula, l.levóula, l.levóula ya no boqueirón de Michu, pousóume* recuérdase como frase célebre. 3. Parir. *Ya tu, ¿cuándo pousas?*

povisa: *sust. f.* 1. Chispa que salta del *fuegu.* 2. *Faloupu* d'escasu tamañu. *Fai muitu fríu ya caen dalgunas povisas.*

poyal: *sust. m.* Bancu de piedra xunto a la puerta de casa. *Sentóuse no poyal.*

poyata: *sust. f. Poyal.*

poyu: *sust. m.* 1. Golpe de *l.leite* al dar de mamar. 2. Bancu de piedra xunto a la puerta de casa. *Sentóuse no poyu de casa.*

prau: *sust. m.* Campu que se cuida pa que creza la yerba pal ganáu. *Vien del prau.* || *Dexare pa prau* 'abandonar un asuntu'.

preba: *sust. f.* Regalu que se da a los vecinos de parte de la matanza del gochu. *Diénonme la preba.*

precer(e): *v.* Morrer. *Precíu'l probe.*

precuru: *sust. m.* Atención, cuidáu, especialmente a los enfermos. *El.la tien buen precuru de nós.*

predicanzaina: *sust. f.* Sermón. *Canséi de tanta predicanzaina.*

pregancias: *sust. f. pl.* Cadena que cuelga encima de la *l.lariega* (*de las *pregancias* cuelga'l pote ya la caldera).

pregar(e): *v.* Arrugar. || *Pregar el morru* 'poner cara de ponese a *chorar*'.

pregáu, -ada: 1. *Participiu de *pregare*. *Quedóu-l.ly mui pregada la piel de la barriga.* 2. *ax.* Que tien la piel *pregada*, especialmente pol pasu del tiempu. *A la viecha alcontréila más pregada que la outra vez.*

pregoleiru: *Pergoleiru.*

pregón: *sust. m.* 1. Discursu o información pública. 2. En plural, amonestación pública na ilesia pal casamientu.

pregoneiru-era: *sust. m.* Que fai un discursu o un pregón.

pregueirín, -ina: *sust. m.* ya *f.* *Diminutivu de *pregueiru, veceirín*, pastor que va con ganáu ayudando a un pastor de más edá. ||| *Guarda, pregueirín, guarda, qu'a mí pa una tripa cagalar que me va a tocar, nun quiero ver al mieu pregueirín chorar* diz el *galfarru* al ver al *pregueirín*, según la tradición popular.

pregueirón: *sust. m.* *Aumentativu de *pregueiru*, persona adulta que diba de *vecera* con ganáu, acompañando a una persona más nueva, el *pregueirín* o *veceirina.*

pregueiru, -era: *sust. m.* ya *f.* Pastor que va con ganáu (especialmente *cabras* ya *ougüechas*), en réxime de vecera.

pregunta: *sust. f.* Cuestión de la que se pide contestación.

preguntar(e): *v.* Pidir información esperando contestación.

premediar(e): *v.* Calcular ya xuntar a partes iguales. *Nun sabe premediare bien.*

prenda: *sust. f.* 1. Pieza de *roupa*. 2. En plural, xuegu tradicional. *Vienen de xugar a las prendas.*

prender(e): *v.* 1. Encender el *l.lume*. *Nun prende porque ta mui seca la madera.* 2. Atar el ganáu. *Alcuérdate de prender las vacas.*

prenunciar(e): *v.* Articular el llinguaxe. *Nun prenuncia bien.*

preñada: *ax.* Fecundada ya que tien el fetu.

preñar: *v.* Fecundar un mamíferu a la fema. *Preñánonla.*

preñáu, -ada: *ax.* Que tien *chourizu* o güevu dientro, *refiriéndose a un pan. *Un bol.lu preñáu val más que nada. En casa diénonme una bol.la preñada.*

presa: *sust. m.* Canal d'augua que se fai pa regar los praos, *las l.linares* o los güertos. *La presa vien seca.*

presada: *sust. f. Presa* con mui bien d'augua. *Menuda presada baxa.*

preselbe: *sust. m.* Sitiu onde ta guardáu'l ganáu. *Marchóu al preselbe.*

presidente: *sust. m.* Alcalde de pueblu. *A ver qué diz el presidente.*

presona: *sust. f.* 1. Ser humanu. 2. Ser humanu honestu, honráu. *Fai falta ser presona.*

prestar(e): *v.* Gustar, disfrutar, gozar de dalgo. *A mí prestóume siempres la fruta aceda.*

presumiciu: *sust. m.* Aición ya efeutu de presumir. *¡Tien muitu presumiciu!*

presunción: *sust. f.* Aición ya efeutu de presumir. *¡Cuánta presunción!*

pretil: *sust. m.* Piedra cónica que se pon pa defender el borde de la carretera.

priega: *sust. f.* Arruga. *Tien muitas priegas.*

priesa: *sust. f.* Urxencia de tiempu. *Diz que tien muita priesa.*

prietu, -a: *ax.* Escuru, negru. *Yía mui prietu.*

primeiro: *alv.* Nun sitiu o momentu que s'alcuentra antes. *El bol.lu dase primeiro a los foresteiros.*

primeiru, -era: *ax.* ya *pron.* Que s'alcuentra delantre de los demás. *Tu sos el fichu primeiru.*

principiar(e): *v.* Entamar, comenzar. *Yá principianon a espanochare.*

prindengue: *sust. m.* 1. Colgante del pescuezu de la cabra. 2. Colgante que pon una persona.

probe: *ax.* 1. Que nun tien riqueza bastante pa vivir. *Los d'aquel.la casa son probes.* 2. *Úsase como espresión con distintos matices (de cariñu, de ironía, etc). *¡Probe, nun sabe faelo!*

probetachu, -a: *ax.* *Diminutivu de *probe*, con un aquel despeutivu.

probetacu, -a: *ax.* *Diminutivu de *probe*, con un aquel de conmiseración. *¡Probetacu, quedóu solu!*

probín, -ina: *ax.* *Diminutivu de *probe*.

probiquín, -ina: *ax.* *Diminutivu de *probe*.

probitín, -ina: *ax.* *Diminutivu de *probe*.

promesa: *sust. f.* Ofrecimientu de faer dalgo. *Fíxome una promesa.*

propiu: *sust. m.* Persona que va con un recáu. *Mandéi-l.lylu por un propiu.*

prueba: *sust. f.* Preba.

pruiciu: *sust. m.* Sensación de necesidá de rascase. *Tien un pruiciu que nun apara.*

pruyiciu: *sust. m.* Pruiciu.

pruyir(e): *v.* Picar, sentir picazón. *Prúyeme la deda.*

puchada: *sust. f.* Cataplasma de *l.linaza* (simiente de *l.linu*) que se ponía nel pechu, espolvoriada con mostaza, ya valía p'ablandar la tos.

pucheiru: *sust. m.* Recipiente de cocina. *¡L.lavái los pucheiros!*

pueblu: *sust. m.* Población. *Al chegar a La Proída vese yá'l pueblu.*

puente: *sust. f.* 1. Construcción estable encima del ríu pa poder pasar. || *La puente l'hurriu* 'tabla anchona delantre la puerta del *hurriu*, bien separada de la escalera pa que nun xubieran los ratos'. || *La puente'l molín* 'pieza inferior del molín que sostién los mecanismos'.

puerta: *sust. f.* Pieza que val p'abrir o non un recintu.

puertu: *sust. m.* Pasu de montaña. *Hai muita nieve polos puertos.*

puisa: *sust. f.* Restu que sobra na *macha* (*arestas*, etc.) ya suel dase a *las pitas*. *L.levái la puisa pal corral.*

puita: *sust. f.* Sustancia compuesta de sal, *cenisa* ya *farina* de centenu na que s'envuelve la parte verde de la piel del animal *esfol.láu* pa que cure (pasáu un tiempu, la piel sécase nun palu en forma de cruz ya yá nun pierde los pelos; pa faer los odres había que ponelos o metelos *en puita*, pero nesti casu había que meter *las dúas* partes, porque l'odre nun tien pelos). || *Poner en puita, Meter en puita* 'poner una piel d'animal en contautu con *puita* pa qu'ésta actúe'.

pul: *interx.* *Voz pa *chamar a las pitas. ¡Pul, pul, pulina, pul!*

pulea: *sust. f.* 1. Vientu fuerte. 2. Vientu fríu. *¡Anda una pulea!*

pulgaza: *sust. f.* Monda de la castaña.

pulina: *interx.* *Voz pa *chamar a las pitas. ¡Pul, pulina, pul!*

pulsiar(e): *v.* 1. Tomar el pulsu. 2. Probar la fuerza de los brazos.

pumba /púNba/: *interx.* *Espresión qu'indica un golpe. *Tiróu una pidricona ya ¡pumba!*

puntada: *sust. f.* Cada pasada de l'*agucha* con filu nuna tela. || *Nun dare puntada sin filu* 'dar dalgo pa recibir más'.

puntiel.la: *sust. f.* Adornu que se pon nel borde de dalguna tela. *Tien unas puntiel.las mui guapas.*

puntu: *sust. m.* Dolor punzante nel costáu. *Tengo un puntu ya nun soi pa correre.*

puñáu: *sust. m.* Cantidá de dalgo que cabe nun puñu. *Díu-l.lys un puñáu de maíz a las pitas.*

puñu: *sust. m. Manu* cerrada. *Díu-l.ly cono puñu.* || *Apretar el puñu* 'ser mui tacañu'.

puta: *sust. f.* Prostituta.

puta: *ax.* Que se prostitúi.

Q

quedar(e): *v.* 1. Siguir nun sitiu o nuna situación. *El mieu harmanu quedaba na braña.* 2. Faltar. *Quédan-l.ly namás tres días pa marchare.* 3. Terminar. *La cousa quedóu asina.* || *Quedase como un paxarín*

1. 'dormise con un *suenu* mui fondu'. 2. 'morrer como si se durmiera'. ‖ *Quedare en poula* 1. 'quedar una finca abandonada'. 2. 'quedase *solteiru*'. ‖ *Dexare quedar* 'dexar tranquilu, nun mover'. *¡A mí dexáime quedare!*

quéi: *interr.* *Interrogativu absolutu. *¿Quéi? ¿Venís o nun venís? Tien muitu dineiru ya ¿quéi?*

queimada: *sust. f.* Zona de monte desaniciada por un incendiu.

queimadura: *sust. f.* Aición ya efeutu de *queimare.*

queimar(e): *v.* 1. Tresformar una sustancia pola mor del *l.lume. Xuan queimóu los nuesos árboles.* 2. Tresformase una sustancia pola mor del *l.lume. Las cabanas queimanon pol branu.* 3. Poner dalgo en mal estáu pola mor del fríu. *Estas xeladas van a queimar las manzanales.* 4. Quedar dalgo en malestáu pola mor del fríu. *Las manzanales queimanon conas pelonas que cayenon estos días.*

queimón, -ona: *ax.* Que *queima. Güei hai un sol mui queimón.*

queimura: *sust. f.* 1. Ardor d'estómagu. *Comí más de la cuenta ya agora tengo queimuras.* 2. Picor d'una *queimadura.*

queiseiru, -era: *sust. m.* ya *f.* Persona que vende *queisos* de casa en casa. *Anda por ahí un queiseiru.*

queisera: *sust. f.* 1. Molde pa faer *queisos.* 2. Fresquera de madera ya tela metálica onde se ponen los *queisos* a curar. *Foi a la queisera.*

queisiel.la: *sust. f. Queisera,* molde pa faer *queisos. Trai la queisiel.la.*

queisu: *sust. m.* Masa de *l.leite cuachada* ya salada, que nun tien sueru. *Güei tenemos queisu.* ‖ *Dir a queisos* 'costume de los mozos de dir a garrar *queisos* de los vecinos de forma festiva'. ‖‖ *Fai fumu ya güel a queisu* úsase irónicamente como frase célebre absurda.

queixa: *sust. f.* Aición ya efeutu de *queixase. Nun tien queixa.*

queixada: *sust. f. Quixada. Mancóuse na queixada.*

queixase: *v.* 1. Protestar. *Quéixase de que nun-l.ly das nunca nada.* 2. Espresar el sentimientu de dolor. *El rapaz quéixase de la queimadura.*

queixidu: *sust. m.* Gritu de dolor. *You sentí los queixidos.*

queixón, -ona: *ax.* Que se *queixa* por demás. *Sos mui queixón.*

quelín: *sust. f.* Pelu que sal na parte alta del pescuezu de la xente.

querencia: *sust. f.* Amor, cariñu. *El xatín vien a la querencia de la vaca.*

querer(e): *v.* 1. Desear. *Quier marchar mañana bien ceo.* 2. Amar. *El.la siempres diz que lu quier.* 2. Manifestar una tendencia. *El capudre paez que quier secare.*

querindangu, -a: *sust. m.* ya *f.* Persona con que se tienen relaciones sexuales fuera del matrimoniu.

querindolu, -a: *sust. m.* ya *f.* Persona con que se tienen relaciones sexuales fuera del matrimoniu.

queseiyouquéi: || *¡Queseiyouquéi!* destaca la cantidá escesiva de cualquier realidá. *¡Queseiyouquéi m'anduvo contando!*

quiá: *interx.* Espresión desaprobatoria ya negativa. *-¿Marcho, mama? – Quiá, nun se t'ocurra.*

quilma: *sust. f.* Costal de tela d'estopa.

quilmar(e): *v.* Maquilar nel *molín.*

quiloutru, -a: *ax.* Borrachu. *Anueite chegóu quiloutru.*

quinquilleiru, -era: *sust. m.* ya *f.* Xente ambulante que va arreglando los oxetos metálicos. *A ver si me lu arregla un quinquilleiru.*

quirica: *sust. f.* Xenitales femeninos. *Víu-l.ly la quirica.*

quirín: *interx.* *Espresión pa que vengan *las ougüechas.* ¡Quirín, quirín, top, top!

quirina: *interx.* *Voz pa que vengan *las ougüechas.* ¡Quirín, quirina, top, top!

quisca: *sust. f.* Xenitales femeninos. *Víu-l.ly la quisca.*

quitar(e): *v.* 1. Sacar dalgo del sitiu onde s'alcuentra. *Quitóu la nisalina de la vuesa güerta.* 2. Roubar. *Quitóume los mieus cordeirinos.* 3. Apartase, marchar. *¡Quítate d'aiquí media leugua!* || *Andare al quita ya al echa 'quitase l'augua del riegu'. Anduvienon todita la nueite al quita ya al echa.* || *Quitare los fumos* 'quitar la soberbia ya'l mandu'. *En cuantas que marchóu p'ail.lí quitánon-l.ly los fumos.*

quixada: *sust. f.* Queixada, güesu onde va la dentadura.

quixas: *sust. m.* Persona ruina ya d'escasu tamañu. *Casóuse con un quixas que nun val pa nada.*

R

rabadiel.la: *sust. f. Rabín.*

rabanada: *sust. f.* Trozu delgáu en forma de filete, especialmente de pan. *Comíu una gran rabanada pan.*

rabaneiru, -era: *ax.* Indiscretu, *usándose especialmente pa la *mucher* descarada que se mete onde nun debe. *La sua ficha yía una rabanera.*

rabañadura: *sust. f. Rebañadura.*

rabañar/e): *v. Arrebañare.*

rabañáu: *sust. m.* 1. *Rabañu* grande. 2. Grupu grande d'individuos. *¡Menudu rabañáu de nenos que vien por ahí alantrones!* || A rabañaos 'en grupu, en manada'. *Cheganon a rabañaos.*

rabañu: *sust. m.* 1. Grupu d'animales. *Pasóu un rabañu de cabras que venía d'El Formosu.* 2. Grupu grande d'individuos. *Venía con un rabañu xente.*

rabia: *sust. f* . Enfermedá infeiciosa de los perros. *Que nun te muerda qu'igual tien la rabia.*

rabias: *sust. f. pl.* Enfadu mui grande. *A ésta díu-l.ly rabias que chegáramos a tiempu al bail.le.*

rabiar(e): *v.* 1. Enfadase, *enritase* por demás. *Quedóu rabiando.* || *Faer(e) rabiar(e)* 'faer ya dicir lo qu'enfada a una persona'. *Nun-l.ly faigas rabiar al nenu.* 2. Ponese un perru enfermu de la rabia. 3. Ponese en mal estáu un frutu na tierra ya volvese *mariel.lu. Rabianon las patacas.*

rabín: *sust. f.* El final de la espina dorsal. *Mancóuse nel rabín.*

rabixada: *sust. f.* Conversación, charla. *¿Ónde foste a dare la rabixada?*

rabiza: *sust. f.* Parte del aráu que termina na *recha* ya s'atraviesa nel *timón.*

rabón, -ona: *ax.* Que nun tien rabu. *La gata quedóu rabona* ||| *¡Perdón pol gatu rabón!* úsase irónicamente pa pedir perdón.

rabu: *sust. m.* Cola d'un animal, continuación de la espina dorsal. || *A rabu estal.láu* 'con fuerza, con intensidá'. *Comienon a rabu estal.láu.* || *Nin rabu* 'nin rastru'. *Nun alcontróu nin rabu de ganáu.*

rabucar(e): *v.* Cortar el *rabu.* ¡Voi a rabucar al gatu!

rabucu, -a: *ax.* Que nun tien rabu. *Tien un perru rabucu.*

rabudu, -a: *ax.* Que tien el rabu mui grande. *El mieu perrín yera mui rabudu.*

rabuñar(e): *v. Arrabuñare.*

rabuñón: *sust. m.* Aición ya efeutu d'*arrabuñare. Tien muitos rabuñones pol cuerpu.*

racha: *sust. f.* Fendedura nun ser o entidá. *El poyal tien una racha más grande agora.*

rachar(e): *v.* Abrir dividiendo. *Rachóu-l.ly la barriga.*

rachón: *sust. m.* 1. Cada trozu de madera nos que se parte un tueru. *Los rachones de la castañal quedanon nel prau.* 2. *Mucher* alta pero mal formada. *¡Vien con un buen rachón!*

raiceiru, -era: *ax.* Que tien mui bien de *raízos. Nun me gusta'l sitiu porque yía mui raiceiru.*

raízu: *sust. m.* Parte enterrada de la planta. *Los raízos de la castañal metiénonse nel ríu.*

ralba: *sust. f.* Primera aición de pasar l'*aráu* nuna tierra.

ralbar(e): *v.* Faer una *ralba. Antias de bimare hai que ralbare.*

ralengu, -a: *ax.* Mui duru, que nun parte. *Alcontréi una piedra ralenga.*

ral.ladera: *sust. f.* Instrumentu con que se rasca la masera pa quitar la masa que s'apega.

ral.lar(e): *v.* Raspar o frotar un oxetu pa *esmigachalu. Hai que ral.lar aquel. los cachos de fogaza.*

ral.láu, -ada: 1. *Participiu de *ral.lare. Echóu pan ral.láu.* 2. *ax.* Estrozáu, pulverizáu.

ralu, -a: *ax.* 1. Que tien escasa densidá, escasa espesura. *Salíu-l.ly mui ralu'l caldu.* 2. Separáu ya escasu. *Tien el pelu bien ralu.* 3. Que naz mal ya alcuéntrase mui escasamente. *El pan salíu mui ralu.*

ralura: *sust. f.* Calidá de *ralu. Quedanon las patacas con muita ralura.*

ramal: *sust. m.* Cordel que s'amarra al pescuezu d'un animal pa conducilu. *A esta xatina hai que la l.levare del ramal.* ‖ *Vender al tira ramal* 'vender animales domésticos enfermos o malos a preciu mui baxu ya nun poder reclamar nada'.

rampla: *sust. f.* Pendiente inclinada, especialmente na mina. *Cayíu pola rampla.*

ramu: *sust. m.* 1. Armazón de madera que s'adorna pa sacar en procesión (faía un ramu cada braña ya había tamién un ramu del pueblu na ilesia). *El.las fixenon el ramu de La Fontel.lada.* 2. *Cana de teixu* que se reparte'l Día de Ramos na ilesia. *Vieno con un ramu mui grande.*

rana: *sust. f.* Anfibiu que vive onde hai charcos. *Na Cuba hai muitas ranas.*

ranacuachu: *sust. m.* Cría de la rana. *La fuente chenóuse de ranacuachos.*

rangañeiru, -era: *ax.* Que nun actúa con franqueza. *Yía mui rangañeiru ya nun sabes qué yía lo que quier.*

rangue: ‖ *Rangue rangue* 'arrastrando los *pías,* con dificultá pa caminar'. *Cheguéi rangue rangue a la tua casa.*

ranguear(e): *v.* Andar arrastrando una pata, andar coxu. *Cheguéi rangueando a la sua casa.*

raniel.lu, -a: *ax.* Ruin, que padez de raquitismu. *El más pequenu yía raniel.lu.*

ranuca: *sust. f. Rana.*

rapacín, -ina: *sust. m.* ya *f.* *Diminutivu de *rapaz. La rapacina de Xepe pasóu por aiquí va un ratadín.*

rapalqueisu: *ax.* Home que nun val pa nada; *úsase como insultu. *Anda, rapalqueisu, marcha d'aiquí.*

rapadera: *sust. f. Rapu.*

rapar(e): *v.* 1. Quitar la monda a *las patacas. Hasta que nun rapes las patacas nun marchas.* 2. Afeitar al gochu, xeneralmente con una *cuchiel.la. Agora hai qu'escaldar al gochu pa rapalu.* 3. Pasar el *rapu* o *rapadera* a una midida. *Agora rapa.*

rapaz, -aza: *sust. m.* ya *f.* Adolescente, qu'entovía nun pertenez a la mocedá. *Tien que dir un rapaz a La Fervienza.*

raposa: *sust. f.* 1. Mamíferu carnívoru de rabu grande, "Vulpes vulpes". *Anda la raposa por L.lazos.* 2. *Raposa* de xéneru femenín. *Vienon un raposu ya una raposa.*

raposada: *sust. f.* 1. Aición propia de la raposa. *Fixo una buena raposada.* || *Raposada de fríu* 'actu de pasar fríu'. *Pasemos una buena raposada de fríu.*

raposu: *sust. m.* 1. Mamíferu carnívoru de rabu grande, "Vulpes vulpes". *Diz que víu un raposu.* 2. *Raposa* de xéneru masculín. *Matanon un raposu ya una raposa.*

raposu, -a: *ax.* Que resulta escasamente fiable. *Yía mui raposu, asina que ten cuidáu.*

raposudu, -a: *ax.* Que nun tien buen aspeutu, *especialmente refiriéndose al tiempu atmosféricu. *Güei amaneciu'l día raposudu.*

rapu: *sust. m.* Tablina que se pasa na parte d'arriba de la medida del granu pa que nun sobre nada. *Trai'l rapu que tengo que rapare.*

rapucu, -a: *ax.* Ruin, de tamañu escasu. *Yía tan rapucu que nun sei si tendrá fuerza p'ayudanos.*

rasfilón: || *De rasfilón* 'de pasu, indireutamente, de *l.lau'. El.la víunos de rasfilón.*

raspar(e): *v.* Pasar xunto a dalgo ya faer un roce o fendedura. *Raspóume la cara cona puerta.*

raspón: *sust. m.* Aición ya efeutu de *raspare. Fíxome un raspón na frente.*

rasponazu: *sust. m.* Aición ya efeutu de *raspare. Tien un rasponazu na pierna.*

rastiel.lu: *sust. m. Rastriel.lu.*

rastil.lar(e): *v. Rastril.lare.*

rastra: *sust. f. Grada,* armazón de madera con pinchos de metal que s'emplega pa desfaer los *turrones* de la tierra o, tamién, el *cuitu. Nun pasanon entovía la rastra.*

rastrar(e): *v.* 1. Pasar la *grada* o *rastra. Ayere rastrianon nas Veigas.* 2. Pasar la *treita* nuna tierra pa desfaer los *barruecos* de *cuitu.* 3. Faer una persona o un animal dalguna marca importante nun prau o nun sitiu semáu al metese nél. *Las tuas vacas rastranon el mieu prau cuando se metienon nél.*

rastriar(e): *v. Rastrar.*

rastriel.lu: *sust. m.* Tabla que tien un círculu con pinchos espetaos ya que s'emplega pa *rastril.lar* la planta de *l.linu.*

rastril.lar(e): *v.* Pasar, depués d'usar la *espadiel.la,* el *rastriel.lu* al *l.linu* pa dexalu preparáu pa filar (al *rastril.lare* afínase ya *l.límpiase'l l.linu*).

rastru: *sust. m.* 1. Señal, pista que dexa dalgún animal o persona al andar. *Nun quedóu rastru d'el.la.* 2. Marca importante ya bien visible que dexa dalgún animal o persona al metese nun prau o nun sitiu semáu. *Las tuas vacas dexanon El Prau Pruebu chenu de rastros.*

rasu, -a: *ax.* 1. Que nun tien nada (oxetos, árboles, etc.) qu'estorbe la superficie. *Ail.lí hai monte rasu.* 2. Que nun tien *nubles* (el cielu). *Quedóu rasu.* || *Al rasu* 'a cielu descubiertu'. *Dormíu al rasu.* 3. Que tien plana la parte d'arriba. 4. Ocupáu hasta arriba, pero non sobresaliendo. *Vieno con una maquila rasa.*

ratadín: *sust. m.* Espaciu de tiempu, non mui grande. *Quedóuse con nós un ratadín.*

ratáu: *sust. m.* Espaciu de tiempu. *L.leva un gran ratáu en ca María.*

ratera: *sust. f.* Trampa pa cazar *ratos. Ponéi la ratera pola nueite.*

ratu: *sust. m.* 1. Mamíferu roedor, "Mus musculus". *Na tua casa hai muitos ratos.* 2. Espaciu de tiempu. *Namás faltóu un ratu.*

raxa: *sust. f.* Raya que queda al disteñir una tela. *La camisa quedóu con mui bien de raxas.*

raxar(e): *v.* Partir en dos o más cachos. || *A raxare* 'a esgaya, n'abundancia'. *Hai xente a raxare.*

raxáu: *sust. m.* Chorru de *l.leite* que sal al *muñir*. *Chenóu la canada con unos cuantos raxaos.*

raxón: *ax.* Color qu'abarca tonos marrones ya mesmamente pardos. *Vien pola mañanina un páxaru raxón.*

raya: *sust. f.* 1. Marca nuna superficie. *Marcóu dúas rayas.* 2. Xuegu infantil. *Marchanon a El Pórticu a xugar a la raya.* 3. Pez de mar de cuerpu aplastáu, qu'antiguamente comíase abondo en Palacios del Sil, "Raja clavata".

rayada: *sust. f.* Conxuntu de rayos de sol que salen ente *nuble* ya *nuble. Chuvíu pero agora paez qu'hai una rayada de sol.*

rayadina: *sust. f.* *Diminutivu de *rayada*.

rayón: *sust. m.* Cría del xabaril. *Pasóu la xabarila con tres rayones.*

rayu: *sust. m.* 1. Palu que va del centru de la rueda del carru a la circunferencia. 2. Chispa que se produz na tuena. *Cayíu un rayu xunto a la mia cabana.* || *¡Rayos te partan!* úsase como maldición, pero en mui bien de casos irónicamente. 3. *L.linia* de *l.luz. A ver si sal un rayín de sol.*

rayuela: *sust. f.* Xuegu infantil, tamién nomáu *tres en raya. Xuguemos a la rayuela.*

razcañeiru, -era: *ax.* 1. Qu'actúa astutamente, como un raposu. *Yía mui razcañeiru.* 2. Que quier cortexar, pero nun da la cara.

razón: *sust. f.* 1. Recáu, información, avisu. *Mandóu razón de que güei nun venía.* 2. Conocimientu de la verdá. *El nenu tien razón, nun quedóu nada.*

rebañadura: *sust. f.* Conxuntu, que queda nel recipiente, de restos de comida; *úsase especialmente en plural. *Nun dexóu nin las rebañaduras.*

rebañar(e): *v. Arrebañare.* || *Rebañare'l caldeiru* 1. 'rebañar ya comer *las arrebañaduras'. Non, ¡arrebañóu bien el caldeiru!* 2. 'pasar fame'. *Peme que tu vas a acabare rebañando'l caldeiru.*

rebañáu: *sust. m.* 1. *Rabañáu.*

rebañu: *sust. m. Rabañu*

rebaxar(e): *v.* Faer más baxa una entidá.

rebaxuelu, -a: *ax.* Mui baxu d'estatura. *La nuesa ficha yía rebaxuela por demás.*

rebezu: *sust. m.* Mamíferu rumiante salvaxe, "Rupicapra rupicapra", que se paez a la cabra. *Vieno con un rebezu d'El L.lamazón.*

rebincar(e): *v.* 1. Faer movimientos ya alcuentros xuguetones dirixiéndose a una moza. *¡Ah Xuan! ¿Anduvisti rebincando las mozas!* 2. Saltar ya xugar los nenos.

rebincu: *sust. m.* 1. Aición ya efeutu de *rebincar* el mozu a la moza. *Ayere hubo rebincos xunto a la fuente.* 2. Aición de *rebincar* los nenos.

rebiscu, -a: *ax.* Que nun se dexa dominar. *La pequena salíunos mui rebisca.*

reble: *sust. m.* Conxuntu d'oxetos d'escasu tamañu (palinos, *pachinas*, tierra, arena, dalguna piedra) qu'arrastra l'augua ya que termina formando una masa que tapona'l pasu del augua. *El molín aparóu porque'l reble nun dexa pasar l'augua pola canal.*

rebol.la: *sust. f. Rebol.lu corchizu,* que se corta pa dar al ganáu nel iviernu (crez na parte solana del monte), "Quercus pyrenaica".

rebol.lu: Árbol del xéneru "Quercus" (hai dos clases de rebol.lu: el *rebol.lu albar,* "Quercus petraea", ya'l *rebol.lu corchizu,* "Quercus pyrenaica"; el *rebol.lu albar* dase na parte del *aviséu* ya'l *rebol.lu corchizu,* más escasu, dase nos sitos mui solanos).

rebul.lir(e): *v.* Dar impresión de movimientu, d'actividá. *Paez que nun se siente rebul.lir a los nenos.*

rebumbiu: *sust. m.* Alborotu, voces ya sones esaxeraos. *Preparóuse'l rebumbiu nun momentín.*

reburdiar(e): *v.* Dar *bramidas* mui grandes los bueis ya los toros, en dalgunos casos escarbando'l suelu. *¿Nun sientes reburdiare?*

rebuscar(e): *v.* 1. Buscar una vez más. ¿Qué fairá rebuscando por ahí alantrones? 2. Pañar *castañas* que son *achenas*, depués de *pañalas* los amos.

rebuscu: *sust. m.* 1. Aición ya efeutu de pañar *castañas* por segunda vez. 2. Aición ya efeutu de pañar *castañas* que son *achenas* depués de *pañalas* los amos. *Andan al resbuscu.*

rebustu, -a: *ax.* Fuerte, que tien estabilidá.

recachar(e): *v.* Abrir, apartar. *L'animal recachóu las patas.*

recacháu, -ada: 1. *Participiu de *recachare*. 2. *ax.* Que s'alcuentra bien sentáu ya acomodáu nun sitiu separtando *las patas. Alcontréilos a los dous ahí bien recachaos.*

recatear(e): *v.* Discutir el preciu de dalgún bien. *Présta-l.ly recateare.*

recáu: *sust. m.* 1. Razón, información, avisu. *Mandóu recáu de que güei nun venía.* 2. Actividá d'escasa duración. *Marchóu a faere un recáu.*

recha: *sust. f.* 1. Punta de fierru del *aráu.* 2. Trozu delgáu de pan untáu con dalgún alimentu, especialmente *manteiga. El nenu tien que comer una recha.*

rechanada: *sust. f. Rechanu* grande.

rechanu: *sust. m.* Un sitiu planu no monte. *Quedóu un ratadín quietu naquel rechanu.*

rechu: *sust. m.* Cordelín p'atar al tenral mientras se *muñe* la vaca.

rechusqueiru, -a: *ax.* Que tien un aspeutu positivu ya arréglase bien pa buscar soluciones. *Nun te preocupes que yía mui rechusquera.*

reciel.lu: *sust. m. Cabra* ya *ougüecha* ruina ya de pesu escasu; *úsase con un aquel peyorativu. *Quedóunos un reciel.lu pol monte.*

recimu: *sust. m.* Conxuntu de frutos nuna *cana. Comede esos recimos d'uvas.*

recintu, -a: *ax.* Que tien una raya o más de color diferente; *úsase refiriéndose a animales. *El que matanon yera recintu mui guapu.*

reciu, -a: *ax.* Con fuerza ya con gana de *trabachar.*

recocher(e): *v.* Pañar, atropar. *El.la recochíu más que vós.*

reconcomiar(e): *v.* 1. Pidir, esixir. *Siempres anda reconcomiando.* 2. Pinchar, *aguichare. Esta aresta nun apara de reconcomiame.*

reconcomiu: *sust. m.* Preocupación, mala conciencia, intranquilidá. *Sigue con esi reconcomiu que nun lu dexa aparare.*

recordanza: *sust. f. Alcordanza.*

recordele /: *sust. m.* Cantu funerariu. *Yá terminanon los recordeles.*

recoser(e): *v.* Coser una vez más. *Hai que recosere.*

recuentu: *sust. m.* Aición ya efeutu de contar por segunda vez. ‖ *Tomar recuentu* 'revisar si falta dalgo por contabilizar'.

rede: *sust. f.* Instrumentu de cuerda cruzada, usáu pa pescar. *Foi al ríu con una rede.*

redondada: Espaciu cercanu, alrededores. *Yía mui conocidu na redondada.*

redondu, -a: *ax.* Que tien forma circular. ‖ *Cayere redondu* 'dir al suelu una persona inesperadamente o como muertu'. *Cayíu redondu delantre de nós.*

redruechu: *sust, m.* El fichu más pequenu de la familia.

refaxu: *sust. f.* Prenda antigua femenina de vistir.

referver(e): *v.* 1. Ferver una vez más. 2. *Reñer* ya protestar en voz baxa. *Aquel.los siguen referviendo.*

reflán: *sust. m.* Proverbiu, frase que tien una enseñanza. *¡Nun me vengas con reflanes!*

reflaneiru: *sust. m.* Conxuntu de *reflanes. El.la sabe muitu reflaneiru.*

refrescar(e): *v.* 1. Poner a temperatura más baxa. *Refrescade la fruta.* 2. Ponese más fríu. *Refrescóu'l tiempu.* 3. *L.limpiar,* poner más guapa una entidá. *Refrescóu la cara ya entróu pa la cabana.*

refrescase: *v.* Ponese guapu, *l.limpiase. Refrescóuse antias de venire.*

refuga: *sust. f.* 1. Lo peor, lo que nun val d'una planta. 2. Lo peor que se *recueche* de lo que se semara. *La refuga dexáila aiquí.*

refungar(e): *v.* Protestar en voz baxa. *Esti paisanu siempres anda refungando.*

refuntada: *sust. f.* Aición ya efeutu de *reñer*, reprimenda grande. *L.levóu una buena refuntada.*

regaliza: *sust. f.* Planta anxosperma dicotiledónea, "Glykyrrhiza glabra".

regañar(e): *v.* 1. Enseñar los dientes amenazando. *Vieno contra nós regañando.* ||| *¡Á Xuan Mañas!, ¿tu reñes o regañas?* recuérdase como frase de cuentu popular. 2. Abrise de *piernas* enseñando partes tabú del cuerpu. 3. Abrise l'*ourizu* ya empezar a caer la castaña.

regar(e): *v.* Echar l'agua a un prau, a una tierra, etc. *Esta nueite reguemos las corradas de Paulu.*

regoxu: *sust. m.* Cortezu de pan. *El nenu anda mordiendo un regoxu.*

regüechu: || *Mirar de regüechu* 'mirar indireutamente, de *rasfilón*'. *Al pasar miróunos de regüechu.*

regueirín, -ina: *sust. m.* ya *f.* *Diminutivu de *regueiru* ya *reguera.*

regueirón, -ona: *sust. m.* ya *f.* *Aumentativu de *regueiru* ya *reguera.*

regueiru: *sust. m.* Corriente *d'augua* de tamañu escasu.

reguera: *sust. f.* Corriente *d'augua* grande ya constante.

reguilar(e): *v.* 1. Mirar con *güechos* mui abiertos. 2. Mirar de *regüechu*. *El.la nun aparaba de reguilare.*

reguilete: *sust. m.* || *Como un reguilete* 'mui rápidamente, mui áxilmente, obedientemente'. *La nuesa nuera anda como un reguilete.*

regunir(e): *v.* Axuntar. *Hai que regunir a la xente.*

rei /Réi/: *sust. m.* 1. Panocha de granos escuros. *Salíume un rei.* 2. Figura de la baraxa.

relámpagu: *sust. m.* Chispa que se produz na *tuena. Cayenon muitos relámpagos pol Navariegu.*

relampampixar(e): *v.* Caer mui bien de relámpagos. *¡Cómo relampampixa!*

rel.lamber(e): *v.* Pasar la *l.lingua* ya untar con saliva. *La vaca rel.lambe al xatín.*

rel.lambese: *v.* 1. *L.lamber* la parte de fuera de la boca propia. *Alcontréilu rel.lambiéndose.* 2. Disfrutar d'un sabor. *Comíu'l miel ya quedóu rel.lambiéndose.*

rel.lambidu, -a: *ax.* Que presume ya cuida por demás l'aspeutu esternu propiu, *con un aquel negativu.

rel.layu: *sust. m.* Falda de monte con mui bien de piedra.

rel.lucir(e): *v.* 1. Dar *l.luz* una entidá, *bril.lar. L.limpióulu bien ya agora rel.luz.*

rel.lumar(e): *v.* Dar *l.luz,* dar resplandor. *¡Mirái cómo rel.luma la foguera de la salga!*

rel.lumu: *sust. m.* 1. Relámpagu. 2. *L.luz,* resplandor.

reló /RIló/: *sust. m.* Instrumentu que s'emplega pa midir el tiempu.

reloxeiru, -era: *sust. m.* Persona que vende o arregla relós.

remanecer(e): *v.* 1. Apaecer lo que faltaba. *Busquemos toditu'l día la vaca ya pola tardecina remanecíu.* 2. Amanecer.

remel.lar(e): *v. Arremel.lare.*

remel.lón, -ona: *ax.* Qu'*arremel.la* los *güechos,* que mira fixa ya descaradamente o de *regüechu.*

remestura: *sust. f. Remesturu.*

remesturar(e): *v.* Xuntar oxetos de distinta clas. *¿Entós tu qué remesturesti aiquí?*

remesturáu, -ada: 1. *Participiu de remesturare. 2. *ax.* Que forma, al xuntase, un grupu o parexa que se tienen por inmorales: *Viven resmesturaos.*

remesturu: *sust. m.* 1. Aición ya efeutu de remesturare. *¡Menudu remesturu que preparesti!* 2. *ax.* Grupu o parexa que se tienen por inmoral: *¡Había un resmesturu que válgame Dious!*

remochar(e): *v.* Poner n'augua p'ablandar. *Ponéila a remochar.*

remolín: *sust. m.* 1. Movimientu xiratoriu del aire, del augua, etc. *Nun vos metáis naquel remolín.* 2. Espiral que forma'l pelu na cabeza. *Tien un remolín na frente.*

remontase: *v.* Rebelase, enfrentase a dalguna situación. *El rapaz remontóuse ya hubo que faere las cousas que dixera'l día antias.*

remote: *sust. m.* Mote.

remotiegu, -a: *ax.* Persona que tien el vezu de poner *remotes* a los demás.

remu: *sust. m.* Cordón que xune'l fetu a la madre. *Salíu cono remu alredor del pescuezu.*

remuechu: *sust. m.* Aición ya efeutu de *remochare. Las fabas quedanon a remuechu pola nueite.*

remungar(e): *v.* Protestar en voz baxa. *Marchóu remungando.*

renaz: *sust. m.* Zona del cuerpu de la parte de los riñones. *L.levóu un gran golpe no renaz.*

rendixa: *sust. f.* Fendedura que trespasa un oxetu. *Miróu pola rendixa.*

rengu, -a: *ax.* 1. Coxu, qu'anda con dificultá. 2. Qu'anda *esparnancáu. Cada día anda más rengu.*

renoyu: *sust. m.* 1. *Nenu* revoltosu. 2. Persona baxa ya revoltosa. *¿Por ónde vendrá esi renoyu?*

renteiru, -era: *sust. m.* ya *f.* Que *l.leva* dalguna finca pagando una renta. *Tenemos un renteiru mui malu.*

renu: *sust. m.* Bultu que se forma na piel de la vaca, formáu por un parásitu, como una *cachaparra* grandona, especialmente xunto a los cuernos ya las ourechas. *¿Nun vedes que tien un renu?*

renubeiru: *sust. m.* Figura mitolóxica que representa la *tuena. Suena'l Renubeiru.*

reñer(e): *v.* 1. Reprender a dalguién por faer dalgo. *¡Reñe al nenu, que nun para d'enredare!* 2. Discutir, tener una pelea. *Quedanon reñendo pola mor de la l.linar.*

reñil: *sust. m.* 1. Riñón. 2. Parte del cuerpu onde tán los riñones. *L.levóu un gran golpe nel reñil.*

reñón: *sust. m.* 1. Parte del cuerpu onde se fai la orina. 2. *En plural refierse a la parte del cuerpu de la zona de los riñones. *Mancóuse nos reñones.*

repegu: *sust. m. Pegón*, emplastu de tela ya pez que se pon onde hai un golpe traumáticu.

repeirar(e): *v.* Crecer, xubir la masa de pan pola mor del *formientu*.

repelón, -ona: *ax.* Que tien los pelos de punta, por fríu o por pánicu (si una vaca se ponía repelona había qu'afumala con *tomiel.lu*). *Si ves a dalguna vaca repelona báxala pa casa.*

repelucu, -a: *sust. m.* Sensación que pon los pelos de punta, xeneralmente por fríu o, tamién, por pánicu. *Entróu-l.ly un gran repelucu.*

repeludu, -a: *ax. Repelón.*

repol.lecer(e): *v.* 1. Ponese bien d'aspeutu una persona o un ser vivu en xe- neral. *El tou nenu repol.lecíu bien esti anu.* 2. Ponese los árboles verdes na primavera. *Yá repol.lez la castañal.*

repol.lu: *sust. m.* Planta anxosperma dicotiledónea de güerta usada como alimentu.

repol.ludu, -a: *ax.* Que tien mui ancha la *groma* (refiriéndose a los árbo- les). *La cereisal salíu mui repol.luda.*

repolaináu, -ada: *ax.* Que presume, que suel vistise con mui bien de cui- dáu. *El que you conozo yía mui repolaináu.*

represu: *sust. m.* Presina de tamañu escasu que se fai xunto a una paredina pa canalizar l'augua que rezuma d'una presa. *L'augua del represu l.leváila p'aiquí.*

repuelgu: *sust. m.* 1. Cicatriz na piel. *A mi quedóume esti repuelgu.* 2. Costura, aición ya efeutu de coser na tela. *Quedóu un gran repuelgu.*

repulgar(e): *v.* Coser. *Nun sei si sabrá repulgar el rumiendu.*

repunante /: *ax.* 1. Que nun aguanta a los demás ya tien dificultades pa convivir. *Nun faigas eso delantre de casa d'él porque yía un repunante.* 2. Que molesta ya resulta imposible d'aguantar. *¡Sos un repunante que nun hai quien t'aguante!*

repunanza: *sust. f.* Calidá del ser *repunante.*

requir(e): *v.* Pasar lista a los vecinos nel *concechu*, al dir a *caminu* ya a *facendera.*

resbalar(e): *v.* Eslizase nuna superficie fina. *Resbalóu pola cuesta ya mancóuse.*

resbalón: *sust. m.* Suelu xeláu onde la xente resbala. *Cuidáu qu'hai un resbalón delantre de mia casa.*

resbeirón: *sust. m.* 1. Raya, marca nuna superficie. *Quedóu un buen resbeirón.* 2. Marca que fai nel tapín la vaca cuando nel prau hai demasiada humedá. *Nun l.leves güei las vacas a El Pumarín porque van a traer resbeirones a esgaya.*

rescaldu: *sust. m.* Braneta, brasa, conxuntu de *l.leña* o carbón ardiendo.

rescañeiru, -era: *ax.* Ruin, que nun crez. *Esta xatina yía tan rescañeira que nun val pa nada.*

resclavu: *sust. m.* Marca que queda nel suelu al pisar los animales. *En Fasgadiel víu'l resclavu del osu.*

resgar(e): *v.* Romper, desgarrar un oxetu. *Resgóu la frente.*

resguizu: *sust. m.* Marca que se fai al *resgare*. *Quedóu aiquí un buen resguizu.*

resolana: *sust. f.* Insolación. *Ganóu una buena resolana en Las Repoupadas.*

respetible: ‖ *Respetible a* 'polo que se refier a'. *Respetible al mieu fichu, el tou yía un anu más nuevu ya yía igual de grande.*

respeutu: *sust. m.* Consideración positiva, actitú d'obediencia. *Tien-l.ly muitu respeutu a la mucher.*

respigón: *sust. m.* Piel que sal xunto a la uña.

respingar(e): *v.* 1. Salir p'arriba. *Al final respingóu.* 2. L.levantar a la moza al terminar un *bail.le. Al acabar la pieza respingóu a la moza.* 3. *Rebincar el mozu a la moza.*

respingu: *sust. m.* 1. Sobresaltu. *Al veme pegóu un respingu.* 2. Movimientu de danza popular cuando'l mozu *l.levanta* a la moza. 3. *Rebincu* del mozu a la moza.

respirar(e): *v.* 1. Inspirar ya espirar l'aire. 2. Sacar el *respiru.*

respiru: *sust. m.* Última cantidá de *l.leite* que sal del tetu de la vaca al muñire. *Echa'l respiru nesta outra canada.*

restiel.lu: *v. Rastriel.lu.*

restil.lar(e): *v. Rastriel.lar.*

restrañu: *sust. m.* Filera de *chábanas* que se pon pa estremar una finca d'una propiedá distinta.

restriel.lu: *v. Rastriel.lu.*

restril.lar(e): *v. Rastriel.lar.*

restrochu: *sust. m.* Restu de la siega del cereal. *Tenedes que quitare los restrochos.*

retacu: *sust. m.* 1. Ser o entidá ruina. 2. *Términu que suel emplegase pa carauterizar negativamente a una persona como mui baxa. *La súa mucher yía un retacu.*

retafila: *sust. f.* Fila de xente o d'oxetos en xeneral. *Había una retafila mui grande de xente.*

reteitar(e): *v.* Arreglar el *teitu* o parte del *teitu. Diz que fai falta reteitar la cabana.*

retorcer(e): *v.* Torcer por demás. *Retorcíu'l palu.*

retorcidu, -a: 1. *Participiu de *retorcere.* 2. *ax.* Malu ya rebelde. *Sos mui retorcida, monina.*

retorzón: *sust. m.* Torcedura del *pía. Anda coxu porque tien un retorzón.*

retouzar(e): *v.* Saltar como diversión, xugar dando saltos. *Mirái cómo retouzan na Cuérguila.*

retouzu: *sust. m.* Yerba verde que queda pa comer nun prau nel que yá anduvo'l ganáu. *El Pumarín tien un buen retouzu.*

retrucu: *interx.* *Espresión del xuegu del *trucu.*

retultel: ‖ *Al retultel* 'en movimientu ya en barullu'. *Anduvienon todita la nueite al retultel.*

retumbar(e): *v. Retumbiare.*

retumbel.lar(e): *v. Retumbiare. Da unos golpes que retumbiel.lan nel val.le.*

retumbiar(e): *v.* Faer un gran *estrueldu. Dienon unos golpes no corral que retumbianon nel pueblu.*

reutu, -a: *ax.* Que nun s'esvía, que va direutu. *El sendeiru va reutu a L.louzuelos.*

reveirar(e): *v.* Torcer, atravesar.

reveirase: *v.* Torcese, cambiar de postura. *Reveiróuse la cousa ya nun funcionaba.*

reveiráu, -ada: 1. *Participiu de *reveirare. Taba reveiráu ya nun yera pa trabachar.* 2 *ax.* Que tien mal comportamientu.

revenidu, -a: 1. *Participiu de *revenise. La yerba de la nuesa corrada quedóu revenida.* 2. *ax.* Atrasáu, pasáu.

revenise: *v.* Ponese dalgo en mal estáu pola mor de la humedanza o pol pasu del tiempu. *Si sigue aiquí va a revenise.*

reverdecer(e): *v.* Ponese verde una vez más. *Paez que la corrada reverdez.*

revesinu: *sust. m.* Impulsu de faer un actu contrariu a lo que s'espera. *Díu-l.ly un revesinu ya marchóu pa Valdefontán.*

revilvar(e): *v.* Revivir, alcontrase mal ya de golpe ponese bien. *Ésta revilva darréu.*

revolver(e): *v.* 1. Mover una sustancia con un instrumentu. *Agora revuelve'l cuechu con un cucharón.* 2. Molestar, provocar confusión. *Parái de revolver, nenos.*

revolvese: *v.* 1. Dar la vuelta. *El l.lobu revolvíuse ya foi contra el.la.* 2. Enfrentase a quien tien más autoridá. *Revolvíuse a la madre ya cuasi-l.ly pega.*

revuelta: *sust. f.* Curva, vuelta d'una vía de comunicación. *Alcanzóulu na revuelta.*

rexistrar(e): *v.* 1. Inspeccionar. *Rexistróu-l.lys la casa.* 2. Mirar bien el ganáu antes de faer una compra. *Antias de mercar, rexista bien.*

reznu: *sust. m.* Renu.

rial: *sust. m.* Antigua moneda de venticinco céntimos. *Costóume seis riales.*

richar(e): *v.* 1. Faer sonar *maderas* ya fierros al chocar ya raspar. *Mirái cómo richan los forcaos al caer al suelu; El nuesu carru richa más que'l* *vuesu.* 2. Faer sonar los dientes al faelos chocar. *¡Dexa de richar los dientes!*

richera: *sust. f.* Madera que tien l'escanu na punta ya que val p'apoyar los brazos.

ricu, -a: *ax.* 1. Que tien mui bien de *perras. Agora son los ricos del pueblu.* 2. Que sabe bien. *El l.leite fríu sabe mui ricu.*

riestra: *sust. f.* 1. Filera trenzada de *cebol.las, achos, panochas,* etc. 2. Serie d'oxetos ya seres. *¡Díxo-l.ly una riestra de cousazas!*

rin, -ina: *ax.* 1. Enfermu, que nun ta sanu. *Toi rina, chacha.* 2. Que nun val, que nun tien valor. *Nun me val porque yía mui rin.* 3. De tamañu escasu. *La mia l.linar tien una entrada mui rina.*

rinchar(e): *v.* Dar *rinchidos. Nun se siente rinchar a los cabal.los.*

rinchidu: *sust. m.* Voz propia del caballu. *¿Nun sentisti los rinchidos?*

rincochu: *ax.* Que namás tien un testículu, *refiriéndose especialmente los gochos. *Unu de los nuesos yía'l rincochu.*

rindir(e): *v.* 1. Faese *l.largu* nel tiempu. *¡Güei ríndeme más la mañana!* 2. Faese mui productivu. *Rinde más si tamos solos.*

rinfeñu, -a: *ax.* Malu, complicáu. *Yera rinfeñu por demás.*

ringlera: *sust. f.* Fila, filera. *Nun pasóu de la primera ringlera.*

ringorrangu: *sust. m.* 1. Adornos na vistimenta. 2. Presumiciu. *Vien con muitu ringorrangu.*

ripia: *sust. f.* Tabla onde se ponen *las l.lousas* con clavos. *Antias ponéi bien las ripias.*

ríu: *sust. m.* Corriente d'augua continua ya grande. *Metíuse no ríu a cachón.*

rixidor, -ora: *sust. m.* ya *f.* Persona encargada de controlar la vecera de *cabras* ya *ugüechas* ya que mandaba arreglar el *trousu* (tamién buscaba los sementales más convenientes).

rixidu, -a: 1. *Participiu del verbu *rixire.* 2. *ax.* Que sal con un ritmu regular ya ordenáu. *L'augua cai mui rixida.*

rixir(e): *v.* Controlar, regular. *¿Quién yera'l que rixía l'asuntu?*

rizosu, -a: *ax.* Que tien rizos. *El rizosu marchóu antias que nós.*

rizu: *sust. m.* 1. Borde superior de los altos de los montes. *Anduve pol rizu de Buscalfríu.* 2. Ondulación nos pelos. *Tien muitos rizos.*

robla: *sust. f.* Convite que se fai al zarrar un tratu. *Paguéi la robla ya marchéi pa casa.*

rociada: *sust. f.* Actu ya efeutu de *rociare. Écha-l.lys una rociada a las berzas.* || *Fáltar una rociada* 'nun tener un comportamientu mui normal'. *A aquél.la fálta-l.ly una rociada.*

rociar(e): *v.* Echar una sustancia líquida nun oxetu o nuna superficie dende encima ya non en demasiada cantidá. *Rociái la ensalada con aceite.*

rodabiel.lu: *sust. m.* Instrumentu en forma de media *l.luna* ya con mangu que val pa sacar la *braneta* del fornu ya tamién pa sacar el *cuitu* de la corte.

rodal: *sust. m.* El conxuntu del *eix* carru ya'l mecanismu que lu dexa movese. *Hai que pone-l.ly un rodal nuevu al nuesu carru.*

rodáu: *sust. m.* Prenda tradicional femenina, como una falda abierta.

rodenu: *sust. m.* Rueda xiratoria, pieza del molín que mueve l'augua al caer. *El molín nun muel porque'l rodenu rompíu.*

rodera: *sust. f.* 1. Puerta d'entrada a una finca, con dos *muriones* ya varales de *murión* a *murión.* 2. Vía de comunicación pa carros. *Esta rodera va a L.ladréu.*

rodete: *sust. m.* Moñu. *Vien con rodete.*

rodiel.la: *sust. f.* Articulación ya huesu de la pierna. *Mancóuse na rodiel.la.* || *De rodiel.las* 'postura de tener *las rodiel.las* apoyándose nel suelu'. *Nun se l.levantanon, siguienon de rodiel.las.*

rodu: *sust. m. Rodabiel.lu.*

rogar(e): *v.* 1. Pidir. *Rogóunos que nun faltáramos a la boda.* 2. Ufiertar una cosa pa vender. *Rogóume pero nun-l.ly lu merquéi.*

roiroi: *sust. m.* 1. Actu d'espresase en voz baxa, especialmente criticando. *Anda siempres cono mesmu roiroi.* 2. Pensamientu que nun pue quitase de la cabeza. *Sigue cono roiroi de siempres.*

rola: *sust. f.* Xuegu infantil que se xuega moviendo una piedra nunos cuadros marcaos nel suelu.

rolda: *sust. f.* Trozu circular ya planu de pescáu. *Comíu tres roldas de pescáu.*

roldu: *sust. m.* Trozu circular de tueru del árbol cortáu. *Quedanon unos buenos roldos.*

rol.lar(e): *v.* Arrol.lar, cuidar d'un nenu, movelu pa que nun *chore*. *Nun aparóu de rol.lar al nenu.* ||| *Quien te paríu que t'arrol.le ya si non que te vuelva al fuel.le* indica que los nenos tienen que los cuidar los padres.

romanizu: *sust. m.* Fuerza, vitalidá d'un animal o persona. *Tien muitu romanizu.*

romeiru, -era: *sust. m.* ya *f.* Personaxe que va pelegrinando a una romería. *Yá chegan los romeiros.*

romería: *sust. f.* 1. Fiesta en campu abiertu alredor d'un santu ariu (en Palacios del Sil vase a la Romería de Carrasconte ya a la Romería de Las Nieves).

romper(e): *v.* 1. Partir un oxetu en partes, estrozar. *Tiróu la escudiel.la ya rompíula.* 2. Partise un oxetu, estrozase. *Rompíu la cana la cereisal.*

ron róN/: || *Ron, ron* úsase como voz pa *xaxar* a los *nenos*.

ronar(e): *v.* Faer los burros la voz propia de la especie. *¿Nun sientes ronare?*

ronceiru, -era: *ax.* 1. Qu'actúa con reserva, con precaución. *Agora vémoslu ronceiru con nós.* 2. Que quier a una moza ya anda alredor. *Anda ronceiru con el.la.* 3. En xeneral, qu'anda alredor de dalguién por dalgún motivu. *Anda mui ronceiru.*

roncón, -ona: *ax.* Persona que tien la voz ronca. *La sua ficha yía la que yía mui roncona.*

roncu, -a: *ax.* Que tien la voz escura ya débil. *Atopéilu mui roncu.*

roña: *sust. f.* Capa de suciedá que queda nuna superficie. *Siempres anduvo con roña.*

roñosu, -a: *ax.* Escasamente espléndidu, que nun da nada. *Los padrinos paecen un pouquín roñosos.*

rosa: *sust. f.* 1. Flor del *rosal*. || *Rosa del alma* úsase como espresión cariñosa a una persona. 2. Color que sal de combinar coloráu ya blancu.

rosal: *sust. m.* Planta del xéneru "Rosa".

rosca: *sust. f.* Dulce circular que se fai con *manteiga*. || *Correr la rosca* 'xuegu tradicional d'adultos nel que se compite corriendo a ver quien gana una *rosca*'. || *Faere la rosca* 1. 'rondar un mozu a una moza'. 2. 'adular a dalguién'. *Ya agora nun me faigas la rosca.*

rosquiel.la: *sust. f.* Pasta mui sabrosa que se fai a base de *farina*, güevos ya *l.leite* ya que tien forma redonda. || *Saber a rosquiel.las* 'saber mui bien'.

rosu: || *Mieu rosu del alma* úsase como espresión cariñosa. || *Rosu queridu* úsase como espresión cariñosa.

roubar(e): *v.* Apropiase d'oxetos *achenos*. *Andaría roubando anueite.*

roucu: || *Poucu ya roucu* 'en cantidá escasa ya de calidá mala'. *Había poucu ya roucu.*

roupa: *sust. f.* Conxuntu de vistimenta pal ser humanu. *Tien pouca roupa.*

roxu, -a: *ax.* 1. De color marrón, ocre. *A mi préstame roxu.* 2. De pelu mui claru. *El mieu primu yera'l roxu.* 3. Coloráu.

royer(e): *v.* Morder ya desfaer ya desgastar usando los dientes. *El perru nun apara de royer el güesu.* || *Royer el belortu* 'cortexar'. *Vienen de royer el belortu.*

rozar(e): *v.* L.limpiar con una *fouz* la maleza. *Foi a rozar a La Cuérguila.*

rubianzas: *sust. f. pl. Nubles* ya parte del cielu que se ponen encarnaos na parte onde marcha'l sol. *Mañana va a faer buen tiempu, porque hai rubianzas.*

rucada: *sust. f.* 1. Rueca hasta arriba de *l.linu* o de *l.lana*. *Cayíu la rucada nel l.lume.* 2. Cantidá qu'hai na rueca hasta arriba de *l.linu* o *l.lana*. *Yá tien una buena rucada.*

rucar(e): *v. Royer. Sigue rucando ya nun fai outra cousa.* || *¡Nun te ruca!* 'nun te toca, nun te correspuende a ti'.

ruda: *sust. f.* Planta anxosperma dicotiledónea medicinal, "Ruta graveolens". *Tien ruda tras de casa.*

rueca /: *sust. f.* Instrumentu usáu pa *filare. Perdíu la rueca de la bolica.*

ruin, -ina: *ax.* 1. Rin. *Quedóu mui ruin.* 2. Malu, que nun tien honor. *Yera ruin por demás.*

rumbar(e): *v.* Vivir bien. *Esta xente paez que rumba.*

rumbosu, -a: *ax.* Que tien *muitu rumbu. Foi una boda mui rumbosa.*

rumbu: *sust. m.* Manifestación ruidosa de fiesta (el día de la salga mirábase qué braña baxaba con más *rumbu. Los de La Fontel.lada son los que vienen con más rumbu*).

rumediar(e): *v.* Solucionar un problema. *Nun sei quién rumediará l'asuntu.*

rumediu: *sust. m.* Solución d'un problema. *Nun tien rumediu.*

rumendar(e): *v.* Poner *rumiendos* a la tela rota. *¿Quién-l.ly rumendóu los pantalones?*

rumiachu: *sust. m.* Cantidá de comida que tien el rumiante na boca cuando rumia.

rumiar(e): *v.* Masticar los rumiantes lo que yá se comiera.

rumiendu: *sust. m.* Trozu nuevu de tela que se pon onde la *roupa* s'alcuentra en mal estáu.

ruqueiru: *sust. m.* Cucuruchu de cartón o de tela que se ponía na parte d'arriba de la rueca p'asegurar el *cerru* de *l.linu.*

rutidu: *sust. m.* Aición ya efeutu de *rutire.*

rutir(e): *v.* Echar gases del estómagu. *Dexáilu que rute.* ||| *-¿Por quéi suspiras, vida mía? –Nun suspiro por ti nin por nadie, ruto porque estoi farta como una vaca* recuérdase como diálogu célebre nel qu'una moza contesta a un namoráu.

rutu: *sust. m.* Aición ya efeutu de *rutire.* || *Rutu d'aire* 'golpe fuerte ya inesperáu d'aire'.

ruxideiru: *sust. m.* Xuguete pa los nenos que suena al movelu. *Da-l.ly un ruxideiru al nenu.*

ruxidera: *sust. f.* 1. Aición ya efeutu de *ruxire. A ver si termina la ruxidera.* 2. Planta mala que naz nos praos, que suena al movela.

ruxir(e): *v.* 1. Sonar. *Rúxenme las tripas.* 2. Comentase, dicise públicamente. *Rúxese que casa la ficha de los vecinos.*

S

sábana: *sust. f.* Pieza de tela que se pon na cama pa dormir. *Mercóu unas sábanas mui guapas.*

sabandichu: *sust. m.* 1. Reptil o inseutu malu ya ruin. 2. Persona ruin ya mala, *usándose como insultu. *Sos un sabandichu.*

sabaniel.lu: *sust. m.* 1. Trozu de sábana usada de *l.linu.* 2. Trozu de sábana nel que s'echa *l'augua de cenisa* pa faer la colada. 3. Trozu bien *l.limpiu* de sábana de *l.linu* que fai falta usar nel *samartinu* pa nun manchar la carne.

sabedor, -ora: *ax.* Que sabe, que conoz. || *Nun ser sabedores de que* 'nun saber qué'.

saber(e): *v.* 1. Conocer. *Séi que val pa segar.* 2. Tener un sabor determináu. *Los muruéndanos saben bien.*

sabichegu, -a: *ax.* Que sabe ya da opiniones como si supiera más que naide. *La rapaza yía sabichega por demás.*

sabugueiru: *sust. m.* 1. Arbustu, "Sambucus nigra". *Na nuesa corrada hai un sabugueiru mui guapu.* 2. Frutu d'estos arbustos, d'usu medicinal. *El sabugueiru que pañéi ayere vendílu güei ya diénonme unas cuantas perras.* || *Dir a sabugueiru* 'ponese a cortar sabugueiru pa vendelu'. *El nenu foi a sabugueiru.*

sacar(e): *v.* Faer salir un ser de onde s'alcontraba. *Sacóu un gran toucín de la fardela.* || *Sacare polvu embaxo l'augua* 'querer saber ya perguntar más de la cuenta'. || *Sacare la miente* 'sacar el tema'. *Si you nun saco la miente nun nos diz nada.*

sacáu, -ada: *sust. m. ya f.* 1. Un sacu completu hasta arriba. *Vien con un sacáu de peruchos.* 2. Lo qu'hai nun sacu hasta arriba. *Comíu un sacáu de peruchos.*

sacavera: *sust. f.* 1. Anfibiu negru ya *mariel.lu,* consideráu peligrosu pola xente, "Salamandra salamandra". *¡Nun toques la sacavera, rapaz!* 2. *Úsase como insultu, especialmente pa la mucher que se considera mala ya despierta al empar. *Ten cuidáu con esa sacavera.*

sachar(e): *v.* Mover la tierra con un *picachu* pa quitar la mala yerba. *Güei tenemos que sachare El Xeixón.*

sacu: *sust. m.* Recipiente de tela que s'emplega pa tresportar oxetos. *Volvíu conos sacos chenos.*

sacudidor(e), -ora: *sust. m.* ya *f.* Persona que *sacude*, xeneralmente con un *varal*, los árboles pa tirar el frutu.

sacudir(e): *v.* 1. Mover un oxetu con fuerza, por exemplu, los árboles pa tirar el frutu. *Mañana hai que sacudir la peral.* 2. Pegar un golpe o una paliza a dalguién. *Si t'alcuentro pola nueite, sacúdote.*

sacupar(e): *v.* Quitar lo que s'alcuentra nun sitiu o recipiente. *Sacupóu la corte pa l.limpiala.*

sacupáu, -ada: 1. *Participiu de *sacupare*. 2. *ax.* Que nun tien nada que faer. *Peme qu'andas mui sacupáu.*

sagráu, -ada: *ax.* 1. Que tien que ver con aspeutos relixosos de fondura. 2. Importante, que nun pue tocase. *La mía l.linar yía sagrada.*

sal: *sust. m.* Sustancia blanca necesaria pa l'alimentación, cloruru de sodiu. *Fai falta mercar más sal pal samartinu.*

salar(e): *v.* 1. Echar sal. *Salestis las patacas más de la cuenta.* 2. Curar la carne con sal. *El sal qu'hai en casa merquémoslu pa salar la matanza.*

saldiguera: *sust. f.* Planta que val como purgante.

saleiru: *sust. m.* Recipiente onde se guarda'l sal. *¡Apúrreme'l saleiru!*

salera *sust. f.* Recipiente onde se pon el sal pa los animales al volver a casa. *Nun hai yá sal na salera.*

salga: *sust. f.* Gran fiesta del solsticiu de branu, el día de San Pedru. (El ritual del solsticiu de branu celébrase en Palacios del Sil el día 29 del *mes de San Xuan*. Na *nueite* del 28 al 29 faise una gran foguera en cada braña ya al entrar la mañana báxase de *las brañas* a la ilesia de Palacios. Na tarde del día de San Pedro celebrábase una fiesta en La Cuérguila, un campu comunal). *La salga de más rumbu foi la de La Fontel.lada.*

salgueiral: *sust. m.* Sitiu con mui bien de *salgueiros*. *Metíuse nun salgueiral al pía del ríu.*

salgueiru: *sust. m.* Arbustu del xéneru "Salix" que suel medrar xunto al ríu. *Vilu movese onde aquel.los salgueiros.*

salguera: *sust. f.* Arbustu del xéneru "Salix" que sal xunto al ríu ya val mui bien pa faer cestos de *brimbas.*

salidu, -a: *ax.* En celu, especialmente los perros. *Paez que la perra anda salida.*

salir(e): *v.* 1. Pasar a un espaciu de fuera dalgo que s'alcontraba nun sitiu interior. *Salíu pola puerta.* 2. Manifestase un caráuter o forma de ser. *¡Salíunos espabiláu'l rapaz!* 3. Manifestase con dalgún aspeutu que se paez a. *La nena salíu a la bolica.* 4. Resultar positiva o negativamente. *La fiesta nun salíu mal.* 4. Faer dalgo que sorprende. *Agora sal con que quier marchar.*

salise: *v.* Estropease y pasase la planta. *Las lechugas de la nuesa l.linar están saliéndose.*

salmuera: *sust. f.* Líquidu especial con mui bien de componentes que s'aplica a los alimentos ya tamién val pa curar dalgunos males. *Daime'l frascu de la salmuera.*

saltasucos: *sust. m.* Inseutu que suena de nueite, "Gryllus campestris". *Esta nueite siéntense los saltasucos como nunca.*

saltín: *sust. m.* *Diminutivu de *saltu.*

saltiquín: *sust. m.* *Diminutivu de *saltu. Al chegar a la presa díu un saltiquín.*

saltar(e): *v.* Pasar a un sitiu distintu despegándose del suelu. *Saltái de pena en pena pa cruzar el ríu.*

saltu: *sust. m.* 1. Actu ya efeutu de *saltar. Díu un saltu al chegar a la presa.* 2. Precipitación d'augua al alcontrase un gran desnivel nel ríu, cascada. *Pasemos un ratadín nel saltu qu'hai onde La Fervienza.*

saludador(e), -ora: *sust. m.* ya *f.* Persona de la que se piensa que tien poderes especiales pa curar a la xente. *Diz que quier dir a ver a la saludadora.*

salvar(e): *v.* 1. Sacar d'una situación de peligru. *La escopeta salvóume del osu.* 2. Consiguir evitar una situación de peligru o negativa en xeneral. *Güei salvóu que nun tien que venire.*

salváu: *sust. m.* Conxuntu de cáscara del granu. *¿Ya tu qué faes cono salváu?*

salvia: *sust. f.* Planta medicinal, anxosperma dicotiledónea. "Salvia officinalis".

samarguchar(e): *v.* Metese debaxo l'augua. *Anda samarguchando nel pozu Pumarín.*

samarguchu: *sust. m.* Aición ya efeutu de *samarguchar. El samarguchu foi buenu pero nun garróu denguna truita.*

samartinu: *sust. m.* 1. Matanza del gochu. *Foi al Samartinu de la vecina.* 2. Conxuntu de productos de la matanza del gochu. *Entovía tenemos samartinu pa muitu tiempu.* 3. Tiempu de la matanza del gochu. *Pol samartinu nun séi si tendremos tiempu pa faer la paré.*

sandungueiru, -era: *ax.* Que tien gracia en xeneral. *Yía verdá que yía bien sandunguera.*

sangrar(e): *v.* 1. Echar sangre un ser. *El melandru sangra polas patas.* 2. Faer qu'un animal eche sangre. *El matachín tien que saber sangrar al gochu.*

sangre: *sust. f.* 1. Líquidu que se mueve pol aparatu circulatoriu de dalgunos seres vivos. ‖ *La sangre nun s'arrama* dizse cuando va xunta la familia por dalgún motivu anque hubiera enfados anteriores. 2. Enerxía, fuerza. *Tu, rapaz, nun tienes sangre.*

sangría: *sust. f.* Actu de sacar la sangre con fines curativos. *Diz que yía buena cousa fae-l.ly una sangría.*

sangrih.uela: *sust. f.* Anélidu usáu pa faer dalguna sangría con fines curativos (en casa guardábase un frascu con estos bichos). *Na mia casa tenemos muita fe nas sangrih.uelas.*

sangüeñu: *sust. m.* Arbustu de flor mui olorosa ya frutos prietos, "Cornus sanguinea".

sansirolé: *sust. m.* Persona que nun tien entidá nin firmeza. *Nun séi que vas a conseguir con esi sansirolé.*

santamarina: *sust. f.* Séptimu mes del calendariu, anterior a agostu. *Marchóu a finales de Santamarina.*

santeiru, -era: *sust. m.* ya *f.* Probe que va pidiendo ya *l.leva* la imaxe d'un santu. *Pasóu antias un santeiru pola nuesa casa.*

santu, -a: *sust. m.* ya *f.* 1. Figura que representa una figura relixosa. 2. Figura del santoral cristianu que tien un día de celebración. *El Santu de Palacios yía San Roque.* || *Día santu* 'día de fiesta'. *Mañana yía día santu.* || *¡Ya'l Santu'l día!* úsase como contestación irónica al ¡Dious te lu pague! 3. Ilustración qu'apaez nun *l.libru. El l.libru nun tien santos.*

santu, -a: *ax.* Buenu, que nun fai'l mal. *Esta rapaza yía santa, santa.*

santumacarru: *sust. m.* 1. Ser que tien una pinta sucia, rara o mal axeitada. *Paez un santumacarru.* 2. Figura que queda na nieve al caer. *El nenu ta fayendo'l santumacarru.* ||| *-Santumacarru, tírame'l palu! -¡Nun te lu tiro, qu'estoi mui malu!* dicíase al pasar delantre de la Casa del Marqués del Pinu, onde l'escudu de Palacios del Sil tien la figura d'un home con un arma ya un cazador ya un par d'osos rampantes.

sanu, -a: *ax.* 1. Que tien buen aspeutu, que nun s'alcuentra malu. || *Sanu como un coral* 'mui sanu'. *Alcontréilu sanu como un coral.* 2. Que nun tien demasiada humedanza. *Yía un sendeiru mui sanu.*

sanxuán: *sust. m.* 1. Mes sestu del calendariu, que sigue a mayu. *A primeiros de Sanxuán hai que l.levar las vacas a L.losorios.* 2. Tiempu alredor del día de San Xuan. *Por Sanxuán fai yá demasiáu calor.*

sanxuaniegu, -ega: *sust. m.* Impuestu que se pagaba nel mes de sanxuán.

sanxuaniegu, -ega: *ax.* Que tien que ver con sanxuán. *Yía un frutu sanxuaniegu.*

sapada: *sust. f.* Sapazu. *Baxando la cuesta de La Furaquina l.levóu una buena sapada.*

sapartar(e): *v.* 1. Estremar. *Separta las nuesas de las de los outros.* 2. Romper la xuntura que tien un oxetu con una entidá distinta. *Separtóulu a golpes.*

sapazu: *sust. m.* Aición ya efeutu de caer de cara nel suelu. *Baxando la cuesta de Revil.lán l.levóu un buen sapazu.*

sapu, -a: *sust. m.* ya *f.* 1. Animal batraciu del que piensa la xente que pue echar *el mexu* (líquidu que provocaría la ceguera). *Hai un sapu no mediu* *la carretera.* || *Sere de la marca'l sapu* 'tener estatura baxa'. || *Fuente del sapu* 'fuente de mala calidá'. 2. Pieza de la puente'l molín, onde s'afita'l mecanismu || *Tragare sapos ya culuebras* 'aguantar por demás'.

sarampicu: *sust. m.* Enfermedá contaxosa que produz reaiciones na piel. *El nuesu rapaz tien el sarampicu ya nun sal de casa.*

sarandín: *sust. m.* Aición d'andar la xente *d'acá p'al.lá. Anduvienon todita la nueite de sarandín.*

sarpul.lidu: *sust. m.* Alteración momentánea ya patóxena de la piel. *Salíu-l.ly un sarpul.lidu no l.lombu.*

sarriu: *sust. m.* Sustancia prieta que cría'l *l.lume. La cocina nun podía tenere más sarriu.*

sartala: *ax.* Espabilada, resabida. *Aquel.la, que yía una sartala, sartala contóume unas cuantas cousazas.*

saya: *sust. f.* Falda. *Salíu cona saya puerca.* || *Saya baxera* 'falda que se pon debaxo d'una falda esterna'.

sayu: *sust. m.* 1. Falda ruina. 2. Prenda ruina pa poner como una *xaqueta.*

secañu: *sust. m.* Sensación de sed. *Teníamos muitu secañu.*

secu, -a: *ax.* 1. Que nun tien humedá. *El corral atopéilu bien secu al chegare.* || *Comere pan secu* 'comer pan namás'. 2. Que nun tien *l.leite* (la fema). *La nuesa ougüecha quedóu seca.*

sede: *sust. f.* 1. Sensación de la necesidá de beber. *Vamos a la bacita d'El Campu la Fuelga que tengo muita sede.* 2. Aversión, odiu, sentimientu de venganza. *Ési tienme sede.*

segador(e), -ora: *sust. m.* ya *f.* Persona que siega. *L.léva-l.lys la merienda a los segadores.*

segar(e): *v.* Cortar con *gadaña* o *fouz* cualquier tipu de planta ya yerba. *Marchanon a segare al amanecerín.*

según: *alv.* *Indica dalgún tipu de condición. *Según marche pa Fanales o pa La Fontel.lda vas tu tamién.*

según: *prep.* D'alcuerdu con. *Según Xuan, entovía yía ceo.*

según: *conx.* *Alverbializa un verbu. *Según trabacha va a cansare.*

segundeiru: *sust. m. Agucha* del reló que marca los segundos. *Perdíuse'l segundeiru.*

segundera: *sust. f.* Pieza del *eix* del carru.

seguranza: *sust. f.* Calidá de ser seguru. *Esta casa nun tien seguranza.*

seguru, -a: *ax.* Que s'alcuentra firme, que da confianza, que nun tien riesgos. *Non, el tiempu nun puede tar más seguru.* || *De seguru* 'con seguranza, ensin dulda'. *De seguru que güei nun vien.*

semador(e), -ora: *sust. m.* ya *f.* Persona que *sema.*

semar(e): *v.* Echar los granos de simiente na tierra pa que salga frutu. *Foi a la l.linar a semare.*

sementera: *sust. f.* Aición ya efeutu de *semare. Pa la sementera fainos falta un picachu nuevu.*

senciel.lu, -a: *ax.* Simple, que nun tien complicaciones. *Yía mui senciel.la.*

senda: *sust. f.* Vía de pasu nel monte, escasa d'anchura. *Por esta senda vas a El L.lamazón.*

sendeiru: *sust. m.* Vía de pasu nel monte, mui escasa d'anchura. *Nun me presta nada dir pol sendeiru que va al cortín.*

sentada: *sust. f.* Tiempu que se pasa sentáu. || *D'una sentada* 'd'una vez, d'un tirón'. *Comíu un gal.lu d'una sentada.*

sentar: *v.* 1. Poner a una persona nun asientu. *Sienta al nenu nel escanu.* 2. Paecer, resultar. *Sentóu-l.ly mui mal que nun vinieras pola nueite.*

sentase: *v.* Ponese nun asientu. *Sentánonse nel escanu.*

sentidu: *sust. m.* Razón, equilibriu racional. *Yía una persona que nun tien sentidu.* || *Perdere'l sentidu* 1. 'volvese l.loucu'. 2. 'entretenese en dalguna actividá'. *Perdí'l sentidu parl.lando conos vecinos.*

sentidu, -a: *ax.* Sensible, que resulta mui afeutaáu polos acontecimientos. *Yía mui sentida.*

sentir(e): *sust. m.* Sentimientu o forma de pensar d'una persona. *El tou sentire nun yía'l mesmu que'l mieu.* *Emplégase más en plural. *Nun conoz los mieus sentires.*

sentir(e): 1.*v.* Percibir acústicamente. *Sentíte chegar pola nueite.* 2. Percibir información. *Senti qu'esti anu nun xubías a L.lourinas.*

señor(e), -ora: *sust. m.* ya *f.* Persona con dalgún estatus importante en dalgún aspeutu. *Díxonos la señora que podíamos marchare.*

señoranza: *sust. f.* 1. Poder, dominiu, manifestación de control en xeneral. *Chegóu con muita señoranza.* 2. Conxuntu de xente con poder o estatus altu. *Güei na ilesia namás taba la señoranza.*

señorita: *sust. f.* 1. Maestra. 2. Moza que recibía una educación que nun taba orientada a *los l.labores* de la ganadería ya l'agricultura.

señoritangu, -a: *sust. m.* ya *f.* Persona remilgada. *Foi a ver a esa señoritanga.*

ser(e): *v.* Tener existencia o una existencia determinada. *El nenu yía guapu. La mora yía una vaca.* ‖ *Ser a, ser quien a* 'poder'. *Nun yía a terminar güei.* ‖ *Ser perdidu* 'sufrir una desgracia por un motivu'. *Si nun chegan a tiempu somos perdidas.* ‖ *Ser a 1 de marzu* 'tar güei a 1 de marzu'.

serda: *sust. f.* Pelu del gochu. *Tirái aiquí las serdas.*

serón: *sust. m.* Canasta que se pon encima de caballos ya burros. *Nun sei si traerá güei'l pereiru muitas cousas no serón.*

serradeiru: *sust. m.* Sitiu onde se sierra la madera.

serrador(e): *sust. m.* *Serranchín*, home que sierra.

serranchín: *sust. m.* Home que sierra. *El serranchín para en ca los d'Antona Miguel.*

serrar(e): *v.* Cortar madera con una *sierra* o *serrón*. *Tán serrando no corral.*

serrón: *sust. m.* Sierra grande.

seruendu, -a: *ax.* D'un tiempu posterior. *A mi préstame más el seruendu.*

sesera: *sust. f.* 1. Masa encefálica. *Dexóu la sesera naquel.las fanas.* 2. Intelixencia, capacidá pa entender ya resolver asuntos. *Que faiga las cuentas el rapaz que tien muita sesera.* 3. Moderación, equilibriu. *Pasánon-l.ly aquel.las cousas porque tien pouca sesera.*

sesos: *sust. m. pl.* Masa encefálica. *Dexóu los sesos naquel.las fanas.* ‖ *La tapa los sesos* 'parte superior del cráneu'. *L.levantóu-l.ly la tapa los sesos.*

sestear(e): *v.* Serenase, quedase quietu'l ganáu cuando s'alcuentra nel monte, especialmente en comiendo. *Alcontréilas sesteando no Campu la Fuelga.*

setiembre: *sust. m.* Mes novenu del calendariu, posterior a agostu. *En setiembre xubíu polas vacas.*

sí: *alv.* *Espresa una afirmación. *Sí vieno, sí.*

si: *conx.* *Espresa una condición de l'aición. *Si vien, que nun faiga nada.*

sicasí: *alv.* *Alverbiu de xuntura que tien un aquel alversativu. *Tien razón; sicasí, you nun voi.* ‖ *Sicasí, querela quierla* (*venir, vien; ver, víula,* etc.) 'que la quier (que vien, que pudo vela, etc.) anque haiga dalgún datu negativu'.

siega: *sust. f.* Aición ya efeutu de cortar dalgún tipu de planta, especialmente la yerba. *Yía pouca xente pa la siega.*

siempres: *alv.* En tou tiempu, en cualquier situación temporal. *Siempres chega chispu.*

sierra: *sust. f.* 1. Conxuntu de montes altos. 2. Instrumentu metálicu ya dentáu que s'emplega pa cortar madera. *Sin la sierra nun soi a cortalu.*

siguir(e): *v.* 1. Dir detrás de. *Si hai nublina, sigue las vacas.* 2. Continuar una aición. *El.la sigue viniendo por aiquí.*

simiente: *sust. f.* Entidá vexetal que reproduz nuevos seres. *Preparái la simiente que marchamos pa La Trintera.*

simesí: *interx.* *Espresión de conformidá, contraición de *Sí, home, sí.* *¡Simesí!, vien pola mañana.*

siomesí: *interx.* *Espresión de conformidá, contraición de *Sí, home, sí.* *¡Siomesí!, vien pola mañana.*

singlar(e): *v.* Controlar amenazando. *Sigue singlándolu bien.* ‖ *Tenela bien singlada* 'tener controláu ya vixiláu a dalguién'. *¡A ti téngotela you bien singlada!*

sirvir(e): *v.* 1. Faer funciones de criáu o criada nuna casa. *La sua ficha yá nun sirve na nuesa casa.* 2. Valir, ser útil pa. *Esta pina nun sirve pa lo* *que quier.* 3. Repartir comida o bebida. *Sirvíunos una xarrada de vinu.* 4. Cubrir el toru a la vaca.

so: *interx.* *Voz pa parar a caballos ya burros.

sobar(e): *v.* Mover ya manipular la masa del pan. *Voi a aguantar a sobare que yía tarde.*

sobéu: *sust. m.* Cinta de cueru p'atar al *xugu.* *¡Ponéi bien los sobeos!*

sobrar(e): *v.* Dase una realidá en más cantidá de la necesaria. *Sobra xente pa dir de caminu.*

sobras: *sust. f. pl.* Conxuntu de comida que sobra, *l.lavaza. yá nun quedan más que las sobras.*

sobráu, -ada: *ax.* Folgazán, qu'anda con frecuencia fuera de casa porque nun *trabacha.*

sobresalir(e): *v.* Destacase de dalgún oxetu o entidá. *Sos tan grandón que la tua tiesta sobresal por demás.*

sobrín, -ina: *sust. m.* ya *f.* Sobrinu.

sobrinu, -ina: *sust. m.* ya *f.* Fichu o *ficha* d'un hermanu. *Foi de caza pa El Pedrosu cono mieu sobrinu.*

sobro: *prep.* Encima de. *Tien la xarra sobro la mesa.*

sobrocama: *sust. f.* Colcha de la cama. *Nun tien sobrocama.*

sobrocechu: *sust. m.* Parte d'arriba de *las cechas. Conocíulu pol sobrecechu.*

soga: *sust. f.* Cuerda mui gorda ya fuerte. *Atóu al xatu con una soga.*

sogueiru: *sust. m.* Home que fai *sogas. Yá chegóu'l sogueiru.*

sol: *sust. m.* 1. Astru rei del nuesu sistema planetariu. || *Pasa-l.ly el sol pola puerta* 'quedase *solteiru'.* 2. *Espresión positiva pa una persona. *Sos un sol, La nuesa ficha yía un sol.*

solana: *sust. f.* Parte del paisaxe na qu'entra'l sol gran parte del día. *Nun vayáis pola solana, que fai muitu calor.*

solanu, -a: *ax.* Que recibe mui bien de sol. *Yía una casa mui solana.*

soldáu: *sust. m.* Mozu que pertenez al exércitu. *Cheganon los soldaos.*

solera: *sust. f.* 1. Piedra básica na construcción que sostién pesu. *La solana ta bien afitada.* 2. Piedra inferior de la boca del fornu. *La solana del mieu fornu vieno de Fanales.*

soletu, -a: *ax.* 1. Que queda tiesu pola mor de la suciedá ya l'usu (*roupa o calzáu*). *Los calcetos quedanon soletos.* 2. *Insultu que s'aplica a la persona a la que se desprecia. *Esa soleta siempres anda con cuentos.*

solicheiru, -era: *ax.* Que recibe mui bien de sol. *Présta-l.ly esa parte porque yía mui solichera.*

sol.lozu: *sust. m.* Respiración especial que se produz al *chorar.*

solmenar(e): *v.* Mover con fuerza, sacudir un oxetu. *Garróulu polos brazos ya solmenóulu bien.*

solombra: *sust. f.* 1. Espaciu que queda con falta de *l.luz. Quedóu a la solombra.* 2. Imaxe ya perfil escuru qu'una *l.luz* proyeuta d'un cuerpu. *Encubríu pero entovía víamos la sua solombra.*

solombreiru: *sust. m.* Parte superior de la seta que tien forma de *sombreiru. Agora hai muitos solombreiros nos Treitoiros.*

solombrizu, -a: *ax.* Que cuasi nun recibe sol, que cuasi siempre tien solombra. *Esta parte yía mui solombriza.*

soltar(e): *v.* 1. Desatar una entidá que s'alcuentra atada formando nudos. *¡Suelta la soga!* 2. Faer lo contrario de xunire, quitar el xugu a la parexa que ta xunida. *Suelta las vacas ya qu'entren pa la corte.* 3. Echar dalgo pa fuera: *Entovía suelta sangre.* 4. Dar. *Soltóu-l.ly una patada.* 5. Dicir de golpe. *Soltóunos que nun queríamos que viniera.*

soltase: *v.* 1. Desatase. 2. Entamar a. *Soltóuse a pegar estandochazos.* 2. Ser a deprender a faer dalgo: *El nenu entovía nun se soltóu a andare.*

solteiru, -era: *ax.* Que nun ta casáu. *Tien dúas harmanas solteras.*

somanta: *sust. f.* Paliza. *Non, ayere l.levóu una buena somanta.*

sombreiráu, -ada: *sust. m. ya f.* 1. Un *sombreiru* hasta arriba. *Vieno pa nós con un sombreiráu de cereisas.* 2. Lo qu'hai nun *sombreiru* hasta arriba. *Comienon un sombreiráu de guindas.*

sombreiru: *sust. m.* Pieza de vistir que s'emplega pa tapar la cabeza. *Marchanon pal Pumarín ya nun l.levanon sombreiru.* || *Sombreiru de culuebra* 'seta'.

someter(e): *v.* Meter debaxo de. *Sometede bien la sábana pa faer bien la cama.*

son: *sust. m.* 1. Música. *Chega hasta aiquí'l son de la fiesta.* 2. Armonía. *Paez que tien buen son.* ||| *Ya toca las campanas a buen son, que foi varón* recuérdase como frase d'un cuentu popular. 3. Razón, racionalidá. *Fíxolo sin son.*

sonaite: *sust. m.* Palabrería o son sistemáticu que repuna por demás. *Anduvo todita la nueite cono mesmu sonaite.*

sonar: *v.* Faer un determináu efeutu que pue sentise. *Amira cómo suena la campana al encordare.*

sonáu, -ada: *ax.* Que se conoz ya tien mui bien de resonancia. *La tua boda foi mui sonada.* || *Fixo una sonada* 'fixo una aición con gran resonancia'.

sonce /: *ax.* Débil, finu, *senciel.lu.* *La mia yía mui sonce entovía pa dir a la fuecha.*

sopa: *sust. f.* Comida con mui bien de caldu ya dalguna sustancia más. *Comede la sopa que fai fríu.* || *Sopas d'achu* 'un tipu de sopa que se fai con pan, *achu* ya grasa'.

sopetón: || *De sopetón* 'de golpe, de repente'. *Chegóu de sopetón.*

sopiazu: *sust. m.* Golpe de castigu a una persona. *Un día va a date un sopiazu pa que t'enteres.*

soplar(e): *v.* 1. Faer una emisión d'aire. *Nun soples que nun hai nada que faere.* 2. Roubar, quitar un oxetu que nun pertenez al que lo fai. *Dalguién soplóu las perras.*

soplidu: *sust. m.* Soplu fuerte. *Apagóu las velas d'un soplidu.*

soplu: *sust. m.* 1. Aición ya efeutu de *soplare.* *A ti tírote you d'un soplu.* 2. *En plural, xuegu infantil, que se xuega soplando pa nun dexar respirar al d'enfrente. *You yá canséi de xugar a los soplos.* ||| *A ver quién sopla más, el gal.lu o la gal.lina* úsase como fórmula nel xuegu de *los soplos.*

sorber(e): *v.* Tomar un líquidu inspirando l'aire. *Siempres come la sopa sorbiendo.*

sorbetu: *sust. m.* Sorbu *pequenu. Anda a sorbetos.*

sorbu: *sust. m.* 1. Tragu. *El nenu chora con cada sorbu que mete pa la boca.* 2. Cantidá mui escasa de dalgún líquidu. *Quedóu namás un sorbu.* 3. Salsa, líquidu que s'alcuentra xunto a la materia sólida nuna comida. *Pa mí dexáime'l sorbu.*

sortiel.lu, -a: *ax.* Espabilaú, atentu a lo que pasa. *Esti anu anda mui sortiel.lu.*

sosegar(e): *v.* 1. Calmar, tranquilizar. *Al.lá la mia madrina anduvo sosegándolu.* 2. Calmase, tranquilizase. *Sosiega, que nun fai falta faer nada.*

sosiega: *sust. f.* Comida suave que se comía nel filandón, bien pasada yá la cena. *Yá tomemos la sosiega.*

sosu, -a: *ax.* 1. Que nun tien sabor. *Yía un postre mui sosu.* 2. Que tien poca cantidá de sal. *Salíute sosu'l caldu.* 3. Que nun tien gracia nin *al.legría. ¡Ah ninu, sos mui sosu!*

sou, súa: *ax.* ya *pron.* *Posesivu qu'indica propiedá de tercera persona. *Los sous praos son sous namás.* || *Sou dichu, sou feitu* indica que l'asuntu sal al final como una persona dixera.

soutu: *sust. m.* Sitiu onde hai mui bien d'árboles, especialmente castañales. *El xabaril metíuse naquel soutu ya nun lu vimos más.*

sucu: *sust. m.* Fendedura que dexa l'aráu. *Salienon namás diez sucos.*

sudadeiru: *sust. m.* Trapu que se pon nel cuerpu pa nun manchar. *¡Menos mal que vien con un sudadeiru!*

suenu: *sust. m.* 1. Fantasía onírica. *Tuve un suenu mui guapu.* 2. Aición ya efeutu de dormir. *Tien un suenu mui fondu.* 3. Necesidá de dormir. *Tien suenu.*

suerte: *sust. f.* 1. Parte d'una finca que toca a cada persona qu'hereda. *Esta suerte yía d'el.la.* 2. Fortuna. *Tien muita suerte.*

sueru: *sust. m.* Sustancia que suelta la *cuachada* ya sal tamién más tarde al faer el *queisu. A mí préstame cono sueru.*

sufeixón: *sust. m.* 1. Aición ya efeutu de garrar un oxetu o ser vivu ya movelu. *Garróulu pol pescuezu ya díu-l.ly unos buenos sufeixones.* 2. Golpes que da'l tenral a la vaca cuando mama de los tetos. *Mirái que sufeixones da.*

sumalzar(e): *v.* Mul.lir, dando golpes, un xergón, la cama, etc. *Agora van pal corral a sumalzar los xergones.*

sumiachu: *sust. m.* Cantidá escasa d'*augua* que sal de la presa ya que nun s'aproveita. *Fix un represu, pero sicasí piérdese esti sumiachu.*

sumiciu: *sust. m.* Ser míticu que fai despaecer los oxetos. *Nun séi onde andan los cuchiel.los, paez que los l.levóu'l sumiciu.*

sumise: *v.* 1. Filtrase un líquidu na tierra. *L'augua de la presa súmese aiquí.* 2. Desapaecer. *Sumíuse la cuchiel.la.*

surbia: *sust. f.* Planta que según la xente resulta peligrosa porque tien un xacer venenosu, "Veratrum album".

surniada: *sust. f.* Aición ya efeutu de *surniar*. *¿Nun sientes las surniadas?*

surniar(e): *v. Sorber* los mocos de manera que la xente siente esa aición. *¡Nun surnies más!*

surrabiel.lu: *sust. m.* Instrumentu de madera que s'emplega pa *l.limpiar* el fornu, compuestu d'un mangu que termina en media *l.luna.*

surracar(e): *v.* Usar un *surracu* p'afuracar o andar *furgando. Parái de surracare, que yía mui tarde.*

surracu: *sust. m.* Palu o fierru que val pa *furgar* en cualquier sitiu. *Esta cousa arréglola you con esti surracu.*

surradoiru /: *sust. m. Surrabiel.lu.*

suspensu, -sa: *ax.* Que s'alcuentra en calma, *refiriéndose especialmente al tiempu meteorolóxicu. *Nun te preocupes que güei el tiempu anda bien suspensu.*

sutruchu: || *De sutruchu* 'en secretu, escondiéndose'. *Vieno de sutruchu.*

sutrumir(e): *v.* Faer temblar, mover dalgo con fuerza. *Cayíu un rayu que sutrumíu la casa.*

sutrumise: *v.* Temblar, movese dalgo con mui bien de fuerza. *Sutrumíuse la castañal.*

T

tábanu: *sust. m.* Inseutu grande, que chupa la sangre a los animales grandes ya vive xunto a los ríos, como'l "Tabanus bovinus". *Xunto a esti pozu hai muitos tábanos.*

tabardu: *sust. m.* Prenda d'abrigu. *Marchóu con un buen tabardu.*

taberneiru, -era: *sust. m.* ya *f.* 1. Persona que tien una *tabierna*. *El taberneiru tien mal vinu.* 2. Cliente frecuente de la *tabierna*. *Axuntánonse los taberneiros de Palacios pa entamala.*

tabierna: *sust. f.* Sitiu públicu pa beber ya xugar al naipe, anque tamién val de tienda. *Anueite nun había naide na tabierna.*

tabla: *sust. f.* Madera de forma plana. *Tien na corte unas tablas nuesas.* || *La tabla'l carru* 'tabla que zarra'l carru na parte trasera ya qu'encaxa nuna rendixa de la parte d'atrás de los *arales'.*

tablada: *sust. f.* 1. Superficie grande d'augua nel ríu. 2. Superficie plana, en xeneral. *Naquel.la tablada pacen las vacas mui guapamente.*

tabláu: *sust. m.* Superficie que se fai con *tablas*. *Preparóu un tabláu pero esbarrumbóuse.*

tablón: *sust. m.* Tabla de dimensiones grandes. *Mancóuse con un tablón.*

tabluna: *sust. f.* Parte d'atrás de la ilesia onde suelen ponese los mozos (nun s'alcuentra nel suelu, sinón que tien un pisu de madera separáu d'él). *Güei la tabluna chenóuse de mozos.*

tachada: *sust. f.* 1. Cortadura. *Tien una tachada no l.lombu.* 2. Parte cortada de forma aplanada d'una entidá más grande. *Quier una tachada de carne.* 3. Figuradamente, parte importante que se saca con ventaxa. *Non, sacóu una buena tachada.*

tachar(e): *v.* Cortar un oxetu sucesivamente con un *cuchiel.lu. Yá tachéi las berzas.*

tache: *sust. m.* Corte que, al dir usando'l *garabitu,* queda na yerba del *pachar. El garabitu quedóu no tache.*

tachu: *sust. m.* Cortadura, marca d'un corte. *Tien un tachu na cara.*

tachuelu: *sust. m.* Banqueta de madera con tres *patas. L.levóu'l tachuelu pa muñire.*

tachulín: *sust. m.* *Diminutivu de *tachuelu. El tachulín pa la nenina.*

tacu: *sust. m.* Partes de la madreña que dan al suelu. *Las mias madreñas tienen los tacos rotos.*

tadonxazu: *sust. m.* Golpe con un *tandonxu. Peme que-l.ly díu unos tadonxazos.*

tadonxu: *sust. m. Estandochu.*

taladrón: *sust. m.* Ratu d'augua. *Contóu que palpaba una truita ya resulta que yera un taladrón.*

talanguera: *sust. f.* Suplementu de madera que se pon nel carru pa traer más yerba. *Ponede las talangueras que marchamos pa Valdel.lamas.*

talaraña /: *sust. f.* Tela que texe l'araña. *Tien l'alcobina chena de telarañas.*

talega: *sust. f.* Sacu. *Marchóu cona talega chena.* || *A trompa talega* 'en gran cantidá'. *Vieno con regalos a trompa talega.*

taliar(e): *v.* Andar un gran espaciu ya rápidamente, xeneralmente nos montes. *Talióu Los Campiel.los ya nun alcontróu nin rastru de las nuesas vacas.*

tambor: *sust. m.* 1. Recipiente cilíndricu con furacos ya xiratoriu que s'emplega p'asar *las castañas. Baxái'l tambor que va a faenos falta.* 2. Instrumentu musical circular, que val d'acompañamientu.

tamborileiru, -era: *sust. m.* ya *f.* Persona que toca'l tambor.

tamboriqueiru, -era: *sust. m.* ya *f. Tamborileiru.*

tamién: *alv.* 1. De la mesma manera, igualmente. *Güei víu tamién los melandros.* 2. Amás de. *Tamién vien el tou primu.*

tampouco: *alv.* *Úsase pa negar por segunda vez. *Aiquí nun vive ya ail.lí tampouco.*

tancáu: *sust. m.* 1. Un tanque hasta arriba. *Vien con un tancáu de vinu.* 2. Cantidá de líquidu qu'hai nun tanque hasta arriba. *Bebíu un tancáu d'un treitu.*

tangüeñu: *sust. m.* Comida en cantidá escasa, especialmente pal ganáu, como un puñáu de sal. *Yá vien la Mora al tangüeñu.*

tanguñeiru: *sust. m.* Recipiente onde se pon el *tangüeñu. Pon el sal no tanguñeiru.*

tanque: *sust. m.* Xarru de dimensión escasa ya con asa. *Sacái los tanques pa bebere.*

tapa: *sust. f.* Instrumentu que cubre cualquier recipiente o buecu. *Pon la tapa.* || *Tapa'l fornu* 'pieza cuadrada, con asa, emplegada pa tapar la boca'l fornu'. || *La tapa los sesos* 'parte d'arriba del cráneu'.

tapabocas: *sust. m.* Bufanda. *Ponéi un tapabocas que fai muitu fríu.*

tapadera: *sust. f. Tapa. Nun alcuentro la tapadera de la ol.la.*

tapadura: *sust. f.* Oxetu (mantón, *paraugüas,* etc) que val pa defendese del fríu ya del augua cuando se sal de casa. *Nun te preocupes que l.levanon tapadura bastante.*

tapar(e): *v.* Zarrar lo abierto, lo que tien una salida. *Tapái el furacu d'arriba.*

tapichu: *sust. m. Tapadura,* oxetu que val en xeneral pa defendese del fríu ya la humedá al salir de casa, pero d'escasu valor. *L.levóu namás un tapichu pa la braña.*

tapín: *sust. m.* 1. Superficie de prau, con tierra ya con yerba verde. *La Cuérguila tien agora mui buen tapín.* 2. Trozu de tierra de prau con raices. *Garra un tapín ya ponlu aiquí.*

tapón: *sust. m.* 1. Oxetu que tapa un furacu. *Quíta-l.ly el tapón a la fuente pa que marche l'augua.* 2. Persona baxa, *con un aquel despeutivu. *Ví a la tua vecina ya menudu tapón.*

tar(e): *v. Estar,* alcontrase nuna situación, estáu, sitiu. || *Tar feitu un mozu* 'alcontrase mui sanu'. || *Tare de más* 1. 'sobrar'. 2. 'estorbar'. *Vos aiquí tades de más.* ||| *Tábamos los mechores mozos del pueblu* recuérdase como una frase célebre.

tarabica: *sust. f.* 1. Piecina xiratoria ya clavada nel borde d'una ventana o d'una puerta que val pa trancar. *La tarabica rompíu.* 2. L.lingua. *Aparái de da-l.ly a la tarabica.* 3. Pieza del molín, que regula'l granu que se muel.

tarabicu, -a: *ax.* 1. Que nun tien personalidá nin seguridá. *Nun te fíes d'ésa que yía mui tarabica.* 2. Mui inquietu. *El nenu yía un tarabicu que nun apara.* 3. Charlatán, que conversa ya diz más de la cuenta, que nun guarda un secretu. *Peme que sos un pouco tarabica.*

tarabiel.la: *sust. f.* Barrena grandona, mui usada polos *madreñeiros.*

tarabiel.lu: *sust. m.* 1. *Tarabica,* pieza del molín. 2. Barrena de tamañu escasu.

tarambán: *sust. m. Tarambana. El sou xenru yía un tarambán.*

tarambana: *sust. m.* Persona que nun tien seriedá. *El sou xenru yía un tarambana.*

tarambiel.la: *sust. f. Tarabiel.la.*

tarasca: *sust. f.* Figura que salía delantre d'una *porcesión.* || *Nun hai Corpus sin Tarasca* dizse irónicamente al ver a una persona vestida con mui mal gustu.

tarascu, -a: *ax.* 1. Que tien dalguna carauterística deforme o monstruosa. 2. Que tien una figura de tar mal vestida. *Mira esa tarasca.*

tarazar(e): *v.* Cortar, faer una firida. *Tarazóu-l.ly una deda.*

tarazase: *v.* 1. Faese un corte. *Taracéime un dedu.* 2. Estropease'l *l.leite* pol calor ya'l pasu del tiempu. *El l.leite tarazóuse.*

tarde: *sust. f.* 1. Tiempu que va de la mitá del día hasta *la nueite. Pasóu la tarde cabruñando.*

tarde: *alv.* 1. A última hora. *Güei hai muitu trabachu ya acostarémonos tarde.* 2. Tiempu posterior al que debía ocurrir un actu. *Cheguesti tarde ya quedesti sin fisuelos.* || *Tarde, mal ya nunca* 'mui tarde'. *Cheganon tarde, mal ya nunca.*

tardecina: *sust. f.* *Diminutivu de qu'indica la última hora de la *tarde. Díxome que diba a venire contra la tardecina.*

tardequina: *sust. f.* *Diminutivu qu' indica la última hora de la *tarde. Pola tardequina tien que dir al guíu a buscar la Mora.*

tardiegu, -a: *ax.* Que sal a última hora o pasáu'l tiempu correspondiente, *refiriéndose especialmente a los frutos. *Son lentichas tardiegas.*

tarigüela: *sust. f.* Pieza de fierru del *aráu* pa regular la fondura que tien que faer na tierra.

tariruela: *sust. f. Tarigüela.*

tarolu, -a: *ax.* 1. Tontu, de ruina agudeza. *Con esi tarolu nun hai nada que faere.* 2. Gordu. *Vila más tarola que nunca.*

tarrancha: *sust. f.* Tabla o palu qu'atraviesa ya refuerza un conxuntu de palos. *Tien que pone-l.ly una tarrancha al portiel.lu.*

tarraza: *sust. f.* Recipiente de barru de base mui anchona; úsase, como una *ol.la,* especialmente pal *l.leite. Cuasi rompe la tarraza.*

tarrazu, -a: *ax.* 1. Chaparru, anchu ya baxu. *Aquel tarrazu nun yía de Palacios.* 2. Mote que se da a los del pueblu de Susane del Sil.

tarriel.lu: *sust. m. Caulechu,* planta con flor *mariel.la,* del xéneru "Taraxacum". *Ail.lí hai tarriel.los a esgaya.*

tártabu: *sust. m.* Inseutu que se paez a la *briespa,* pero más grande ya venenosu. *Contéi que nos comían los tártabos.*

tartabeiru, -era: *ax.* Charlatán o indiscretu. *Vieno con un tartabeiru que nun paraba de meter baza.*

tartel.lar(e): *v.* Tener dificultá espresiva ya repetir ya entrecortar la secuencia falada. *Yá tartel.la menos qu'antias.*

tartera: *sust. f.* Recipiente que s'emplega pa cocer alimentos. *Mirái si queda dalguna cousa na tartera.*

tarucu: *sust. m.* 1. Palu de madera cortu ya gordu, cortáu d'un maderu más grande. *Atropéi estos tarucos delantre casa.* 2. Corazón de la *panocha.* *Metéi los tarucos no l.lume.* 3. Entidá ruina pero tiesa al andar. *El.la enfermóu pero anda bien tiesa, ¡menudu tarucu!*

tarusa: *sust. f.* *Nome d'un xuegu popular tradicional nel que se tiraba una piedra.

tascu: *sust. m.* Restos de *machar* el *cánamu.*

tatexar(e): *v.* *Tartel.lare. Tatexa más cuando se pon nerviosu.*

tatexu, -a: *ax.* Que tatexa.

tatu, -a: *ax.* *Tatexu,* que nun fala bien porque repite ya entrecorta la frase. *Yía tatu ya nun-l.ly entiendo nada.*

taza: *sust. f.* 1. Recipiente pa beber. *You bebo una taza de l.leite ya alón.* 2. Trozu cuadráu de madera. *Non, tien puesta debaxo una buena taza.*

tazada: *sust. f.* 1. Taza hasta arriba. *Cayíu-l.ly la tazada que traía.* 2. Lo qu'hai nuna taza hasta arriba. *Bebíu una buena tazada.* 3. Golpe con una taza. *Pegóu-l.ly una tazada ya fíxo-l.ly un tachu na cabeza.*

tazase: *v.* Romper una tela na parte onde se pliega pola mor del usu. *Al final tazóuse por aiquí.*

tazu: *sust. m.* Trozu cuadráu de madera. *Con esti tazu nun queda bien la cousa.*

te: *pron.* 1. *Refierse a la segunda persona del singular, como complementu direutu. ¿Pegánonte?* 2. *Refierse a la segunda persona del singular, como complementu indireutu. ¿Diénonte la miera?*

techa: *sust. f.* 1. Árbol anxospermu dicotiledóneu, "Tilia cordata". *You siempres vi esta techa al pía la mia casa.*

techáu: *sust. m.* Cubierta d'una casa o d'un edificiu en xeneral. *Fundíuse'l techáu cona nieve.*

teitador(e): *sust. m.* Persona que fai ya arregla *teitos.*

teitar(e): *v.* 1. Poner o arreglar *teitos*. *Hai que teitar la cabana antias que chegue l'iviernu.* 2. Dar una paliza. *Teitánonlu bien teitáu en casa.*

teitu: *sust. m.* 1. Techáu vexetal. *La nuesa cabana tien el teitu nuevu.* 2. Construcción que tien techáu vexetal. *En Palacios namás quedan seis teitos.*

teixu: *sust. m.* Árbol coníferu, "Taxus baccata". *Cortanon un teixu ya dexánonlu onde la ilesia pa que la xente garre los ramos.*

telar: *sust. m.* 1. Máquina que s'emplega pa texer. 2. Úsase en plural pa referise a un asuntu complicáu, a una dificultá. *A mí dexáime de telares.*

tema: *sust. m.* Asuntu. *Yá salíu cono tema de siempres.*

temblar(e): *v.* Faer continuamente un movimientu como una sacudida pola mor del fríu, d'una enfermedá, etc. *Tiembla como una fuecha.*

templanu, -a: *ax.* Propiu de la primera parte d'un tiempu determináu. *La fruta templana nun yía buena.*

temporada: *sust. f.* Períodu de tiempu. *Marchóu una gran temporada.*

temporadina: *sust. f.* Temporada corta, *diminutivu de *temporada*. *Faltóu una temporadina.*

tender(e): *v.* Desplegar, estender un oxetu. *Tendíu la roupa bien ceo.* || *Tender l'eiráu* 'poner *el pan* na era pa *machalu*'.

tendeiru, -era: *sust. m.* ya *f.* 1. Persona que pon dalguna tienda ambulante nel pueblu. *Güei vinienon unos tendeiros.* 2. Persona que vende tela de casa en casa. *Ayere pasóu un tendeiru por aiquí.*

tener(e): *v.* 1. Poseer dalguna entidá. *Tien una casa nel Outeiru.* || *Tenere sede a dalguién* 'sentir deseos d'agresividá ya venganza respeutu a dalguién'. || *Tenere posibles* 'tener recursos económicos'. || *Tenere la bolsa caliente* 'tener mui bien de *perras*'. 2. Garrar. *Tien un picachu na manu.* || *Tenere del carru* 1. 'garrar bien el carru'. 2. 'controlar la situación nun momentu difícil'. *¡Á chacha, hai que tenere pol carru!* 3. 'ser quien a sanar d'una enfermedá'. || *Tener manu* 'garrar bien'. *Tenéi manu de la cuerda.* || *Tener que vere* 'tener dalguna correspondencia una entidá con dalgún ser distintu, pero con intención irónica'. *¡Tien bien que vere d'un* *rapaz a outru!* ‖ *Nun tener pa mandare tocare a un ciegu* 'nun tener nada'.

tenese: *v.* 1. Guardar l'equilibriu de sí mesmu. *Yá nun se tien.* ‖ *Tente polo que comisti qu'a mí nada me disti* dizse a la persona que s'apoya indebidamente nel que lo diz. 2. Considerase. *Tiense por espabiláu ya yía fatu dafeitu.*

tenral: *sust. m.* Xatín nuevu. *Agora tien namás dous tenrales.*

tenralín, -ina: *sust. m.* ya *f.* *Diminutivu de *tenral.*

terceiru, -era: *num.* *Ordinal qu'espresa'l puestu posterior al segundu ya anterior al cuartu. *El.la yía la tercera ficha de la familia.*

tercianas: *sust. f. pl.* Fiebres intermitentes, que salen cada tercer día. *Entránon-l.ly unas tercianas ya cuasi muerre.*

terciáu, -ada: *ax.* Que s'alcuentra puestu atravesáu. *Vien cona manta terciada.*

terciar(e): *v.* 1. Poner un oxetu atravesáu. *Tercia la manta que marchamos.* 2. Cuadrar, venir bien. *Si tercia, merco tamién un picachu.* 3. Intervenir nuna discusión. *Entós tercióu la bolica ya la cousa arreglóuse.*

terciu: *sust. m.* Acomodu, arreglu. *Si hai terciu, bien.* ‖ *Nun me fai buen terciu marchar agora* 'nun me vien bien marchar agora'.

terciu: *num.* Indica la tercera fracción o parte. *La vuesa familia tien un terciu de la l.linar.*

términu: *sust. m.* Piedrona grande qu'estrema una finca de la vecina. *Chegóu hasta'l términu.* ‖ *Como un términu* 'firme, fuerte'. *A la bolica vas a alcontrala bien, como un términu.*

terriu, -a: *ax.* Duru, que nun se mueve con facilidá. *El piechu anda terriu.*

tesón: *sust. m.* Firmeza, tenacidá. *Trabachóu con muitu tesón.*

tesonudu, -a: *ax.* Que nun cambia de conducta, que se mantién firme. *Esta moza yía mui tesonuda.*

tesouru: *sust. m.* Oxetu o conxuntu d'oxetos que tienen un valor mui grande. *Buscaba tesouros no corral.*

testaferriu: *sust. m.* *Insultu pa referise a una persona folgazana ya inútil. *Tu sos un buen testaferriu.*

testeiru: *sust. m.* Parte de la cama que va xunto a la cabeza.

testiga: *sust. f.* Cada piedra o *l.lousa* del par que se ponía xunto a los *términos* de los terrenos de propiedá particular (el *términu* nun val si nun tien a xunto a él *las testigas*).

tesu: *sust. m.* Parte alta de monte pero con un sitiu planu. *A las tuas vacas vilas por aquel tesu.*

teta: *sust. f.* 1. Glándula mamaria femenina. 2. Forma masculina nel pechu que se paez a la teta femenina.

tetame: *sust. m.* Tetamen.

tetamen: *sust. m.* Pechos femeninos. *Tien muitu tetamen.*

tetu: *sust. m.* Cada saliente del que sal *el l.leite* que da la madre de los mamíferos. *La Pinta tien un tetu malu.*

tetuda: *ax.* Que tien *tetas* grandes.

texedora: *sust. f. Mucher* que texe. *Aiquí hai muitas texdoras.*

texemanexe: *sust. m.* 1. Movimientu, actividá escesiva. *Anda con un texemanexe que nun para quietu.* 2. Entamu conspirador. *Aiquí hai muitu texemanexe.*

texer(e): *v.* Entremecer filos, palos, etc. pa faer un oxetu d'esa materia (como, por exemplu, la *roupa*). *L.leva muitos días texendo pa nós.*

ti: *pron.* *Refierse a la segunda persona del singular. *¿Yía pa ti la cousa?*

tica: *interx.* *Voz pa que venga la cabra. *Tica, tiquilina, tica, xica.*

tiempu: *sust. m.* 1. Duración de la realidá. *Pasóu muitu tiempu.* 2. Plazu pa faer dalguna actividá. *Yá nun tien tiempu.* 3. Estáu amosféricu. *Quiera Dious que nun faiga mal tiempu.* || *Fuente de mal tiempu* 'fuente que namás echa *augua* cuando *chueve*'.

tienru, -a: *ax.* 1. Blandu, suave. *Yía una carne bien tienra.* 2. Reciente, qu'entovía nun alcanza la madurez. *Esta xelada alcontróu'l frutu mui tienru.*

tiesta: *sust. f.* Cabeza. *Mancóuse na tiesta.*

tiestu: *sust. m.* Recipiente nel que s'echa tierra pa poner dalguna planta. *Tien unos tiestos na ventana.*

tiestu, -a: *ax.* Espesu, que tien demasiada densidá. *El cuechu quedóu mui tiestu.*

tiez: *sust. f.* Capa de nata que cría'l *l.leite* al ferver. *Crióu muita tiez.*

tila: *sust. f.* Flor de la *techa* (páñase porque val como tranquilizante). *Bebe tila pola nueite.*

timón: *sust. m.* Palu *l.largu* delantreru del *aráu* que fai falta xunir al medianu con un *cavichu* pa poder arar al tirar la parexa.

tingláu: *sust. m.* Asuntu complicáu, xeneralmente pola mor d'una especie de conspiración. *¡Alcontréime con un tingláu!*

tinieblas: *sust. f. pl.* Ritual relixosu del día de Xueves Santu.

tinta: *sust. f.* Sustancia que s'emplega pa escribir nun papel o pa tiñir la roupa. *Manchóuse de tinta.*

tinteiru: *sust. m.* Recipiente que s'emplega pa guardar la tinta. *Rompíu'l tinteiru.*

tiñazas: *sust. f. pl.* Instrumentu, compuestu d'un par d'elementos, que s'emplega pa garrar oxetos ya sacar clavos. *Agora nun tengo tiñazas.*

tiquilina: *interx.* *Voz pa que venga la cabra. *Tica, tiquilina, tica, xica.*

tira: *sust. f.* Trozu d'un oxetu que tien forma *al.largada.* *Dai-l.ly namás una tira.*

tiracantos: *sust. m.* Tirador.

tirador: *sust. m.* Instrumentu que s'emplega pa tirar *pidriquinas* como proyeutiles (faise con una forqueta de madera, *dúas tiras* de goma ya una *badana* onde se pon la piedra). *Matemos una cochorla cono tirador.*

tiragarrote: *sust. m.* Xuegu masculín, nel que se tira d'un palu o *estandochu,* tratando de *l.levantar* al contrincante del suelu.

tirapedos: *sust. m.* *Xiplu* que se fai con un palín d'una cuarta más o menos ya con corteza verde. *Fiximos un tirapedos nun momentín.*

tirar(e): *v.* 1. Echar un oxetu nuna direición. *Tiróu-l.ly un morrillu a la cabeza.* 2. Faer perder l'equilibriu. *Tiróu los tachuelos.* 3. Faer un disparu. *Tiróu-l.ly una perdigonada al faisán en cuantas que cantóu.* 4. Faer fuerza d'un oxetu hacia atrás. *A la barra va a ganar el que más tire.* 5. Orientase, dir nuna direición. *Aquel.la brañera tiróu pa L.lourinas.* 6. Crecer el *l.lume* cuando hai corriente ya garra más fuerza. *Paez que'l l.lume yá tira.*

tirase: *v.* 1. Echase pol aire a un sitiu que s'alcuentra nuna parte inferior. *Tiróuse a El Pozu Pumarín.* 2. Acostase nel suelu o nun sitiu horizontal. *Tiróuse al pía'l regueiru a dormire.*

tiricia: *sust. f.* Enfermedá del fégadu que pon la piel *mariel.la.*

tiritainas: *ax.* Persona que tirita de fríu más de la cuenta. *Sos un tiritainas.*

tiseras: *sust. f. pl.* *Tixeras.*

tisnar: *v.* Manchar con dalgo que vien del *l.lume.* *Tisnóuse la cara al prender la cocina.* ||| *Dixo'l cazu al pote, nun me toques que me tisnas* indica que suel protestar el más culpable.

tíu, tía: *sust. m.* ya *f.* 1. *Harmanu* del padre o de la madre. *Güei voi an ca mieu tiu.* 2. Paisanu o paisana del pueblu. *Murríu'l Tíu Carape.* || *Nun hai tíu pásame'l ríu* 'nun hai disculpa nin broma que valga'. ||| *El tíu del untu* 'personaxe usáu p'asustar a los *nenos* ya protagonista de cuentos a esgaya'.

tixeirada: *sust. f.* 1. Aición ya efeutu d'usar *las tixeras.* 2. Corte mui visible ya de mala forma al usar *las tixeras.* *Vieno con unas tixeiradas que daba la risa.*

tixeras: *sust. f. pl.* 1. *Tiseras,* instrumentu pa cortar. *Apúrreme las tixeras.* 2. Pieza del armazón de la parte d'arriba de la casa.

tizar(e): *v.* Encender el *fuegu* ya apurrir *l.leña* al mesmu. *Hai que tizar el l.lume que yá fai fríu.*

toballa: *sust. f.* Pieza de tela que s'emplega pa secase. *Sacái pa nós dúas toballas.*

tocar(e): *v.* 1. Mover una parte del cuerpu. *Mirái cómo toca la pata.* 2. Tener un contautu físicu con una parte del cuerpu. *Al tocalu díme cuenta de que yera de madera.* 3. Corresponder la vez o la suerte. *Güei tócavos* a vós. 4. Faer sonar un oxetu o instrumentu musical. *¡Xube a tocar las campanas!*

todiel.lu: *sust. m.* Parte final de la pierna hasta'l *pía. Saltóu del boqueirón ya torcíu'l todiel.lu.*

todu, -a: *ax.* ya *pron.* *Indica la realidá entera d'un ser o d'un conxuntu. *Yía pa mi toda.*

toinu: *sust. m. Duviel.lu* de tamañu escasu, bola ruina de filu. *Cayíume'l toinu pa debaxo la mesa.*

tolada: *sust. f.* Tontería. *Ya nun faigas toladas.*

tolín, -ina: *sust. m ya f.* Nenu con problema de desarrollu inteleutual. *El más pequenu yía tolín el probe.*

tolín, -ina: *ax.* *Diminutivu de *tolu. Alcontreila tolina perdida.*

tolondru: *sust. m.* Persona tonta, boba. *Paez un tolondru.* 2. Persona inconsciente, irresponsable. *Nun val porque yía un tolondru.*

tolu, -a: *ax.* 1. Tontu, bobu. *Paez tolu.* 2. Demente, *l.loucu. Volvíuse tolu perdidu.*

toma: *interx.* *Voz pa que venga'l perru. *¡Toma, perrín, toma, toma!*

tombiar(e): *v.* Caer *dando tombos*, caer rodando ya dando golpes nel suelu. *Foi tombiando por ail.lí alantrones.*

tombu: *sust. m.* Movimientu ya golpe fuerte d'un sitiu pal contrariu. *Baxóu a tombos polas penas.* || *Andar a tombos* 'caer rodando ya dando golpes nel suelu'.

tomiel.lu: *sust. m.* Planta aromática, "Thymus vulgaris" (usábase p'afumar al ganáu cuando se ponía malu). *Vien con un puñadín de tomiel.lu.*

tomillu: *sust. m. Tomiel.lu.*

tomil.lar: *sust. m.* Sitiu onde hai mui bien de *tomiel.lu. You sei onde hai un gran tomil.lar.*

tonadiel.la: *sust. f.* Canción, tonada.

tontalán, -ana: *ax.* Que tien conducta propia de bobu o tontu. *Sos un tontalán.*

tontón, -ona: *ax.* Bobu, que fai aiciones incoherentes, *aumentativu de *tontu*. *Nun faigas casu, yía un tontón.*

tontu, -a: *ax.* 1. Bobu, qu'entiende mal. *Esti rapaz paez tontu.* 2. Que presume, que se fai interesante. *Nun te pongas tontu.* || *En tontu* 'de forma tonta ya nun dándose cuenta'. *Díu vueltas en tontu alredor de la cabana.*

tontura: *sust. f.* Calidá de tontu. *Esa tontura nun te la perdonanon.*

topinera: *sust. f.* Toupinera.

top: *interx.* *Espresión pa que vengan *las ugüechas*. *¡Quirín, quirín, top, top!*

toquiel.la: *sust. f.* Prenda de puntu ya d'abrigu, femenina ya infantil. *Vien con una toquiel.la nueva ya mui guapa.*

tora: *ax.* En celu, *refiriéndose a la vaca. *La vaca tora yía aquél.la.*

torcer(e): *v.* 1. Garrar un oxetu na punta ya faelu xirar. 2. Pasar un oxetu a tener una forma curva. *La cereisalina ta torciendo.* 3. Dir a mal, ponese peor. *Si nun se tuerce'l tiempu acabaremos darréu la yerba.* 4. Faer xirar el fusu o'l parafusu pa que los filos sufran el movimientu correspondiente.

torcida: *sust. f.* Mecha de candil.

torcidu, -a: *ax.* Non reutu. *La cana vese torcida.*

tordu: *sust. m.* Páxaru gordu, del xéneru "Turdus". *Anda un tordu tras de casa.*

torna: *sust. f.* Trozu de finca que s'alcuentra xunto a una paré ya al que fai falta *l.labrare* de forma contraria pa que l'*aráu* nun pegue na paré. *Dexái la torna pal final.*

tornaboda: *sust. f.* Comilona que volvía a faese'l día siguiente al de la boda. *Na tornaboda gastemos más entovía.*

tornar(e): *v.* 1. Dar la vuelta, volver. *Tornóu a metese en casa.* 2. Guardar el ganáu. *Anda tornando las vacas.* 3. Espantar, por exemplu'l mosqueríu. *Tornáde-l.ly las moscas a la viecha.*

torniscada: *sust. f.* Aición ya efeutu de dar un *torniscazu*. *L.levóu una torniscada ayere pola nueite.*

torniscáu, -ada: *ax.* Que tien la cabeza con dolores por dalgún golpe. *Anda torniscáu esde va tiempu.*

torniscazu: *sust. m.* Golpe na cabeza. *Cuidáu que nun vaiga a date un torniscazu.*

torpezar(e): *v.* 1. Pegar *conos pías* nun sitiu ya perder o cuasi perder l'equilibriu. *Torpecéi cona traviesa.* 2. Alcontrar dalgún ser delantre. *Torpezóu cono tou tíu.*

torrenu: *sust. m.* Trozu fritu de *toucín. Pol iviernu almuerza torrenos.*

torrexa: *sust. f.* Trozu de pan fritu. *Fai mui bien las torrexas.*

tortámbana: *sust. f.* Hematoma circular ya abultáu na piel que sal por cualquier motivu. *Vien con una buena tortámbana na cabeza.*

tortiel.la: *sust. f.* Comida que se fai con güevos. *L.levóu una tortiel.la pa la merienda.*

tortómbana: *sust. f. Tortámbana.*

toru: *sust. m.* Semental de la vaca. *La vaca l.levánonla al toru.*

torzón: *sust. m.* Cólicu, dolor de barriga. *Díume un gran torzón.*

tos /tós/: *sust. f.* 1. Catarru. *Tien una tos que nun sal de casa.* 2. Actu d'*esperriar* pola mor del catarru. *Entróume la tos ya nun yera pa parare.*

tosquilar(e): *v.* Cortar la *l.lana* a las *ugüechas. Hai que tosquilalas darréu.*

tosquiláu, -ada: 1. *Participiu de *tosquilare.* 2. *ax.* Que tien el pelu mui cortáu. *Chegóu a casa mui tosquiláu.* 3. Que sal perdiendo de dalgún pautu o aición. *Salíu bien tosquiláu.*

tosta: *sust. f.* Trozu de pan fritu. *You almuerzo tostas con l.leite*

tou, toda: *ax.* ya *pron. Todu, toda.*

tou, túa: *ax.* ya *pron.* *Posesivu qu'indica la propiedá o rellación con una segunda persona singular. *El tou prau yía namás tou.* || *Tou dichu, tou feitu* espresa que l'asuntu sal al final como dixera l'interlocutor. ||| -¿*Ya'l tou?* dizse como frase célebre.

toucín: *sust. m.* Carne que tien forma de grasa nos mamíferos. *A él gústa-l.ly el toucín.*

toucinu: *sust. m. Toucín.*

toupa: *sust. f.* Montón de tierra que faen los toupos na superficie. *La güerta quedóu chena de toupas.*

toupiar(e): *v.* Faer furacos los *toupos*. *Si ves a un toupu toupiando hai que lu matar cona batedera.*

toupinera: *sust. f.* 1. Toupa. 2. Cueva, galería que fai'l *toupu* debaxo la tierra. *Las toupineras van a acabanos cono güertu.*

toupu: *sust. m.* Mamíferu que mina la tierra ya cuasi nun ve, "Talpa europaea". *Matéi ayere un toupu cona batedera.*

touzazu: *sust. m.* Golpe con un *touzu*. *Pegóu-l.ly un touzazu queriendo.*

touzu: *sust. m.* Tallu de la berza. *Agora vamos a xugar conos touzos.*

touzudu, -a: *ax.* Que nun cambia d'idea, tenaz. *Yía más touzudu que nós.*

trabachador(e), -a: *ax.* Que destaca porque *trabacha* más de lo normal. *La mía nuera yía mui trabachadora.*

trabachar(e): *v.* Faer una *actividá* ya non ociosamente. *Esta mucher trabacha más de la cuenta.*

trabachu: *sust. m.* Aición ya efeutu de *trabachare*. *Muitu trabachu pero muita fame.*

trabe: *sust. f.* Montón grande de nieve qu'axunta l'aire. *Formóuse una buena trabe delantre casa.*

tracamundiar(e): *v.* Confundir, revolver, cambiar los oxetos de sitiu. *Yá tuvisti que venire tú a tracamundiame las mias cousas.*

trachuela: *sust. f.* Clavu de cabeza gorda. *Aiquí tien que poner una buena trachuela.*

trampa: *sust. f.* 1. Mecanismu que se pon nel monte o nel ríu pa cazar animales. *Tien unas cuantas trampas pola Feleita.* 2. Engañu. *Vive namás con trampas.* 3. Muerte o desapaición. *L.levóulu la trampa.*

trampaliar(e): *v.* Sobrevivir con engaños ya trampas. *El.la va trampaliando ya asina tira p'alantre.*

tramposu, -a: *ax.* Que suel faer *trampas* a los demás. *Cuidáu con el.la que yía mui tramposa.*

tranca: *sust. f.* Palu grande pa zarrar cualquier tipu de puerta·o pasu. *Aiquí hai que ponere una buena tranca.*

trancar(e): *v.* 1. Zarrar una puerta con un mecanismu o una tranca. *Entra ya tranca la puerta.* 2. Tapar el conductu d'una presa pa cortar la corriente ya mandala nuna direición determinada. *Marcha pa L'Esbancadeiru ya tranca l'augua.*

trancazu: *sust. m.* 1. Golpe con una tranca. *Si vas igual l.levas unos trancazos.* 2. Gripe. *Díume un trancazu buenu.*

trapaceiru, -era: *ax.* 1. De conducta non clara, que complica los asuntos. *Nun te fíes d'el.la que yía una trapacera.* 2. Mentirosu. *Yía un trapaceiru.*

trapacachu: *sust. m.* Trapachu.

trapachu: *sust. m.* Trapu ruin, que nun val nada.

trapeiru, -era: *sust. m.* ya *f.* Persona que merca trapos. *Por ahí vien el trapeiru.*

trapeiru, -era: *ax.* Con poca formalidá, mentirosu. *Sos una trapera.*

trapichear(e): *v.* Tratar comprando ya vendiendo. *Vieno por aiquí trapicheando.* || *Ganar nun se gana pero se trapichea* recuérdase como frase célebre.

trapiel.la: *sust. f.* Paxarera, trampa pa cazar páxaros. *Ponéi las trapiel.las que nevóu muitísimu.*

trapu: *sust. m.* Trozu de tela que nun tien valor. *Apúrreme un trapu pa l.limpiar l'escanu.* || *Xuntare los trapos* 'casase o faer vida marital una parexa, xeneralmente cuando hai escasos medios económicos'. || *Dar tras los trapos* 'intentar violar'.

traseiru, -era: *ax.* 1. Que tien que ver o que s'alcuentra na parte d'atrás. *Tien cayendo la parte trasera de la cabana.* 2. Que tien demasiada carga atrás, refiriéndose especialmente al carru. *El carru va mui traseiru.*

trasfender(e): *v.* Dar mal olor. *L.leva aiquí tantu tiempu que trasfiende.*

trasgada: *sust. f.* Aición propia del trasgu. *Yá vien ésta con outra trasgada.*

trasgu: *sust. m.* 1. Personaxe mitolóxicu que revuelve ya estracamundia la casa, especialmente la cocina, ya nun marcha con facilidá. *Paez qu'anduviera'l trasgu.* 2. Persona que revuelve. *Sos un trasgu, nenu.*

trasnueitar(e): *v.* 1. Pasar la *nueite* de fiesta. 2. Acostase mui tarde. *Ayere trasnueitóu muitu.*

trasnuitar(e): *v. Trasnueitare.*

trasponer(e): *v.* 1. Pasar a una montaña distinta ya encubrir, desapaecer de la vista. *Si traspón L'Argaxada yá nun lu ves.* 2. Desapaecer el sol nel horizonte.

trasteiru: *sust. m.* Sitiu onde se ponen los trastos. *L.lévalu pal trasteiru.*

trastu: *sust. m.* 1. Oxetu que nun val yá pal usu. *Chenóume l'alcoba de trastos.* 2. Persona que nun val, *úsase como insultu. *Yía un trastu que nun pue presentase a naide.*

trasvolar: *v.* 1. *Calmar,* xugada de tirar nel xuegu de bolos. 2. Romper la organización de dalguna entidá. *Si vien aquél.la trasvólanos l'asuntu.*

trasvoláu, -ada: 1. *Participiu de *trasvolare.* 2. *ax.* Que nun tien memoria nin controla la mente. *Alcontréilu trasvoláu dafeitu.* 3. Desordenáu, confusu. *Alcontróu la cousa trasvolada ya imposible d'arreglar.*

trasvolase: *v.* Perder la memoria, descontrolase mentalmente. *Trasvolóuse cuando marchóu d'aiquí.*

trasvoliáu, -ada: *Trasvoláu.*

trasvoliase: *v. Trasvolase.*

tratar(e): *v.* 1. Faer negocios d'intercambiu. *Fai falta tratare.* 2. Comportase bien o mal con dalguién. *Tratóume mal.*

tratante: *sust. m.* Persona que negocia comprando ya vendiendo ganáu. *Tien que venir el tratante a ver el xatín.*

tratu: *sust. m.* Aición ya efeutu de tratar. *Nun hai tratu.*

traviesa: *sust. f.* Pieza de madera onde s'afita la vía del tren. *Garróu unas traviesas pa zarrar la finca.* || *¿Quién queimóu las traviesas?* úsase como frase célebre.

trayer(e): *v.* 1. Cambiar de sitiu ya acercar un oxetu que s'alcontraba más *al.lá. Trux unos xugos de la Feriona.* 2. Poner una vistimenta determinada. *Güei trai una camisa bien guapa.* 3. Poner nun estáu determináu. *Con tanta fatura trúxonos l.loucos.*

traza: *sust. f.* 1. Aspeutu, pinta, catadura. *¡Vaya traza que tien!* 2. Intención. *Nun tien traza de marchare.*

trébedes: *sust. f. pl.* Aru con tres *patas* que val pa poner recipientes xunto al *l.lume. ¡Quítalu de las trébedes!*

trébol(e): *sust. m.* Planta del xéneru "Trifolium". *Salíu muitu trébol na Cuérguila.*

treita: *sust. f.* 1. Conxuntu de *gamachos* que se ponen detrás pa frenar el carru. *Si nun yía pola treita nun somos a baxare'l carru.* 2. Conxuntu de *gamachos* que van detrás de la parexa pa *rastrar* los praos depués d'echar el *cuitu.*

treitoiru: *sust. m.* Sitiu del monte que val pa baxar *l.leña. Por aquel treitoiru baxemos todita la l.leña de Resiel.la.*

treitu: *sust. m.* Tragu. *Echóu namás un par de treitos de vinu.*

trenta: *num.* Tres veces diez. *Cheganon trenta de la súa parte.*

trespón: ‖ *Al asoma trespón* 'de manera que naide pueda dase cuenta, a escondidiel.las'. *Chegóu al asoma trespón.*

tresponer(e): *v. Trasponer.*

tribocu: *sust. m.* Borbotón que sal al ferver una sustancia. *Yá salen tribocos.*

triezu: *sust. m.* Trapu de fregar. *Apúrreme un triezu.* ‖ *Tamos mochaos ya espiltraciaos igual que triezos* recuérdase como frase célebre.

tripa: *sust. f.* Conductu intestinal. ‖ *La tripa cuerna* 'intestinu ciegu de la res'. ‖ *La tripa'l culu* 'intestinu rectu'.

tripu: *sust. m.* Tripa ruina.

triquitraque: *sust. m.* Instrumentu que se faía sonar en Semana Santa p'anunciar los oficios relixosos.

triscar(e): *v.* 1. Faer sonar los tallos de la yerba al cortalos, masticalos ya comelos los animales. *Siéntese triscar a la Mora.* 2. Sonar al partir ya romper oxetos de dimensión non mui grande. *Paez que siento triscar pol corral.*

tritón: *sust. m.* Anfibiu que vive en *l.lagunas* d'altura, del xéneru "Triturus". *Naquel.la l.laguna diz qu'hai tritones.*

triste: *ax.* Angustiáu, murniu. ǁ *¡Tristes de nós!* espresa angustia coleutiva.

tríu: *sust. m.* Trigu, cereal del xéneru "Triticum", que nun se cultiva en Palacios del Sil pero usábase pa faer panes blancos.

trochu: *sust. m.* Palu de madera cortu, que vien d'un maderu más grande. *Pañái unos trochos pal l.lume.*

trompa: *sust. f.* 1. Borrachera. *Salíu de la tabierna con una buena trompa.* ǁ *A trompa talega* 'en gran cantidá'. *Había xente a trompa talega.*

trompada: *sust. f.* 1. Golpe nel cuerpu, especialmente na cabeza. *Pegóu-l.ly una trompada cono picachu.* 2. Aición ya efeutu de caer nel suelu. *Díuse una trompada ya yá nun foi más buenu.*

troncu: *sust. m.* Tueru.

tronera: *sust. f.* Ventanu nel desván. *Sal fumu pola tronera.*

tronzador(e): *sust. m.* Sierra grandona. *Marchanon cono tronzador a La Pandiel.la.*

tronzar(e): *v.* Cortar, especialmente madera. *Tronzanon l.leña a esgaya.*

trote: *sust. m.* Forma de movese un caballu, *l.levantando* una pata d'alantre ya la d'atrás de la cara opuesta. *Vieno al trote hasta L.losorios.* ǁ *A trotes* 'corriendo'. *Vieno Xuana a trotes cona anuncia.*

trousu: *sust. m.* Construcción nel monte pa los pastores, con un palu central ya una cubierta de *tapín*. *Pasóu la nueite nel trousu.*

trucu: *sust. m.* 1. Téunica que facilita una aición. *El.la conoz el trucu.* 2. *Nome d'un xuegu de naipe d'envite. *Xuguemos al trucu na cocina todita la nueite.*

trucu: *interx.* *Espresión del xuegu del *trucu.* -*¡Trucu!* -*¡Quiero!*

truébanu /tRuébanU/: *sust. m.* Trozu d'un tueru d'árbol buecu onde vive un enxame d'*abechas.* *Queda namás un truébanu onde l'hurriu.*

truita: *sust. f.* Pez de ríu del xéneru "Salmo". *Amadrinéi diez truitas n'El Pedrosu.*

truiteiru, -era: *ax.* 1. Que tien el vezu d'andar pescando *truitas. Siempres foi mui truiteiru.* 2. Que tien gran afición a comer *truitas.*

trunfar(e): *v.* Ganar, *l.lograr* lo se quier. *Sicasí, el nuesu rapaz trunfóu.*

trusgu, -a: *ax.* 1. Enfadáu, con mala cara. *Paez que güei vien trusgu.* 2. *Biliesgu,* con estravismu. 3. Escuru. *Amanecíu trusgu.*

tu: *pron.* *Refierse a la primera persona del singular. *¿Ya tu quién sos?*

tubu: *sust. m.* Conductu cilíndricu. *Metienon l'augua con un tubu.*

tucu: *sust. m.* 1. Parte que queda apegada al cuerpu d'una pierna o brazu cortáu. *Duel-l.ly el tucu.* 2. Oxetu saliente, pero qu'apaez como cortáu. *Onde sal un tucu, das la vuelta.* 3. Trozu ruin de palu. *Pañéi unos tucos qu'había delantre la canciel.la.*

tuena: *sust.f.* Tormenta. *La tuena vien d'arriba.* ‖ *Tuena de Resiel.la* 'tormenta mui fuerte que vien de la parte del monte que tien el nome de Resiel.la'. *Sacái la pala'l fornu ya'l rodabiel.lu que vien la tuena de Resiel.la.*

tuertu, -a: *ax.* 1. Que tien un *güechu* que nun ve. *Quedóu tuertu cuando yera un nenu.* 2. Torcidu, participiu de *torcere. Nun lu veo nin tuertu nin dereitu.*

tueru: *sust. m.* 1. Parte cilíndrica de los árboles que sal del suelu p'arriba. *Esta castañal tien el tueru podre.* 2. *Touzu* de la berza.

tufu: *sust. m.* Fedor. *Sal un tufu que nun hai quien lu aguante.*

tumbar(e): *v.* Faer caer un ser. *Tumbóulu d'un emburrión.*

tumbeirazu: *sust. m.* 1. Golpe na cabeza o na cara al caer, pola aición de la mesma persona o por una persona distinta. *L.levóu un tumbeirazu contra l'escanu.* 2. Golpes na cabeza de los *carneiros. Va un ratáu que siento los tumbeirazos de los carneiros.*

tupu, -a: *ax.* Tapáu, que nun tien salida. *El tubu quedóu tupu ya nun sal l'augua.*

turrar(e): *v.* Poner dalgún oxetu al calor pa que garre color. *Turróulu más de la cuenta.* ||| *Nun quiero más pan turráu, que m'amarga la corteza, nin más parola contíu, pos la que te di me pesa* cántase como estrofa popular.

turriada: *sust. f.* 1. Aición ya efeutu de *turriare*. 2. Cabezazu. *Si me da una turriada tírame al ríu.*

turriar(e): *v.* Embestir, puñar. *Cuidáu que las tuas vacas turrian.*

turrión, -ona: *ax.* Que *turria. Apartáivos que vien la vaca turriona.*

turrón: *sust. m.* Trozu húmedu de tierra, xeneralmente con tapín. *Garra unos turrones p'atapar La Presa la Tabierna.*

turruchu: *sust. m.* Sustancia que queda de derritir la sangre del gochu. *Los turruchos pa nós.*

tusir(e): *v. Esperriar,* echar violentamente aire de los pulmones pola mor del catarru. *Sentílu tusir todita la nueite.*

tusu, -a: *ax.* Tiesu, que nun dobla. *Cuasi muerre, pero agora anda bien tusu.*

U

ubre: *sust. m.* Glándula mamaria de los animales domésticos como la vaca, la cabra o la *ougüecha. Paez que tien l'ubre hincháu.*

ubricáu: *sust. m.* *Dizse del *ubre* cuando tien un volume mui grande. *¡Menudu ubricáu tien la mia Galana!*

ucena: *num.* *Ordinal qu'indica un conxuntu de doce oxetos o seres. *Ayudémoslu una ucena veces.*

ugüecha: *sust. f.* Animal domésticu, fema del *carneiru,* que da *l.lana. Las ugüechas vienen yá pola Barranquina.*

umbaxo: *alv.* En direición hacia abaxo. *Cayíu de la ventana umbaxo.*

umeiral: *sust. m.* 1. Sitiu onde hai mui bien d'*umeiros. Víulu metese naquel umeiral.* 2. Mata, conxuntu d'*umeiros. Queimóu l'umeiral d'ail.lí arriba.*

umeiru: *sust. m.* Árbol anxospermu dicotiledóneu, "Alnus glutinosa". *Cayíu un umeiru n'El Reconquín.*

unda: *alv.* Hasta agora. *Unda nun hai xente nel concechu.*

untar(e): *v.* 1. Estender una sustancia nuna superficie. *Untóu'l pan con manteiga ya fixo una recha.* || *Untar el carru* 1. 'poner *toucín* nel *eix* pa que nun sonara'l carru antiguu'. 2. 'sobornar'. *Si nun untas el carru nun hai nada que faere.* 2. Manchar. *Untóu la roupa.*

untase: *v.* Manchase. *Untóuse enteiru cona manteiga.*

untaza: *sust. f.* Conxuntu de grasa que sal del gochu (salábase ya preparábase como una fogacina ya usábase machacada pa sazonar el *caldu*). *¿Ónde guardesteis las untazas?*

untu: *sust. m.* Grasa de los animales, especialmente del gochu. || *Untu d'osu* 'manteiga, grasa del osu, usada medicinalmente en Palacios del Sil'. || *Untu de pita* 'grasa de *pita'.*

uña: *sust. f.* Capa epidérmica na que termina'l *dedu.* || *Yise a las uñas* 'pegase cuerpu a cuerpu'.

uñeiru: *sust. m.* Enfermedá infecciosa nos *dedos. Salíu-l.ly un uñeiru nun dedín.*

urcical: *sust. m.* 1. Sitiu de monte con mui bien d'*urces. Cayíu por aquel urcical.* 2. Conxuntu grande d'*urces. L'urcical tien agora un color mui guapu.*

urdidoiru: *sust. m.* Pieza del telar.

urdir(e): *v.* 1. Entamar a texer nel telar. *Sabe urdir mui bien.* 2. Entamar a texer manualmente con *espetas. Yá te vi urdiendo la xaqueta.*

urniar: *v.* Gruñir el gochu. *¿Nun sientes urniar al gochín?*

urogal.lu: *sust. m. Faisán,* ave de monte.

urz: *sust. f.* Arbustu que naz nel monte, "Erica arborea" (la *urz* blanca da flor blanca, pero hai una *urz* que tien la flor morada).

usenu: *sust. m.* Xatu de *dous anos. Tien un usenu mui guapu.*

usureiru, -era: *ax.* Que negocia miserablemente a costa de los que tien como deudores. *Yera un usureiru con nós.*

utra: *sust. f.* Ave rapaz que come bichos muertos. *La utra anda polas fanas de Veigafondera.*

utre: *sust. m. Utra.*

uurizu: *sust. m. Ourizu.*

V

vaca: *sust. f.* Fema del toru, mamíferu unguláu rumiante. *Foi conas vacas pa Val.linas.*

vacada: *sust. f.* Conxuntu de *vacas.* ‖ *La vacada de Pixán* dizse irónicamente pa referise al que tien una cantidá escasa de ganáu pero presume de ser dueñu d'una gran cantidá.

vaciar(e): *v.* Dexar un recipiente con nada o cuasi nada al sacar lo que tenía. *Vacianon el pachar.*

vafarada: *sust. f.* 1. Golpe d'aire caliente ya malsanu. *Abre la puerta que salga esta vafarada.* 2. Golpe de mal olor. *Viénome una vafarada que cuasi me tira p'atrás.*

vafu: *sust. m.* Aire caliente ya malsanu. *Abride la puerta que salga'l vafu qu'hai ahí.*

vagamundu, -a: *sust. m.* ya *f.* Persona que nun tien sitiu fixu onde vivir. *Yía un vagamundu que vien pidiendo.*

vagu: *sust. m.* Sitiu onde hai tierra *l.labrada. Naquel vagu hai eiros a esgaya.*

vaina: *sust. m.* Persona que cambia de criteriu más de la cuenta ya de la que nun convién fiase. *Aquel paisanu siempres foi un vaina.*

valeiru, -era: *ax.* Vacíu, desocupáu. *El carru l.levóulu a por fuecha ya vieno valeiru.*

valicuatru: *interx.* *Espresión del xuegu del *trucu.*

valideiru, -era: *ax.* Que val, que tien una validez determinada. *Estos papeles nun son valideiros.*

valir(e): *v.* 1. Sirvir. *Aquel rapaz nun val pa semar nel nuesu eiru.* 2. Tener calidá. *¡Valir nun val nada!*

valise: *v.* 1. Tener recursos económicos. *¡El.la valse bien!* 2. Tener control físicu de sí mesmu. *¡Yá nun se val!*

val.le: *sust. m.* Fendedura, abertura nel paisaxe con un ríu nel fondu. *D'ail.lí sal un val.le mui fondu.*

val.lina: *sust. f.* Val.le de tamañu escasu, que termina nun val.le distintu. *En pasando aquel.la val.lina yá ves la braña.*

val.linona: *sust. f.* Val.lina más grande de lo común.

valme: *interx.* *Forma del verbu *valire* usada como espresión relixosa ya ritual de quien pide ayuda a un ser sobrenatural. *¡Valme, valme San Antoniu!*

valtare: *v.* 1. Caer, dar vuelta (por exemplu, cuando'l carru queda de costáu o cara p'abaxo). *El nuesu carru valtóu baxando La Furaquina.* 2. Pelear ya tirar al contrariu d'espalda. *Valtéilu güei na tabierna.* 3. Tirar al suelu un oxetu, por exemplu, un árbol. *Valtanon la nuesa cereisal.*

valtu: *sust. m.* Pelea a ver quien tira al contrariu d'espalda. *Los nenos echanon un valtu.* ‖ *Andare a valtos* 'pelease. *Los nenos anduvienon a valtos por Chanos'.*

vandaval: *sust. m.* Airón mui grande que tira oxetos ya árboles. *Vieno un vandabal que marchóu conos choupos de La Tornadiel.la.*

vaqueirada: *sust. f.* Canción popular que se tocaba con *pandeiru. Terminanon cantando unas vaqueiradas na tabierna.*

vaqueirín, -ina: *sust. m.* ya *f. Vaqueiru* ya *vaquera* nuevos. *¿Ónde va la nuesa vaqueirina?*

vaqueiru, -era: *sust. m.* ya *f.* Pastor que quedaba na braña cuidando'l ganáu. *La nuesa Maruxina anda de vaquera pola Degol.lada.*

vaquianu, -a: *ax.* Acostumbráu a cualquier tipu d'actividá, en dalgunos casos con matiz peyorativu. *Éstas paécenme mui vaquianas.*

vara: *sust. m.* 1. Palu finu. *Garrade una vara si queredes que vengan los guah.es.* 2. Unidá de midida aplicada a la tela (unos ochenta centímetros). *Yía de tres varas.*

varal: *sust. f.* 1. Palu mui *l.largu* ya delgáu pa tirar la fruta de los árboles, etc. *Trai un varal pa variar la manzanal.* 2. Palu pa cerrar una finca o pa una *rodera.*

varaza: *sust. f.* Cuerda. *Atóulu con una varaza.* ‖ *Soltar la varaza* 'descomponese, tener diarrea'.

vardasca: *sust. f.* Vara delgadina. *Trai una vardasca.*

vardascazu: *sust. m.* Golpe que con una *vardasca. Marcha que si non va a date unos vardascazos.*

varganazu: *sust. m.* Golpazu, golpe violentu con un *bárganu. ¡Doite un varganazu que te fundo!*

várganu: *sust. m.* 1. Palu grandón. *Hai un bárganu tiráu nel mediu'l prau.* 2. Entidá grande, espectacular. *El fichu yía un bárganu de muitu cuidáu.*

variada: *sust. f.* 1. Aición ya efeutu de *variare.* ‖ *A la variada* 'al galope'. *Chegóu a la braña a la variada.*

variar(e): *v.* 1. Usar el varal pa tirar fruta. *Yá yía hora de variar la castañal.* 2. Dar palos a la *l.lana* de los colchones. *Pasemos la mañana variando colchones no corral.*

vasal: *sust. m.* Sitiu de la cocina onde se ponen los vasos. *Ponéilu nel vasal.*

vasáu: *sust. m.* 1. Vasu hasta arriba de líquidu. *Chegóu con un vasáu d'augua.* 2. Cantidá qu'hai nun vasu hasta arriba. *Bebíu un vasáu d'un treitu.*

vasichu: *sust. m.* Vasu o recipiente de capacidá escasa. *Apúrreme aquel vasichu.*

vasu: *sust. m.* 1. Recipiente emplegáu pa beber. *Cayíu'l vasu ya rompíu.* 2. Lo qu'hai nun vasu. *Bebíu namás un vasu.*

veceirina: *sust. f.* 1. *Vecera* d'escasos animales, *diminutivu de *vecera.* 2. *Vecera* de menos animales, cuando hai más d'una. 3. *Pregueirina*, pastora que guarda ganáu nos montes.

veceirona: *sust. f.* 1. *Vecera* de mui bien d'animales, *aumentativu de *vecera.* 2. *Vecera* de más animales, cuando hai más d'una.

veceiru, -era: *sust. m.* ya *f.* Pastor que sigue l'orde de la *vecera.*

vecera: *sust. f.* 1. Orde rotatoriu nel que se sigue la vez de cada casa en distintos aspeutos: guardar el ganáu, usu de la tierra ya del augua, etc. *Esti anu nun hai vecera pa las nuesas corradas.* 2. Conxuntu de ganáu en réxime de vecera. *Güei la vecera foi pa El Cogol.lu.*

vechez: *sust. f.* Calidá de *viechu.*

vecinu, -a: *sust. m.* ya *f.* 1. Persona que vive nel mesmu pueblu ya cerca de casa. *Dixénonme las vecinas que nun venían.* 2. Representante d'una casa. *Güei nel concechu nun faltóu dengún vecinu.*

veiga: *sust. f.* Espaciu grande pa semar cultivos. *Ail.lí hai una buena veiga.*

veiril: *sust. m.* Espaciu que va de la paré de piedra al *teitu*, na parte interior de *las cabanas*; nos *veiriles* pónense palos, *guichadas*, etc.

veiru: *sust. m.* Sitiu resguardáu de la *chuvia.* || *Ponese a veiru* 'guardase debaxo d'un sitiu onde nun *chueve'.*

vela: *sust. f.* Instrumentu de cera pa dar *l.luz. Mercóu unas velas pa nós.*

velar(e): *v.* 1. Alcontrase despiertu cuando correspuende dormir normalmente. *Pasóu la nueite velando.* 2. Vixilar. *Velái que nun entren na corte las magüetas.* 3. Acompañar al difuntu. *Quedóuse la familia velándolu pola nueite.*

vel.lón: *sust. m.* Capa de *l.lana* que sal al tosquilar las *ougüechas. Tenéi cuidáu de nun manchar el vel.lón.*

vénaca: *interx.* *Espresión pa que venga la vaca. *¡Vénaca, ven!*

vencia: *sust. f.* Conxuntu de ganáu pequenu (*ugüechas* ya *cabras*). *La vencia marchóu pa La L.lasna.*

vender(e): *v.* Dar un oxetu o una entidá a cambiu de moneda o d'un oxetu o entidá distintos. *La mía bolica vendíu La Tornadiel.la.*

vengase: *v.* Faer una aición pa devolver un mal. *Quier vengase por aquel.las cousas d'antias.*

vengatible: *ax.* Que tien el vezu de querer vengase. *Yía mui vengatible.*

venideiru, -era: *ax.* Que vendrá. *Pa las fiestas venideras nun habrá tanta xente.*

venir(e): *v.* 1. Movese en direición al sitiu onde s'alcuentra'l falante. *Vinienon muitos.* 2. Cuadrar, acomodar. *Nun me vien bien que venga güei.* 3. Suceder, dir detrás. *Pasas La Furaquina ya darréu vien la braña.*

venise: *v.* 1. Movese en direición al sitiu de referencia de la historia. *Ya entós viénose a mí.* 2. *Repeirare*, xubir el pan ya quedar preparáu pa metese nel fornu.

venta: *sust. f.* Casa que s'alcuentra fuera de los pueblos, onde dan cama ya comida. *Dormíu nuna venta.*

ventana: *sust. f.* Abertura cuadrada nuna paré de la casa. *Pal l.lau d'al.lá la nuesa casa tien tres ventanas.*

ventanu: *sust. m.* Ventana de tamañu mui escasu. *Sal muitu fumu pol ventanu.*

ventaxa: *sust. f.* Situación de superioridá, d'alcontrase nuna situación más positiva. *Tien la ventaxa de qu'hai muita xente p'ayudalu.*

venteiru, -era: *sust. m.* ya *f.* Persona que tien una venta.

ventilar(e): *v.* 1. Poner al aire. *Ventilái las alcobinas, qu'hai humedanza.* 2. Aclarar, solucionar un problema. *Aquel asuntu hai que ventilalu darréu.*

ventrada: *sust. f.* Preñez d'una fema. *Tuvo tres nenos d'una ventrada; La vaca tuvo dúas xatinas d'una ventrada.*

venturiegu, -a: *ax.* 1. Irregular, que nun tien un ritmu seguru, igual pa persona que pa oxetos en xeneral. *Esta fuente yía venturiega.* 2. *Dizse del frutu delicáu ya que nun siempre sal bien. *Aiquí las lentichas son mui venturiegas.*

ver(e): *v.* 1. Percibir a traviés de los *güechos*. *Al tou fichu vilu polas Fanas de Veigafondera.* || *Ver las yerbas crecere* 'ser mui intelixente'. || *Ver las ourechas al l.lobu* 'ver el peligru'. *Nun fixo nada hasta que nun víu las ourechas al l.lobu.* 2. Intuir, presentir. *Estas cousas viéralas you venire.*

veras: *sust. f. pl.* 1. Borde del *teitu* o techáu d'una casa. *Nun te pongas debaxo las veras.* 2. Conxuntu de gotas d'augua que, cuando *chueve*, caen de los bordes de los *teitos* o *techaos*. *Mochóuse conas veras.*

veras: || *De veras* espresa la idea opuesta a la broma. *Díxome de veras que nun quería enredare.*

verbena: *sust. f.* Fiesta de *bail.le* con orquesta, que se celebra de *nueite*. *¿A qué hora yía la verbena?* || *Como una verbena* indica qu'una planta o árbol tán mui cargaos de frutu. *La manzanal quedóu cargada como una verbena.*

verbeneiru, -era: *ax.* 1. Aficionáu a dir de verbena. *Siempres foi verbeneiru.* 2. Que s'alcuentra nui cargáu de frutos o de bichos. *La nisal más verbenera yía la mía.*

verdá: *sust. f.* 1. Realidá auténtica. *Mancóu-l.ly la verdá.* 2. Coincidencia de la idea o espresión con una realidá determinada. *Dixo una verdá mui grandísima.*

verde: *sust. m.* 1. Cuartu color del espectru solar, que pue conseguise meciendo azul ya *mariel.lu*. *Pintóu de verde la marcación de la ventana.* 2. Yerba fresca de los praos. *La mía mama foi a tender las sábanas al verde.* 3. Yerba fresca que se siega pal ganáu. *Marchóu a la corrada por verde.*

verde: *ax.* Que tien el color verde. *Las suas ventanas son verdes.*

verdeirín: *sust. m.* Páxaru grande de color verde. *Hai un verdeirín que vien a posase xunto a nós al atardecerín.*

verdeirón: *sust. m.* Verdeirín.

verderillu: *sust. m.* Páxaru de tamañu escasu ya de color verde, "Serinus serinus". *Quier tener un verderillu na xaula.*

verduénganu, -a: *ax.* Que tien color tirando a verde. *Veise mui verduénganu'l monte.*

verdugu: *sust. m.* 1. Pieza de fierru que s'emplega pa reforzar la gadaña. *Aprieta bien el verdugu.* 2. Pieza del carru que s'emplega pa que quede bien puesta la calabaza de la rueda nel carru. *Nun quedóu bien el verdugu.*

verdurientu, -a: *ax.* Que tien un color tirando a verde. *Venía con roupa verdurienta.*

vergachu: *sust. m.* 1. Miembru viril de los animales. 2. Látigu que pue faese con un miembru viril d'animal.

veril: *sust. m.* 1. Custodia de la ilesia. *Las mozas l.limpianon el veril.* || *Como'l veril* indica que se guarda un oxetu porque tien un valor mui grande ya ta mui *l.limpiu. Guárdalu como'l veril.*

veta: *sust. f.* Telina qu'hai debaxo de la *l.lingua* (pue nun dexar mover bien la *l.lingua* ya pue interesar cortala hasta ciertu puntu). || *Tener veta* 'tener la veta de forma que nun dexa usar bien la l.lingua'. *El nenín tien veta ya hai que-l.ly la cortare.*

vezu: *sust. m.* Costume, forma repetitiva de comportamientu. *Tien el vezu de sentase na pena al pasare.*

viax(e): *sust. m.* 1. Aición ya efeutu de movese a un sitiu a cierta distancia, en dalgún mediu de tresporte. *El viax a América foi mui malu.* 2. Aición de movese en dalgún mediu de tresporte a un sitiu con dalguna carga. *Güei fixenon dous viaxes cono carru.*

viaxar(e): *v.* Faer un *viax. Nun viaxa nada.*

víbora: *sust. f.* 1. Reptil mui venenosu, de cabeza triangular, "Vipera berus". *Matemos una víbora n'El Carbachu.*

vichicón, -ona: *sust. m.* ya *f.* *Aumentativu de *viechu,* que suel refirse a un *viechu* prematuru. *¿Ya qué quier aquel vichicón?*

vichiquín, -ina: *sust. m.* ya *f.* *Diminutivu de *viechu,* con un aquel positivu. *Vieno un vichiquín ya perguntóume por ti.*

viciel.la: *sust. f.* Nos praos, parte de cada prau que riega un *dubiachu* o presina (una *viciel.la* va d'un *dubiachu* o presa a un *dubiachu* o una presa distintos). *La Corrada los Regueirales tien tres viciel.las.*

viciu: *sust. m.* 1. Fuerza escesiva de dalgún frutu semáu o planta. *El pan tien muitu viciu.* 2. Demostración escesiva de fuerza de los animales bien alimentaos. *Las nuesas vacas saltan muitu, veise bien que tienen muitu viciu.*

vida: *sust. f.* 1. Estáu d'actividá d'un ser orgánicu. *Yá nun tien vida.* 2. Tiempu que dura un ser vivu. *Pasóu la vida trabachando.* 3. Fuerza, impulsu. *El rapaz tien muita vida.* || *Dar la vida* 'ayudar a dalguién apuráu'. *Díume la vida'l mieu vecinu cuando me baltóu'l carru.* || *Faere pola vida* 'cuidase a sí mesmu, comer'. *Aiquí andamos, fayendo pola vida.*

vidable: *ax.* Que tien buen aspeutu ya fuerza pa vivir (el nenu namás nacer o la persona que s'alcontraba enferma). *Alcontréi al nenín mui vidable.*

vidina: *sust. f.* Vida corta, *diminutivu de *vida.*

viechera: *sust. f.* Calidá de *viechu.*

viechín, -ina: *sust. m.* ya *f.* *Diminutivu de *viechu,* con un sen positivu ya cariñosu. *¿Ónde anda la viechina?*

viechu, -cha: *sust. m.* ya *f.* Que yá tien demasiada edá. *La boliquina yá yía mui viecha.* || *La cuenta la viecha* 'aición de contar de forma simple'.

vienres: *sust. m.* Día que sigue al xueves. *El vienres nun vieno nadie.*

viga: *sust. f.* Tueru grandón que s'emplega na construcción.

vildu: || *En vildu* 1. 'en peligru, con inseguridá'. *Tiennos en vildu.* 2. 'tener nel aire, a distancia del suelu'. *L.levantóu al nenu en vildu.*

vil.la: *sust. f.* Pueblu grande, que pue ser capital de *concechu,* como Palacios del Sil. *Palacios yía una vil.la.*

vinateiru, -era: *sust. m.* Vendedor de vinu que va de casa en casa.

vináu, -ada: *ax. Chenu,* fartu de vinu. *Notéilu bien vináu.*

vinín: *sust. m.* *Diminutivu de *vinu,* usáu xeneralmente con intención irónica. *Paez que güel a vinín.*

vinu: *sust. m.* Bebida que sal de la fermentación de la uva, que nun se da en Palacios del Sil.

virtú: *sust. f.* Cualidá moral o capacidá positiva. *Yía la virtú que tien.*

víspora: *sust. f.* El día anterior. *Vieno la víspora.*

vistir(e): *v.* 1. Ponese *roupa* nel cuerpu. *En l.levantándose, vistíuse.* 2. Adornase con *roupa. En vistiéndose con roupa de día santu, marchóu.*

vivir(e): *v.* 1. Actividá del organismu que nun s'alcuentra muertu. *Paez qu'el raposu yá nun vive.* 2. Tener la residencia nun sitiu determináu. *La nuesa rapaza yá nun vive aiquí.* || *Pol vivire* 'con gran intensidá ya positivamente'. *Prestóume pol vivire.*

vivu, -a: *ax.* 1. Que nun ta muertu. *La culuebra ta viva.* 2. Hábil, intelixente, activu. *Esa yía mui viva.* 3. *Dizse irónicamente de seres inertes al movese. *El madeiru ta vivu.*

vixiga: *sust. f.* Bolsa del organismu que retién la orina. *Anda mal de la vixiga.*

voceras: *ax.* Que da mui bien de voces delantre de la xente. *Sos una voceras.*

volar(e): *v.* 1. Movese nel aire. *Víu un galfarru volando.* 2. Movese rápidamente. *Chegóu volando.*

voláu: *sust. m.* Tabique de tabla. *Fixo dous cuartos con un voláu.*

volao: *alv.* Rápidamente. *Si nun las fierras, las vacas acoxecen volao.*

voléu: || *A voléu* 'aición de semar tirando los granos manualmente'. *Semóu a voléu en Casamarín.*

volver(e): *v.* 1. Dar la vuelta a una entidá. *Volvéi las vacas pa la corte.* 2. Venir, faer el viax de vuelta. *Volvéi antias de qu'escureza.*

volvese: *v.* 1. Cambiar una entidá. *Volvíuse fatu dafeitu.* 2. Enfrentase, disponese a pegar a dalguién. *Volvíuse contra nós como una fiera.*

vós: *pron.* *Refierse a la segunda persona del plural, tónicu. *¿Vós nun venís con nós?*

vos: *pron.* *Refierse a la segunda persona del plural, átonu. *¿Diénonvos el ramu?*

vuelta: *sust. f.* 1. Movimientu xiratoriu alredor d'un puntu. *Díu vueltas en tontu alredor de la cabana.* 2. Repetición. *Asperái que chegue la segunda vuelta.* 3. Regresu. *¿Pa cuándo yía la vuelta?* 4. Devolución de dineru. *¿Diénonte la vuelta?* 6. Vez. *Agora faime outra vuelta unas madreñinas.* 6. Curva nuna senda o nuna carretera. *Naquel.la vuelta yá encubre.*

vuesu, -a: *pron.* ya *ax.* *Posesivu que se refier a la segunda persona. *La vuesa xata yía grande, la nuesa yía pequena.*

vurrón: *sust. m.* Gochu semental. *Agora namás hai un vurrón nel pueblu.*

vurruga: *sust. f.* Escrecencia que sal na piel. *Saliénon-l.ly muitas vurrugas.*

X

xa: *interx.* *Voz pa espantar al ganáu. *Xa, xa Mora.*

xabaril: *sust. m.* Animal salvaxe que se paez al gochu, "Sus scrofa". *Matanon un xabaril na Regueirona.*

xabaz: *ax.* Salvaxe, montés. *Ésti yía más xabaz que l'outru.*

xabón: *sust. m.* Productu que se fai con grasa ya con sosa ya que val pa l.lavar. *Fixenon xabón pa tres anos.*

xabonar(e): *v.* Dar xabón a un oxetu. *Xabonade bien las ouriel.las.*

xabonera: *sust. f.* Flor que naz xunto al ríu, "Saponaria officinalis".

xacer(e): *sust. m.* Forma de ser, caráuter. *Yía de mui mal xacer.*

xalabardu: *sust. m.* Persona bruta ya inconsciente. *Tien un amigu que yía un xalabardu.*

xamás: *alv.* Enxamás, nunca. *Nun vieno xamás.* || *Nunca, xamás, amén* 'definitivamente nunca'. || *Siempres, xamás, amén* 'definitivamente siempre'.

xamasca: *sust. f. Gamachu, cana* d'árbol suelta.

xamascada: *sust. f.* Golpe con una *xamasca.*

xamascazu: *sust. m.* Golpe con una *xamasca.*

xamesí: *interx.* *Espresión resultáu de la contraición de *¡Si home sí!* *¡Xamesí, pa ti la perra gorda!*

xamón: *sust. m.* Pieza salada ya curada de la pierna del gochu. *Tien tres xamones na bodeguina.*

xanzana: *sust. f.* Planta anxosperma dicotiledónea, medicinal, que naz nos sitios altos de los montes, "Gentiana lutea". *Marchanon al monte a la xanzana.*

xaqueta /: *sust. f.* 1. Dolor de cabeza, migraña. 2. Prenda de vistir, que tien botones.

xarana: *sust. f.* 1. Barullu, fiesta. *Anueite anduvienon de xarana.* 2. Griesca pública ente xente. *Diz qu'hubo xarana nel bail.le.*

xaraza: *sust. f.* Vinu de mala calidá.

xardón: *sust. m.* Árbol anxospermu dicotiledóneu, "Ilex aquifolium"; trátase de la fema, según se diz vulgarmente, del *acebu. Antias había muitos xardones encima La Fontel.lada*

xareta: *sust. f.* Pliegue, doblez que se fai na *roupa* pa que pase un cordón o cuerda.

xaretu: *sust. m.* 1. Tira estreita ya sobrante de *roupa. Esti xaretu nun val pa nada.* 2. Tira ruina ya marxinal de dalguna entidá, como d'una tierra, d'un prau, etc. *Quedóu-l.ly namás un xaretu de prau n'El Pumarín.*

xalabardu: *sust. m.* 1. Segundu *enxame*, más bien ruin, que sal de la colmena. 2. Persona bruta ya torpe. *Ya entós aquel xalabardu entamóula con nós.*

xarra: *sust. f.* Recipiente con asa, xeneralmente de cristal o loza. *Sacái la xarra al corral.*

xarrada: *sust. f.* 1. Xarru o xarra hasta arriba. *Va con una xarrada pal corral.* 2. Cantidá de dalgo qu'hai nun xarru o nuna xarra hasta arriba. *Bebíu una xarrada de vinu.*

xarráu: *sust. m. Xarrada.*

xarrear(e): *v.* Andar bebiendo por demás del xarru. *Peme qu'anueite anduvo xarreando más de la cuenta.*

xarru: *sust. m.* Recipiente con asa, más bien de tamañu escasu ya onde s'echa'l vinu. *Echáime un xarru de vinu.*

xastre, -a: *sust. m.* ya *f.* Persona que *trabacha* cosiendo *roupa*. *El xastre díume un recáu pa ti.*

xateiru, -era: *sust. m.* ya *f.* Tratante de ganáu, especialmente de *xatos*. *Vieno un xateiru que nun conoz naide.*

xatu, -a: *sust. m.* ya *f.* Cría de la vaca. *Hai tres xatos pa vendere.*

xaula: *sust. f.* Caseta d'alambre o de fierru que s'emplega pa guardar animales. *Los páxaros metíulos nuna xaula*

xaxa: *sust. f.* Canción que se canta a los nenos pa que duerman. *¡Cánta-l.ly una xaxa al nenu!*

xaxa: *interx.* *Espresión que se diz al nenu pa que duerma. *¡Xaxa, xaxa!*

xaxar(e): *v.* Dormir al nenu moviéndolu na cuna, nos brazos o nel *cuel.lu*, ya cantando tamién. *Agora tengo que xaxar a la nenina.*

xeitu: *sust. m.* Orde, compostura. *A mi peme que nun tien xeitu.* || *Nun tener xeitu nin manera* 'nun tener coherencia nin estructura apropiada'. *You vilu pero nun me gustóu, porque nun tien xeitu nin manera.* 2. Aire, gracia. *Amira con qué xeitu vien la mia ficha.* 3. Capacidá de *trabachar* ya movese. *Nun la veo you con xeitu.* || *A xeitu* 'bien, perfeutamente'. *Quedóu bien a xeitu.*

xelabréu: *sust. m.* 1. Sitiu onde nun entra'l sol nel iviernu ya onde s'axunta la nieve ya la xelada. *Nun resbales naquel xelabréu d'El Narancu.* 2. Persona que tien más fríu de lo normal. *Sos un xelabréu que nun vi cousa igual.*

xelada: *sust. f.* Aición yá efeutu de *xelare*. *Cayíu una buena xelada.* || *Xelada blanca* 'la xelada más normal, que dexa una capa blanca al sublimase'l vapor d'augua'. || *Xelada negra, xelada prieta* 'xelada que nun dexa una capa blanca al sublimase'l vapor d'augua ya resulta más fría que la blanca'.

xelar(e): *v.* 1. Faer una temperatura mui baxa, debaxo de 0º. *Yá entamóu a xelar.* 2. Ponese un ser a menos de 0º. *Xelóu l'augua del pilón.* 3. Estropease pol fríu un frutu. *Xelanon las manzanas.*

xelase: *v.* 1. Ponese un ser a menos de 0º. *Xelóu l'augua del pilón.* 2. Estropease pol fríu un frutu. *Xelanon las manzanas.*

xeláu, -ada: 1. *Participiu de *xelare*. *Alcontréi xeláu'l pilón de la fuente.* 2. *ax.* Que s'alcuentra mui fríu. *Alcontréilu xeláu de fríu.* 3. En mal estáu pol fríu. *Como veredes, la manzana quedóu xelada.*

xelón: *sust. m.* Aire mui fríu. *¡Menudu xelón que vien de La Proída!*

xelón, -ona: *ax.* Mui fríu, que tien la temperatura del xelu. *Quedóu xelón, xelón.*

xelu: *sust. m.* Augua solidificada al tar a menos de 0º. *Cayíu no xelu qu'hai delantre la canciel.la.*

xenerosu, -a: *ax.* Que da lo que tien de forma non interesada. *La nuesa vecina yía mui xenerosa.*

xenru: *sust. m.* Esposu de la *ficha*. *Nun séi nada del tou xenru.*

xenra: *sust. f.* Forma femenina de *xenru*; *úsase namás irónica ya mui raramente.

xente: *sust. m.* Conxuntu de seres humanos. *Vieno pouca xente a misa.*

xenticacha: *sust. f.* Mala xente.

xentiquina: *sust. f.* *Diminutivu de *xente* que se refier cariñosa ya especialmente a los que *trabachan* nel campu. *La xentiquina tien que ponese a la yerba.*

xentuza: *sust. f.* Mala xente.

xeretu: *sust. m.* xaretu. *Tien un xeretu al l.lau de la nuesa l.linar.*

xergón: *sust. m.* Colchón que se fai con *fuecha* de maíz.

xeringa: *sust. f.* Instrumentu usáu pa inyectar líquidos, formando un émbolu (había la costume de componer *xiringas* con trozos de sabugueiru).

xeringada: *sust. f.* Aición ya efeutu de *xeringar*.

xeringar(e): *v.* 1. Inyectar con una *xeringa*. 2. Fastidiar, *faer* un mal. *Xiringóulu bien xiringáu.*

xeringazu: *sust. m.* Aición ya efeutu d'usar una *xeringa*.

xica: *interx.* *Voz pa que venga la cabra. *Xica, xiquina, tica, xica.*

xile /: *sust. m.* *Nome d'un xuegu de naipe al que se xuega con cuartos. *Quedóu xugando al xile.*

xilgueirín, -ina: *sust. m.* ya *f.* *Diminutivu de *xilgueiru.*

xilgueiru, -era: *sust. m.* ya *f.* Páxaru que canta bien ya tien colores mui pintos, "Carduelis carduelis". *Tien unos xilgueiros en casa.*

xilimbras: *sust. m.* Persona débil ya d'escasu caráuter. *El tou amigu yía un xilimbras.*

ximelgu, -a: *ax.* Que nacen d'un mesmu partu. *Los dous fichos pequenos son ximelgos.*

ximire: *v.* Quexase por dalgún sufrimientu. *Pasóu la nueite ximiendo.*

xineiru: *sust. m.* Primer mes del calendariu. *Vien un xineiru bien buenu.*

xipla: *sust. f. Xiplu* grande. *Nun fai más que tocar la xipla.*

xiplar(e): *v.* 1. Faer un son agudu al poner la boca de forma especial. *Xipléi pero nun m'escuitanon.* 2. Faer un son agudu al tocar el *xiplu* o la *xipla. Si quier xiplar como you que faiga tamién una buena xipla.* ‖ *Agora xípla-l.ly no rabu* 'agora, que yá resulta ser mui tarde, intenta alcanzalu'. ‖‖ *El que más xiple capador* indica que tien que tener la oportunidá quien más la mereza.

xiplidu: *sust. m.* Aición ya efeutu de *xiplare. Aviséilu con xiplidos.*

xiplu: *sust. m.* 1. Instrumentu que s'usa pa *xiplare. Pasóu la tardiquina fayendo xiplos na braña* ‖ *Xiplu l'aire* 'tráquea'. *Entróu-l.ly comida pol xiplu l'aire.* 2. Tallu del *cal.lapazu,* planta umbelífera que naz na humedá de los praos ya resulta mala pal ganáu. *Tien el prau chenu xiplos.* 3. Pitón, furacu de la bota de vinu.

xiquitina: *interx.* *Voz pa que venga la cabra. *Xica, xiquitina, tica, xica.*

xistra: *sust. f.* Planta que naz nos en sitios altos ya que s'usa medicinalmente, "Meum athamanticum".

xixa: *sust. f.* 1. Carne. *Esta rapaza nun tien xixa nenguna*; en plural significa fuerza, enerxía. *Yía pequenu pero tien buenas xixas.*

xixas: *sust. m.* Persona enclenque ya ruina. *Yía un xixas que nun val pa nada.*

xixu: *sust. m.* 1. Carne de gochu na matanza. *Ponéi'l xixu encima la mesa.* 2. *Xixa.*

xordera: *sust. f.* Enfermedá propia del *xordu. Cona xordera que tien nun va a sentinos chegare.*

xordu, -a: *ax.* Que nun oi bien. *Quedóu xordu d'una enfermedá.*

xornal: *sust. m.* Paga que recibe'l que *trabacha* con un contratu verbal o escritu. *El rapaz yá gana'l xornal.*

xoroba: *sust. f.* Deformidá na espina dorsal. *Tien muita xoroba.*

xorobáu, -ada: *ax.* Que tien xoroba. *La viecha xorobada yía d'aiquí.*

xostra: *sust. f.* 1. Zapatu mui gastáu. 2. Prostituta, *usándose como insultu. *Ésa yía una xostra.*

xostrada: *sust. f. Xostrazu.*

xostrazu: *sust. m.* 1. Golpazu pola mor de perder l'equilibriu. *L.levóu un buen xostrazu contra la paré.* 2. Golpe. *Pegóu-l.ly un xostrazu que cuasi lu mata.*

xostrón, -ona: *sust. m.* ya *f.* *Aumentativu de *xostra,* usáu como insultu. Ésta yía un xostrón, Ésta yía una xostrona.

xota: *sust. f.* Un tipu de *bail.le* popular.

xuan: *sust. m.* 1 Intestinu gordu del animal. 2. *Úsase como antropónimu pa referise al protagonista masculín (*sapos, l.lobos*) de dalgunos cuentos populares. *Xuan ya Maruxa querían comer papas.*

xuan: *ax.* Obediente, *refiriéndose al home que fai lo que diz la *mucher. Los dous son unos Xuanes*

xuasús: *interx.* Indica sorpresa. *¡Xuasús, nenu, mui tarde chegas!*

xubir(e): *v.* 1. Poner nun sitiu más altu. *La masera xubíula p'arriba.* 2. Ponese mun sitiu más altu. *El galfarru xubíu bien arriba.* 2. Caminar p'arriba. *La bolica xubíu la cuesta La Canalona.*

xubón: *sust. m.* Especie de *xaqueta* corta que se pon encima de la *brusa.*

xudas: *sust. m.* Persona mala. *Sos un xudas.* ||| *Comía que lu l.levaba Xudas* 'comía más de la cuenta'.

xudigu, -a: *sust. m.* ya *f.* 1. Hebréu. 2. Persona avariciosa. *Siempres foi un xudigu.*

xuegu: *sust. m.* 1. Actu de *xugare. Los xuegos dexáilos pa más tarde.* 2. Actividá lúdica concreta. *Xuguemos a un xuegu nuevu.* 3. Articulación de los güesos nos vertebraos. *Duelme'l xuegu del pía.*

xuerga: *sust. f.* Aición ya efeutu d'una diversión intensa. *Marchanon de xuerga él ya los outros.*

xueves: *sust. m.* Día que sigue al miércoles. *El xueves nun vinienon.*

xugada: *sust. f.* 1. Aición ya efeutu de xugar. *Metíu un gol gracias a la mía xugada.* 2. Etapa o fase d'un xuegu determináu. *Ganóu na última xugada.* 3. Aición que se fai mui conscientemente, xeneralmente con un aspeutu negativu. *¡Fixénonte una buena xugada al nun dexate pasar pol eiru!*

xugador, -ora: *sust. m.* ya *f.* 1. Persona que participa nun xuegu. *Invitanon a los xugadores.* 2. Que pasa mui bien de tiempu xugando. *L'home yía un xugador.*

xugar(e): *v.* 1. Enredar los nenos. *Dexái de xugare.* 2. Prauticar un xuegu determináu nenos ya adultos. *Quieren xugar a la maya; Víulos na tabierna xugando al xulepe.* || *Xugar a la cocha con alguién 'reíse d'una persona entreteniéndola ya xugando'. Con Xuan xuganon tous a la cocha.*

xugu: *sust. m.* Aparatu de madera que s'emplega pa *xunir las vacas. ¿Ónde mercanon esti xugu tan guapu?*

xuiciu: *sust. m.* 1. Actu nel que se decide una cuestión de *l.leis. Nel xuiciu perdíu el.la.* 2. Equilibriu, razón. *Nun tien xuiciu.*

xulepe: *sust. m.* *Nome d'un de xuegu de naipe. *Pasanon la nueite na tabierna xugando al xulepe.*

xunir: *v.* 1. Axuntar, poner xuntos dos seres. 2. Poner una parexa de *vacas* baxo un xugu pa tirar del carru, del *aráu,* etc. *You yá xuní.*

xunque: *sust. m.* 1. Pieza onde se dan golpes pa dar dalguna forma a los metales. 2. Pieza onde da'l *martiel.lu* pa *cabruñar.*

xuntar(e): *v.* Poner un oxetu al *l.lau* d'un oxetu distintu. *Xuntái el cachapu ya la gadaña.* || *Xuntare los trapos* 'casase o faer vida marital una parexa con escasos medios económicos'. || *Xuntase la fame cona gana de comere* 'dase la coincidencia d'un par de factores na mesma direición'.

xuntiquín, -ina: *ax.* *Diminutivu de *xuntu.*

xunto: *alv.* Mui cerca, pegando.

xuntu, -a: *ax.* Que s'alcuentra próximu, al *l.lu. Las nisales quedanon mui xuntas.*

xuntura: *sust. f.* Aición ya efeutu de xuntar. *Nun foi una buena xuntura.*

xurgar(e): *v.* Revolver, mover, por exemplu con un palu.

xurgón: *sust. m.* Palu que s'emplega pa revolver la brasa del fornu.

xustiel.lu: *sust. m.* Chalecu, prenda de vistir femenina. *Vieno con un xustiel.lu mui guapu.*

xustu, -a: *ax.* 1. Honráu. *Nun foi xustu con el.la.* 2. Que correspuede a como debe ser. *Yía un repartu xustu.* 3. Axustáu. *La pina entróu bien xusta.*

Y

yá: *alv.* *Indica una realización anterior nel tiempu. *Cuando tú chegesti yá el.la viniera ya dixera que viera l'osu.*

ya: *conx.* *Tien una función copulativa ya xune dos elementos de la mesma función gramatical. *Vós ya nós nun sabemos nada; Xubienon ya baxanon.*

yedra: *sust. f.* Planta anxosperma dicotiledónea trepadora, verde, "Hedera helix". *Na puente hai muita yedra.*

yerba: *sust. f.* 1. Planta común que come'l ganáu, especialmente nos praos. *Nacienon unas yerbinas mui guapas.* 2. El conxuntu de la planta que naz nos praos. *Esti anu tien muita yerba Valdefontán.* 3. *Trabachu* coleutivu de segar, secar ya meter la yerba nel *pachar. Nós entovía nun terminemos la yerba.* || *Yerba sanxuaniega* 'yerba que sal por San Xuan en pradera secana'.

yérgula: *sust. f.* Corteza de bedul que se pon na parte d'arriba del *truébanu*; encima de la *yérgula* ponse una *l.lousa* grande.

yeugua: *sust. f.* Fema del caballu. *Nun te víu nadie las yeuguas pola braña.*

yin: *interx.* *Voz pa reclamar l'atención del gochu. *¡Yin, yin, in!*

yir(e): *v.* 1. Marchar, dirixise a un sitiu. *Vamos pol ríu arriba.* 2. Asistir, presenciar dalgún actu. *El.la nun foi a la salga.* 3. Acomodar, convenir. *¿*Vate bien segar El Pumarín mañana? || *Yire al mundu alantre* 'marchar a un sitiu mui distante o dir a l'aventura'.

you: *pron.* *Refierse a la primera persona del singular. *¿*Ya you ónde me pongo?

Z

zalamatu, -a: *ax.* Suciu, de mala presencia. Él yía mui zalamatu.

zalameiru, -era: *ax.* Persona qu'adula a los demás. *¡Sos una buen zalameiru!*

zalampernu: *sust. m.* 1. *Roupa* en mal estáu. *Pero ésta ¿qué zalampernos trai puestos?* 2. Persona sucia ya despreciable. *Sos un zalampernu.*

zalegu: *sust. m.* 1.Trapu suciu ya en mal estáu. *Pero ésta ¿qué zalegos pon?* 2. *Úsase como insultu despeutivu a una *mucher. Di-l.ly a la tua ficha que nun seya tan amiga de la mía vecina, que yía un zalegu.*

zambu, -a: *ax.* Que tien deforme un *pía. You conocílu siempres zambu.*

zampabol.los: *sust. m.* ya *f.* 1. Que come por demás ya suel tar gordu. *Sos un zampabol.los que nunca vi cousa igual.* 2. Fatu, bobu. *¿Ya vas a faer casu d'esos zampabol.los?*

zampona: *sust. f.* Un tipu d'instrumentu musical tradicional.

zanca: *sust. f.* Pierna, pata. *Garróu una zanca pa él.*

zancadiel.la: *sust. f.* Cruzar una pierna pa que tropiece una persona ya caiga. *Metíu-l.ly la zancadiel.la ya mancóulu.*

zancarru: *sust. m. Zancaxu.*

zancaxu: *sust. m.* Talón del *pía. Cayíu ya mancóuse no zancaxu.*

zancu: *sust. m.* Palu que val p'andar sin posar los *pías. Pasanon a zancos p'arriba ya p'abaxo.*

zanfalandrán, -ana: *ax.* Suciu, de mala presencia. *Alcontréila zanfalandra- na dafeitu.*

zanfoinu, -a: *ax.* 1. Que tien figura gorda ya baxa. *La ficha del nuesu amigu yía una zanfoina.* 2. Con ruina capacidá d'aición. *Con esti zanfoinu nun hai nada que faere.*

zanfona: *sust. f. Zampona,* instrumentu musical tradicional.

zapal.lada: *sust. f.* Aición ya efeutu de caer de forma espectacular. *Pegóuse una zapal.lada que nun se matóu de milagru.*

zapar(e): *v.* Beber los perros. *¿Nun sientes zapar los perros debaxo l'hurriu?*

zapata: *sust. f.* Pieza de goma que tien distintos usos.

zapateiru, -era: *sust. m.* ya *f.* 1. Persona que *trabacha* nel calzáu. 2. *En masculín refierse a un inseutu que vive na superficie del augua, "Gerris lacustris".

zapatiel.la: *sust. f.* Calzáu que se pon p'andar en casa ya con madreña.

zapatón: *sust. m. pl.* 1. *Frégol* mui nuevu qu'entovía nun tien granu. 2. Zapatu grandón.

zapatu: *sust. m.* Calzáu finu que se pon p'andar fuera de casa.

zarabetu, -a: *ax.* Tartamudu.

zaragata: *sust. f. Griesca,* pelea ente xente, mesmamente con golpes. *¡Formanon una zaragata que válgame Dious!*

zaragateiru, -era: *ax.* Mentirosu ya exaxeráu, que forma enredos ya conflictos.

zarapica: *sust. f.* 1. Actu de *zarapicare. Díu una zarapica que cuasi se mata.* 2. *Columbiel.la. Alcontréilu pola corrada dando la zarapica.*

zarapicar(e): *v.* Tropezar, nun mantener bien l'equilibriu ya caer dando la vuelta. *Al chegar a onde nós zarapicóu ya mancóuse.*

zarramacu: *sust. m.* 1. Trapu *viechu. Nun séi qué zarramacos tien puestos.* 2. *Roupa* en mal estáu pol tiempu ya pol usu, que se pon nel Antroidu.

zarramicar(e): *v.* Zarrar ya abrir continuamente los *güechos. Paséi la tarde zarramicando.*

zarramicu, -a: *ax.* Que *zarramica.*

zarrapizu: *sust. m.* Menudencia, cousa insignificante. *Nun dexóu nin un zarrapizu.*

zarrapastrosu, -osa: *ax.* Suciu ya de mala presencia.

zarraportiel.lu: *sust. m. Fichu* o *ficha* que naz l'últimu. *You foi'l zarraportiel.lu.*

zarrar(e): *v.* 1. Faer que la puerta nun quede abierta. *Zarrái las puertas.* 2. Trancar. *Zarrái la casa.* 3. Poner una paré o un cercáu a una finca. *Fai falta que zarremos El Poulón.* ‖ *Zarrar los güechos* 'morrer'.

zarráu: *sust. m. Cerráu,* espinazu del gochu.

zarráu, -ada: 1. *Participiu de zarrare. Zarrái los portiel.los.* 2. *ax.* Tapáu, que nun tien salida. *El garrafón quedóu bien zarráu.* 3. Cortu d'intelixencia: *Yía mui zarráu.*

zarza: *sust. f.* Arbustu trepador, que da la *mora,* del xéneru "Rubus".

zarzal: *sust. m.* Sitiu onde hai mui bien de *zarzas.*

zátaru: *sust. m. Cazcarria,* suciedá que cuelga de la vaca que nun queda *l.limpia* nin bien *mul.lida* na corte.

zátaru, -a: *ax.* Persona sucia ya insignificante; *úsase como insultu.

zorra: *sust. f.* Trozu de tierra que nun queda *l.labrada* porque la parexa tuerce ya l'*aráu* nun entra nesi trozu. *Quedóunos aiquí una buena zorra.*

zorrona: *sust. f. Mucher* de mala vida.

zorru, -a: *sust. m.* ya *f.* 1. *Raposu, raposa.* 2. *Úsase como insultu pa una mucher. Marchóu con una zorra.* || *Mala zorra te mate* úsase como una especie de maldición, pero tamién irónicamente.

zorru, -a: *ax.* Hábil p'actuar con intelixencia ya impunemente. *Yía mui zorru, nun te fíes.*

zorrupia: *sust. f.* Dizse, insultando, de la *mucher* de mala vida.

zreisa: *sust. f. Cereisa.*

zreisal: *sust. f. Cereisal.*

zucre: *sust. f.* Sustancia blanca que s'emplega pa endulzar los alimentos. *Quier más zucre cono l.leite.*

zuela: *sust. f.* Ferramienta de carpintería que s'emplega pa rebaxar la madera. *Diz que-l.ly fai falta una zuela.*

zulisma: *sust. f.* Deséu avariciosu de dalgún oxetu difícil de consiguir. *Nun marchóu pola zulisma de garrar los l.libros pa él.*

zumbáu: *sust. m.* Parte pendiente d'un terrenu que tamién tien una parte plana. *Esti anu nun sememos el zumbáu de La L.linar del Concechu.*

zumbiu: *sust. m.* Líquidu d'una fruta. *El.la quier namás el zumbiu.*

zumbu: *sust. m.* 1. Persona tonta, estúpida. *El zumbu que pasóu yera la sua ficha.* 2. Persona que nun tien movilidá. *La tua harmana yía un zumbu.* 3. *Chueca* mui grandona.

zuna: *sust. f.* 1. Comportamientu d'escasa sinceridá, maliciosu. *Tien muita zuna.* 2. Manía. *Yá anda ésta cona zuna de siempres.*

zuniegu, -a: *ax.* Que suel comportase con *zuna.*

zurdir(e): *v.* 1. Dar golpes, sacudir con un palu o una verdasca. || *Zurdir la badana* 'pegar'. 2. Golpear con fuerza l'aire, la *chuvia* o la nieve. *Nun salgas que zurde por demás.*

zurdu, -a: *ax.* 1. De la parte del cuerpu que s'alcuentra na mitá del corazón. *Metíu un gol cona pata zurda.* 2. Que tien más habilidá na parte *esquierda* del cuerpu. *Nós somos zurdos.*

zurru: ‖ *A tou zurru ya burru* 'a tou tipu de xente, con matiz despeutivu'. *Nun creas que voi a estare fayendo favores a tou zurru ya burru.*

ASPEUTOS ETNOGRÁFICOS DE PALACIOS DEL SIL

1. La familia ya la socialización

La familia campesina en Palacios del Sil, como la familia campesina europea en xeneral, tien unos rasgos carauterísticos propios, que puen vese al estudiar los distintos l.labores económicos, tanto los de tipu agrícola como los propios de la ganadería (*Cf.* González-Quevedo, 1997*a*; 2010*a*). La familia puei ser simple, formada polos padres ya los fichos namás, pero en muitos casos dientro de la misma familia conviven los homes o mucheres de los fichos ya la sua descendencia.

En formándose'l matrimoniu, la tendencia yía dir a la residencia neolocal de los nuevos esposos, l.logrando vivir nuna nueva casa; pero eso nun yía posible siempres, de manera que, polo menos temporalmente, el nuevu matrimoniu convive cona familia de la recién casada o del recién casáu. El dir cona familia de la recién casada o del recién casáu dependerá de la necesidá d'ayuda que tengan las dúas familias maternas ya paternas. En casu de que la cousa tea equilibrada nesti a aspeutu, los datos indícannos que se prefier dir a vivir na casa de la familia de la esposa. Podría dicise, entós, que si la ideal yía la residencia neolocal, la segunda residencia preferida yía, en cierta manera, la uxorilocal.

La familia yía'l primer axente socializador en tolos aspeutos, hasta que na escuela va completándose'l proceso de socialización con múltiples mecanismos. Un instrumentu de socialización de muitu valir etnográficu yía'l mundu de los xuegos, onde atopamos práuticas mui interesantes igual nos anos primeiros que na adolescencia. Ya fai tener en cuenta que na sociedá tradicional tamién yeran importantes los xuegos d'adultos. Al estudiar la etnografía del mundu de los xuegos veise que funcionan como eixes fundamentales la edá ya'l xéneru.

Puen ponese muitos exemplos de xuegos tradicionales, pero como casos significativos mentaremos el de la *monta la mula* pa los nenos ya adolescentes ya'l de los *bolos* pa los adultos (Cf. González-Quevedo, 1993a, 2017).

No interesante xuegu que tien el nome de *monta la mula* un nenu dóblase ya queda agacháu mientras los outros van saltando por encima ya van poniéndo-l.ly las manos nel l.lombu. Los nenos pónense en filera ya saltan dieciséis veces mientras cada vez que se salta dicen una fórmula, qu'en dalgunos casos tien que tener dalguna aición o axagüeiru:

A la una monta la mula
a las dos el couz (dan un taconazu nel culu del agacháu)
a las tres outra vez (repítese lo d'antias)
a las cuatro brinco ya salto (brincan antias de saltar)
a las cinco salto ya brinco (brincan en saltando)
a las seis la culada (dan-l.ly una culada)
a las siete planto mi carapuchete (ponen dalgo no l.lombu del nenu dobláu)
a las ocho lo recojo
a las nueve empica la bota ya bebe, glo, glo glo (faen como que beben)
a las diez outra vez
a las once chama'l conde
a las once-l.ly responde
a las trece escurece
a las catorce amanece
a las quince los linces.

Ya asina sucesivamente hasta chegar al saltu dieciséis, cuando se diz: *a las dieciséis la carrera'l galgu*. Ya echan a correr darréu a ver quien queda de *mula*. Esti xuegu yía guapu, pero puei ser peligrosu si'l que fai de mula s'agacha cuando saltan los outros ya éstos puen caer ya mancase. El que fai eso cuando ta de mula tien mala intención, o seya yía o tien *mala burra*.

Ente los xuegos de los adultos, el más importante yía'l de los bolos o pasabolos. Na población de Palacios del Sil había unas cuantas boleras, sitios pa xugar a los bolos, pero la más importante taba nel mediu del pueblu, nuna zona bien chana, xuntu a una tabierna. Outramiente, había tal afición que tamién se xugaba a los bolos en cada braña ya, si faía falta, los mozos preparaban escapáu una bolera onde cuadrara. Las boleras nun yeran todas iguales: unas yeran más cortas ya outras más pequenas, unas yeran emplunas ya outras yeran chanas.

Na parte del campu de la bolera onde se pon el xugador hai una *chábana*, defendida por un *madeiru*. Na chábana ponse la filera de bolos ya detrás de la chábana hai una piedra alta onde se pon el xugador. El xugador xúbese a la piedra ya tira con fuercia *la bola* contra la filera de bolos. Al tirar la bola baxa de la piedra ya mira cómo foi la xugada.

Los bolos son vente ya miden unos quince centímetros. Tienen forma de prisma, con base cuadarada. Cada l.lau del bolu mide cuatro centímetros. Los bolos faense de madera de *rebol.lu* ya la bola, que yía redonda, tamién, anque na braña faíanse entrambos de *bedul*. Nun yera raro ver a los brañeiros fayendo bolos ya bolas pa xugar.

La ciencia del xuegu yía da-l.lys fuerte a los bolos pa que salgan mui p'alantre ya crucen una raya qu'hai na outra punta del campu. Puntúase asina: la primera xugada yía tirar la bola contra los bolos ya faelos pasar más al.lá de la raya de manera que:

a. Cada bolu tiráu val un tantu.

b. Cada bolu que pasa la raya val diez tantos.

c. Los bolos que quedan de pía nun cuentan nada ya los que pasan la raya valen namás los diez puntos, porque nun cuenta'l puntu de bolu tiráu.

d. Pero si la bola nun chega hasta la raya o nun la pasa, el xugador nun s'apunta dengún tantu ya dizse que *cuachóu*.

e. Na segunda xugada, que se chama *calmar* o *tresbolar*, el xugador ponse na raya ya tien que tirar la bola contra los bolos ya val un tantu cada bolu que tire.

f. Si la bola da na tierra antias que nos bolos, tamién cuacha'l xugador.

g. Xuégase individualmente, pero tamién n'equipos. Un *xuegu* compónse de las dúas xugadas ya gánalu'l que más puntos tenga en total. La *partida* yera, xeneralmente, de cuatru xugadas.

h. El xugador o l'equipu que tira'l primeiru yía'l que *tien la manu* ya dizse que tira a *marcar*. El xugador o l'equipu que tira'l segundu dizse que *tira a borrar*. Pa tirar primeiru o segundu había qu'echar a suertes con una moneda ya siguíase por turnos. Cuando había empate volvía a tirar la manu. Nel xuegu por equipos tiraban primeiro tolos d'un equipu ya darréu los contrarios.

Siempres hubo muita afición al pasabolos ya amás de los que xugaban muitas veces había tamién públicu que nun paraba de faer comentarios, cuasi siempres en broma. Outru xuegu yera'l *birle*, un xuegu de bolos que tien menos tradición que'l pasabolos. El birle tien nueve bolos altos ya una *cuatra*, un bolu pequenu.

2. La casa

La familia, que vive na casa, yía la unidá económica de producción ya consumu. La familia va aniciando los descendientes, siendo los primeiros en nacer los qu'entamarán la sustitución del trabachu de los padres. En tiempos pasaos los matrimonios tenía muitos fichos, de manera que cuando los padres yá empiezan a dar síntomas de cansanciu vital, los primeiros fichos van ayudando a mantener la familia cuando chegan los últimos fichos.

La casa nun yía solamente la vivienda, sinón tolos elementos que sirven pa producir riqueza. La casa abarca, entós, amás de la vivienda ya tolas construcciones que tien alredor (corral, hurriu, corte, cubil, corros, pachar) el conxuntu d'árboles, praos ya tierras de cultivu, asina como la cabana ou cabanas qu'haya polas brañas.

La fuercia de trabachu de la casa va siguiendo un ciclu según va pasando l'anu ya la intensidá del trabachu carauterízase pola sua irregularidá no tiempu, con un momentu de másima actividá nel branu ya una época de pouca inversión de fuercia pol iviernu (*Cf.* González-Quevedo, 1997*b*). La casa ya tolas construcciones, como l'hurriu (*Cf.* González-Quevedo, 2006), las cortes, el corral, etc., tán destinadas a la ganadería ya a la producción agrícola ya a los diversos cultivos, que se faen nun detalláu repartu del espaciu agrariu

(*Cf.* González-Quevedo, 2002b). Tolos trabachos van enriestrándose de manera que la temporalización d'estos trabachos yía la referencia temporal básica pa los grupos domésticos como unidades de producción (*Cf.* González-Quevedo, 1987*a*, pp. 143-145; García Jiménez, 2010).

3. Las tierras de cultivu ya l'agricultura.

La l.linar. Las mechores tierras de cultivu son las l.linares. Las l.linares son siempre tierras mui productivas, ya tienen estas outras carauterísticas: tienen una buena paré alredor, tienen posibilidá de riegu ya vecera de riegu ya alcuéntranse cerca de las casas del pueblu.

L'eiru. L'eriu yía una tierra que se cultiva ya que nun tien riegu, de forma que siempres yía tamién de segunda categoría en calidá. Los eiros puen tar cerca del pueblu, pero hailos que tán mui l.luenxe de las casas ya hasta no mediu del monte. Los eiros nun tán zarraos con paré que divida los propietarios, como suel pasar nel casu de la l.linar, el güertu o la güerta.

El guertu ya la güerta. Hai en Palacios del Sil muitos güertos ya güertas. El güertu yía una tierra de cultivu de tamañu escasu, con paré alredor. La güerta yía tamién una tierra de cultivu con paré alredor, pero suel ser más grande que'l güertu. Los güertos ya las güertas alcuéntranse siempres al pía las casas ya yía mui difícil ver una tierra d'esti tipu separada de las viviendas del pueblu. Los güertos ya las güertas tienen siempres paré ya tamién tienen vecera de riegu. Nesti tipu de tierras plántanse principalmente lechugas, berzas, pimientos, tomates, fabas ya patacas.

La era. La era yía un campu abiertu, propiedá del pueblu o de dalgunos vecinos del pueblu. Las eras son unos campos mui guapos ya chanos, siempre xunto a las casas del pueblu. Antias usábanse especialmente pa la macha, o seya, pal trabachu coleutivu de separar a golpes el granu de centenu de la espiga, usando manales, aparatos con dúas partes o palos: una manueca ya un piértigu, que van xunidos por una correa de cueru.

El caváu. *El caváu* yía una tierra cultivada, xunto al monte; trátase d'un eiru malu, que nun se riega ya suel alcontrase xunto al monte pola mor de que foi efeutivamente monte ya por eso muitos cavaos tienen dalguna castañal.

Los poulos ya las poulas. Quedan entovía en Palacios muitísimos poulos ya poulas. La palabra poulu refierse a un campu cerca del monte que nun se riega ya nun se cultiva nin como prau nin como eiru, pero pue refirise tamién a una tierra ou prau abandonaos ya apoderaos pol monte. Una poula yía una tierra de cultivu que nun se cultiva últimamente.

El molín. Pa l'agricultura de Palacios del Sil yeran mui importantes los molinos, que s'alcontraban escalonaos a lo l.largo d'El Ríu Palacios, un ríu con muita pendiente, anque tamién hai un molín na población d'El Castru.

Pa entender el funcionamientu de l'agricultura fai falta tener en cuenta'l ciclu agrícola, que principia por xineiru con poucos trabachos nas tierras: nun se sema nin se l.labra nada. Los paisanos aproveitan el tiempu p'arreglar dalguna paré, pa picar l.leña pal l.lume. A los praos, especialmente a los que tán en zonas mui frías, hai que-l.lys echar l'augua pa que nun xelen. Respeutu a la inutilidá de trabachar nesti mes diz el reflán: *El qu'en xineiru revuelve los turrones, n'abril calienta los c...* En febreiru la xente entama a faere dalgo fuera ya sácase'l cuitu pa los eiros. Pero yía un mes malu ya por eso diz el reflán: *Febreiru febreirudu, béisame'l culu.*

Por marzu entámase yá a ralbar los eiros de *pan* (centenu). El pan semábase pola primavera, pero dalgunas veces semábase pol outuenu ya nesti casu faía falta apartar esti granu, que nun valía pa semar al anu siguiente pola primavera. Pero'l granu semáu en primavera valía pa semar siempres ya tenía'l nome de *seruendu*. Pa semar úsase l'aráu ya fai falta *ralbare, bimare* ya *semare.* La xente sema con l.luna menguante, porque semar en creciente yía mui malo, anque dalgunas veces nun queda más rumediu que faelo asina. Estrécase con cuitu de cabras ya d'ougüechas.

Por abril rálbanse las tierras qu'entovía nun se trabachanon. Sémanse primeiro las *patacas*, los primeros *frégoles* ya *las fabas*. L'home yía'l que l.leva l'aráu, mientras las mucheres *afalan* ya l.levan la parexa. Pa semar las patacas hai que dir a *la pataquera*, sitiu onde tán las patacas, pa escochere las que tengan más *gril.los*. Los frégoles, las fabas ya la remolacha sémanse a partir del quince d'abril.

Hasta'l día quince de mayu sémase'l maíz ya tamién *las patacas tardías*, que se recuechen antias del día de la Virxen de los Remedios, el 21 de noviembre. Suel repetise la sementera de frégoles porque yía normal que se xelen las plantinas semadas antias. *Las cebol.las*, las remolachas ya los puerros sácanse de los *chanteiros* o, si xelan, mércanse. Las cebol.las *sémanse a picachu*, na parte de la finca dedicada a lo menudo ya hai qu'enterralas pouco, pa que *sientan tocar las campanas* ya muitu xuntas, menos de lo que mide'l puñu d'un home.

Pol mes de San Xuan hai muitu trabachu agrícola. Lo primeiro yía apicare las patacas, el maíz, los frégoles, las fabas ya tou lo que se semara. Apicare yía dir quitando cono picachu las yerbas malas ya dexar la tierra chana. Depués de picar vien arriandare, que yía arimar tierra a la planta cono picachu, quitar outra vuelta las malas yerbas ya, dalgunas veces, asucare, preparar la tierra pa regar las plantas. Apicar ya arriandar yía cousa de mucheres, anque tamién lo faen los homes. Amás, igual que na ganadería, nas cousas de las tierras siempre ayudan muito los nenos ya por eso diz el reflán palaciegu: *El trabachu del nenu yía poucu, pero'l que lu desprecia yía un l.loucu*.

El trabachu más importante nel mes de Santa Marina yía la yerba, que da muito que faere. Cuando yá van tando segaos los praos los carros nun paran de movese ya hasta pola nueite anda la xente azacanada acarriando pa meter pol *boqueirón* del pachar cuanta más yerba mechor pal iviernu. P'ayudar a la yerba vien muitas veces familia que agora yá nun ta nel pueblu, porque pa tolos trabachos de la yerba fai falta muitísima xente. Pero al mesmu tiempu qu'hai que trabachar muitísimu, nesti mes ya nel siguiente yía cuando más fiestas hai. Total, qu'ente'l trabachu de las tierras, la yerba ya las fiestas la xente cuasi nun duerme.

Nel mes d'agostu termina la yerba ya entama la siega del pan. En Palacios del Sil el *pan* (*centenu*) díuse siempres bien, muitu mechor qu'outros cereales muitu más *venturiegos*, o seya, que pueden dar buena cosecha o non. Tamién el mes d'agostu yía'l mes de la *macha*, porque hai días nos que calienta mui bien el sol. En segando las tierras de pan, queda'l *restrochu*. Los eiros de restrochu puen volver a semase a finales de mes si chueve bien ya puei echáse-l.lys l'augua. Cuando vuelven a semase faise con *nabos*, ya entós sémase *a voléu* ya tamién *de ralba*, o seya, *a la primera l.labradura*. Los nabos, picaos con farina como piensu, danse a los gochos ya tamién a las *vacas de l.leite*.

En setiembre vase a la fuecha, que yía un trabachu mui cansáu. El guarda forestal da permisu ya báxanse del monte gamachos de rebol.lu enteiros. Ponse'l pueblu en movimientu ya ponse tamién d'alcuerdu pa dir a los montes acompasaos ya traer muitos carraos de fuecha, que finalmente hai qu'emparreirar en cada casa nel pachar. Pol iviernu las ougüechas ya las cabras comen la fuecha ya la l.leña val pa prender el l.lume: a la xente présta-l.ly'l rebol.lu pa l.lume porque da poucu fumu. Por San Miguel *sácanse las cebol.las* ya *enriéstranse*. Las cebol.las guárdanse pal samartinu ya tamién pal usu de tolos días ya mesmamente puen vendese si hai muitas en casa.

Pol mes d'outubre yía cuando s'arrincan las patacas ya recuéchense pimientos, tomates, fabas, frégoles ya maíz. Tamién yía nesti mes cuando s'espanocha. *Espanochar* yía xuntase nuna casa la xente de más d'una familia ya faer *las riestras de maíz*. Al espanochare hai muita fiesta ente mozos ya mozas, especialmente si sal un *rei*, o seya, una panocha escura. N'outubre pánanse los *cuenxos* ya entama la xente a pañar las castañas. *Las berzas ya'l repol.lu* pal *caldu* aguantan mui bien el fríu ya la xente piensa que saben mechor con dalguna xeladina porque quedan más blandos.

Nel mes de noviembre la xente termina de pañar las castañas, traise *l.leña* pal l.lume ya'l día once entaman los samartinos (Cf. González, Eva, 2011). Sémanse tamién el día once los achos, porque diz el reflán *Pol samartinu sémase l'achu finu*.

En diciembre la xente va metiéndose en casa ya la nieve empieza a chegar al pueblu. Pero las bodegas tán chenas de matanza ya hai muitu xixu de gochu. Si acasu, salse por dalgo de verdura pa los gochos. La xente prepárase pal iviernu con *calechos* ya *filandones* nas cocinas. Pola Navidá, los nenos van pol monte pa traer *mofu* pa faer los nacimientos.

Unu de los aspeutos más importantes de l'agricultura en Palacios del Sil yera'l conxuntu de trabachos no cultivu del *pan*. El centenu (*pan*) yera un elementu básicu de l'alimentación en Palacios del Sil ya daba tamién complementos importantes de distintu tipu (pacha pa teitar, etc.).

Semar el pan ya *machalu* (estremar a golpes el granu de la espiga) yeran un conxuntu de trabachos mui importantes cada doce meses (*Cf.* González-Quevedo, 1987*a*), porque na economía anterior al mercáu cada casa tenía que buscar cuasi tolos recursos alimenticios necesarios (*Cf.* González- Quevedo, 1995*a*, 1995*b*, 1997*a*, pp. 83-111). Hasta bien entráu'l sieglu XX nun s'afitará la industria del pan blancu (*Cf.* González-Quevedo, 1995*a*, 1995*b*).

El pan yía'l *centenu*. La identificación del pan cono centenu yía un síntoma de que, antias de la economía de mercáu, el pan en Palacios del Sil faíase namás de centenu. Nesti sieglu entamóuse cona producción industrial de la panificación de trigu. Pero'l centenu, agora desaniciáu, tenía la ventaxa de que se daba muitu bien nestas tierras tan frías.

En tolas casas antiguas hai siempres un *fornu* nel que cada casa faía *las fogazas* ya los *bol.los* pa comere unos cuantos días, hasta qu'había que faere outra *fornada*. Yeran las mucheres las que trabachaban no fornu pa faer las fogazas ya los bol.los. Un trabachu durísimu. Cada familia, entós, tenía que semar dalgunas tierras de pan (o seya, de centenu).

Faía falta tamién tener *cuitu*, que pal pan preferíase que fuera d'ougüecha o de cabra. El cuitu nun s'amontonaba na tierra que diba a semase de pan, sinón qu'había que l.levalu direutamete ya *estrecare* (echar el cuitu) al mesmu tiempu que se *ralbaba* (pasábase l'aráu por primera vez). Depués de ralbar había que *rastrear*, pasando *la grada*, que desfái los turrones ya dexa la tierra preparadina pa semala. Semábase tirando'l granu cona manu, lo que se chama *a voléu*.

Cuando'l pan creciu bastante, vase con una *fouz* pa segalu. En terminando de segare fai falta *engaviel.lare*, amontonando en *gaviel.las* lo que se segara. Las gaviel.las átanse con *bilortos* ya fainse asina los *manochos*, que son feixes redondos de pan. Si'l tiempu acena con chovere, había que faere *burras*, que son montones de manochos procurando que la espiga quede bien defendida del augua.

Los manochos l.lévanse en carros a *la era* ya ail.lí pónense en círculu, de manera que las espigas quedaran mirando pal centru. Estos montones que se faían na era tienen el nome de *medas* ya a veces medían hasta tres metros d'altura.

Asperábase a qu'hubiera un buen día de sol. Cuando chegaba esta oportunidá axuntábanse muitos homes, mucheres ya nenos. Xubíase unu a la meda ya tiraba los manochos, dexando asina preparáu l'eiráu: los manochos, desataos, quedaban posaos na era.

Poníanse entós los homes en dúas fileras, unos enfrente de los outros ya cono manal diban dando golpes a las espigas. Yera mui importante agarrar bien la manueca ya controlar bien el piértigu pa movelu con armonía: mientras los d'una filera l.levantan el piértigu, los outros de la filera d'enfrente dan el golpe a la espiga ya asina sucesivamente.

L'estrueldu de los piértigos al dar el golpe yía mui grande ya sorprende por demás a los que lu escuitan la primera vez. En realidá, tola operación de la *macha*, nome que tien esti l.labor de sacar el granu de la espiga, chama muitu l'atención, porque hai muitu estrueldu pero tamién hai una estampa muitu guapa de los paisanos dando a los manales con un aquel mui especial.

En terminando de dar golpes al pan conos piértigos, las mucheres ya los viechos faen cona *pacha* que val menos *las manizas*, feixes de pacha de ruina calidá. Outramiente, los homes fain *los cuelmos*, feixes de la pacha mechor, que después valen pa *teitare*, o seya, arreglare o faere los teitos de las casas ya cabanas.

Los nenos son los encargaos de l.levare, siempres con muita al.legría, las manizas a los corrales de las casas propietarias del pan, compitiendo xeneralmente a ver qué rapaz yera a l.levare la maniza más grande. La pacha quedaba asina nos corrales, hasta que, en terminando la macha, había que la *emparreirare*, o seya, metela nel *pachar* o *parreiru*.

Yera mui importante estremar el granu de las espigas ya de los restos en xeneral. Los homes, usando *los baleos*, escobas feitas con canas de bedul, o *cudoxos*, escobas feitas con la planta que tien el mesmu nome, van apartando las espigas que nun tienen yá granu, los baleos pa la espiga ya los codoxos pal granu. Estas espigas ya la *puisa*, en xeneral, échanse nunas sábanas ya l.lévanse a las pitas pa qu'éstas piquen ya saquen dalguna comidina que quede ail.lí.

Los trabachos d'estrecare, semar ya segar el pan son de la familia propietaria, pero la macha yía una cousa que se fai colaborando unas familias con outras. La familia de la que se machaba'l pan repartía pa media mañana un *bocáu*, un pouquín de comida, ya más tarde la comida, en terminando la macha, porque xeneralmente nun se *machaba* pola tarde. La casa propietaria tamién repartía vinu ya, por supuestu, los ayudaos a la macha del sou pan quedaban obligaos a ayudar a las familias que los ayudaran antias (Cf. González, Eva, 2011).

Las familias que s'ayudaban yeran vecinos, amigos o yeran copropietarios de la era onde se machaba, porque las eras yeran de propiedá privada, anque xeneralmente propiedá de mui bien de familias.

Los trabachos del pan terminan cuando un día d'aire las mucheres, xeneralmente, tán nuna esquina o nun sitiu onde haya buena corriente d'aire ya dexan caer el granu pa que l'aire marche cona puisa qu'entodavía pueda habere. Asina'l granu queda bien l.limpiu, anque entovía hai que lu pasar pola *ceranda* pa que quede l.limpiu dafeitu.

Del pan aprovéitase tou. La puisa valdrá pa que las pitas s'entretengan. La pacha de buena calidá usaráse pal teitu de las casas ya de las cabanas. La pacha más rina úsase pa mul.lir el corru los gochos ya tamién puei valir pa que coman las vacas pol iviernu, xeneralmente partida ya con farina, como si fuera piensu.

En cuantas al granu, val pa los gochos ya las pitas, pero, especialmente, pa faere en casa el pan en fogazas pa comere.

4. La ganadería.

El ganáu vacunu yera la base de la economía en Palacios del Sil hasta que vieno la industria del carbón ya la economía de mercáu. El cuidáu diariu de la vaca, que se repite no ciclu de los doce meses (*Cf.* González-Quevedo, 1997*a*), realízase non sólo na casa campesina sinón tamién nos espacios abiertos de los praos ya de los pastos altos de las brañas ya de La Sierra.

Nos últimos tiempos la ganadería de la vaca sufre un cambiu mui fondu en Palacios del Sil. En diversos estudios tien analizaose con detalle cómo son los rasgos d'esti procesu de cambiu socioeconómicu (*Cf.* González-Quevedo, 1991*a*) ya la importancia decisiva que nesti procesu tien el sistema de distribución de los roles de xéneru (*Cf.* González-Quevedo, 1991*a*, 1993*b*). Un momentu importante nestas fases de cambiu a nivel microeconómicu son los procesos de toma de decisión de siguir con o dexar el ganáu, que son un índiz estraordinariu de los rasgos más fondos de la estructura social ya económica (*Cf.* González-Quevedo, 1987*b*). La integración nos circuitos del mercáu del l.leite ya de la carne trasformóu la economía tradicional, pero l.levóu darréu tamién una aceleración del procesu de sustitución cultural ya l.lingüísticu (*Cf.* González-Quevedo, 1991*a*, 1997*a*).

Igual la cuestión de la vaca ya la ganadería que los outros asuntos culturales de Palacios del Sil recuéchense con muita plasticidá ya detalle na obra l.literaria feita nos últimos anos nesta zona (*Cf.* especialmente González, Eva ya González-Quevedo, R., 1980*a*; 1980*b*; 1982; 1983; 1985; 1990).

Nun hai dulda de que las vacas son l'elementu fundamental de la economía, pero sonlo tamién en cuantas a las instituciones culturales en xeneral, a las costumes ya a las formas de vida ya a la mentalidá de la xente.

Cada vaca tien un nome, cousa mui significativa. Ya detrás del nome l'amu tien una teoría de la sua manera de ser, de las suas malas artes, de las suas cousas buenas, pa qué val ya pa qué nun val. El dueñu de la vaca sabe cuálu yía'l sou xacer ya que los sous vezos vienen de la herencia recibida de los sous antepasaos. Él conocíu a la sua madre ya a la madre de la sua madre ya sabrá cuála yía l'ascendencia que dexóu marcáu'l pelax de la vaca. La vaca yía como una persona más na casa ya la xente de la familia comenta lo que-l.ly pasa a la vaca como si fuera un miembru más de la familia (*Cf.* «La vaca Galana», n'Eva González, 2008, pp. 39-52).

A lo l.largo de bien de tiempu muitas familias del pueblu tenían vacas ya nun las necesitaban, pero costába-l.lys dexalas porque ¿cómo sería la vida sin vacas?

La vaca yía'l gran animal capaz de convertir n'alimentu ya riqueza los praos de los val.les ya los pastos de las alturas. De dalguna manera puei dicise que, dende va cerca d'un sieglu, gracias a los salarios que vienen de la mina, las vacas nun son necesarias, pero la xente nun quier dexalas. Las vacas yeran el corazón de la cultura de Palacios del Sil ya'l sou destín yera tamién el destín de tola cultura hestórica feita nestos val.les palaciegos.

L'amor que se siente pola vaca vese si muerre una d'el.las o si cai por un barrancu o nuna fana o si la come l'osu. Perder una vaca veise como una desgracia mui grande ya, amás del desastre económicu, hai una gran pena sentimental, cousa que n'outros sitios resultaría una emoción desproporcionada.

Mesmamente cuando se vende la vaca ya hasta cuando se vende bien, los miembros de la familia quedan tristacos ya paez-l.lys qu'hai un sitiu vacíu na casa. Pa consolase, la xente pon el nome de la vaca ausente a dalguna *xatina* pa siguir alcordándose d'el.la.

La vaca da muitu trabachu diariu, pero dalu toul anu, siguiendo'l ciclu anual. Según pasan los meses el trabachu conas vacas va cambiando, como puei vese cono que se diz darréu.

Pol iviernu las vacas taban siempre na corte ya sacábanse namás pa beber en dalgún pilón de las fuentes del pueblu, hasta que se puxo augua corriente nos *preselbes*. Hai que cebalas tolos días cona yerba guardada nel *pachar* o *parreiru*. Esta yerba seca va *mesándose*, o seya, sacándose con un *garabitu*.

A las vacas hai que *muñilas* tamién dúas veces al día. Pa muñir úsase un tenralín ya las que muñen son cuasi siempres las mucheres. Tamién tolos días hai que l.limpiar la corte con un *rodabiel.lu* o *catabiel.lu*, sacando'l cuitu cona *pala'l cuitu* ya barriendo con un *codoxu*, una escoba feita de la planta del mesmu nome ya con corras. El *cuitu* hai que lu amontonar nuna esquina del corral.

Cuando yá se barríu la corte, hai que *mul.lir* pa que las vacas nun se manquen no suelu. Pa mul.lir úsase *pacha* ya fuechas d'árboles. Las fuechas mechores pa mul.lir son las que pudren bien. Las fuechas que mechor pudren son las de nogal o *conxal*, las de choupu ya las de manzanal, pero las de castañal pudren malamente. Tamién se pon nel suelu pa muñir la yerba que nun comíu la vaca ya sobróu nel preselbe.

Si pol mes de febreiru hai mui buen tiempu puei sacase yá la parexa de vacas pa l.levar el carru ya repartir el cuitu polas tierras. Tamién puei empezase a l.levar el ganáu pol monte baxu.

Al chegar la primavera, por abril, yá las vacas van a los praos a pacer, cousa que pide qu'haya una persona que las cuide, xeneralmente nenos, si los hai. Salir a pacer depende del tiempu que faiga.

Por abril la parexa de vacas ayuda nos trabachos de la *sementera* ya cuando va terminando'l mes dalgunas vacas van pa la braña ya outras van pa La Sierra. A la braña van las vacas de l.leite, pa que los *brañeiros* puedan muñilas tolos días na *cabana*. Las vacas secas, que nun tienen l.leite, van pa La Sierra, onde quedan sueltas.

La parexa de las vacas que l.levan el carru sigue ayudando na sementera hasta'l vente de mayu, cuando van tamién o pa la braña o pa La Sierra. A las vacas que van a La Sierra hai que las vixilar tolas semanas: va unu de la familia a mirar cómo andan ya de pasu da razón a los vecinos de cómo alcontraron a las de los outros. La xente conoz las vacas de los outros tamién, xeneralmente pola *chueca*.

Pol branu hai que dir a la yerba, pol mes de Santa Marina. Fai falta tener en casa la parexa de vacas pa tirar del carru ya entós hai que dir a la braña o a La Sierra pa garrar las vacas que faen falta pal carru ya baxalas.

Por setiembre'l tiempu va poniéndose malu ya a finales la xente va baxando las vacas. En cuatro o cincu días las brañas ya La Sierra quedan ermas, sin xente. Tamién por setiembre la xente tien que faer el trabachu de dir a la *fuecha*, o seya, tienen que dir conos carros a pañar *gamachos* ya *fuecha* de rebol.lu pa tener nel iviernu pal ganáu.

Cuando las vacas vienen de la braña o de La Sierra vienen mui guapas ya gordas, porque síenta-l.lys mui bien l'aire l.libre ya comen a farta. Como yá se dixo, a La Sierra mándanse las vacas secas ya tamién las manías, que nun quedan preñadas ya tamién el ganáu que nun crecíu del tou entodavía: *los magüetos, los osenos, los xatos*. Mándanse tamién a La Sierra las vacas *cercanas*, que van a parir non mui tarde, ya a las qu'hai que vixilar muitu. Si'l partu s'adelanta, nun hai problema p'alcontrar a la cría porque la vaca conoz mui bien al tenral.

Pol outuenu, nos meses d'outubre ya noviembre las vacas vuelven a pacer: pacen l'*outuenu* de los praos. Pero en cuantas que la nieve asoma las vacas van outra vuelta pa la corte, onde pasarán l'iviernu.

Nos últimos anos cambióu muitísimo l'alimentación de las vacas ya la xente entamóu da-l.lys piensos compraos, anque los praos siguen siendo imprescindibles.

Cúmplese muitu bien el calandariu anual pa nun romper l'equilibriu del sistema. Asina, hai que tener muitu cuidáu de que las vacas nun coman la yerba del mes de mayu, porque como diz el reflán, «*l.lampazada* de mayu nun cubre en toul anu».

No mui valoratible estudiu de Guzmán Álvarez (*El habla de Babia y Laciana*, 1949) hai informaciones onde apaez una cultura, especialmente la material, asemechada a la qu'atopamos en Palacios del Sil, principalmente cuando'l gran l.lingüista babianu se refier a la zona l.lacianiega. En cuantas a la ganadería de las vacas, igual que no tocante a los outros aspeutos etnográficos que más tarde va a estudiase, alcontraránse elementos ya aspeutos qu'en dalgunos casos aseméchanse a los amosaos n'estudios etno-l.lingüísticos feitos en zonas próximas[1]. La consulta d'estos estudios son interesantes pa faer comparanzas ya análisis que puen tener gran interés.

La vaca alcuéntrase no centru del sistema económicu porque produz unos beneficios importantes: de la vaca salen unos cuantos productos

---

1   Por exemplu, amás d'outros, Cano, A. Mª. 1981; Casado Lobato, 1948; Fernández, J. A., 1960; Gancedo, 2013, 2018; Fernández González, 1978; González González,1983; Krüger, F., 1947, 1987; Fuente García, A. Mª. 2000; Álvarez, A. ya García, F. J. 1994; Rodríguez Hidalgo, P. 1982 ya Pérez Lago, Mª. C., 1997).

del l.leite, la vaca fai posible arriquecer la tierra de cultivu ya la vaca val como animal de tiru imprescindible na casa campesina. Nel esquema tanto material como conceutual de la cultura campesina, el cuitu ocupa'l puestu d'un mediador ente'l mundu de la ganadería ya'l mundu de l'agricultura rural (*Cf.* González-Quevedo, 1992*a*, pp. 196-198). Por esti motivu la cuestión de la vaca na casa resulta decisiva nos procesos de cambiu ya toma de decisión (*Cf.* González-Quevedo, 1987*b*). A esto hai qu'axuntar que la vaca da tenrales, que valen pa renovar el ganáu de la casa pero que fundamentalmente sirven pa sacar dineiru en metálicu ya frescu, asuntu mui importante porque'l dineiru circulaba mui escasamente antias de que chegara la economía de mercáu (*Cf.* González-Quevedo, 1997*a*).

La especial sensibilidá afeutiva de la xente pa cona vaca tien un caráuter cultural dafeitu (*Cf.* González-Quevedo, 1987*a*, pp. 160-162) ya, como yá se comentóu, tien espresaose perfeutamente na l.literatura escrita en Palacios del Sil (*Cf.* «La vaca Galana", n'Eva González, 2008, pp. 39-52).

El ganáu da muitu trabachu, pero tamién tien como resultáu cousas buenas, que son fundamentalmente cuatru: *el l.leite, el cuitu, la fuercia* ya *los xatos*, pa comer o pa vender.

El l.leite yía'l gran productu de la vaca. El l.leite que se muñe tolos días val pal consumu de la xente de la casa ya lo que nun comen los de casa úsase pa vender a outras familias ya sacar asina un pouquín de dineiru. Tamién na primera parte del sieglu XX apaecienon en Palacios del Sil pequenas industrias que trasformaban el l.leite ya mercaban lo que los paisanos que-rían vender ya gracias a esto mechoróu muitu la economía de las familias. Agora hai industrias que mercan tolos días el l.leite con camiones, pero daquel.la hubo *lecherías* que recochían el l.leite de las casas, quedábanse cona grasa ya devolvían a los paisanos *la debura*, el l.leite desnatáu.

Pero esti tipu d'industrias son recientes por demás. La xente siempres sacóu productos del l.leite como los *queisos* ya la *manteiga*. Faere la man-teiga nun yía mui fácil. Lo primeiro que se fai yía poner las ol.las de l.leite a enfriar al frescu de la nueite, anque nas brañas usábanse las ol.leras. El fríu fai que xuba la nata, que yía lo que se chama *alzare*. Las ol.las tienen un furaquín na parte d'abaxo, furacu que se tapa con un palín. El l.leite déxase alzando tola nueite ya pola mañana fai falta *deburare*, que yía quitar el palín que taba nel furacu de la ol.la pa dexar salir la debura o l.leite ensin nata. Más tarde, la nata que quedóu hai que *mazala* o *ferila*, pa sacar asina la manteiga.

El l.leite enteiru, ensin deburar, chámase *l.leite caliente*. Las familias más probes comían antias debura ya las menos probes comían l.leite caliente. ¿Ya por quéi? Porque la manteiga yera necesaria dafeitu, yera necesaria pa cocinar porque nun s'usaba antiguamente l'aceite. En dalguna época na qu'había manteiga sobrante pasaban pol pueblu *las manteigueras*, que yeran mucheres que se dedicaban a dir polas casas comprando manteiga pa vendela más tarde a las industrias.

Pero amás de dar l.leite las vacas dan cuitu, que se pon nuna esquina o parte del corral, el *montón de cuitu*. Tolas casas necesitan vacas anque namás seya pa tener cuitu si quieren tener tamién agricultura. Nel cuitu veise la xuntura tan fonda qu'hai ente los trabachos ganadeiros ya los trabachos d'agricultura. Amás del cuitu de las vacas, la xente cuenta cono cuitu de cabras ya ougüechas, que yía muitu buenu pero más escasu que'l que da la vaca.

Cada casa tien tamién la necesidá de tener una parexa de vacas como fuercia de tiru pal *carru, l'aráu* o *la grada*. Pa esto fai falta l'*arbía*, que se compón del *xugu, las cornales*, que son unas cintas grandes de cueru, *las mul.lidas*, que protexen la cabeza del animal contra la madera del xugu, *las mosqueras*, que son unas tirinas de cueru que cuelgan pa espantar las moscas. El xugu tien dous arcos, que se chaman *camel.lones* ya lo que fai falta faer yía poner cada camel.lón onde los cuernos de cada vaca, amarrando conas cornales. Chámase *xunir* a poner el xugu a la parexa de vacas.

Cuando las vacas tán yá xunidas cono xugu, úsanse *los sobeos*, que son unas cintas de cueru más grandes que las cornales, p'atar lo que se quier que l.leve la parexa. Asina cono sobéu átase'l xugu a la punta la piértiga del carru pa que la parexa pueda tirar de la carga que se ponga no carru.

Cuando se quier que la parexa tire del *aráu*, fai falta usar el *medianu*, que va atáu al centru del xugu por una correa. Pa que l'aráu quede bien atáu al xugu métese'l *timón* del carru pol medianu del xugu ya más tarde métese la *nabicha* nel *nabichal,* quedando asina trabáu dafeitu l'aráu nel xugu. Cuando se quier atar a la parexa *la grada,* úsase una cadena, que fai falta atar al medianu.

Pero amás del l.leite ya la fuercia de tiru, las vacas dan carne. Dan xatos que puen vendese ya dan buenas perras, que siempres fixenon muita falta. Ya la vaca da tamién cecina, anque la xente nun mata demasidas vacas ya cuando las matan nun quieren matalas el.los mesmos.

Las vacas son los animales que más quier la xente. Cada vaca, como yá se mentóu, tien un nome ya hai pa el.la, especialmente pa dalguna, una sensibilidá especial, una sensibilidá mui fondamente metida na xente d'estos sitios.

Pa qu'haya vacas tien qu'habere praos, que puen ser de distinta clas ya necesitan cuidaos, especialmente de riegu ya de conservación (*Cf.* González-Quevedo, 1987*a,* pp. 162-163), pero resulta especialmente intensa la inversión de fuercia humana no branu al recocher la yerba pal iviernu, lo que significa un procesu complexu que se fai d'alcuerdu cona lóxica de la reciprocidá equilibrada ente grupos de parentescu de campesinos (*Cf.* González-Quevedo, 1997*a*) ya d'alcuerdu con un determináu repartu de roles de xéneru (*Cf.* González-Quevedo, 1991*a,* 1994*e*). Esti trabayu de la yerba val como exemplu paradigmáticu de la distribución desigual nel tiempu de los esfuerzos de la casa campesina, que xunto a meses d'escasa actividá, l'iviernu, por exemplu, tien dalgunos días onde se concentra una actividá total (*Cf.* González-Quevedo, 1997*a,* 1997*b,* 1997*c*). En Palacios del Sil, pola mor de la orografía, la xera de *la yerba* yera especialmente difícil (*Cf.* González-Quevedo, 1997*c*).

Los praos ya los pastos de los altos son los que faen posible la ganadería de las vacas. Los praos hai que regalos, hai qu'echá-l.lys l'augua pa que salga mui bien de yerba ya pa eso la xente fai banzaos nos ríos ya l.leva l'augua polas presas pa que cheguen a esos praos. Nos praos hai unos canaliel.los na tierra que reparten l'augua por tola finca ya tienen el nome de *duvia-chos.* Los praos mechores son los que tán cerca del pueblu con una paré alredor ya tienen el nome de *corradas.* Tamién hai praos que tienen augua siempres ya tán de continu mochaos porque nel.los naz una fontiquina o vien augua d'una fuente: son las *l.lamas*. Los praos malos que nun se riegan ya dan poucu verde chámanse *pascones* ya los que tán xunto al Ríu Sil, na *marina*, ya tienen mui bien de piedras chámanse *l.leirones*. Tamién puen pacer un pouco las vacas nos *poulos*, que son campos con propietariu particular pero de mala calidá ya xeneralmente xunto al monte.

Pa regar los praos hai *vecera*, anque non siempre, ya cuando nun hai vecera tien entovía más importancia tar atentu pa que nun te quiten l'augua.

Pero los praos necesitan, amás de l'augua, que los amos o *los renteiros* cuiden los cierres ya tamién la paré que tienen dalgunos. Hai que quitar tamién las malas yerbas, como *los xiplos, las badul.las* ya *las carbazas*. Tamién hai qu'*estrecare* (echá-l.lys cuitu) las corradas ya los praos buenos que tán cerca de casa. Pol outuenu fai falta quitar las fuechas de los árboles, especialmente las de las castañales, que nun pudren ya son malas.

Las vacas andan polos praos pola primavera ya pol outuenu. En mayu dexan de pacer pa qu'haya yerba pol branu. Pol mes de noviembre las vacas tienen que marchar tamién ya dexan de comer *l'outuenu*.

Tien qu'haber alguién que tea cono ganáu nos praos ya suelen ser los nenos, si la casa tien. Los nenos ya los mozos divertíanse siempres muitu fayendo *cayaos* ya *palos pintos* (palos adornaos con dibuxos feitos con una navacha). Tamién faían con navachinas dalgún molín pa xugar.

Pol branu chega la cousa de *la yerba*. La yerba yía'l conxuntu de trabachos que fai la casa familiar pa segar la yerba madura de los praos ya metela no *pachar* pa toul iviernu.

Los primeiros trabachos pa la siega (Cf. González, Eva, 2011) son los de tener bien preparada la *gadaña*. La gadaña hai que la *cabruñar* pa que tenga buen corte. El día de la siega los segadores l.levántanse muitu ceo ya marchan pal prau cona gadaña ya tamién cono *cachapu*. Nel cachapu, un cuernu de vaca, va una piedra, *la piedra d'afilare*, con un pouquín de yerba húmeda. Según van segando los segadores va quedando la yerba amontonada en fileras que son los *maral.los* o *l.liñuelos*.

Pa la yerba ayúdanse siempres unas familias a outras. Si'l prau ta mui l.luenxe del pueblu, los segadores l.levan la merienda nuna fardela, pero nos praos cercanos a Palacios la xente de la casa propietaria del prau que se siega l.leva primeiro l'almuerzu ya más tarde una gran comilona, como si fuera un día de fiesta. Mátase dalgún animal, como un cordeirín o un cabritín, ya nun faltan enxamás *los feisuelos*.

La yerba segada que queda en maral.los hai que la *espanare* pa que'l sol la seque, usando cada unu un *forcáu*. Al día siguiente hai que dar vuelta a la yerba tamién con forcaos ya va *engazándose* la ouriel.la del prau tamién con *engazos*. Cuando la yerba ta bien seca por tolos l.laos fai falta faer *el montón* de yerba, que tien que quedare mui bien feitu pa que nun lu tire l'aire nin pueda mochalu la chuvia. Pa faer bien el montón suel xubise un nenu al picu'l montón pa pisalu bien. (En dalgunos praos mui cuestos ya sin *rodera* pal carru, había que sacar la yerba *a brazaos*).

El montón tien más o menos la yerba que va nun carru, porque más tarde hai qu'*acarriare* la yerba al *pachar* de la casa. Poner la yerba no carru yía mui difícil ya fai falta tener maña ya fuercia. Un home o una mucher xube al carru ya asienta la yerba qu'apurren los d'abaxo. Cuando yá tola yerba del montón ta nel carru hai qu'atar bien la yerba pa que nun marche ya esto d'atar la yerba con una buena soga chámase *al.luriare*'l carru. Los caminos son mui malos ya si un carru de yerba nun va bien al.luriáu puei *valtare*.

Hai praos que tán en sitios a onde chegan caminos mui emplunos ya yía mui difícil baxar conos carros cargaos. Nestos casos amárrase al carru por detrás una *treita*, un conxuntu de gamachos de rebol.lu, que frena'l carru pa que nun se desmande. Si la treita yía buena, val el.la sola, pero si non hai que poner encima dalgún morrillu grande o tien que se montar nel.la dalguna persona. El que va encima la treita baxa descansáu'l caminu, pero *empolvéirase*.

Al chegar cono carru al corral, ponse'l debaxo'l *boqueirón*, que yía la ventanona del pachar. Ponse unu encima'l carru ya va pasándose la yerba al pachar, onde outru reparte la yerba seca. Cada cantidá de yerba que se garra con un forcáu chámase *una burrada*. Pa que nel pachar pueda metese mui bien de yerba hai que dir *encalcándola*. Suelen ser los nenos los qu'encalcan la yerba nos pachares, ya van de casa en casa en bandadas a faere esto.

La yerba, bien guardada ya defendida del xelu, la humedanza ya la nieve, quedará no pachar pa dar de comer a las vacas toul iviernu hasta marzu.

5. Las brañas.

La realidá ecolóxica ya climática de los valles de Palacios del Sil yera favoratible a un réxime d'aproveitamientu pol branu de los pastos altos. Cada familia tenía una *cabana* nuna de *las brañas*, onde un miembru de la casa cuidaba'l ganáu, que tenía polos altos un pastu estraordinariu (*Cf.* González-Quevedo, 1987*a*, pp. 168-169; 2010*b*). Asina, pol branu había dous espacios (pueblu ya *braña*) onde vivía la xente ya la realidá yera que la braña tenía una vitalidá grande por demás. La nueva forma de comercializar los productos del l.leite no mercáu ya la nueva estructura ya repartu de roles na familia, a nivel xeneracional ya de xéneru, son dalgunos de los factores que van terminando con esta complicada cultura de la braña (*Cf.* González-Quevedo, 1991*a*,1997*a*).

La braña yía un pobladín o conxuntu de cabanas feitas nas partes altas de los val.les pa poder aproveitare los pastos altos pol branu. Son, entós, sitios onde pol iviernu hai muitu fríu ya nieve ya nun puen habitase. De mayu a setiempre dalgunu o dalgunos de la casa van a vivir a la braña, pa tar cerca de las vacas, vixilalas ya muñilas mientras pacen ya aproveitan los pastos altos. Si las vacas son mui nuevas o nun dan l.leite o son manías que nun quedan preñadas, mándanse pa La Sierra.

Poucas vil.las son tan ricas en brañas como Palacios del Sil, que tenía hasta va poucu cinco pa la sua xente. Estas brañas son: *La Braña la Fontel.lada, La Braña Pedrosu, La Braña Fanales, La Braña L.lourinas, La Braña la Degol.lada* ya *La Braña'l Campu Cuevas.*

La Braña la Fontel.lada yía la que más cabanas tien con mui buenos pastos alredor. La Braña Pedrosu yía de las más pequenas, anque ta nun buen sitiu ya tien mui bien de corradas alredor; dicen que nesti sitiu había va muitu tiempu un pobláu vaqueiru. La Braña L.lourinas ta nun sitiu onde hai mui bien de praos xunto al Ríu Palacios. La Braña Fanales va muitu tiempu que nun funciona como braña, yéralo antiguamente, especialmente, dicen los viechos, pa bueis, pero agora val perfeutamente la Braña L.lourinas p'atender los sous pastos. La Braña la Degol.lada yía la más cercana a Palacios ya tien cerca mui bien de pastos altos. En cuantas a La Braña'l Campu Cuevas, ta mui l.luenxe de Palacios pero yía mui buena ya tien cabanas tamién pa la xente de la parroquia de Cuevas del Sil. Estas brañas nun son brañas vaqueiras, sinón que son brañas pa la mesma xente del pueblu pol branu. Outramiente, dalgunos informantes comentan que p'arriba de la Braña la Fontel.lada había outra chamada *Las Vaqueras*, que yera de vaqueiros, pero de la que nun queda resclavu dengunu.

Cada cabana tien tres partes: en primer l.lugar, *la corte* pal ganáu, que yía la parte más grande; en segundu l.lugar, *la cocina*, onde las brañeras ya los brañeiros faen la comida ya duermen; en tercer l.lugar *el corru los xatos*, onde tán los tenrales estremaos del ganáu grande. Pero tamién la cabana tien una cuarta parte, que yía'l *parreiru*, onde se guarda la pacha, pero onde tamién puei dormir dalguién si fai falta.

La cocina yía mui pequena pero ail.lí tienen el brañeiru ya la brañera lo imprescindible pa pasar una temporada. Suel haber un *arca* de buena madera pa defendese de los *ratos*, un vasal pa guardar los vasos ya platos, unos tachuelos pa sentase ya outras cousas como *l'odre*, *el pote*, *la canada* pa muñire ya las *ol.las* pal l.leite. Tamién na cocina hai un camachu pa dormire, con un *xergón* de fuechas de maíz.

Pa faer la comida úsase *la l.lariega*, que tien encima *las pregancias*, o seya una cadenona pa colgar el pote. La cocina tien un *ventanu* pa que salga'l fumu ya nun tien más salida que dalgún qu'outru furacu ya un *albañeiru*.

El pisu de la cabana yía de piedra ya las tres partes (corte, cocina, corru los xatos) tan separtadas por un *voláu* o tabique de madera. Namás hai una puerta, pola qu'entran los animales ya la xente. Pola parte de fuera, la puerta tien un *poyal* pa sentase ya suel tener tamién dalguna piedra saliente pa poner dalguna cousa.

Al pía de las cabanas d'una braña siempres hai un campín guapu ya dalguna fuente con buen augua ya mui fría. Nesta augua fría yía onde tán las *ol.leras*. La ol.lera yía una construcción onde sal l'agua ya yía'l sitiu pa poner el l.leite pa qu'enfríe ya nun *se corte* antias de baxalu a Palacios.

El día na braña entama muito ceo. El brañeiru (o brañera) l.levántase al amancecerín. Lo primeiro que tien que faere yía muñir el ganáu, pa que las vacas dean lo que más val: el l.leite. Pa muñir ábrese la puerta del corru los xatos ya déxase que'l tenral se ponga a mamare. Al pouquín de ponese a mamar, sepárase al xatu de los *tetos* de la vaca ya ponse atáu xunto a el.la. El cordelín que val p'atar al tenral xunto a la vaca chámase *rechu* ya dizse *arrechare* pa referise a l'aición d'atalu asina.

Pa muñir tien que tar presente'l tenralín ya si ésti muerre la vaca da menos l.leite. En dalguna casa faise un armazón de madera ya ponse la piel del xatín muertu pa que la madre crea qu'entovía sigue vivu. Si estas vacas nun sienten cerca al sou xatín, nun-l.lys baxa'l l.leite.

Múñese pa la *canada*, recipiente qu'antias yera de madera pero qu'anguano yía de cobre. De la canada, el l.leite va pal *bidón* o pal odre. Al terminar de muñire déxase mamar outru ratadín al tenral, hasta que queda fartu ya hai que lu meter outra vuelta no corru. Yía entós cuando *se respira*, o seya, cuando se muñe'l *respiru* o últimu l.leite que queda *nel ubre*.

Cuando las vacas yá tán muñidas hai que mandalas a onde puedan pacer bien. Pa eso hai que las encaminare ya mandalas polos *guíos*. Un guíu yía una senda que va a una parte del monte onde tienen las vacas yerba pa pacere. Los distintos guíos escuéchelos el brañeiru o brañera según la información que tenga. Hai ganáu que siempres va pal mesmu l.lau, pero lo normal yía que según la cantidá de yerba o la cantidá de ganáu los brañeiros manden unos días las vacas por un guíu ya outros días por outru. Cuando las vacas yá marchanon de las cabanas ya tán encaminadas, los brañeiros baxan a la cabana propia pa preparala ya l.limpiala. Tienen que barrer la corte, arreglar la cocina, faer la cama ya l.lavar los platos ya vasos. Antias, que nun había cousas de comerciu pa l.limpiare, metíanse los platos n'augua bien fría ya más tarde metíanse n'augua mui caliente, lo que se chama *escaldare*.

En terminando d'arreglar bien la cabana, el brañeiru o brañera baxa al pueblu montáu a cabal.lu ya conos bidones del l.leite que se muñera. Los bidones pónense *terciaos* encima'l cabal.lu, repartiendo'l pesu pa cada l.lau.

El brañeiru chega a media mañana al pueblu. Come en casa ya ayuda nos trabachos que tien que faer la familia hasta eso de las cinco, cuando tien que volver a xubir a la braña. Pero muitos brañeiros quedan na braña ya nun baxan, porque mandan el sou l.leite por outros.

Al chegar pola tarde a la cabana, el brañeiru dexa tou preparáu pa la cena ya aspérase a que vuelvan las vacas. Si dalguna vaca nun baxa, el brañeiru o brañera tien que xubir al monte a buscala pa poder afalala pa la braña, aguantando pa que nun se faiga de nueite. Esta yía seguramente la peor cousa de la vida na braña: cuando nun vien una vaca pa la cabana ya los brañeiros nun son a alcontrala.

Las vacas que baxan con menos dificultá son las que tienen un xatín na cabana: baxan pola mor de la *querencia* de los tenrales. Por eso a estas vacas que vienen mechor pónse-l.lys *chueca* pa que l.leven a las outras a las cabanas. Los brañeiros conocen bien las chuecas del ganáu propiu ya achenu.

Cuando tolas vacas tán ya guardadas hai que muñilas como pola mañanina. Al terminar de muñir, los brañeiros cenan ya forman filandón en dalguna cabana. Antiguamente, los brañeiros ya brañeras entamaban dalgún bail.le al son de dalgún pandeiru, que por aiquí son cuadraos (Cf. González, Eva, 2011). Daquel.la, las brañas tenían más vida que los pueblos ya la mocedá divirtíase enforma. Había mozos ya nenos ya nun faltaba'l xuegu de los bolos.

En cuantas al horariu, últimamente muitos brañeiros cambianon l'horairu ya mandan al ganáu pola nueite a pacer ya el.los baxan pal pueblu.

6. El gochu

El gochu yía un animal básicu na economía de la casa campesina en Palacios del Sil ya con unos vezos culturales en parte milenarios, pero siempres mui estructuraos nel esquema de la economía rural (*Cf.* González-Quevedo, 1999*a*). Anque con una forma idéntica al área cultural na que s'asitia, la cultura del gochu en Palacios del Sil tien dalguna peculiaridá interesante (*Cf.* González-Quevedo, 1992*a*, 1999*b*).

Hai que tener en cuenta que la economía del gochu pasa por unas trasformaciones bien representativas de la crisis de la economía campesina nestos últimos tiempos (*Cf.* González-Quevedo, 1987*a*, pp. 181-184) ya según una pauta de cambiu na que nun hai dulda que se mecen la nueva ideoloxía de l'alimentación, los nuevos roles idealizaos del xéneru ya la nueva estructura de la familia (*Cf.* González-Quevedo, 1991*a*, pp. 54-55; 1992*a*).

Tamién hai que tener en cuenta la importancia antropolóxica de l'alimentación del gochu, de forma estremada de la que se fai pa los demás animales domésticos ya'l sou xacer importante na cadena trófica, como consumidor de los restos de la comida humana (*Cf.* González-Quevedo, 1987*a*, pp. 181-184; 1992*a*, pp. 195-198).

Si la vaca yía l'animal más importante na sociedá ya economía de Palacios del Sil, el gochu yía'l segundu n'importancia. El gochu yía mui importante en cuantas a l'alimentación de la xente: nun puei dicise que namás se come gochu pero sí que nun se concibe l'alimentación ensin el gochu que se mata tolos anos. Nos últimos anos pola mor de la información de los médicos ya la chegada de nuevos alimentos el gochu tien menos presencia na dieta, pero sigue entovía siendo mui grandísima.

Los gochos que van a comese hai que capalos ya por eso un día vien el capador, un foresteiru, que se dedica a la capía: va pasando por tolas casas ya capando gochos ya gochas. Antiguamente los capadores chamaban a la xente con un xiplu. Nun se capa la gocha que se destina a parir ya tampouco se capa al *vurrón*, el machu semental que nun tien más que dalguna familia, xeneralmente pudiente. Pa que la gocha quede preñada hai que l.levala al vurrón, que puei vivir bien l.luenxe de la casa que lu necesita.

Cuando un gochu machu tien namás un testículu chámase *rincochu*. Al nacer los *gorinos*, el más ruín puei quedar ensin teta pa mamar ya chámase entós *el furón*, que siempres será más pequenu que los outros.

Si na casa nun hai gocha preñada, entós hai que dir a mercar los gochos pequenos al *mercáu cochiqueiru*, anque tamién pasaban *los cochiqueiros*, paisanos que traían los carros chenos de gochos.

Los gochos viven na *corte*, que tien que tener el pisu de piedra pa que nun lu desfaigan al *fozare*. Algunos gochos chámanse *fozones*, porque fozan tanto que puen hasta l.levantar las piedras del suelu ya por esto a estos fozones hai que los *alambrare*, poniéndo-l.lys una alambre pa que se manquen al fozar.

Los gochos comen *crudu* ya *cocidu*, porque cuézse-l.lys nuna caldeirada un caldu como'l de los humanos pero de peor calidá. Pa los gochos va la *l.lavaza*, las sobras de la xente de la casa, ya por eso cuando comemos el gochu comemos una cousa que yía mui de nós. Nun yía raro que se mande a los de la familia que viven fuera del pueblu un pouquín de matanza, p'afitar la solidaridá familiar.

Pol outuenu, nel mes de noviembre, faíase'l *samartinu* o *matanza* del gochu, na que la casa que mataba tenía l'ayuda d'outras familias. El día de la matanza madrúgase muitísimo ya faise una pequena fiesta na casa. Los paisanos entran na corte, atan al gochu con un cordel, sácanlu al corral ya pónenlu encima'l *bancu*, agarrándolu bien pa que nun se mueva. El matachín méte-l.ly al gochu pol pescuezu'l *cuchiel.lu los gochos*, que yía mui l.largu, matándolu pero dexándolu desangrase bien antias de morrer el probe animal. La sangre va recochiéndose nun cubu, moviéndola con un palín pa que nun cuache. Cuando esta sangre yá enfrióu, párase de revolvere ya échase n'ol.las de barru con unos *cascos de cebol.la*, quedando asina preparada pa faere *las morciel.las*.

El gochu, cuando yá ta muertu, ponse nuna masera ya fai falta escaldalu con augua bien caliente ya vuelve a ponese nel bancu p'afeitalu, quitán-do-l.ly las serdas con cuchiel.los ya especialmente cona *cuchiel.la*, que yía un cachu de gadaña viecha.

El gochu ábrese en canal, sácase-l.ly *la bandoba*, o seya, las tripas, pa un cestu ya tamién outras vísceras, como'l *fégadu*, etc. Sácanse tamién *las untazas* ya sálanse, fayendo dúas fogacinas qu'al enfriase cuélganse ya valdrán como *untu* pa faere'l caldu toul anu.

El gochu cuélgase cono focicu p'abaxo (antiguamente colgábase al revés) ya déxase hasta l'outru día, cuando la carne yá ta fría ya dura pa *partire*.

Las tripas hai que *desurdilas*, quitándo-l.lys la grasa, ya l.lavalas bien, porque con el.las van a faese los embutidos. El día de la matanza termina con una gran comilona a la que tán invitaos tolos qu'ayudanon, siempres con un aquel de fiesta ya al.legría.

Pa partir al gochu hai que lu volvere al bancu. Córtase-l.ly primeiro la cabeza, que s'aproveita muitu bien, especialmente'l *toucín de la papada* ya *la l.lingua*. Poniendo boca abaxo al gochu, sácase-l.ly'l *zarráu* ya'l sou toucín. Sácase-l.ly'l xamón, quitándo-l.ly la pata, que se l.limpia ya sala. Sácanse-l.ly tamién los *l.lacones*, o xamones d'alantre, sin pata. Sácase'l restu del toucín ya *los costil.lares*, que fai falta adobare, ya tamién el *lomu*. La outra carne yía pa *chourizos*, que tamién tienen cachos de toucín.

Del gochu sálanse los xamones, los l.lacones, el zarráu, la cabeza ya las patas. Pa salalas, métense estas partes del gochu nuna *bacita* o masera ya cúbrense dafeitu ya con cuidáu de sal. El lomu, el costil.lar, la l.lingua, ya'l toucín de la papada adóbanse enteiros. L'adobu faise con achos machacaos, *pimientu* (lo qu'agora chaman pimentón) de buena calidá, *ouriéganu*, sal ya augua templada.

La carne del chourizu hai que picala bien antias d'adobala. Antias picábase con tiseras, pero agora faise con máquina. Al día siguiente d'adobare esta carne pruébanse los *xixos*, pa ver si ta bien el sabor de los condimentos. Al día siguiente embútese ya fainse *los chourizos*.

Una de las cousas que más val de la matanza yía'l *botiel.lu*, que tamién se chama *choscu* (anque cono mesmu nome, yía diferente de lo que n'outras partes se conoz como 'choscu'), que se fai chenando *l'estoxu* del gochu con güesos adobaos ya pieles.

Cuando yá ta feitu l'embutidu ya tamién colgáu, fainse *las morciel.las*, pa lo que fai falta mui bien de cebol.la picada, *los turruchos*, lo que queda de derretire la grasa del gochu menos las untazas, la sangre, l'achu, el perexil, el sal ya'l pimientu. Con tou el.lo faise un *batudu* ya va embutiéndose en tripas. Cuécense más tarde nuna caldera ya sácanse ya cuando tán frías cuélganse. Dizse que la morciel.la tien que tar «sosa, picante ya airosa». Hai que comela ceo, porque seca voláu.

L'embutidu colgáu tien que *curar*. Pa que la humedanza nun faiga imposible la *curación* de los chourizos, los xamones, las morciel.las, el lomu, los botiel.los ya los costil.lares fai falta usar el *fumu*. El gochu sigue dando trabachu mui bien de tiempu ya si antias aproveitábase'l mesmu l.lume ya fumu de la l.lariega, agora xúbese a la cocina viecha tolos días pa faer un pouco de l.lume que faiga bien de fumu.

Del gochu aprovéitase tou. Las untazas valen pal caldu, l'untu úsase pa guisar: del gochu namás se tira *la cacecha* o envoltura de la pezuña ya hasta la quixada échase a cocer.

El samartinu yía comida pa toul anu ya dase un pouquín a los amigos, vecinos ya a la xente qu'ayuda: yía *la preba*, una señal de solidaridá.

7. La vencia

La *vencia* (el ganáu pequenu de cabras ya ougüechas) merez un análisis propiu ya resulta suxerente l'estudiu del procesu de toma de decisión que desanicióu instituciones mui interesantes no tocante a esti ganáu pequenu (la vencia, dir a estremare) (Cf. González, Eva, 2011). Tien espublizaose yá cómo foi esi procesu en Palacios del Sil ya cómo s'axuntaron distintos factores de tipu económicu, social ya ideolóxicu (*Cf.* González-Quevedo,

1987*b*) ya tamién aspeutos que tienen que ver con un cambiu nel repartu de roles de xéneru (*Cf.* González-Quevedo, 1987*b*; 1991*a*, pp. 33-34, 53-54). Nesti sen resulta interesante estudiar la racionalidá económica o non del abandonu d'estos animales na nueva situación del mercáu (*Cf.* González-Quevedo, 1997*a*) ya'l papel que las ougüechas ya las cabras xuganon nuna economía tan especial como la campesina (*Cf.* González-Quevedo, 1997*b*).

Chámase, como yá se dixo, *vencia* al conxuntu d'*ougüechas* ya *cabras*. Nas casas de Palacios del Sil siempres hubo vacas ya gochos, pero enxamás faltóu dalguna ougüecha ya dalguna cabra. Las ougüechas son suaves, buenas, pero las cabras son reviscas ya rebeldes.

Las cabras ya las ougüechas pasan mui bien de tiempu pol monte ya por eso tienen un enemigu mui grande que yía'l l.lobu. Los nenos de Palacios siempres deprendienon cuentos nos que los l.lobos querían comere las cabras ya las ougüechinas. Los fichos de las ougüechas son las *corderas* ya los *cordeiros*. Los fichos de la cabra son el *cabritu* ya *la cabrita*. *L'andosca* yía la ougüecha d'un anu ya *la iguada* yía una cabra d'un anu. El machu de la ougüecha chámase *carneiru* ya'l machu de la cabra, *castrón*.

El pastu de las ougüechas ya las cabras pol monte regúlase por vecera: va tola vencia del pueblu xunta a unos sitios ya outros, pa mantener l'equilibiru ecolóxicu ya p'aforrar trabachu: cada día van dous de cada casa con esti ganáu pequenu. Por esti motivu tamién se chama vecera a esti ganáu que va al monte en réxime de vecera. Esti turnu rotatoriu entámase asina: cada vecinu va a un corral onde s'axunta toul ganáu ya con muita puntualidá marchan los qu'esi día tán encargaos de l.levar los animales a un sitiu del monte, que tamién va rotando pa non desaniciar las fuechas ya los pipos del monte. Namás había tradicionalmente una vecera d'ougüechas, pero solía haber dúas de cabras: *la veceirina* ya *la veceirona*, que yera un *rebañáu* más grande.

Pola tarde, al volver la vecera del monte, tenía que salir dalguién de cada casa a buscar las ougüechas ya cabras propias, porque podían perdese los cordeiros ya cabritinos. Las ougüechas ya cabras grandes yera difícil que se perdieran, porque buscaban *la salera*, que yera un sitiu onde se ponía sal pa la vencia, pero'l ganáu más nuevu nun taba entovía bien avezáu ya nun daba cona casa propia. Esti trabachu de dir a las afueras del pueblu pa esperar ya buscar las ougüechas propias chámase *estremare*.

Pa tener ougüechas necesítase una *corte* onde tienen que tar separadas d'outros animales, anque tamién puen tar conas cabras. De marzu a noviembre, la vecera de las ougüechas sal al monte ya come muitu bien por fuera. Antiguamente l.levábanse las ougüechas a los pastos más altos, a La Sierra onde había un pastor cuidándolas. Esti pastor yeralo por vecera (una nueite cada casa) o podía alquilalu la xente del pueblu. El pastor dormía en *trousos* o *chozos*.

Pol iviernu las ougüechas tán na corte ya comen pacha, yerba, castañas ya fuecha de rebol.lu. Esta fuecha páñase en setiembre, nel trabachu que se chama *la fuecha*. Estas fuechas siguen siendo sabrosas ya siguen alimentando, porque la xente guarda enteiros los *gamachos*.

Las ougüechas dan una cousa muitu valoratible: la l.lana, que val pa faer prendas esteriores como pantalones, *mantiel.las*, *escarpines*, *mantas de blanqueta*, *calcetos*, etc. A la ougüecha hai que *tosquilala* en mayu ya más tarde hai que *l.lavar* ya *cardar* la l.lana, pa finalmente poder filala cona *rueca* ya'l *fusu*. Al *filar* las mucheres formábase una buena tertulia ya por eso chaman *filandón* a la reunión de la xente pola nueite nuna casa (Cf. González, Eva, 2011). El l.labor postreiru cona l.lana yía *texer*, pero yá van más de setenta anos que morríu la última *texedora* que quedaba en Palacios del Sil.

Las ougüechas dan tamién outra cousa que val muitu: las crías. Un cordeirín o una cordeirina siempres valían como reserva pa una necesidá de la familia ya aportaba la comida prestosa ya nutritiva que tanta falta faía.

La tercera cousa que val de las ougüechas yía'l cuitu, que yía mui buenísimu ya usábase pa las tierras de pan. Outramiente, pol iviernu morrían mui bien d'ougüechinas, porque como diz el reflán: *En marzu muerre la flaca, la ougüecha, non la vaca*.

Las cabras tienen una corte pa el.las solas o tán conas ougüechas. Las cabras son más difíciles de guardar que las ougüechas ya nun puen l.levase a La Sierra. Las cabras nun dan l.lana, pero sí dan buen l.leite. A la cabra hai que muñila pola tarde ya pola mañana ya a muita xente gústa-l.ly'l sou l.leite pa bebere, anque en Palacios usóuse siempres muito esti l.leite pa faere *queisos* de cabra. De las cabras aprovéitase tamién la piel, pa faere *odres* ya *fuel.les*. Ya tamién la familia aproveita los cabritos pa comere un día especial de fiesta.

8. La caza, la pesca, las trampas ya la recolección

Los animales de monte ya ríu tuvienon siempres mui presentes na dieta alimenticia de la xente de Palacios del Sil, onde, por eso mesmu, hai una cultura mui detallada de la caza ya la pesca, aspeutu esti mui esperable pola mor de los rasgos del hábitat ya de los vezos culturales d'esta zona montañosa (*Cf.* González-Quevedo, 1994*a*). Nel área cultural del Altu Sil ya zonas cercanas la caza ya la pesca de ríu taban bien rexidas por códigos mui antiguos pa garantizar la estabilidá de l'actividá (*Cf.* González-Quevedo, Bermúdez, Fernández ya García, 1993, pp. 629-630; González-Quevedo, 2002*a*). La caza ya la pesca yera la propia d'una sociedá d'homes cazadores al mesmu tiempu que'l xéneru femenín yera fundamental nel cuidáu de los animales domésticos (*Cf.* González-Quevedo, 1991*a*, pp. 39-40; 2016).

Palacios del Sil yía una tierra de cazadores. Entovía agora vese na xente esi interés pola caza, que yía muito más que l'afición qu'agora puei vese n'outros muitos sitios. La caza foi en Palacios del Sil más qu'un complementu alimenticiu, yera una fuente de recursos necesarios. Cazóuse ya cázase agora a cuatro clases d'animales. Cázase a los que namás faen dañu, como yía'l casu de los l.lobos ya las raposas. Cázase a los que valen muitu como alimentu, como los corzos, ciervos ya rebezos. Outros animales, como los melandros, tienen yá muita menos importancia. Cázase tamién a los que faen dañu ya tamién puen comese, como los xabariles ya los osos. Los cazadores dalgunas veces garraban las crías ya baxábanlas pal pueblu pa tenelas guardadas nas cortes ya sábense hestorias de rayones ya esgaños polos corrales. Ya cázase a los animales que dan muita importancia ya prestixu al cazador: yía'l casu del *faisán*, la pieza que más quieren los cazadores de Palacios del Sil ya la que necesita un arte especial p'acercase al machu mientras canta a la *pita* de monte.

Cazar yía cousa de los homes. Hai muitas formas de cazar, según seya l'animal ya la época del anu, pero xeneralmente yía un l.labor de grupu. Asina, en muitos casos fai falta qu'haya xente abonda p'*afalar* a las fieras de manera qu'outros los maten cona escopeta. Cuando hai muita xente cazando, l'animal yía pa tous, nun yía namás pal que mata al bichu. Asina, si se mata un osu, a ésti hai que lu repartir entre los qu'afalanon ya los que taban nuna *aspera*. Pero'l que mata l'animal tien dereitu a la cabeza ya a la *miera* mechor. L'aspera yía un sitiu por onde suel pasar l'osu ya onde hai un cazador con escopeta.

Como suel pasar nos pueblos nos que yía mui importante, la caza ta mui bien regulada por l.leis que nun fai falta escribire. Estas l.leis son sagradas ya si un cazador nun las cumple dizse que los compañeiros acaban matándolu. Esto diz la l.lienda de Xicón, un gran cazador que matóu un bichu ya escondíulu ya cuando lu descubrienon matánonlu los que diban con él de caza. L'animal cazáu entre muitos pártese en partes iguales ya cada parte d'estas yía una *miera*. Los cazadores dexan una parte del animal pa faer una comilona a la que tán invitaos tolos que fonon a la caza. La comilona prepáranla las mucheres de los cazadores o faise na casa de dalgún cazador que tien una mucher con mui bien d'arte pa preparar la carne de caza.

Tamién dende siempres los palaciegos cazanon animales con trampas a esgaya. Ente las formas de cazar con trampa alcuéntranse las d'armare *cepos*, poner esternina pa envenenar a los bichos, ya, especialmente, poner *l.lazos* nos que quedan presos los animales hasta que chega'l qu'armara *la trampa*. Tamién pa la caza pequena hai cazadores que tienen en casa un furón, que fai que los animales salgan de los furacos onde viven.

Tamién hai muitos pescadores en Palacios del Sil. Los pescadores cuentan muitas mentiras pero tamién pechan *truitas*, que son muito buenas ya hailas a farta polos ríos palaciegos. *Los belaxos*, o seya, las truitas mui pequenas, nun se garran. Las truitas que garra'l pescador pónense nun *cambeiru*, que yía una brimba pola que se meten las truitas polas *agal.las*.

Los pescadores usan como cebu pa las truitas las cocas qu'alcuentran pola tierra húmeda. Pero cuando más truitas s'amadrinan nun yía cuando se va con caña de pescar, sinón cuando se garran con trampas ya a manu. Antias de las fiestas cuasi tolas familias del pueblu tienen mui bien de truitas, ya muitas d'estas truitas cuéchense cona manu, palpando las truitas xunto a una pena ya garrándola polas agal.las cuando quier marchar. Asina yía como vien la xente pa casa con unos cambeiraos tremendos. Outras artes pa garrar las truitas son: poner *cuerdas* pol ríu quedando las truitas enganchadas al anzuelu, barrer con redes ya *chumberas* los pozos de los ríos, poner nasos onde se meten las truitas, faer secas nel ríu esviando l'augua, envenenar l'augua d'un pozu de ríu con venenu como'l que da'l *cosil.lu* de los *cuenxos*.

Estas artes agora nun suelen usase, porque hai una conciencia moral nueva que nun quier faer sufrir a los animales. Lo que güei paez brutal hai que lo entender nel contestu cultural ya hestóricu propiu. Agora, por exemplu, cazadores qu'antiguamente mataban faisanes dedícanse a l.levar a xente a ver, namás ver ya sentir, el faisán ya'l sou cantu.

En cuantas a l'actividá recolectora, hai que dicir que nel área cultural a la que pertenez Palacios del Sil ya nos sous sitios montañosos tuvo ya tien muita importancia la recoleición de la castaña (Cf. González-Quevedo, 1987*a*:158), asina como la d'outros productos vexetales, igual de monte que los cuidaos pol home (*Cf.* González-Quevedo, Bermúdez, Fernández ya García, 1993, pp. 630-634). Los rasgos de la forma de faer la recoleición correspuenden a la estructura social na que se fitan, anque anguaño fai falta tener en cuenta la importancia especial del procesu de cambiu social como determinante d'importantes trasformaciones (*Cf.* González-Queve-do, 1991*a*, pp. 38,57). La nueva familia campesina tien yá una forma mui estremada de l'antigua en cuantas a entender ya prauticar la recoleición

(*Cf.* González-Quevedo, 1997*a*). Sicasí, igual antias qu'agora, la peculiaridá de la economía de la familia campesina ya la concentración de l.labores en determinaos momentos, favorez la continuidá de dalguna actividá recolectora (*Cf.* González-Quevedo, 1997*b*)

Amás, entós, de la ganadería, l'agricultura, la caza ya la pesca la xente de Palacios del Sil recochíu ya recueche entovía mui bien de productos que dan las plantas ya los árboles ya tamién dalgunos animales pequenos como *las abechas*.

Yía mui importante la recoleición de *castañas*, que se fai a finales d'outubre ya en noviembre. En Palacios del Sil hai muitas *castañales* ya rara yía la familia que nun tien dalguna castañal pa *pañar* las suas castañas. Como los ourizos pinchan, yía buenu faer una *pañadera*, retorciendo un palu ya doblándolu pa garrar los ourizos. Pa dir a castañas hai que l.levantase ceo pa pañar las que cayeran pola nueite, especialmente si fixo muitu aire. Pola tarde pásase outra vuelta por debaxo las castañales pa pañar las que cayera pol día. Antiguamente díbase en común a distintos sitios de castañales, pero agora va cada familia cuando quier a las súas. Las castañas cómelas la xente crudas, cocidas ya asadas. P'asalas úsase'l *tambor*, que yía un cilindru con furacos que se pon encima del l.lume ya al qu'hai que dir dándo-l.ly vueltas. Las castañas son tamién mui importantes pa dar de comer a los gochos.

Los cuenxos son los frutos de las *nogales* o *conxales* ya pánanse pol outuenu. Tolas familias tienen dalguna nogal, pañando los cuenxos que cain al suelu ya moviendo tamién l'árbol pa qu'apuren a caere. Suel caer *la pera* entera, que tien lo verde, *el cosil.lu*, ya'l cuenxu que se come quitándo-l.ly la cáscara dura que tien.

En Palacios hai tamién muitos árboles ya arbolucos frutales ya la xente *inxerta* pa tener buena fruta (los que nun son *inxertos*, que son bravos, dan fruta menos escochida o nun dan nada). Asina, las familias suelen tener cerca de casa árboles como *la manzanal*, que da *manzanas*, *la peral*, que da peras, *la cereisal*, que da *cereisas*, la *guindal* o *guindu*, que da *guindas*, *la nisal*, que da *nisos*, *la breval*, que da *brevas*, etc.

Pero dalgunos árboles ya arbolucos son monteses, como *l'ablunal*, que da ablunos, *la peruchal*, que da *peruchos*, la *caruzal*, que da *caruezas, la cereisal de monte* que da *cereisas bravas*, etc. Outras plantas que dan frutos que la xente recueche son l'artimoral, que da *artimoras*, l'arandanera que da *arándanos*, la nebrera, que da *arándanos de nebrera, la zarza,* que da amoras (*corchizas* ya *albares*). La xente tien-l.ly tamién muitu aquel a los *cereisucos*, a los *muruéndanos* ya a otras frutinas bravas.

Recuéchese muita *xanzana*, que sal na parte más alta de los montes, que cuesta caro arrincala ya tamién acarriala al pueblu, pero que yía una planta pola que pagan muitu bien. Yía importante tamién la *xistra* como planta medicinal. Recuéchese tamién *el sabugueiru* pa vendelu a la industria farmacéutica. Outramiente, la xente paña, pa tener en casa, flores d'outras plantas, como *la tila* de las *techas, la manzanilla, l'ouriéganu*, etc.

Tamién en cuantas a la recoleición hai que mentar el miel. Dase un miel mui ricu en Palacios del Sil: la xente tenía antias muitos *truébanos*, pero agora tienen más bien *colmenas*. Pa ser a aproveitar la flor del monte pónense tamién los truébanos fuera del pueblu, nel monte, pero pa eso hai que tener *cortín*, un sitiu onde se ponen los truébanos ya colmenas pero con una buena paré pa que los animales, especialmente l'osu, que yía mui l.lambuleiru, nun entre a comer el miel. Pa tener truébanos ya colmenas con miel fai falta tener abechas, por eso los paisanos cuando *enxaman* las abechas tán atentos a ver si garran un *enxame* pa poder metelu nun truébanu o nuna colmena.

9. El mundu máxicu

El bien ya'l mal, la salú ya la enfermedá veise na sociedá campesina como un desaxuste nel equlibriu nel repartu del bien escasu, según la viecha ya clásica esplicación del antropólogu G. Foster (Cf. Foster, 1965). Esta mesma lóxica puei vese en Palacios del Sil, anque nel momentu actual la medicina científica sustitúi la forma tradicional ya máxica de ver la enfermedá ya la curación (Cf. González-Quevedo, 1997a: 251-264). Resulta especialmente rica la práutica ritual tradicional en Palacios del Sil (*Cf.* González-Quevedo, 1983*b*), una práutica que se paez muitu al área cultural de la zona en xeneral (*Cf.* González-Quevedo, 1988, pp. 87-94;1990*a*).

La xente anda con muitu cuidáu conos *sapos*, porque en Palacios del Sil dizse que si t'echan el *meixu* a los güechus déxante *ciegu*. Muita xente cree que si los pelos d'una mucher caen al augua, cada pelu conviértese nuna *culuebra* ya por eso la mucher tien que se acercar a las fuentes cono pelu tapáu, pa que nun-l.ly caiga nel augua. La cabeza del pelu, la raíz que ta na piel, conviértese na *cabeza* de la culuebra. Piénsase tamién que las culuebras puen mamar los tetos de las vacas ya tamién de la teta de la mucher ya dexar al nenu con poucu l.leite. Outramiente, dizse que yía mui buena suerte alcontrar polos caminos la camisa d'una culuebra.

Las curuxas ya los gárabos traen mala suerte, especialmente sentilos pola nueite. Los gárabos dicen: *cavar, cavar*, porque va morrer dalguién. Tamién anuncian la muerte los perros caundo *aul.lan* quexándose. La xente tien-l.ly tamién muitu repelucu a la *sacavera*.

El curquiel.lu tien poderes d'adivín. Al sentir al curquiel.lu dicir cucú pola primavera, hai que pedi-l.ly que diga cuanto falta pa la boda:

Curquil.lín del rei,
rabiquín d'escoba,
¿cuántos anos faltan
pa la mía boda?

Ya los cucús del curquiel.lu son los anos que faltan.

La xente tien muitu miedu a la tuena ya cuando paez que va a relampampixare yía costume sacar al mediu'l corral el catabiel.lu o rodabiel.lu ya ponelu cruzáu cona pala'l fornu. Tamién contra la tuena dizse esti conxuru:

Santa Bárbula bendita,
que nel cielu tas escrita
con papel ya augua bendita.

Como l'augua parada puede ser venenosa, santiguábase unu antias de bebela ya decíase esta fórmula:

Si esta augua tien venenu
que lu quiten
ya si non
que lu agumite.

Entovía ta mui espetada ente la xente la creencia nel *mal de güechu*, que yía la creencia de que la persona que quier mal a outra xente pon a esta xente mala conos güechos, que puen causar máxicamente'l mal. *Las bruxas* faen el mal conos güechos ya anque toul mundu puei faer el mal conos güechos, las personas más peligrosas son las mucheres viechas. Por eso nun gusta que las viechas beisen a los nenos nin los toquen. Tamién el mal de güechu pon malos a los animales de casa, especialmente a los tenrales ya la xente nun quier qu'entre na corte xente achena que pueda ser bruxa. Pa defendese del mal de güechu úsase como amuletu una bolsina, con *cuentas d'azabache*, colgada de la roupa.

Había mucheres a las que chamaban saludadoras, que yeran adivinas que descubrían onde taba'l ganáu que nun alcontraban los dueños. Las saludadoras tenían una cruz embaxo la l.lingua ya la xente nun quería tener tratos con el.las, porque yá diz el reflán: *comes más qu'una saludadora*.

La enfermedá de los nervios veíase como cousa de *los demonios* ya cuéntase qu'a una mucher que taba *endemoniada* ponían-l.ly nel pechu tortiel.las ya xamón pa que *los demonios comieran*. Pa curar los males había rumedios populares. Asina, contra *las inxinias* tómase una *augüina* con miel ya *malvariscu*.

El miel yía buenu tamién contra los golpes, untando con él la parte del cuerpu correspondiente. Tamién contra los golpes yía mui buenu *l'untu d'osu*, dando friegas tamién na parte mancada. Al matar un osu, la xente guardaba l'untu pa estas cousas.

Contra los males de vientre ya pa baxar la fiebre yía buenu *l'apiu*, machacándolu ya remesturándolu con *manteca de gochu* pa faer *friegas* pol cuerpu.

Contra las feridas abiertas que nun curan bien yía cousa buena poner nel.las un l.lumiacu. La moñica úsase pa sacar de la ferida lo que la infecta. El manrubiu, una planta alta ya de flores mariel.las, val pa curar la tiricia. Hai que mexar nos manrubios antias del salir el sol ya cuando hai orbachu mientras se diz:

A vete manrubiu vengo
antias de que día'l sol,
pa que me quites la tiricia
ya me vuelvas la color.

Contra'l dolor de muelas yía un buen rumediu poner xunto a las muelas que duelen una *camisa de culuebra*. Outramiente, la camisa la culuebra yía un amuletu que defiende de tolos males.

Pa los catarros yía buenu l'untu de gochu: hai que poner nel pechu la piel de la untaza: la parte dura pa fuera ya la blanda pegando a la carne pa qu'ablande'l catarru. Tamién hai una augüina mui buena pal catarru, que yía *ouriéganu* con miel.

Siempres yía buena cousa pa tar sanos garrar a una persona pola espalda ya l.levantala fayendo que-l.ly suenen los güesos: a esto chámase-l.ly *l.levantar los l.lombones*.

La tila de la *techa* yía buena pa los nervios. Pa los güechos yía gran cousa untalos con augua de *manzaniel.la* ya *violeta*.

La *xanzana* val contra muitos males ya pa que la xente se faiga más fuerte, macerándola con vinu blancu ya azucre. Outra planta importante yía la *xistra*, que val pa curar males igual d'humanos que d'animales (*Cf.* García Jiménez, 2008).

El chantén yía buenu pa las feridas: ábrelas ya zárralas según seya'l mal que tien esa ferida. La cebol.la úsase contra los granos: pónense cascos de cebol.la con aceite encima los mesmos granos de la piel.

Cuando'l ganáu ta enfermu yía buenu faer *fumazos* de *tomillu* na corte pa que los cure'l fumu. Una planta mui buenísima pa muitas cousas ya especialmente pa los males propios de la mucher yía *la ruda*. Antiguamente la xente tenía en casa *sangrih.uelas* pa faer sangrías. Las sangrih.uelas guardábanse en tarros.

10. El tiempu ritual

Los distintos procesos rituales del ciclu vital ya anual yeran mui ricos en Palacios del Sil, anque agora tán cambiando al mesmu tiempu que los vezos sociales, económicos ya culturales en xeneral (*Cf.* González-Quevedo, 1991*b*, González-Quevedo, 2007*b*). La importancia de los santuarios marianos (*Cf.* González-Quevedo, 1992*b*) repártese en Palacios del Sil ente dúas Vírxenes nos concechos vecinos. Igual que nos aspeutos yá comentaos del mundu cultural, los rasgos de Palacios del Sil paécense a los de la sua zona cultural (*Cf.* González-Quevedo, 1990; 1988).

La verdá yía que la xente de Palacios del Sil nun yía xente mui de la ilesia, pero la relixón siempres tuvo importancia, igual qu'en tolos sitios. Hai dalgunos santos nos que se tien muita fe, como San Antón, patrón de los animales de casa. Antiguamente criaba toul pueblu'l gochín de San Antón, que se mataba pol samartinu ya valía pa una subasta'l día 17 de xineiru, con fines rituales. Pero había muita desconfianza tamién nel poder de los santos ya en Palacios alcuéntranse unos versos populares mui famosos n'outros sitios tamién. Estos versos dizlos asina un devotu escaldáu:

Santu sos,
cereisu te conocí,
los milagros que tu faigas
que me los pongan aiquí (ya'l devotu pon la manu na cabeza).

Celebróuse muito siempres *l'antroidu*. El *domingu'l gordu* faíanse paseos de xente vestida de *bobos*, que cantaban ya andaban polas casas pidiendo perras. Tamién había nenos disfrazaos, *bobinos*. Tamién los mozos tenían el vezu d'asustar a los nenos con roupa viecha ya con chuecas. Pero pol antroidu yera cuando más se comía del anu, ya por eso la xente chama *antroidare* a faer la fiesta del antroidu pero tamién a comer por demás.

El domingu Ramos córtase un teixu ya tírase delantre la ilesia pa que la xente garrara una cana pa bendecila na misa. En tolas misas la xente poníase asina: los homes a un l.lau, las mucheres a outru l.lau, los mozos ya dalgunos paisanos na *tabluna* ya los nenos nuna parte especial de la ilesia pa el.los.

Por *San Xuan* faense trastadas, o seya, los mozos gastan mui bien de bromas a los paisanos ya la xente tien la creencia de qu'esa nueite yera buena pa sanar ya ser fuertes. Por exemplu, decían que yera buenu revolcase pola *orbachada*, pa mochase cona humedanza de la nueite ya asina defendese de los males toul anu.

Pero'l soslticiu de branu celebróuse siempres pol día San Pedru cona fiesta de *la salga*, probablemente la más importante del anu (Cf. González, E., 2011). El día 28 xuben a la braña los brañeiros de cada braña ya los invitaos ya forman una gran fiesta alredor d'una foguera mui grande. Al día siguiente baxan tolos brañeiros ya brañeras ya axúntanse pola mañana na ilesia del pueblu ya pola tarde nuna fiesta de toul pueblu en La Cuérguila. Hai muita competencia ya cada braña quier faer más grande la foguera ya más fiesta. Al acercase al pueblu arman muitu estrueldu pa que digan que traen más *rumbu* que los de las outras brañas.

Nel mes d'agostu había dúas fiestas importantes en dous santuarios: el de *Las Nieves* ya'l de *Carrasconte*[2], nos concechos vecinos. Dalgunos tiraban pa Las Nieves ya outros pa Carrasconte o pa entrambos, porque nos dous santuarios había una gran romería ya fiesta ya chegaban muitos vendedores formando una buena feria. Vendíanse navachas, cuchiel.los, cestos, ya cousas de comere como galletas ya *pacencias*.

La fiesta del patrón del pueblu yía la de *San Roque*, día que pola mañana tien una gran misa que termina repartiendo *la caridá* de San Roque, un pan que reparte'l pueblu ente foresteiros ya palaciegos (*Cf.* González, Eva, 2011). La caridá de San Roque yía un repartu de *bol.los* que se bendicen ya la xente diz que tienen una propiedá milagrosa pa nun pudrire, puen *acaronxare*, pero dicen qu'enxamás pudren.

Outramiente, celébranse siempres con muitu aquel *los nacimientos, las bodas* ya *los entierros*[3]. Los entierros yeran antias pola mañana ya la xente rezaba unos responsos o recordeles. Namás morrer una persona había qu'*encordare*, o seya, tocar las campanas, con distintu son si yía pa un home (dous toques de campana grande ya unu de pequena), mucher (dous toques de campana pequena ya unu de campana grande) o nenu (tocábase *al altu*, o seya, como nos *días santos*). Tamién al morrer alguién había que lu *amortachare*.

Antias de la boda venían los *pregones*, cuando la xente daba la *norabuena*. Las bodas yeran siempres una gran fiesta con comilona que se faía en casa la novia. Antiguamente, los mozos *corrían la rosca*, o seya, faían una competición deportiva a ver quien ganaba una *rosca* de manteiga preparada pola madrina de la boda.

---

2   Cf. Mayán Fernández, 2012.

3   Cf. Alvarado, 2017.

11. La tradición oral

En Palacios del Sil consérvase una interesante tradición oral de diversa clas. Amás d'una impresionante conservación de romances tradicionales, transcritos a partir de la información d'Eva González (*Cf. Romancero General de León,* 1995), nas obras creativas de la propia Eva González apaecen a veces elementos de la tradición cultural en xeneral ya oral en particular (*Cf.* González, E., 1991; 2008).

En cuantas al Romanceiru propiu de Palacios del Sil, tenemos la suerte de contar con una obra completa ya escelente: la feita por José Manuel Fraile Gil ya titulada *Romances tradicionales de Eva González Fernández. Palacios del Sil (León),* onde l'autor fai un estudiu sistemáticu ya mui fondu de los romances conservaos en Palacios del Sil (*Cf.* Fraile, 2021). Fuera la memoria esceicional d'Eva González lo que nos permite agora conocer ya estudiar esta tradición oral.

Tienen tamién un especial aquel en Palacios del Sil los cuentos populares con muitu protagonismu de los animales (*Cf.* González-Quevedo, 1983*b*, 2007*a*) ya dalguna narración tradicional na qu'apaecen mitos mui interesantes (*Cf.* González-Quevedo, 1988, pp.74-79, 1994*d*).

Hai mui bien de l.leendas que tienen que ver con cuevas onde se diz qu'hai ouru ya espacios onde se piensa qu'hai tesouros que podrían alcontrase. Igual estas creencias en tesouros que las que tienen que ver con sitios onde se supón que vivieran antepasaos (construcciones, siendas, campos) asócianse conos «mouros». Tamién de diz que son de los «mouros» formas suxerentes nas penas o nel paisax en xeneral.

Nos cuentos populares con protagonismu animal obsérvase la obsesión coleutiva por defendese de los animales de monte ya l'interés por asegurar la superioridá de la cultura contra'l mundu natural (Cf. González-Quevedo, 1983a). Al mesmu tiempu, nesti tipu de cuentos ya mitos (Cf. González-Quevedo, 1983b) salen a la l.luz determinaos aspeutos de la estructura social (Cf. González-Quevedo, 1983a) ya del repartu de roles de xéneru (Cf. González-Quevedo, 1991a:18-21; 2015).

En Palacios contánonse siempres muitos cuentos nos que los l.lobos, rasposas, osos ya outros animales piensan ya dicen cousas igual que si fueran personas. Unu d'estos cuentos tien como protagonistas a un gal.lu ya una raposa ya diz asina:

«Un día metíuse una raposa pequena nun corral de Palacios ya garróu a un gal.lu qu'había ail.lí ya sacóulu pol mesmu furacu pal caminu de los Paredones. L.levóulu pal Calechón de la Cuérguila ya como yera mui ceo naide sintíu nada.

El gal.lu nun sabía qué faere ya dicía:

-*Xela, xela, xela.*

Ya repetíalu tantas veces ya tan altu que la raposa, mui enfadada, dixo:

-*Si xela que xele.*

Pero al abrir la boca, el gal.lu quedóu l.libre ya púsose nuna cana d'una nogal.

La raposa púsose debaxo l'árbol ya repetía sin aparare:

-*Pitín, pitón, ¡baxa que te daréi trigu d'anguanu!*

Pero contestóu'l gal.lu:

-*Nun baxo, non. Una vez que me cochiste nun me dexesti plumas no rabu, si me garras outra vuelta nun me dexas un güesu sanu.*

Ya la raposa tuvo que marchare sin el gal.lu».

Na tradición de Palacios hai hestorias ya cuentos onde apaecen personaxes fantásticos como'l trasgu o figuras femeninas con poderes máxicos:

«El trasgu anda polas cocinas de las casas cambiando las cousas de sitiu ya poniendolas al revés. Si se mete un trasgu en casa nun hai quien lu saque. Nuna casa del pueblu metíuse un trasgu onde vivían dúas harmanas ya metíanse tolas nueites na cama con el.las. Como nun yeran pa sacalu de casa, marchanon a vivire pa outra casa na outra puntal'l pueblu. Pero cuando cheganon a la puerta de la nueva casa vienon al trasgu engaramáu no carru no que traían las cousas ya el.las perguntánon-l.ly:

-*¿Usté qué fai ahí?*

Ya'l trasgu contestóu:

-*¡Aiho! ¿Nun andamos de casa mudada?*»

«Una brañera que diba a la braña ya pasaba xuanto a unos pozos d'augua víu una vaca pinta, guapísima, con un ubre grandísimu, qu'andaba por ail.lí paciendo. La brañera chamaba a la vaca, pero ésta nun faía casu dengunu. Entós, de golpe, salíu del pozu una moza mui guapa ya perguntóu a la brañera qué yera lo que quería. La brañera dixo que la vaca, pero la moza dizo que non, que la vaca non. Ya dixo:

-¡Entra pintu, sal bragáu, cono campaniel.lu al l.lau!

Ya entós entraba la vaca al pozu ya salía un xatín con una chucarina pa un l.láu, un xatín guapísimu, saltando por ail.lí. Tanto pidíu la brañera que la moza dixo:

-Bueno, doite la vaca, pero cono condición de que namás-l.ly muñas un tetu cada día.

La brañera l.levóu la vaca a la sua cabana ya al principiu cumplíu las condiciones, pero más tarde fíxose avariciosa ya muñía dous tetos, ya más tarde tres tetos ya terminóu muñendo los cuatru tetos de la vaca. Ya según diba muñendo más tetos, más ruín se ponía'l probe xatín, que cada día mamaba menos *l.leite*.

Un día la brañera nun alcontróu la vaca na cabana ya tampouco al xatín. Entós marchóu pa onde los pozos d'augua ya alcontróu a la moza, a la que perguntóu pola vaca. Ya la moza contestóu:

-Nun te la doi más, porque nun cumpliste la promesa que fixeras: muñiste la vaca ya arrechesti'l xatu[4]».

Taba mui afitada la idea de los sumicios, que son los qu'escuenden una cousa que nun s'atopa cuando fai falta ya dizse: *¡Paez qu'anda'l sumiciu!* Outros personaxes de los que se cuentan hestorias son los *culuebros*. Tamién hai xente que cree en pantasmas, ya cuéntanse hestorias de dalguna *pantasma* qu'anda por corrales ya por casas.

---

4   Pa una esplicación d'esta variante del mitu asturianu de la xana, *Cf.* González-Quevedo, 1991*a*, pp. 21-23.

3:

REFERENCIAS

BIBLIOGRÁFICAS

Alvarado, J. 2017. *Nacimiento, matrimonio y muerte en Laciana*. Vil.lablinu: Club Xeitu.

Álvarez, Guzmán, 1949. *El habla de Babia y Laciana*. Madrid: CSIC.

Álvarez, A. ya García, F. J. 1994. *Vocabulario de la Cepeda*.

Cano, A. Mª. 1981. *El habla de Somiedo*. Santiago de Compostela: Universidad de Santiago de Compostela.

Casado Lobato, Mª C. 1948. *El habla de la Cabrera Alta*. Madrid: CSIC.

Catalán, D. ya De la Campa, M., 1995. *Romancero General de León, I ya II*. Madrid: Fundación Menéndez Pidal ya Diputación de León.

Fernández, Joseph A., 1960. *El habla de Sisterna*. Madrid: CSIC.

Fernández González, J. R., 1978. *Etnografía del Valle de Ancares*. Santiago de Compostela: Universidad de Santiago de Compostela.

Foster, G. 1965. "Peasant Society and the Image of Limited Good". *American Anthropologist*, 67, 293-315.

Fraile, J. M. 2021 *Romances tradicionales de Eva González Fernández*. Palacios del Sil (León). Pamplona: Lamiñarra.

Fuente García, A. Mª. 2000. *El habla de la Cepeda, I*. León: Universidad de León.

Gancedo, Manuel, 2013, 2018. *Tseite, tsinu, tsume, tsana. Tomos I ya II*. Vil.lablinu: Club Xeitu.

García Jiménez, R., 2008. *Etnobotánica leonesa: municipio de Palacios del Sil*. Universidad Complutense de Madrid. Edición dixital.

García Jiménez, R., 2010. *Del ralbar al filandón*. Vil.lablinu: Club Xeitu.

González, Eva, 1991. *Poesía completa (1980-1991)*. Uviéu: A. Ll. A.

González, Eva, 2008. *Cuentos completos*. Uviéu: Ámbitu.

González, Eva, 2011. *Pequena enciclopedia de nós*. Vil.lablinu: Club Xeitu.

González, Eva ya González-Quevedo, R., 1980*a*. *Poesías ya cuentos na nuesa tsingua*. Uviéu.

González, Eva ya González-Quevedo, R., 1980*b*. *Poesías ya hestorias na nuesa tsingua*. Uviéu.

González, Eva ya González-Quevedo, R., 1982. *Bitsarón*. Uviéu

González, Eva ya González-Quevedo, R., 1983. *Xentiquina*. Uviéu.

González, Eva ya González-Quevedo, R., 1985. *Xeitus*. Uviéu.

González, Eva ya González-Quevedo, R., 1990. *Brañas d'antanu ya xente d'anguanu*. Uviéu.

González, Eva ya outros, 1983. *Cuentus de Nós*. Madrid: Tsabor pésicu.

González, Eva ya outros, 1996. *Cuentos de Lleón*. Xixón: Alborá Llibros.

González-Quevedo, R., 1983*a*. "El mundo de los animales en el cuento infantil astur", *LOS CUADERNOS DEL NORTE, 20*, pp. 84-89.

González-Quevedo, R., 1983b. "Supersticiones ya melecina popular", *LLETRES ASTURIANES, 5*, pp. 33-35.

González-Quevedo, R., 1987a. "Agricultura y ganadería", *Enciclopedia Temática de Asturias, IX*, pp. 127-190.

González-Quevedo, R., 1987b. "Desaniciu cultural ya *decision making*", *LLETRES ASTURIANES, 26*, pp. 160-165.

González-Quevedo, R., 1988. "Mitos y creencias", en *Enciclopedia Temática de Asturias, IX*, pp. 65-100.

González-Quevedo, R., 1990. "La cultura asturiana", *LLETRES ASTURIANES, 38*, pp. 117-135.

González-Quevedo, R., 1991a. *Roles sexuales y cambio social en un Valle de la Cordillera Cantábrica*. Barcelona: Anthropos.

González-Quevedo, R., 1991*b*. "Ritos y cambios sociales", *CULTURES, 1*, pp. 133-167.

González-Quevedo, R., 1992*a*. "La cultura del gochu", *CULTURES, 2*, pp. 191-209.

González-Quevedo, R., 1992*b*. "Cuadonga, Guadalupe, Czestochowa...", *CULTURES, 2*, pp. 155-176.

González-Quevedo, R., 1993*a*, "Bolos asgaya nel Altu Sil", *CULTURES, 3*, pp. 181-186.

González-Quevedo, R., 1993*b*. "Tres mujeres", en *Actas del VI Congreso de Antropología, 1*, pp. 57-70, Federación de Asociaciones de Antropología del E. E. La Laguna.

González-Quevedo, R., 1994*a*. "Tramperos, cazadores y pescadores de río", en *Enciclopedia de la Asturias Popular, I*, pp. 161-176.

González-Quevedo, R., 1994*b*. "Juegos infantiles", en *Enciclopedia de la Asturias Popular, III*, pp. 145-16.

González-Quevedo, R., 1994*c*. "Juegos de adultos", en *Enciclopedia de la Asturias Popular, III*, pp. 161-176.

González-Quevedo, R., 1994*d*. "Mitología asturiana", en *Enciclopedia de la Asturias Popular, IV*, pp. 49-80

González-Quevedo, R., 1994e. "Mujer y cambio social en una comunidad rural". En VV.AA., *Perspectivas del mundo rural asturiano*, pp. 99-117. Cabranes: Encuentros en Torazu.

González-Quevedo, R., 1994*f*. "Xuegos de nenos", *CULTURES, 6*, pp. 193-213.

González-Quevedo, R., 1995*a*. "El pan astur", en *CULTURES, 5*, pp. 9-35.

González-Quevedo, R., 1995*b*. “La cultura del pan en Palacios del Sil”, en *CULTURES*, 5, pp. 165-176.

González-Quevedo, R., 1997a. *Economía y cultura: Cambios económicos y cambios culturales en Asturias*. Mieres: Editora del Norte.

González-Quevedo, R., 1997b. “Economía y cultura: estacionalidá y cambiu nes actividaes de la yerba”, en *CULTURES*, 7, pp. 9-21.

González-Quevedo, R., 1997*c*. “La yerba en Palacios del Sil”, en *CULTURES*, 7, pp. 337-344.

González-Quevedo, R., 1999*a*. “Economía y cultura del gochu”, en *CULTURES*, 8, pp. 9-25.

González-Quevedo, R., 1999b. “La matanza del gochu en Palacios del Sil: alcordanza d’un nenu”, en *CULTURES*, 8, pp. 441-452.

González-Quevedo, R., 2002a. *Antropología social y cultural de Asturias*. Uviéu: Madú Ediciones.

González-Quevedo, R., 2002b. “L’espaciu agrariu en Palacios del Sil”. CULTURES, 11: 347-372.

González-Quevedo, R., 2006. “Notes culturales al rodiu del horru”, en *L’horru, graneru d’Asturies. Actas del I Congreso del hórreo asturiano*, pp. 107-114.

González-Quevedo, R., 2007a. *Xuan ya Maruxa*. Uviéu: A.Ll.A.

González-Quevedo, R., 2007*b*. “La fiesta en Palacios del Sil”. *CULTURES*, 15, pp. 637-652.

González-Quevedo, R., 2010a. *La cultura asturiana*. Uviéu: Ediciones CH.

González-Quevedo, R., 2010*b*. “El mundo de la braña na obra l.literaria d’Eva González”. En *Homenaxe al Profesor X. Ll. G. A., II*, pp. 839-846.

González-Quevedo, R., 2015. “Categorización de cultura ya naturaleza nos cuentos populares d’animales”. *CULTURES*, 19, pp. 131-189.

González-Quevedo, R., 2016. “La caza en Palacios del Sil”. *CULTURES*, 20, pp. 115-144.

González-Quevedo, R., 2017. “Los xuegos populares en Palacios del Sil”. *CULTURES*, 21, pp. 181-196.

González-Quevedo, R., 2023. *Antoloxía Pésica de l.literatura contemporánea*. Uviéu: Hifer.

González-Quevedo, R., 2024. *Sobre la llamada “che vaqueira”. Resultados apicales y retroflejos de l- y -ll- en Asturias y León: estudios y uso literario*. Uviéu: Hifer.

González-Quevedo, R., Bermúdez, C., Fernández, M. ya García, A., 1993. “Cultura tradicional asturiana”, *ORÍGENES, ARTE Y CULTURA EN ASTURIAS*, pp. 587-635.

González González, F.,1983. *El habla de Toreno*. Toreno: Ayuntamiento de Toreno.

Krüger, F., 1947. *El léxico rural del noroeste ibérico*. Madrid: CSIC.

Krüger, F., 1987. *Palabras y cosas del suroeste de Asturias*. Uviéu: BFA.

Mayán Fernández, F., 2012. *El Santuario de Carrasconte*. Vil.lablinu: Club Xeitu.

Pérez Lago, Mª. C., 1997. *El habla de Luna*. Salmanca: Tesitex.

Rodríguez Hidalgo, P., 1982. *Cosas de Babia*. Uviéu.

LD-2

LD-2